經歷 基督的真實

AUTHENTIC

我們得以更明白基督的心，
與祂有更親密的關係。

CONTENTS
目錄

1 月　**第一條** ｜
我相信天父上帝、祂的兒子基督耶穌和聖靈。　　005

2 月　**第二條** ｜
我相信耶穌基督在髑髏地受死，乃是為人類的罪作贖罪祭，
並相信人類因信而藉著祂所流的寶血，得以從罪的刑罰中被
救出來。　　037

3 月　**第三條** ｜
我已經放棄世界及罪惡的道路，接受耶穌基督為我個人的救
主；我相信上帝因基督的緣故，已經赦免我的罪，並賜給我一
顆新的心。　　067

4 月　**第四條** ｜
我因信而接受基督的義，承認祂為我在天上聖所中作中保；並
要求祂實現祂所應許的，賜下聖靈住在我心中，因而堅固我，
使我得到力量遵行祂的旨意。　　099

5 月　**第五條** ｜
我相信《聖經》是上帝所默示的聖言，同時相信只有《聖
經》才是基督徒信仰與行為的唯一準則。　　131

6 月　**第六條** ｜
我接受十條誡命為基督徒所當守的律法，願意立志靠著基
督，遵守這包括第四條守第七日為主的安息日在內的律法。　　163

7月

第 七 條 |
我相信我的身體乃是聖靈的殿，立志細心照顧身體，戒絕含有
酒精的飲料、各種菸類與不潔淨的食物等，藉以榮耀上帝。

195

8月

第 八 條 |
我接受屬靈恩賜的道理，相信預言之靈乃是餘民教會的明顯特
徵之一。

227

9月

第 九 條 |
在我心中存有耶穌快來的洪福之望，肯定地下決心預備迎見
主，並且幫助別人也作預備迎接祂。

259

10月

第 十 條 |
我信任教會的組織，願意獻納我的十分之一與樂意捐，以及個
人的努力來維持教會。

291

11月

第十一條 |
我接受新約《聖經》中全身入水之浸禮教訓，願意這樣受浸，
作為向大眾表示對基督的信仰，並相信自己的罪過已蒙赦免。

323

第十二條 |
我既然知道並瞭解基督復臨安息日會所教導的基本《聖經》原
則，願意立志靠著上帝的恩典，使我的生活能與這些原則符合。

12月

第十三條 |
我相信基督復臨安息日會是餘民教會，並希望被接受為教友。

355

PREFACE
前言

我相信……

這本書是供每日靈修用,其目的並非要完整闡釋基督復臨安息日教會的全部理念,因為很多其他書籍已提供此功能;它也不是護教書籍,為要捍衛我們的信仰而寫。本書的讀者設定在已瞭解「末世運動」(Last Day Movement)基本信仰的人們,每日篇章都是以三天使的信息為本,提供一個省思的角度,讓讀者得以窺見耶穌基督的榮耀。

相信末世運動的人在受洗前,要宣讀13條領浸約言*,這13條約言是從《聖經》的教導摘錄出來的;然而,一年只有12個月,因此,有些信息勢必沒辦法花30天討論。不過,一個主題的篇幅大小,不代表它受重視的程度如何。我把每個主題都看得同樣寶貴,因為它們都是復臨教會的基本信仰,也是今日我在此撰寫本書的原因。寫作時,我單單祈求聖靈指示我每天該談的主題,然後,憑著對上帝的信心,讓聖靈告訴我文章的內容。

從小我身邊的親友都是基督徒,更幸運的是,我自幼就接受基督化教育。然而,直到接觸復臨教會,我才真正看見耶穌基督完整的樣貌,發現祂真是榮耀無比。透過認識復臨教會的信仰——例如聖所、安息日、身心靈健康、死亡與復活的觀念——使我們得以更明白基督的心,與祂有更親密的關係。

我為每位讀者禱告,願您能夠與主更親近,就是那位放下天上榮耀,來到你身邊的王。

(*編按:本書採用的十三條領浸約言,乃根據基督復臨安息日會台灣區會2017年於官方網站所公布之版本。)

1
Jan

領浸約言第一條：
我相信天父上帝、祂的兒子基督耶穌和聖靈。

關於你身世的好消息

起初，上帝創造天地。創世記1：1

如同許多被領養的孩子，馬修·羅伯茲（Matthew Roberts）踏上了尋根之旅；然而，此路通向一個他完全意想不到的終點。依規定提出申請後，他找到了親生母親，但她卻不願告訴他父親是誰。她最後終於說出父親的身分時，羅伯茲嚇傻了；原來，他的親生父親是查爾斯·曼森（Charles Manson），也就是六〇年代那位惡名昭彰的邪教教主及連續殺人犯。

這消息真會把人嚇傻。羅伯茲會遺傳到他父親的人格特質嗎？他會變得和父親一樣瘋狂嗎？

「我真不想承認這件事。」馬修說，「這就像是發現希特勒是你爸一樣。我是個性格平和的人，卻困在妖魔的皮相下。」大部分的人憑直覺認定出身很重要。我們有怎樣的祖先，決定了我們是怎樣的人、有怎樣的性格傾向，以及未來的走向。不論你從哪裡來，所處的文化為何，每個人都想找到自己的根源——這是本能，也是最深的渴望。

馬修·羅伯茲的尋親之旅以幻滅告終，但你我的尋根旅程卻不會這樣。《聖經》在〈創世記〉第一章的頭幾個字就宣佈了好消息：「起初，上帝……」。這意味著祂是一切的源頭，也是你生命的起源。然而，廿一世紀的世界試圖告訴我們，上帝是不可信賴的；祂心懷惡意，跟異教那些反覆無常的神祇沒兩樣。坦白說，要是我們單看整本《聖經》的頭幾個字，的確會做出這樣的結論：要是世上一切不論好壞都是上帝所造的，那祂大概也好不到哪裡去。

幸好，《聖經》的字句可多著，許多美好的字句都描繪著希望。

上帝盼望我們重新認識祂，並明白我們真正的身分。儘管你我都不完全，無法反映上帝最初賦予人的形象，但在尋找上帝的過程中，我們將會更明白自己是誰——或者說，我們應當是誰。

你最深層的需要

耶和華如此說：「智慧人不要因他的智慧誇口，勇士不要因他的勇力誇口，財主不要因他的財物誇口。誇口的卻因他有聰明，認識我是耶和華，又知道我喜悅在世上施行慈愛、公平和公義，以此誇口。」這是耶和華說的。耶利米書9：23-24

如果你問一群人，人類最深的渴望是什麼，你得到的答案可能會是「愛」。這樣猜想順理成章，畢竟流行文化一天到晚把愛掛在嘴上：從披頭四的歌「你只需要愛」（All You Need Is Love）以來，所有的流行歌曲都一而再、再而三的向我們宣告：愛是人類最根本的需要。

人非常需要真誠的愛與關懷，這點是毋庸置疑的；研究一再證實，育幼院中得到個別關愛的嬰孩，他們在發育方面比沒有得到的更好。因此，我們絕對需要和關心我們的人產生聯結。

然而，愛真的是我們最深層的需要嗎？恐怕並非如此！我們似乎把對生命意義的追尋看得很重，試圖為自己的存在找出理由；於是，很多人追逐財富和權力，如先知耶利米所指出的。然而，他們通常不會因此找到生命的意義和價值；有錢有勢的人仍會為憂鬱症所苦，也會對生命感到無望，甚至有自殺的念頭。

還好，造物主指出了一條道路，踏上這條路的人，保證可以尋見生命的意義。

「上帝說：『誇口的卻因他有聰明，認識我是耶和華，又知道我喜悅在世上施行慈愛、公平和公義，以此誇口。』這是耶和華說的。」（耶利米9：24）

這段話不但給了我們生命的意義和盼望，更深刻揭示了上帝的本質：祂是可以被認識的。儘管上帝無限而人卻有限；儘管上帝是如此宏大，而我們如此渺小；儘管我們難以理解超出自己經驗以外的事物，上帝卻告訴我們，我們可以認識、瞭解祂。我們不只可以發現祂的存在，還可以知道祂是怎樣的上帝。

我們漸漸認識祂後，人生不僅會變得有意義，更會充滿無比的盼望，因為我們將發現祂是慈愛與公義兼備的神。這樣的一位上帝，自然值得我們安心信靠。

有智慧的人明白人類的成就終會成為過去，財富和能力也隨之消逝；然而，倘若我們讓賜生命的主決定我們存在的意義；倘若我們渴望認識祂，就會發現真正的榮耀。

祂在外頭等候

自從造天地以來，上帝的永能和神性是明明可知的，雖是眼不能見，但藉著所造之物就可以曉得，叫人無可推諉。羅馬書1：20

英國傳教士威廉·培里（William Paley）最為人熟知的大概就是他對鐘錶匠的比喻了。他說：「想像你在散步時，發現地上有一隻手錶。把它拾起仔細檢視後，發現它每個部件都接合的完美無缺。兀自讚嘆的你，一定不覺得這些部件是自己組合的。」培里將同樣的概念引申到整個自然界：複雜如宇宙，更不可能憑空自行出現。中世紀的哲學家阿奎那（Thomas Aquinas）以希臘哲學家的思想為基礎，提出一個理論：既然世上所有事物都互有因果，那麼宇宙的源頭一定有某個事物不是藉由外力所產生的；也就是說，肯定有一位造物主。

近代興起的新無神主義者（neo-atheists）揚棄造物主的想法。例如，已去世的克里斯多福·希鈞斯（Christopher Hitchens）在其著作《上帝不怎麼樣》（God Is Not Great）中說：「提出『萬物背後有位設計創造者』這種想法的人，最後一定會面臨『誰又創造了那位創造者』這無解的問題。」（克里斯多福·希鈞斯著，《上帝不怎麼樣：宗教如何毒害了你我》，原文第120頁），而同為「新無神論四騎士」（The Four Horsemen of New Atheism）之一的山姆·哈利斯（Sam Harris）也表達同樣觀點：「聲稱有神的人，必須回答以下這個問題：『誰創

造了那位神？』造物主的論點勢必引發一個無止盡的倒推過程。」（山姆·哈利斯著，《給基督徒國家的一封信》，原文第651－652頁）

對於不信的人來說，這些對保羅觀點的反駁似乎有理：如果複雜的事物一定要有個創造者，那無比複雜的上帝又是誰創造的？但這個論點從出發點就有問題！顧名思義，上帝是「創造主」，不是「受造物」。想像一下，如果有人看到一幅林布蘭的畫作，不禁讚嘆：「這畫真是精細繁複！不知是誰畫出了林布蘭？」

這當然很荒謬！林布蘭是作畫的人，而不是畫作本身；同樣的，上帝是昔在、今在、永在的創造主，而不是受造物。儘管祂的作品清楚揭示了祂的存在及心意，但祂並不等於作品本身。祂和祂的作品是不同的；祂高於祂的作品。

無神論者不小心掉入了和古時的異教徒一樣的思考陷阱。當年在雅典宣教時，使徒保羅曾提醒過聽眾：「我們既是上帝所生的，就不當以為上帝的神性像人用手藝、心思所雕刻的金、銀、石。」（使徒行傳17：29）可悲的是，現代人整天宅在家，動輒數小時黏在螢幕前，與上帝以驚人手筆創造的世界隔離——既無法見證祂的慈愛和心意之廣大，同時又老是納罕著說：「真的有上帝嗎？」

超越萬有

諸山未曾生出，地與世界祢未曾造成，從亙古到永遠，祢是上帝。詩篇90：2

有個古老的故事說到：有一個牧童非常有智慧，連國王都聽到了他的名聲，便把他請到皇宮。王問他：「永恆有多久？」

「很遠很遠的地方，有一座鑽石砌成的高山。它有一小時長，一小時寬，一小時高，且深入地底一小時；每一百年就會有一隻小鳥飛來，在山上磨利自己的喙，有一天牠終於磨得夠利了，永恆的第一秒才剛過去。」

「永遠」是一段非常長的時間。不論出現和消失都有定期的我們，實在很難理解《聖經》所謂「永遠」的概念。我們出生，度過一些年歲（希望還算快樂），然後就走了。但上帝卻不是這樣；《聖經》說祂沒有起點也沒有終點。

多利安·薩根（Doroion Sagan）有次談起自己的父親——著名的科學家卡爾·薩根時，說：「我父親相信的神是像史賓諾沙和愛因斯坦相信的那樣，祂不是主宰大自然，而是自然的一部分；祂等於大自然。」（琳恩·馬古利斯／多利安·薩根著，《娓娓動人：關於自然本質的深思》，原文第415–416頁）神學家和哲學家將這種觀點稱之為泛神論，意指相信上帝並不具備人格或獨立於萬物之外，而是和萬物處於相同的地位。泛神論會興起，約翰·家樂氏博士（Dr. John Harvey Kellogg）在某個程度上算是始作俑者。家樂氏在1897年一場題目為「神在大自然中」演講中興奮的宣稱：「那使宇宙萬物井然有序的上帝，竟然就在我們裡面！這是多麼振奮人心啊！」（亞瑟，懷愛倫著，《黃金歲月》卷五，原文第282頁）1899年他又表示：「我們吃的東西也是神聖的，因為神就在萬物中。」（同上，原文第285頁）

〈詩篇〉的作者們顯然不是泛神論者。他們相信，上帝存在於萬物之先，從亙古就存在，當萬物都消逝後，祂仍在，直到永遠。祂一直都在，永遠都在。

上帝存在的記號遍布世上每個角落，這點毫無疑問。

令人驚奇的創造顯現出上帝的品格，而人類是依祂的形象所造。但造物主——上帝和受造物完全不同；祂高過受造物。這個真理和人類喜歡把自己當作神的傾向背道而馳。

為何要敬拜上帝

每逢四活物將榮耀、尊貴、感謝歸給那坐在寶座上、活到永永遠遠者的時候，那二十四位長老就俯伏在坐寶座的面前敬拜那活到永永遠遠的，又把他們的冠冕放在寶座前，說：我們的主，我們的上帝，祢是配得榮耀、尊貴、權柄的；因為祢創造了萬物，並且萬物是因祢的旨意被創造而有的。啟示錄4：9-11

行事為人頗富爭議的演員比爾·馬厄（Bill Maher）曾這樣說：「承認吧！上帝的自我認同有問題！為什麼祂老是要我們敬拜祂？」如果你對馬厄略有耳聞，應該會知道他在宗教方面的看法不值得一聽；他憤世疾俗，喜歡嘲諷別人，且對基督徒充滿敵意。不過，他的確提出了一個重要的問題：我們為何要敬拜上帝？

二十四位長老說：「因為祢創造了萬物，並且萬物是因祢的旨意被創造而有的。」（啟示錄4：11）四活物及二十四位長老明白一個非常重要的道理：唯獨上帝配得敬拜，因為只有祂是一切生命的源頭。要是沒有上帝，我們就不會存在。

與一位又真又活的上帝產生聯繫，認識祂的品格，承認自己須完全仰賴祂，對我們的身心健康至關重要。離開了上帝，我們無法有健全的生活，也無法成為真正的人，最重要的是：沒了祂，我們無法永遠存在。

敬拜能堅定我們的信仰，提醒我們上帝是誰，而我們又是誰。敬拜是接受一項邀請，而不是像不信的哲學家大衛·休姆（David Hume）所講的，是因為上帝「總是需要有人為祂鼓掌叫好，永無饜足」（大衛·休姆著，《自然宗教對話錄》，原文第107頁）。敬拜的能力是上帝送給我們的禮物，我們要敬拜祂，才能維繫心靈及情感的健康，就像我們需要均衡的營養才能維持身體健康一樣。

上帝喜悅我們敬拜祂，就如牧羊人樂意照顧餵養他的羊群一樣，都不是出於自私的目的，因此〈詩篇〉作者才會說；「來啊，我們要屈身敬拜，在造我們的耶和華面前跪下！因為祂是我們的上帝，我們是祂草場的羊，是祂手下的民。」（詩篇95：6-7）

「上帝是為了自我滿足才要我們敬拜祂」這種說法，不過是呼應了許久以前那位墮落的天使曾指控的：他宣稱天國的統治方式有很大的問題。這墮落世界的很多慘況，都是這樣的不實指控所導致。

敬拜能帶領我們走上修復之途，如同大衛所說的：「祢必將生命的道路指示我，在祢面前有滿足的喜樂，在祢右手中有永遠的福樂。」（詩篇16：11）

才不是外星人！

耶和華上帝用地上的塵土造人，將生氣吹在他鼻孔裡，他就成了有靈的活人，名叫亞當。創世記2：7

「是外星人！」——這就是他們給出的答案。有一天，我在旅館裡邊燙衣服邊看電視。主持人正在討論人類如何在這星球出現的；看得出來他有點不知該怎麼解釋這件事。

「如果我們是演化來的，那我們為何毛髮會變這麼少？是因為女人喜歡毛比較少的男人，久而久之，毛髮濃密的男人就被淘汰了嗎？這沒道理啊！我們需要毛髮來保暖。」

我沒有完全表達他的話，但他的意思差不多是這樣。他覺得很難解釋的是，人類和這個星球上的物種相比，為何會如此精密複雜？達爾文的演化論沒能針對這點提出解釋。

於是他想到了另一種解釋：外星人！他說，可能在很久很久以前，外星人曾來過地球，他們的造訪使得人類的發展大躍進，遙遙領先其他物種。他進一步解釋，外星人一定是對人類的基因動過手腳，才使我們從猿猴轉變成為人類。

我心想：「他在開玩笑吧？」然而主持人是認真的。

姑且不論離我們最近的星系有多遠（即使你以15萬英哩——約24萬多公里的時速前進，都要花將近8千年才能到達最鄰近我們的星球），更別說太空中的輻射會毀了你的生殖系統，那些「遠道而來的外星訪客」很可能沒多久就絕子絕孫。

說的保守一點，外星人的理論非常沒有說服力。但有些人寧願相信是外星人，而不是創造宇宙萬物的上帝創造了我們。為何？因為相信外星人不會有道德規範要遵守；我們不用對外星種族表達忠誠或順從，也不用聽外星人的話，或和他們建立關係——當然，也就不會有所謂的末日審判了。

並且，如果我們真是由外星人來的，那生命就沒有意義可言，我們可以愛怎麼過就怎麼過。這或許可以解釋，為何那麼多人就是不肯接受擺在眼前的答案——上帝說：「我們要照著我們的形象，按著我們的樣式造人。」（創世記1：26）

這些人其實很可憐；因為，與其費盡心思否認上帝，還不如省點力去認識祂，與祂建立關係。

鐫刻於群星中

諸天述說上帝的榮耀；穹蒼傳揚祂的手段。這日到那日發出言語；這夜到那夜傳出知識。無言無語，也無聲音可聽。詩篇19：1-3

我出生在一個到了冬季便非常冷的地方——我是說，冷得要命。冷到溫度計顯示皮膚如果暴露在外，幾分鐘就會結凍。儘管如此，我們還是喜歡往外跑，因為住在像我們這樣一個遙遠的北方小鎮有個專屬的福利，那就是夜晚的星空。由於幾乎沒有光害，真的可以看到滿天星斗。如果是平常住慣都市的人剛來到鄉下，一定會被眼前景象深深震撼；夜空中更有美得令人屏息的極光。這些都讓你甘願冒著嚴寒，只為看它一眼。

我曾好幾次在零下四十度的低溫下，特別把車子停到公路邊，在雪地上躺下，看著夜空；一看就是一個多小時。這樣做不單單是為了它的美，而是夜空與我們的心靈發生感應，向我們訴說上帝真的在那裡，而祂真的偉大。夜空的語言悄無聲息，但任何人都能心領神會，正如〈詩篇〉的作者所說：「無言無語，也無聲音可聽。」

儘管我非常享受二十世紀科技進步帶來的種種便利，但人類對電力的依賴至少造成了一個很大的損失，就是上帝對我們的低聲細語被掩蓋過去了。平日大多數的晚上我們都籠罩在人工光源的照射下，盯著發出不自然光源的螢幕，或走在霓虹炫目的街道上；對於身處墮落世界的我們，電力的確使生活變得更方便，也保護我們免於遭遇危險。不過，人造光源也剝奪了我們透過燦爛夜空接觸上帝的機會；這極致的體驗本來幾乎每天晚上都能經歷到。相較起來，以前每當夕陽落下時，與生活奮鬥一整天的我們，就可感受到上帝的榮耀從黑暗中冉冉升起以提醒我們：祂陪伴著我們。

也許，我們有時應該關掉電視和電腦，留出一點時間走出戶外，體驗大衛所說的景象。還好，星星一直都在，上帝的話也同樣長存。

三位一體的神格

上帝說：「我們要照著我們的形象、按著我們的樣式造人，使他們管理海裏的魚、空中的鳥、地上的牲畜，和全地，並地上所爬的一切昆蟲。」創世記1：26

全世界人口之中有近半數的人是一神信仰，也就是說只敬拜一位神；而這些人絕大多數信奉的是所謂的「亞伯拉罕諸教」（three great Abrahamic faiths），即猶太教、伊斯蘭教以及基督教。摩西在向以色列子民宣布上帝的十誡後，隨即宣布了上帝只有一位：「以色列啊，你要聽！耶和華——我們的上帝是獨一的主。」（申命記6：4）

因為摩西曾這樣說，猶太教和伊斯蘭教認為基督教不能算是真正的一神信仰。他們聲稱：「你們敬拜的上帝不只一個！」他們會這樣想，倒也不難理解：經文已講明只有一位上帝，基督教怎麼會有三位一體——即聖父、聖子、聖靈的概念？

《聖經》第一卷書的第一章解答了我們的疑惑。儘管創造天地的很顯然只有一位上帝，這位上帝卻用「我們」稱呼自己：「我們要照著我們的形象、按著我們的樣式造人。」如果只有一個神格的話，是無法自稱「我們」的！

然而，要怎麼樣才能理解「一位」神卻有「多個」位格的概念？這是神學家幾世紀以來思索的問題；不過，當我們越來越認識上帝，這問題的答案就越來越清晰。《聖經》說上帝是愛（約翰一書4：8），而祂從「亙古」就存在（詩篇90：2）；上帝同時也是「不改變的」（瑪拉基書3：6）。可是，如果愛的定義是完全無私的為他人著想，而上帝就是愛；那麼，沒有對象的愛怎能算是愛？耶穌說明了「父愛子」（約翰福音3：35）

上帝的愛是純全的，因此不只有一個主體——事實上，似乎需要有三個。這如果要做個比喻，最接近的大概就是婚姻關係；在婚姻中「二人成為一體」（創世記2：24）。締結的婚姻只有一個，成立的家庭只有一個，但這卻是兩個人的結合。因此，我們可以思考的是，既然我們是依上帝的形象所造，若想成為真正的人，也就是完全符合神心意的人，必須要能學會無私的愛與付出。

偉大老師的教導

上帝既在古時藉著眾先知多次多方地曉諭列祖，就在這末世藉著祂兒子曉諭我們；又早已立祂為承受萬有的，也曾藉著祂創造諸世界。希伯來書1：1-2

我以前有位音樂老師，她曾試著向我解釋當老師有多困難：「你必須學會如何讓學生瞭解你的意思，要是有人不懂，你得想出十種不同的方法來解釋給他聽。要是那樣還不行，還得再想十幾個。」我們何其有幸，上帝既是優秀的老師，也是溝通高手。祂不只透過所造之物顯現了祂自己（羅馬書1：20），也透過先知直接對我們說話。彼得告訴我們：「因為預言從來沒有出於人意的，乃是人被聖靈感動，說出上帝的話來。」（彼得後書1：21）

不只如此，這些教訓不是只針對特定世代，還會以書面形式記錄下來，讓後世子孫也能從中獲益，如保羅所說的：「他們遭遇這些事，都要作為鑑戒；並且寫在經上，正是警戒我們這末世的人。」（哥林多前書10：11）。

然而上帝的教學方式卻不侷限於祂所造的大自然及書面訓示。時機成熟時，聖子自己成了血肉之軀，成了人類的一分子；上帝真的名符其實的來到我們當中。如同耶穌向腓力所說的：「人看見了我，就是看見了父。」又說：「你們當信我，我在父裡面，父在我裡面。」（約翰福音14：9）

造我們的那位，就是來到我們當中的那位。祂是上帝的獨生子，也就是「創造天地」的那位，完美展現了上帝的人格，因為人子耶穌正是以肉身顯現的上帝。

儘管耶穌基督已經回到了天堂，祂差派了另一位導師給我們：「但保惠師，就是父因我的名所要差來的聖靈，祂要將一切的事指教你們，並且要叫你們想起我對你們所說的一切話。」（約翰福音14：26）

由此可見，如果我們跟上帝的溝通發生阻礙，絕不會是上帝的問題，因為祂一定曾透過無數方式傳達祂的旨意，真正的問題在於：我們有沒有時常回應祂？

天父愛你們

上帝愛世人，甚至將祂的獨生子賜給他們，叫一切信祂的，不致滅亡，反得永生。因為上帝差祂的兒子降世，不是要定世人的罪，乃是要叫世人因祂得救。約翰福音3：16-17

萊諾是個難搞的老光棍；他對天父上帝也充滿負面情緒。有一天，他先是抱怨他鄰居企圖謀殺他，接著開始針對「神性」這個主題大放厥詞：「耶穌嘛，是個愛人的神。但天父是個戰神！」問他何以見得？於是他講起舊約《聖經》裡那些血淋淋的故事，並把它們歸到天父頭上；至於醫治痲瘋病人及接納社會邊緣人，他則歸功於新約《聖經》裡的耶穌。

不幸的是，很多人和萊諾抱持同樣觀點。不知有多少人愛耶穌，卻懼怕天父上帝。有些基督教書籍把天父寫得好像祂熱衷於消滅人類，還好有耶穌基督一直為我們居中求情。這樣的天父形象，就像是希臘神話裡的宙斯，動不動就從奧林匹斯山的寶座賞人類一個閃電雷劈。

昨天的存心節中，我們讀到天父上帝「藉著祂兒子曉諭我們」（希伯來書1：2）。耶穌說：「父自己愛你們。」那天

父有多愛你呢？《聖經》寫道：「上帝愛世人，甚至將祂的獨生子賜給他們。」

三位一體的神，對人類有著共同的救贖計畫。聖父、聖子、聖靈在創造這個世界時合作無間，在救贖你我這件事上也同工。耶穌不是要從天父手中救出你我，而是為了天父去救我們。如同使徒約翰所說：「上帝差祂獨生子到世間來，使我們藉著祂得生，上帝愛我們的心在此就顯明了。不是我們愛上帝，乃是上帝愛我們，差祂的兒子為我們的罪做了挽回祭，這就是愛了。」（約翰一書4：9-10）

萊諾說他鄰居想殺他，有可能是真的（儘管我個人有點懷疑），但他關於天父的觀點顯然大錯特錯。耶穌就是《舊約》裡的上帝：那位引領著以色列人走過曠野的上帝。耶穌也說：「.人看見了我，就是看見了父。」（約翰福音14：9）

世上還有比這更好的消息嗎？

認識上帝的名字

耶和華在雲中降臨，和摩西一同站在那裡，宣告耶和華的名。耶和華在他面前宣告說：「耶和華，耶和華，是有憐憫有恩典的上帝，不輕易發怒，並有豐盛的慈愛和誠實，為千萬人存留慈愛，赦免罪孽、過犯，和罪惡，萬不以有罪的為無罪，必追討他的罪，自父及子，直到三、四代。」摩西急忙伏地下拜。出埃及記34：5-8

有次我在美國東岸一場小型聚會講道。結束時，有位聽眾上前來，顯然他有想法急著想與我分享。「你應該知道吧！我們都把上帝的名字唸錯了！」他帶著了然於心的微笑說，並聲稱，要是我們發音不正確，將造成靈性上的嚴重後果。

事實上，Tetragrammaton（即YHWH「雅威」，所謂的「四字神名」，代表上帝名字的四個字母）的正確發音早已失傳，而《聖經》用了好幾個不同的名字來稱呼亞伯拉罕的上帝，每一個都代表上帝的某項重要特質。這位聽眾和少數人一樣，錯把「上帝的名字」這個主題的重點聚焦於「上帝的名字該怎麼唸」。

關於上帝的名字的確是有很多值得探討，但一定不是像發音這種細節，只要細讀〈出埃及記〉中上帝和摩西的會面那段便可看出這點。出埃及記33：19寫道，摩西希望上帝能讓他看見祂的榮耀，於是上帝答應讓祂的光輝從摩西面前經過，屆時祂將會「宣告祂的聖名」。在第34章，上帝履行了祂的承諾。

那麼，上帝是不是給了摩西一本「發音指南」呢？完全不是。上帝是藉由描述祂的品格來宣告祂的名！祂有恩典憐憫，不輕易發怒，並有豐盛的慈愛和誠實，但祂也是公義的神。路錫甫並沒有帶著世人唸錯上帝的名字；如果要說他是因為這種芝麻小事，才跟著萬千天使一起被逐出天堂，實在太過匪夷所思。實情是，路錫甫欺哄了世人，使他們懷疑上帝的公義與正直。今天，我們仍用「名聲」來形容人的品格，例如「美名」或「惡名昭彰」。另一方面，《聖經》長達八十萬字的篇幅，卻不包含任何「發音指南」。為什麼呢？顯然發音並非重點。

真正的重點是，我們是否選擇信賴這位創造你我的主，相信祂對自己的描述都是確實可信的，這也是為何查考《聖經》、研究祂的話語如此重要。祂仍願意向你我宣告祂的名，正如祂數千年前在西奈山上為摩西所做的一樣。

上帝的印記

我又觀看，見羔羊站在錫安山，同祂又有十四萬四千人，都有祂的名和祂父的名寫在額上。啟示錄14：1

我們昨天讀到摩西請上帝顯現祂的榮耀給他看，結果上帝以描述祂品格的方式來回應他。歷史到了最終章的時候，經上說，使徒約翰看到一群忠貞的信徒和羔羊耶穌基督一同站在錫安山上，他在其後的經文形容這些人是「羔羊無論往哪裡去，他們都跟隨祂」，又說「他們是從人間買來的，作初熟的果子歸與上帝和羔羊」（啟示錄14：4）。

你還可以發現，經文寫到這些人的額頭上有「天父上帝」的名──注意！是「天父上帝」。在現代的《聖經》教導中，這部分很少提到；大多數人談到末日將發生的事時，一定會提到獸的印記，也就是啟示錄13：17節所述「受印記、有了獸名」，這印記是寫在人的額頭或手上。

相較之下，很少人談論過獸的印記之對比──即天父上帝寫在祂子民額上的印記。正如獸的印記，這印記不是像文字刺青或皮下植入的晶片，儘管很多談論這個主題的暢銷書都如此堅稱。要是真如他們所說那樣，那一群崇拜獸的人把你壓制住，硬將晶片植入你的體內，儘管你有千百個不願意，也只得永遠沈淪了。

額上的印記其實有更深遠的意義。《聖經》將額頭視作心靈的象徵，也就是人做出決定的根源。崇拜獸的人因世上種種壓力而軟弱，選擇相信獸的謊言。而那些額上有天父上帝印記的人相信祂是值得信賴的，上帝就跟祂自己所描述的一模一樣，一分不假。因著信，他們願意讓上帝將祂的律法放在他們心上，刻在他們的意念中（希伯來書10：16）。也因為相信上帝，「羔羊無論往哪裡去，他們都跟隨祂」。

那些站立在錫安山上的人，是出於自己的選擇，這是多麼美好的信息！這代表他們不需要是什麼菁英團體──你我如果願意，都可以選擇加入。

別想欺負我的孩子！

我原教導以法蓮行走，用膀臂抱著他們，他們卻不知道是我醫治他們。我用慈繩愛索
牽引他們，我待他們如人放鬆牛的兩顋夾板，把糧食放在他們面前。何西阿書11：3-4

為人父母最心滿意足的時刻，莫過於看著孩子學會走路（當然，等到他們可以追趕跑跳蹦，恣意探索這世界時，父母有時還會覺得婉惜。）我記得看到女兒學會走路時的那種興奮——不，應該說是感動之情；她們的小臉洋溢著興奮得意之情，不需要媽媽攙扶，就自己跌跌撞撞向我走來。

對旁觀者來說，這景象稀鬆平常：只不過就是一個正在學步的小孩罷了。但對一個父親來說，這一幕意義重大，代表孩子健康成長，正緩慢但穩定的邁向成熟之路。跨出人生的第一步——就像吃固體食物、第一次剪頭髮、吐出幾個單字等許多的「第一次」——被視為人生的重要里程碑，不是沒有理由的。

作父母親的自然也明白，孩子也有許多不那麼甜美的第一次，例如第一次生病、第一次失望挫折、第一次感到心碎。但即使在這種時刻，父母親看到孩子因此在這充滿挑戰的世界中，鍛鍊出了待人處事的技巧，仍會感到無比的驕傲欣慰。

那麼，天父看到我們聽見祂的召喚，轉身遠離黑暗國度，跌跌撞撞走向祂，又會是如何欣喜若狂？我簡直是難以想像。在〈何西阿書〉中，上帝描述以色列時所用的語言，一定會深深打動每個作父母的：原來，天父上帝愛我們，就像我們愛自己的子女，因此祂也喜愛看到我們有成功的人生。

這種父母心，只能意會，不能言傳。

在〈何西阿書〉11章開頭你可以聽到天父上帝親口表達這樣的愛。「以色列年幼的時候，我愛他，就從埃及召出我的兒子來。」（何西阿書11：1）而摩西去見法老，要求法老讓上帝的子民離開埃及時，上帝指示他這樣說：「你要對法老說：『耶和華這樣說：以色列是我的兒子，我的長子。我對你說過：容我的兒子去，好事奉我。』」（出埃及記4：22-23）

上帝的心情每個父親都能感同身受：任何人——不管他是誰，都別想欺負我的孩子！

記住，天父上帝就是這樣看待你的。

上帝的管教

你們又忘了那勸你們如同勸兒子的話,說:我兒,你不可輕看主的管教,被祂責備的時候也不可灰心;因為主所愛的,祂必管教,又鞭打凡所收納的兒子。你們所忍受的,是上帝管教你們,待你們如同待兒子。焉有兒子不被父親管教的呢?管教原是眾子所共受的,你們若不受管教,就是私子,不是兒子了。希伯來書12:5-8

知道上帝愛我們就像父親愛孩子,這是何等令人歡欣。昨天我們讀到上帝對我們如慈父般的愛,用「慈繩愛索」牽引我們(何西阿書11:4)。不過,聽到上帝也會管教祂的孩子,就可能不是那麼令人開心了。我自己也是父親,我承認,有時我也會在管教孩子的事上犯錯。這些年來,我曾不止一次做出錯誤決定,也曾弄錯該責罰的對象;我有時也會太過嚴厲,但有時卻又太放縱。儘管我已經盡力做到最好,但仍然沒有達到最好(幸好,我太太棒極了,她遠比我懂得怎樣管教孩子才是最好。)

相比之下,我們的天父是從不犯錯的完美爸爸。然而,你我有時會誤解祂行事的動機。遭遇困難時,我們可能會怪到祂頭上,但其實根本不是祂的問題。有時我們看到別人經歷試煉,就搖搖頭,斷定他一定是犯了什麼錯,以致上帝降下災禍。這種心態在耶穌的時代就有了——約翰福音9:2記載,門徒問耶穌說:「拉比,這人生來是瞎眼的,是誰犯了罪?是這人呢?是他父母呢?」

注意耶穌是怎麼回答的。耶穌回答說:「也不是這人犯了罪,也不是他父母犯了罪,是要在他身上顯出上帝的作為來。」(約翰福音9:3)

有時候,我們會遭遇到困難險阻,是因為生活在這墮落世界,本來就會承受一些風險;但《聖經》也明確告訴我們,上帝因為愛祂的子女,不得不管教我們;《聖經》說,要是祂任我們去,我們就不是祂真正的子女了。現代的教養觀念讓有些人以為,教育孩子,最重要的就是要培養他們的自信心,讓他們覺得快樂。但很多人後來發現,這種觀念不全然正確。真正的愛不能脫離管教,透過管教,父母才能將正確的價值觀、生活技能,以及人生態度灌輸給子女,讓他們能面對未來的挑戰。

因著愛,我們的天父有時得介入,拉我們一把,以免我們走上毀滅之途。〈希伯來書〉的作者告訴我們,這時無須沮喪,因為上帝只是想確保你能平安抵達祂的國度。

上帝來到我們當中

既有人的樣子，就自己卑微，存心順服，以至於死，且死在十字架上。所以，上帝將祂升為至高，又賜給祂那超乎萬名之上的名，叫一切在天上的、地上的，和地底下的，因耶穌的名無不屈膝，無不口稱「耶穌基督為主」，使榮耀歸與父上帝。腓立比書2：8-11

今日的基督徒對腓立比書2：8-11這段經文已經太過熟悉，很難體會當年保羅講出這段話時，對聽眾造成了多大的衝擊。對古時候的人來說，這簡直是離經叛道：上帝變成了人！對羅馬帝國來說，他們對基督教有所忌憚的原因可能不只一個，但對於信奉異教的哲學家來說，他們最不能苟同的教義之一就是「道成肉身」，也就是上帝願意謙卑祂自己，成為一個人。西元二世紀時，一位名叫克理索（Celus）的羅馬哲學家曾如此嘲笑基督教信仰：「上帝應該是良善、美麗、受祝福的。要是祂來到了世間，祂的本質勢必發生改變，從良善變成邪惡，從高尚變成卑鄙，從喜樂變成悲苦，從至高變成卑賤。誰會願意經歷這樣的改變呢？」（俄利根著，《反駁克理索》卷四，原文第14頁）

克理索難以理解：一個完美的上帝，怎麼會願意紆尊降貴，配合我們？這太匪夷所思了！可見，保羅在哥林多城的這番言論，對羅馬的知識分子而言實在難以苟同。不只是哥林多人，對於西元一世紀的猶太人來說，這觀念也很難理解。保羅話裡傳達的耶穌形象，我們頂多是覺得有點難以想像，但對於能將舊約《聖經》倒背如流的猶太人來說，保羅的話簡直令人坐立難安。因為他提到了〈以賽亞書〉這一段：「地極的人都當仰望我，就必得救；因為我是上帝，再沒有別神。我指著自己起誓，我口所出的話是憑公義，並不反回：萬膝必向我跪拜；萬口必憑我起誓。」（以賽亞書45：22-23）

以賽亞談論的是那獨一的真神，他講得很清楚，除祂以外沒有別的神。而保羅也是以很肯定的語氣告訴他的聽眾——耶穌就是那位真神。這是羅馬哲學家們難以想像的，因為那些異教的神祇總是喜怒無常，生性兇殘，缺乏人性的溫暖，從不會為了人間的風風雨雨搞髒自己的手。然而，亞伯拉罕的上帝卻如此在乎人類，甚至願意為了拯救世人，甘願放下天上冠冕，來到這個世上。

創造主與十字架

有人聲喊著說：「在曠野預備耶和華的路，在沙漠地修平我們上帝的道！」。以賽亞書 40：3

自古以來，基督徒都視以賽亞的呼召為一種預示，宣告了施洗約翰將來的傳道事工。而施洗約翰也真的就是在曠野中呼喊，宣告彌賽亞即將來臨。約翰的呼召也是針對所有的基督徒，要他們奉獻自己的時間精力，在世上努力做工，準備迎接上帝的復臨。

那麼彌賽亞是誰？我們來好好查考一下《聖經》。多數《聖經》版本都把LORD（主）四個字母全部大寫，這樣做是因為《聖經》譯者要讓讀者知道LORD代表的是Yahweh（雅威）這個名字的簡稱（早年我們把Yahweh「雅威」唸為Jehovah「耶和華」）。重點在於一般我們提到「雅威」或「耶和華」時，是指「父上帝」，但預言把那即將來臨的那一位也稱為「耶和華」，以賽亞在描述耶穌基督的復臨時，就是使用了這樣的稱謂：「主耶和華必像大能者臨到；祂的膀臂必為他掌權。祂的賞賜在他那裡；祂的報應在他面前。」（以賽亞書 40：10)

以賽亞這段話中，GOD（上帝）又全部是以大寫呈現，所以也是指「雅威，或稱耶和華」。而在〈啟示錄〉中，我們見到以賽亞這段話又被引用，這次是出自耶穌基督的口中，時機點是祂復臨的時候：「看哪，我必快來！賞罰在我，要照各人所行的報應他。」（啟22：12）這樣的安排不會是偶然。

幾世紀以來，一直有人（包括《聖經》學者）質疑耶穌基督的神性，認為祂也只是受造物，不像聖父和聖靈具備「永遠共存」（coeternal）位格的神性。但如果仔細查考整本《聖經》，這樣的說法便不攻自破。耶穌基督不只是一位福音的使者，或來幫忙清理善後的人。

不，走進我們黯淡生命的，就是成為血肉之軀的上帝祂自己。祂就是那位親自前來解救受造物的造物主。

聖殿的榮耀

「這殿後來的榮耀必大過先前的榮耀；在這地方我必賜平安。這是萬軍之耶和華說的。」哈該書2：9

當耶路撒冷的第一聖殿完工時，所羅門王召集以色列子民一同禱告，正值他結束禱告時，「就有火從天上降下來，燒盡燔祭和別的祭，耶和華的榮光充滿了殿；因耶和華的榮光充滿了耶和華殿，所以祭司不能進殿。」（歷代志下7：1-2）

這個景象震攝了以色列眾人，《聖經》描述，他們「就在鋪石地俯伏叩拜，稱謝耶和華」（歷代志下7：3）。

及至從巴比倫被擄歸回後，可想而知，上帝的子民一定期盼第二聖殿的建成。他們心裡必納罕著：「上帝會再度向我們顯現嗎？會有火從天上降下來嗎？」

結果這些並沒有發生！儘管如此，先知哈該卻預言，第二聖殿的榮耀將會大過先前。這怎麼可能呢？第二聖殿剛建好時，連約櫃都還沒找回來。

看來，第二聖殿的榮耀想要媲美第一聖殿都不太可能，更別說超過了。

想要理解哈該的話，得讀哈該書2：7所說的「我必震動萬國，萬國的珍寶必都運來，我就使這殿滿了榮耀。這是萬軍之耶和華說的。」

以色列子民由埃及往迦南前進時，上帝一直與他們同在；白天時用雲柱，晚上用火柱引領他們。他們紮營休息時，上帝會親自降臨於會幕，在幔子後的至聖所裡住下。除了大祭司一年可以進入至聖所一次，其他罪人不能進到裡面，站立在上帝的面前，否則必死無疑。

第二聖殿之所以更加榮耀，是因為聖子耶穌基督——萬國的珍寶——從幔子後面走了出來，以一個有血有肉的凡人身分，進到聖殿。

祂教導我們，關心我們，拯救我們——而且是面對面。在《聖經》各書卷中，我們看到祂甘心降卑為人，這遠比來自天上的火還要榮耀的多。

上帝清晰的話語聲

太初有道，道與上帝同在，道就是上帝。這道太初與上帝同在。萬物是藉著祂造的；凡被造的，沒有一樣不是藉著祂造的。約翰福音1：1-3

很少《聖經》經文能像〈約翰福音〉這段話，以如此撼動人心的方式描寫耶穌基督。它說耶穌是「上帝的道」，活生生展現了上帝的神性；祂也是創造者，一手打造這世界，這足以顯示祂確實是上帝品格的展現。

令人扼腕的是，自從人類在伊甸園背叛了上帝，我們就玷污了上帝的創造。因為人類犯了罪，死亡與敗壞進入了世界，這世界不再反映上帝的良善。在一位墮落天使的引誘下，我們對上帝的品格產生了懷疑。於是，我們扭曲了天父的創造，這使我們道德良知變得麻痺，難以感受上帝的美善。

然而，隨著耶穌的降生，上帝——也就是當年那位與我們在至善至美的伊甸園同行的主——突然來到了這殘缺的世界，成為人類的一分子。儘管自然界已經不再能體現上帝全部的榮耀，但上帝的榮耀在耶穌身上瞬間表露無遺。雖然地球被罪污染了，上帝的兒子卻沒有被污染。耶穌成為血肉之軀後，和我們一樣面臨各種道德上的考驗，只是祂沒有向試探屈服。〈希伯來書〉說祂「也曾凡事受過試探，與我們一樣，只是祂沒有犯罪」。

我們依然能在上帝用言語所完成的創造中，看到上帝的形象；人類墮落後數千年，大衛王得見天上的榮耀，仍被深深的震懾（詩篇8：1）。然而，耶穌展現的是，以一個血肉之軀怎樣彰顯上帝的品格：用言語創造萬物的上帝，成為上帝的道最完美的體現。

耶穌基督始終持守祂的品格，直到祂傳道事業的末了，最後祂得以告訴天父上帝：「我在地上已經榮耀祢……祢從世上賜給我的人，我已將祢的名顯明與他們……因為祢所賜給我的道，我已經賜給他們；他們也領受了，又確實知道，我是從祢出來的，並且信祢差了我來。」（約翰福音17：4-8）

當這墮落世界讓你不禁有點灰心，轉向耶穌吧！你將會聽見上帝在對你說話，而且語聲清晰。

與天使同聲歡呼

從來沒有人看見上帝，只有在父懷裡的獨生子將祂表明出來。約翰福音1：18

有次我在佈道會講道時，從放在大廳的提問箱中抽出聽眾的一個問題——「我們怎麼知道，除了撒但以外，其它的天使會不會也跟著叛變？畢竟他們也有自由意志，我們怎麼知道他們不會學路錫甫？

理論上，這的確可能發生，因為上帝給了我們自由意志，不過從《聖經》可以推斷，這種事不會發生。彼得寫道，上帝救贖人類的計畫，連「天使也願意詳細察看」（彼得前書1：12）；而保羅也說，我們人類是「一臺戲，給世人和天使觀看」（哥林多前書4：9）。

換句話說，在這墮落世界上演的劇碼不是只有人類在關心；不是只有我們心裡有疑問，就連天使也看到路錫甫被逐出天堂，他們也在密切注意這將會對人類造成什麼影響。

上帝的完美品格在耶穌基督身上清楚顯明。耶穌說：「現在這世界受審判，這世界的王要被趕出去。我若從地上被舉起來，就要吸引萬人來歸我。」（約翰福音12：31-32）值得注意的是，在《聖經》希臘文裡，耶穌並沒有使用「萬民」（peoples）這個字，祂所指會來歸向祂的，應該不只有人類。

耶穌基督被釘十字架這件事，讓眾天使頓時完全明白了真相：上帝的品格真是無可指謫，而撒但，如約翰福音8：44所說，就是個騙子及謀殺者。上帝戳破撒但謊言的方法，不是禁止人與天使相信他的話，而是透過愛，讓人與天使徹底醒悟。

要是他們心中還有那麼一點不確定，以下這段話必足以釐清一切——我聽見在天上有大聲音說：「我上帝的救恩、能力、國度並祂基督的權柄，現在都來到了！因為那在我們上帝面前晝夜控告我們弟兄的，已經被摔下去了。」（啟示錄12：10）

看來，耶穌的傳道事工是在全宇宙面前展開。天使看到耶穌展現了父上帝更完整的面貌，一定充滿了驚奇，且滿心歡喜。如果我們細心體察，也可以經驗到這樣的喜樂。

設身處地

因我們的大祭司並非不能體恤我們的軟弱，祂也曾凡事受過試探，與我們一樣，只是祂沒有犯罪。所以，我們只管坦然無懼地來到施恩的寶座前，為要得憐恤，蒙恩惠，作隨時的幫助。希伯來書4：15-16

你一定碰過這樣的人：他們老是喜歡向人提出種種建議，儘管沒人問他們——老實講，可能也沒人想聽！有些人甚至如猛禽，老是把教會的弟兄姊妹視作獵物，一有機會就逮住他們，告訴他們哪裡做錯了。「我本來不想管的！」他們會這樣說，但事實上，他們就是會插手。而且，這些人往往很希望別人能學他們，效法他們「完美的榜樣」。

針對這種人，耶穌說：「你自己眼中有樑木，怎能對你弟兄說『容我去掉你眼中的刺』呢？你這假冒為善的人！先去掉自己眼中的樑木，然後才能看得清楚，去掉你弟兄眼中的刺。」（馬太福音7：4-5）

事實上，如果有人對你說：「你不是我，無法瞭解我的情況！」他說的恐怕是實情，因為你真的不知道。我們的罪性阻礙了我們理解他人的能力，也就是說，我們眼中都有「樑木」。幸好，上帝不是這樣的，祂真的懂你。

我們有時會把上帝想的和其他人一樣搞不清楚狀況。但《聖經》向我們保證：絕對不是這樣——耶穌知道你經歷了什麼，祂的身心也曾遭遇極大的痛苦，也曾飢餓、口渴、被拒絕，及感到孤單；然而，祂雖曾受試煉，卻沒有因此跌倒，因此能以更客觀的角度察覺問題所在。

創造世界的主並沒有選擇躲在遙遠的角落，遠離因人類背叛而變得烏煙瘴氣的世界。祂大可以這樣做，但祂心繫我們，於是親自來到這世界——全宇宙最多苦難的角落，跟我們在一起。

一般人難免會論斷我們，但在那位永恆的法官面前，因為耶穌對於人的種種辛苦有過切身的體會，我們可以不用害怕，因為我們軟弱時，祂必以慈愛憐憫恩待我們。

永遠的道成肉身

道成了肉身,住在我們中間,充充滿滿地有恩典有真理。我們也見過祂的榮光,正是父獨生子的榮光。約翰福音1:14

耶穌基督道成肉身這件事,最令人驚奇的地方在於:它具有永恆的效果。耶穌基督選擇成為我們的一員,不是出於一時好奇,想知道當人類是什麼滋味,而是決定永遠成為「末後的亞當」(哥林多前書15:45)。

使徒約翰非常明確的指出這一點;〈約翰福音〉所說的「道成了肉身,住在我們中間」,意思真的是指耶穌將聖殿會幕搭建在人類的世界裡。

舊約《聖經》所記載的聖殿敬拜禮儀中,一年最後一個節期是住棚節。這是為了要記念上帝領以色列民出埃及,慶祝祂信實地把祂的子民帶到了應許之地。一年的開始,先是逾越節、除酵節,以及初熟節這些春季節期,分別代表著耶穌的死、埋葬與復活;五旬節則是預示了新約教會的創建;吹角節及贖罪日象徵末日審判。最後是住棚節,預示耶穌基督將會永遠住在我們當中。

耶穌復活時,儘管充滿榮耀,祂的形體仍是一個人。「你們看我的手、我的腳,就知道實在是我了,」祂這樣鼓勵使徒,「摸我看看!魂無骨無肉,你們看,我是有的。」而天使也是這樣告訴使徒:「這離開你們被接升天的耶穌,你們見祂怎樣往天上去,祂還要怎樣來。」(使徒行傳1:11)

耶穌決定要成為人類的當下,就決心永遠為人。祂儘管暫時離開了我們,回天上為我們預備地方(約翰福音14:3),但終極的目標是要將會幕搭建在人間。「我聽見有大聲音從寶座出來說:『看哪,上帝的帳幕在人間。祂要與人同住,他們要作祂的子民。上帝要親自與他們同在,作他們的上帝。上帝要擦去他們一切的眼淚;不再有死亡,也不再有悲哀、哭號、疼痛,因為以前的事都過去了。』」(啟示錄21:3-4)

是的,主耶穌,請祢快來吧!

聖靈的人格

彼得說：「亞拿尼亞！為什麼撒但充滿了你的心，叫你欺哄聖靈，把田地的價銀私自留下幾分呢？田地還沒有賣，不是你自己的嗎？既賣了，價銀不是你作主嗎？你怎麼心裡起這意念呢？你不是欺哄人，是欺哄上帝了。」使徒行傳5：3-4

幾年前，我曾聽過一位年輕老師跟全班小朋友解釋聖靈的概念。當時《星際大戰》第一集才剛上映，她正為如何向孩子解釋「聖靈做工」這樣奧妙的觀念而傷腦筋，於是她想到向盧卡斯（George Lucas）求救：「聖靈就像是『原力』（The Force）！」登時所有小朋友眼睛一亮，馬上就懂了，每個人都知道「原力」是什麼。

這比喻儘管聽來巧妙，可惜大錯特錯，且有誤導的危險。《星際大戰》中的原力比較接近東方的泛神崇拜，和聖靈相差甚遠。例如，用影片自己的說法，「原力」是一個「由周遭所有具有生命的物體所創造的能量場。這能量場既環繞我們，也會進入我們裡面。」

然而，你我無法「創造」聖靈。祂不是一種由人產生的力量，也不是一種在宇宙中，可對所有善或惡生物產生作用，卻又看不見的能量流。《聖經》說的很清楚，聖靈具有人性，是三位一體的位格之一；如果祂只是一種力量或能量場，那就很難解釋亞拿尼亞何以能對祂說謊。

說謊牽涉人與人之間的互動。我們不能跟石頭、樹樁、或餐桌說謊，只能跟一個能夠理性思考，判斷你所言是否屬實的對象說謊；而《聖經》說聖靈「參透萬事，就是上帝深奧的事也參透了」，並能「知道上帝的事」（哥林多前書2：10-11）。

亞拿尼亞向聖靈說謊後，彼得警告他，他向上帝說了謊。儘管我們比較容易理解聖子成為人、上帝把自己比作父親這樣的概念，但聖靈不折不扣是三位一體的位格之一；《聖經》描述祂的方式，就像是描述一個有思想感情，能感知的人。

這代表的意義是，聖靈不能為我們所用，而是我們為祂所用。

羔羊的三個七

我又看見寶座與四活物，並長老之中有羔羊站立，像是被殺過的，有七角七眼，就是上帝的七靈，奉差遣往普天下去的。啟示錄5：6

當使徒約翰在異象中見到上帝在天上的寶座時，他看見一隻被殺的羔羊，然後看到了三組數量都是七的事物：七個角、七隻眼睛、七個靈。幾千年來，神學家都形容上帝有三種特性：祂全能（omnipotent）、全知（omniscient），且無所不在（omnipresent）。

仔細閱讀以下經文，因為它證實了耶穌是上帝道成肉身：「愛子是那不能看見之上帝的像。」（歌羅西書1：15）在《聖經》預言中，角是用來代表權力。例如，在〈但以理書〉8章，我們可以看到，代表波斯和瑪代的公綿羊有兩隻角，一隻長，一隻短，分別代表強權波斯及較弱的瑪代。同樣的，〈但以理書〉8章提到的公山羊有一隻「碩大」的角，牠代表了「頭一個王」，即亞歷山大大帝的無上權力。

眼睛是用來代表知識和智慧，正如《聖經》在歷代志下16：9所說：「耶和華的眼目遍察全地」。

最後，上帝的靈無所不在；這是毫無疑問的。創世之初，「上帝的靈運行在水面上。」（創世記1：2）。上帝特別靠近祂的子民時，《聖經》常常形容是「上帝的靈」降在他們身上（參士師記6：34）。

另一方面，「7」這個數字就是上帝的數字，代表著純全。啟示錄5：6對耶穌的描述最是完整深刻：祂不僅是被殺的羔羊，成了我們的贖罪祭；也是全知、全能，且時時刻刻與我們同在；祂真的就是上帝。儘管祂現在在天上，為我們代求，祂同時也與祂的教會同在。直到今日，上帝的全知全能仍然是你我可以仰賴的。

分離帶來的祝福

然而，我將真情告訴你們，我去是於你們有益的；我若不去，保惠師就不到你們這裡來；我若去，就差祂來。約翰福音16：7

在過去，出遠門比現在辛苦許多。過去如果我要到美國其他州（或其他國家），我就要有心理準備——這段時間內無法常和太太孩子聯絡。因為如果要打長途電話，費率很高，而我們手邊沒有太多閒錢可花。但隨著手機以及網路的普及，一切都改變了，長途電話變成了古早的回憶，有了視訊，打電話時還可以面對面交談。

不過，儘管人與人之間的聯絡比以往方便得多，分離仍然是件難受的事，心裡還是會渴望能夠在一起。我很難想像，當門徒們醒悟到耶穌真的要離開他們的時候，他們的心情是如何恐慌糾結。

之前他們好不容易花了三年的時間，才明白祂是誰、來意為何，現在他們已徹底信服：在他們當中的這一位就是彌賽亞——活生生就在他們當中！

不過，耶穌既然已取了人的樣式，因此祂和平常人一樣，一次只能出現在一個地方。從前在舊約時代，以色列人承受祝福，白天有雲柱，晚上有火柱帶領他們越過曠野；而在被擄到巴比倫之前，置放於至聖所的約櫃上方也有上帝的榮光照耀。

那麼，新約教會是不是就無福承受上帝的親密同在呢？

耶穌這樣告訴他們：「我去是於你們有益的。」使徒們聽了一定一頭霧水。耶穌的離去怎麼會說是對他們有益呢？原來，上帝賜下了聖靈，三位一體中的第三個位格。透過聖靈，耶穌可以超越時空限制；使徒們傳福音的腳蹤，即使遠達地極，即使散落各地，上帝永遠都在他們身邊，但基督徒仍感到與耶穌分離的椎心之痛，渴望與祂面對面的那一天。那一天就快來了，而在那天之前，和耶穌、天父同為三位一體的聖靈也會一直陪伴著教會。

耶穌說：「我就常與你們同在，直到世界的末了。」（馬太福音28：20）

聖靈的舌如火焰

五旬節到了，門徒都聚集在一處。忽然，從天上有響聲下來，好像一陣大風吹過，充滿了他們所坐的屋子；又有舌頭如火焰顯現出來，分開落在他們各人頭上。他們就都被聖靈充滿，按著聖靈所賜的口才說起別國的話來。使徒行傳2：1-4

五旬節又稱「收割節」，為的是記念以色列人抵達西奈山，領受上帝頒佈的十誡；這件事發生在他們離開埃及後的49天。那天的景象相當令人震驚：伴隨著煙與火，上帝親自降臨西奈山，以致「遍山大大的震動」（出埃及記19：18）。

有個古老傳說衍生自〈創世記〉第10章：說是挪亞有七十個孫子（有些版本說是72個），他們各自建立了一個新的國家（考夫曼·霍勒／艾薩克·波伊德著，《猶太百科》〈七十個國家，七十種語言〉），因此基督教相信，巴別塔倒塌後，全世界有七十個國家。另一個在新約教會時代很盛行的古老傳說則是，上帝在西奈山上頒佈十誡時，是同時用七十種語言說的！

因此，請想像五旬節當天那時的人看到發生在門徒身上的事，心裡會是如何的震驚。他們是在五旬節當天，也就是記念西奈山當年煙與火的日子，親眼目睹聖靈的舌如火焰落在使徒的頭上，這些來自列國的人還聽到使徒們說的是他們自己的語言！

「我們各人怎麼聽見他們說我們生來所用的鄉談呢？」他們心中驚嘆不已。

這代表的意義再清楚不過了：那場聚會中，在使徒身上展現大能的，就是十幾個世紀前降臨西奈山，向立約子民說話的那位。被釘十字架前，耶穌曾預告，耶路撒冷的聖殿將會變得荒蕪、渺無人跡（馬太福音23：38），而幾十年後，聖殿真的全毀於羅馬人的手中。

第一聖殿曾有上帝榮光的降臨，第二聖殿則有道成肉身的耶穌親自來到，而到了新約教會的時代，上帝則是透過聖靈降臨在我們當中。祂將一直與我們同在，直到耶穌再來。

發生在西奈山的事極具震撼力，足以撼動人的生命。今天要是我們認耶穌基督為主，順服祂的旨意，內心也必經歷劇烈的改變，生命從此不同。

學習傾聽

但保惠師，就是父因我的名所要差來的聖靈，祂要將一切的事指教你們，並且要叫你們想起我對你們所說的一切話。約翰福音14：26

在過去，我向來都用一個小紙本行事曆來記事，確保生活有條不紊。曾幾何時，一切都數位化，辦公室每個人都用「iCal」或「Outlook」之類的軟體來記事。這樣做當然有一個很大的好處，就是我們可以分享彼此的行事曆，每個人都知道其他人在忙些什麼。至於缺點，則是我整天就看著別人的待辦事項一直從螢幕中跳出來，而既然大部分都和我無關，久而久之看到別人的待辦事項我幾乎都會自動忽略。

然而，儘管不是有意，大部分的待辦事項通知我都會錯過，甚至連提醒下個待辦事項的「叮」一聲都沒聽到；有幾次我真的因此忘記重要事情。我不禁想，如果用紙本記事我是不是就不會忘記？因為要比較專心。

耶穌基督當年花了三年半的時間訓練祂的門徒，透過福音書的記載，今天我們仍得以領受祂的教導。「我回到天上以後」，耶穌告訴門徒，「我父要差來聖靈，祂要將一切的事指教你們，並且要叫你們想起我對你們所說的一切話。」

如果希望聖靈提醒你耶穌說過的話，你當然要先把耶穌的話放進記憶體裡。然而現在有些基督徒卻以為只要有神奇的聖靈引領即可，不需要親自讀《聖經》。耶穌可不是這樣說的；我們仍須要花時間研讀《聖經》，理解它所要傳達的信息，因它就是經由聖靈啟示所寫成。

不讀《聖經》還有另一個潛在風險，就是我們可能會習慣性地忽略聖靈的感動。

如果你沒有每天都花一些時間親近上帝，可能會認不得聖靈的聲音；祂也許正努力提醒你，針對你現在的情況，耶穌已經提供解方；但你因為已經習慣忽略屬靈的提示聲，就聽不見祂的大聲疾呼了。

對於信徒來說，安靜下來與上帝交通是絕對必要的，不能當作可有可無。唯有這樣，我們才能培養出對聖靈聲音的敏感度，沒有什麼比這更重要了。

永恆的參考指標

祂既來了，就要叫世人為罪、為義、為審判，自己責備自己。為罪，是因他們不信我；為義，是因我往父那裡去，你們就不再見我；為審判，是因這世界的王受了審判。約翰福音16：8-11

多年前當我尚年幼時，曾在電視節目中見到一件謀殺案，因為年代久遠，當時還是黑白電視。我看到一個男子哀求劫持他的人不要傷害他，但他們仍無情的把他從一個很高的陽台上丟下去。這一幕讓我內心不安了很久，那天晚上甚至睡不著覺。儘管我知道那只是在演戲，但我仍然為作家能想出這樣一件邪惡的事而感到焦慮。當然啦！隨著年齡漸長，我和大多數人一樣，在成年前已經看過了大約四萬件謀殺案，這樣的景象不再對我產生什麼影響。

罪的危險性正是越身處其中，就越不會覺得它有什麼問題。因為我們的罪性，我們的道德天平從一開始就沒有校準；因為我們的本性就是自私、自我中心。如果我們靠自己，就幾乎難以察覺自己的罪孽有多深。這就像是車子的儀表板顯示不準確，使我們誤以為自己沒有超速，但其實根本就是恐怖駕駛；甚至像是引擎燈故障，等我們發現引擎過熱時，早就為時已晚。

身為罪人的我們，並不具有客觀的道德標準。我們是用自己的需要及慾望來衡量自己的行為，因此不知道自己是如何虧欠了上帝的榮耀。這時，我們就需要聖靈的提醒：祂叫世人為罪責備自己。

聖靈提供了一個超然的參考指標，讓我們能夠採用上帝的標準，而非我們自己的。這是一個無價的禮物，因為如果上帝不指出我們的罪孽，我們自己永遠都不會察覺到。如果我們都是自己管自己，勢必會淪喪。

從上帝賜下聖靈給我們這事來看，可看出祂一心一意帶我們回到天家。聖靈帶來的祝福使罪不再住在我們裡面：我們越是讓聖靈住在我們裡面，留意祂的指引並積極回應，祂的聲音就會日漸清晰。

說天國的語言

況且，我們的軟弱有聖靈幫助；我們本不曉得當怎樣禱告，只是聖靈用親自說不出來的嘆息替我們禱告。鑒察人心的，曉得聖靈的意思。因為聖靈照著上帝的旨意替聖徒祈求。羅馬書8：26-27

想像一下你是英國人，有一天，英國女皇把她的手機號碼給你，說：「來，有任何需要，儘管打給我。」你一定感到受寵若驚。不過，比起上帝賜給我們的特權，這就相形失色了。《聖經》邀請我們「只管坦然無懼地來到施恩的寶座前」（希伯來書4：16），我們這些小小的罪人也有資格靠近神聖上帝的寶座嗎？答案是肯定的——因為十字架的緣故，我們竟然可以！

不過，有個問題尚待解決。雖然《聖經》向我們保證：「我們若照祂的旨意求什麼，祂就聽我們，這是我們向祂所存坦然無懼的心。」（約翰一書5：14）這真是好消息！可是壞消息是，人的心已被罪所扭曲，對於該怎麼跟上帝對話實在沒什麼概念。我們對上帝的認識充滿錯謬偏頗，儘管應該要依照上帝的旨意祈求，但身為有限的罪人，我們對於上帝的旨意只有一個模糊的概念。

上帝早就預知這種情況了，也早有準備。祂讓聖靈成為我們的屬靈翻譯，當我們不知如何禱告時，聖靈就幫我們把禱告完成。如果我們的需要超出人的語言所能表達的範圍，聖靈依然能理解，祂會「用親自說不出來的嘆息」，為我們代求。

事實上，我們甚至不清楚自己真正需要的是什麼，需要聖靈向我們揭示出來；祂會使我們被罪蒙蔽的心轉向耶穌。耶穌說，「我要從父那裡差保惠師來，就是從父出來真理的聖靈；祂來了，就要為我作見證。」（約翰福音15：26）

祂使我們看清上帝的心，給予我們信心，於是我們所求的便會符合上帝的心意。拿到英國女皇的手機號碼是一回事，要是她還邀請你住進皇宮裡，教你像貴族一樣的思考及表達，那又是另一回事。上帝如今透過聖靈為你我所做的比較接近後者。前提是——你得先同意才行。

上帝的道與聖靈和諧

我們為這事作見證；上帝賜給順從之人的聖靈也為這事作見證。使徒行傳5：32

「牧師，聖靈告訴我，我要跟這個人結婚——這樣我才能夠救他！」說這話的女子臉上表情顯示，她對自己的說法有點心虛，因此希望我能夠肯定她的想法，好讓她有勇氣採取行動。但我知道男方並不是教友，因此沒辦法這樣做。

「妳覺得聖靈會自相矛盾嗎？」我用溫和的語氣問她。「經文都是經由聖靈的啟示而寫成，而經文明確記載：『不可跟不信的人締結婚姻。』我想上帝的話不會前後不一。」

今日很多的基督徒把自己的感受和聖靈的感動給搞混了。有間靠近加拿大多倫多機場的教會，就是明顯走偏了路。他們強調聖靈的「顯現」。所謂「顯現」的跡象，包括忍不住一直笑或學狗叫，有些會眾則是會趴在地上，做出嬰兒般的動作。他們聲稱變得像嬰兒般，代表上帝正在帶領他們經歷「重生」的過程。這個教派的信徒當中，有些人的生活方式公然明顯違反上帝的律法，但他們卻說自己是被聖靈特別揀選，要顯明上帝的同在。然而，《聖經》對這種事的態度已經很清楚了。聖靈在新約教會降下後沒多久，保羅就告訴會眾，聖靈已經「賜下給那些相信耶穌的人」。聖靈不會叫人違背上帝的話，也不會降在那些不聽從祂引導的人身上。

很多基督徒都會納悶，為何好一陣子都沒有感受到聖靈的同在或聽到祂的聲音？有時候這是因為祂真的沒吭聲，但我們也要思考，有沒有可能是因為聖靈曾向我們發出勸導，特別是祂透過《聖經》提醒我們某些事時，我們卻堅持自己的想法，以致祂閉口不言了？

聖靈不只是像一個「屬靈電池」，功能僅限於使我們心生感動或採取行動。祂就像三位一體的其他位格一樣，是透過互動來影響我們，而這需要我們採取合作的態度。

讓上帝來帶領

在安提阿的教會中，有幾位先知和教師，就是巴拿巴和稱呼尼結的西面、古利奈人路求、與分封之王希律同養的馬念，並掃羅。他們事奉主、禁食的時候，聖靈說：「要為我分派巴拿巴和掃羅，去做我召他們所做的工。」於是禁食禱告，按手在他們頭上，就打發他們去了。使徒行傳13：1-3

上帝即將回到天上前，給了門徒們一個任務：「所以，你們要去，使萬民作我的門徒。」（馬太福音28：19）全世界沒有人可能獨立完成傳福音的工作。除了這樣一項龐大無比的任務不可能一手包辦，更由於我們是有罪的人，無法自己訂立一個可行的計畫來達成這個使命。

因此，這工作不是交給我們來做，而是由天上聖所的大祭司——耶穌來發號施令。祂藉由聖靈，將祂的旨意傳達給教會。如果不是由上帝，而是由教會的委員會來負責挑選合適的工人，差遣他們去傳福音，可能會採用錯誤的標準，結果選出的人全都不適任。相反的，如果先尋求上帝的旨意，情況就會好得多：先禱告，求問祂對這件事的心意，然後在祂開路後，加入祂、與祂同工。早期的教會就是如此；他們在從事天國的事工時，會密切注意來自天上的指示，尋求祂的指引。

在挑選傳道團隊成員時，他們有顆敏感的心，能聽見上帝的指示，於是選擇了掃羅和巴拿巴（**我們在使徒行傳13：9可以看到上帝選擇的是「被聖靈充滿」的人，即聽到聖靈的指示就會照做的人。**）

為上帝做工要產生果效，其關鍵在於讓祂帶頭。的確，教會有自己的組織，上帝也要我們在各項事工上發揮我們的智慧及恩賜，為聖工努力不懈。但同時也別忘了，教會不是財星500大企業；選擇教會「會長」或「主席」的不是我們，而是上帝。信徒若想成功達成那些分派給教會的使命，唯有單單聽從上帝的指揮。如果我們能夠放下自己的想法，讓聖靈帶領，將發現祂的指示相當清楚。

希望之聲

但願使人有盼望的上帝，因信將諸般的喜樂、平安充滿你們的心，使你們藉著聖靈的能力大有盼望！羅馬書15：13

———則古老的希臘神話故事如此說：有位薛西弗斯國王，他成功騙過了諸神而得以長生不死。不過，他受到的處罰是，必須要將一塊巨石從山坡底部一直推到坡頂，永遠不得休息。每當石頭到了頂部，自己又會滾回地面，於是他又得重來一次。廿世紀的哲學家卡繆（Albert Camus）用了薛西弗斯的故事當作他散文集的書名——《薛西弗斯的神話》（The Myth of Sisyphus），傳神地表達了他所要探討的主題：人生的虛無。書一開篇寫道：「真正值得關注的哲學主題只有一個——就是自殺。生命到底有沒有意義？這才是最根本的哲學問題，其他像是世界是否只有三度空間、心靈的狀態該分為九類還是十二類等等都是次要的。」（阿爾貝·卡繆著，《薛西弗斯的神話，以及其他散文》，原文第70-72頁）

廿世紀的哲學這個學門被一片悲觀消極的氛圍所籠罩。許多哲學家非但拒絕上帝約束，甚至宣稱祂已死亡，對於如何解釋生命的意義全無頭緒。在這殘缺不全的世界中，想要理解人存在的意義，自然成了不可能的任務。

我看到那些參加葬禮時心中毫無盼望的人，常為他們感到難過。這些人如果不相信人的生命是有意義的，不相信死後仍有盼望，那他們要去哪裡才能尋求安慰呢？

基督徒同樣是住在這受了傷的世界，面對痛苦磨難時，一樣不明白為何這樣的事會發生（約伯就是一個例子）。不一樣的是，我們心中儘管不明白，但仍懷抱盼望。儘管罪以及對上帝的悖逆重擊了我們的生命，走在人生的道路上，耳邊仍不時傳來一個溫柔的聲音，提醒我們：希望一直存在，我們在這世上並不孤單，人生不會只有痛苦。有一天，我們的疑問都會獲得解答；上帝有朝一日會完全地實現祂對人類的心意。

有了聖靈的感動、安慰，以及支持鼓勵，我們得以繼續昂首向前，確信自己的生命對於那位創造主是有意義的，而且是意義重大，以致聖子耶穌願意成為我們之中的一員。

2
Feb

領浸約言第二條：

我相信耶穌基督在髑髏地受死，乃
是為人類的罪作贖罪祭，並相
信人類因信而藉著祂所流的
寶血，得以從罪的刑罰中被
救出來。

墓與花園

耶和華上帝說：「那人已經與我們相似，能知道善惡。現在恐怕他伸手又摘生命樹的果子吃，就永遠活著。」耶和華上帝便打發他出伊甸園去，耕種他所自出之土。於是把他趕出去了，又在伊甸園的東邊安設基路伯和四面轉動發火焰的劍，要把守生命樹的道路。創世記3：22-24

被稱作「一滴永恆的淚珠」的泰姬瑪哈陵（teardrop on the cheek of time，印度詩人泰戈爾語），無疑是知名度最高的世界新七大奇蹟之一。它由沙迦罕（Shah Jahan）於十七世紀建造。沙迦罕在最寵愛的妻子難產去世後興建了它，但令人嘆為觀止的泰陵，它見證的其實是一個徹底心碎的男人。

和覆有圓頂的陵墓主體同樣令人印象深刻，是另一個在陵墓下方的壯觀建物：那是一座四方形的花園，仿遠古時期波斯的風格所建，此風格最初源於古代的美索不達米亞文明。在花園的中心有一個噴泉，四道水渠從這裡朝著東南西北四個方向流淌。從上方俯視，就知道這樣的設計其來有自：它代表了伊甸園，也就是一個「天堂的花園」，其中心代表著生命的源頭，有四條河由此流出。

而沙迦罕愛妻的墳墓就在花園的正上方，正如人類——基督的新婦——被擋在伊甸園大門之外，因罪注定死亡，而這景象讓作新郎的深深傷痛。但事情不是沒有轉圜的餘地；你會發現上帝並沒有在伊甸的大門派遣基路伯「阻止」人類進入，而是要他們在那裡「駐守」。

儘管伊甸園目前是回不去了，但透過耶穌基督的十字架，有一天它的大門將重新開啟。

我們就是那位上帝深愛的妻子，被那說謊者撒但給擄走了，但傷心的上帝並不是就此讓我們留在墳墓中，而是將我們放在伊甸園的門外，因為祂知道有一天，當上帝的羔羊耶穌以祂的寶血為代價，贖回祂的國時，我們所失去的一切，終將重新為我們所擁有。

是自己的錯

耶和華說：「誰告訴你赤身露體呢？莫非你吃了我吩咐你不可吃的那樹上的果子嗎？」那人說：「祢所賜給我、與我同居的女人，她把那樹上的果子給我，我就吃了。」創世記3：11-12

我的小女兒剛學會走路時，有天下午，我們看到她在浴室裡，手中拿著一管牙膏，它看來已經差不多被擠光了。擠出的牙膏散布各處：鏡子、洗手台、牆壁、防滑墊……弄得整個浴室都是。「妳把整條牙膏都擠完了嗎？」我不可置信的問她。

「我沒有！」她回答的斬釘截鐵。

「妳確定？」我們問，「牙膏還在妳手上耶！如果不是妳弄的，浴室怎麼會這樣？」我承認，對於她如此低估我的智商，我是有點惱怒。那她又怎麼辯解呢？她說：「它自己變成這樣子的！」

罪性導致我們總是不願為自己的所作所為負起責任。世人是如此熱衷於互相指控：發生問題時，都是別人造成的；驕傲使我們對自己的愛產生了扭曲，變成了保護自己的利益，不惜犧牲別人。

這種傾向從人類悖離上帝的那一刻就出現了。亞當夏娃的罪性才剛產生沒幾個小時，它就顯露於外在的行為了。「說要吃那顆樹的果子不是我的主意！」亞當這樣告訴上帝，「是我太太的錯！而且，說實在的，應該是祢的錯——因為是祢創造她的。」

人心的罪惡本質，使我們十分擅長為自己開脫。只要做壞事被逮到，我們似乎總是能為自己的行為找到藉口開脫，並本能性將責任推到別人身上；看！夏娃也是這樣說：「是『蛇』騙了我，於是我就吃了。」（創世記3：13）這是她的辯解。

相較之下，耶穌基督，也就是使徒保羅所說的「末後的亞當」（哥林多前書15：45）卻不是這樣。祂是完全無罪的，有如「無瑕疵、無玷污的羔羊」（彼得前書1：19），卻「替我們成為罪」（哥林多後書5：21），祂捨棄了與天父在一起的尊貴與榮耀，謙卑的為世人犧牲祂自己。這樣的愛，恰與罪人的自私本性成強烈對比；至此，再也沒人有資格說上帝是濫權的，或指控祂掌權只是為了自己的好處，不顧別人的死活。十字架有如特效藥，治癒了我們的驕傲病；面對基督這樣一份禮物，我們只得謙卑承認自己的確是罪人，也確實需要拯救。

連結中斷

耶和華上帝將那人安置在伊甸園,使他修理,看守。耶和華上帝吩咐他說:「園中各樣樹上的果子,你可以隨意吃,只是分別善惡樹上的果子,你不可吃,因為你吃的日子必定死!」創世記2:15-17

很多人都覺得,吃了分別善惡樹上的果子所受到的懲罰似乎太過嚴厲。我們身處的世界充滿了暴力犯罪,照人類的思考邏輯,偷吃禁果就跟偷吃一塊餅乾差不多:是有點調皮,但無傷大雅。

然而,當我們對《聖經》的理解日漸增進,就會明白為何如此。上帝乃是宇宙間唯一的生命泉源。祂不只創造了這世界,而且「萬有也靠祂而立」(歌羅西書1:17),而保羅也告訴雅典的聽眾,上帝「自己倒將生命、氣息、萬物,賜給萬人」(使徒行傳17:25)。亞當和夏娃選擇違反上帝的命令,等於是決定不要再相信上帝;他們否定了上帝的權威,自願離開祂的國度。

但人類和上帝不同,無法自給自足,我們的生存得仰賴生命泉源的供應。如果與生命泉源的連結遭受毀損,人勢必無法活下去;這是自然的規律。

有些人可能會不服氣地說:「但我犯了罪,還是活得好好的啊!」當然你沒死——但只是還沒到時候。我們的情況有點像是一台電風扇,有人把插頭從牆上的插座硬生生拔出,儘管風扇會繼續轉個幾分鐘,但最後一定會慢下來,然後完全停止。同樣的,一台車在高速公路上突然沒油了,儘管仍可以靠慣性滑行0.25英哩(約400公尺),但最後還是會停止。我們做出脫離上帝的決定,整個世界都受到衝擊,敗壞腐朽的跡象處處可見:世界儘管仍在運轉,但一直在走下坡。

從〈創世記〉我們可以看到,人類的壽命是如何一路遞減。一開始我們有近一百萬年的壽命,最後卻只剩不到百年。上帝告訴我們的先祖亞當和夏娃,罪會帶來死亡,不是為了要恐嚇他們,而是要鄭重提醒他們,必須仰望祂的供應才能活下去。祂只是在告訴我們,悖逆祂必然產生的後果。

不過人類仍有獲救機會。《聖經》提醒我們:「生命在祂裡頭,這生命就是人的光。」(約翰福音1:4)這句話給我們最大的啟示就是,好好利用這份上帝的禮物——不要錯過任何一個與造物主重新連結的機會。

惡者無安息

原來，床榻短，使人不能舒身；被窩窄，使人不能遮體。以賽亞書28：20

我儘管不是全世界最高的人，但身高也有6英呎（超過180公分）。旅行的時候，有時候不得已，得窩在一個小沙發上過夜，上面蓋一條小小的棉被。我的小腿只好搭在一邊的扶手上，頭則是彆扭的擠在另一邊的扶手旁。每次到了第二天早上醒來，我都感覺好像根本沒睡。

這讓我想起某段以色列歷史。那時，耶路撒冷的領袖們知道國家正面臨急難：他們的國家沒有遵守與上帝的約定，放棄了上帝的保護，因此得獨自面對亞述人的襲擊，而亞述人先前已把北國以色列打得落花流水。然而，碰到這樣的事，他們卻沒有回轉，尋求上帝的幫助，而是打算透過與其他國家結盟的方式來擊退敵軍。他們指望能以多取勝，然而他們低估了敵軍的實力。

他們試圖用人為的方法，來解決一個屬靈層次的問題，於是上帝提出警告，希望他們了解自己的方法有如擠在一張太小的床舖上睡覺。猶大國有如伊甸園裡的亞當和夏娃，慌慌張張地縫補無花果葉，想要織成衣服，遮蓋他們的裸體——這也是人想出來的方法。儘管之前上帝已經警告過他們：罪會導致死亡，他們仍無法想像，罪所造成的後果是他們無法自己收拾的。於是，儘管穿上了樹葉衣服，他們一聽見上帝的聲音，還是嚇得躲入樹叢裡。

上帝提供真正能治本的方法：「耶和華上帝為亞當和他妻子用皮子做衣服給他們穿。」（創世記3：21）儘管〈創世記〉沒有明講「皮子」是「羔羊」的皮，但從《聖經》其他多處經文可推論，皮子就是指羔羊皮。這意味著罪的代價是死，要避免永死的唯一解決之道，就是能有一頭無罪的羔羊代我們而死，讓祂的公義遮蓋我們的罪。若非如此，我們注定要蜷縮在一張太小的床上，無法安穩的睡一覺。

耶穌如此吩咐我們：「凡勞苦擔重擔的人，可以到我這裡來，我就使你們得安息。」（馬太福音11：28）

希望之路

我又要叫你和女人彼此為仇；你的後裔和女人的後裔也彼此為仇。女人的後裔要傷你的頭；你要傷他的腳跟。創世記3：15

人類被逐出伊甸園時，上帝對他們許下了一個極為美妙的承諾：「我有辦法讓你們回來。」祂這樣告訴亞當夏娃。原來，早在他們自願脫離上帝的管轄前，上帝已經擬好了一個計畫，要醫治罪所造成的悲劇。那就是使用「創世以來被殺之羔羊」（啟示錄13：8）。創造主對受造物的愛，使祂將自己獻上，作為人類贖罪的祭物。

上帝剛剛講明了罪的結果，就是辛苦勞動、病痛及最後的死亡，但祂又立即提出祂的解救計畫：亞當夏娃的後裔當中，將會有一個人徹底將蛇打敗；上帝自己會成為人類的一分子，祂在世上的生活、傳道以及最後的死亡和復活過程，將會徹底瓦解罪的權勢。

不過這解救計畫不是一步到位。等待彌賽亞是個艱辛難熬的過程，〈啟示錄〉將上帝的子民比喻成即將臨盆的孕婦：「她懷了孕，在生產的艱難中疼痛呼叫。」（啟示錄12：2）離開了伊甸園，日子變得很辛苦；那群背叛天國的惡天使無所不用其極的阻止人類和上帝同工，這世界很快就充滿了暴力、仇恨、痛苦及折磨，最後，很多人聽信了蛇（撒但）的謊言，認為這都是上帝害的。

但也有一些人對上帝的應許懷抱著希望，繼續耐心等待，相信人子會再來到世上，古蛇撒但將會被徹底消滅。

上帝果然信守承諾。彌賽亞在預言的時間來到了世上，片刻也沒有延誤；墮落人類的夢想，在人子降生那天實現了。

到了今日，有些人又對耶穌復臨不再抱任何希望。當我們信心動搖，幾乎要懷疑上帝的應許時，別忘了，我們等待祂復臨的時間還不及那些人等待彌賽亞第一次來臨時間的一半。上帝要我們和先祖一樣，耐心等待，堅定自己的信心。如今十字架已經戰勝撒但，耶穌基督將會乘著榮耀再來，重新掌權，因為這是祂以寶血贖回的。

大祭司的禮物

又有撒冷王麥基洗德帶著餅和酒出來迎接，他是至高上帝的祭司。他為亞伯蘭祝福，說：「願天地的主、至高的上帝賜福與亞伯蘭！至高的上帝把敵人交在你手裡，是應當稱頌的！」亞伯蘭就把所得的拿出十分之一來，給麥基洗德。創世記14：18-20

撒冷王麥基洗德和信心之父亞伯拉罕的會面，是《聖經》裡最短的章節之一，但意味深長。關於麥基洗德到底是誰，因為《聖經》裡只有寥寥數語，幾千年來已產生了種種荒誕不經的說法。可以確定的是：他是撒冷城的王，而撒冷則是日後上帝在俗世的首都——耶路撒冷。此外，他既是國王也是祭司，且他的名字代表的意義是「公義之王」；因此，顯然他是某種預表，也就是某種象徵，預示了耶穌基督的來臨。

依照《聖經》記載，撒冷王那個時代敬拜真神上帝的人數稀少，且居住的地方很分散。儘管亞伯拉罕和撒冷王住的地方距離很遠，他們卻都敬拜同一位上帝，即El Elyon——「至高上帝」。但撒冷的王怎麼會恰巧遇到撒冷未來居民的始祖——亞伯拉罕呢？這一定不會純屬巧合。

我們來看看麥基洗德在亞伯拉罕打贏勝仗並救回姪子時，送給他的禮物——酒和麵包。這兩樣東西有特殊的象徵意義，上帝用它們來代表愛子耶穌基督所留的寶血及祂破碎的身體。撒冷王對亞伯拉罕的祝福是在患難之後才出現，而上帝為了帶給祂子民祝福，也曾付出代價——我們能得救，是羔羊耶穌以生命換來的。

我們前往天上耶路撒冷的通行證，是上帝賜下的禮物，並不是我們憑自己的努力得來的。我們唯一能做的是接受這份禮物，並將自己的生命交託那位造天地的主，作為回應。

亞伯拉罕也沒有回送麥基洗德禮物，而是將自己的「十分之一」奉獻出來。所謂「十分之一」是我們財產的一小部分，代表我們承認，不論是我們目前擁有的、我們之所以有今日以及未來會得到的種種祝福，都是上帝賜下的禮物——且是祂以十字架當贖價所換來的。

兒子與祭壇

上帝說：「你帶著你的兒子，就是你獨生的兒子，你所愛的以撒，往摩利亞地去，在我所要指示你的山上，把他獻為燔祭。」創世記22：2

以撒是上帝應許的孩子，對於早就過了生育年齡的亞伯拉罕夫婦來說，他是個奇蹟。〈希伯來書〉甚至說亞伯拉罕當時已老到「彷彿已死」（希伯來書11：12），要是這孩子有個三長兩短，他們大概就絕子絕孫了。

然而，上帝卻提出了令人難以置信的要求：「亞伯拉罕，我要你帶著你的孩子到我指定的山上，將他當作祭品獻給我。」當然，我們都知道故事的結局：以撒後來沒死，反而成了一個強大富裕國家的先祖，這個國家之後以他兒子的名字「以色列」命名。

但故事一開頭，亞伯拉罕不知道兒子會免於一死，〈希伯來書〉提到這個故事時強調，亞伯拉罕是願意將兒子獻上的：「他以為神還能叫人從死裡復活，他也彷彿從死中得回他的兒子來。」（希伯來書11：19）

幾千年以來，基督徒都在討論這個故事所代表的意義。故事的意義可以有很多層面，但一個明顯的主題就是：父親面對即將失去獨生愛子的傷痛。亞伯拉罕和以撒的故事預示，將來會有那黑暗的一天，天父將聽到祂的獨子從髑髏地傳來的哀嚎「我的上帝！我的上帝！為什麼離棄我？」而心中苦痛不已。

亞伯拉罕獻以撒的故事寫得很詳細，讓我們明白主耶穌在被釘十字架時，祂和天父心中難以言喻的苦痛：獨子以撒啟程前往摩利亞山，這座山位於耶路撒冷的郊外，正是耶穌基督被釘十字架的地方。正如耶穌基督背負著自己的十字架走向各各他，「亞伯拉罕把燔祭的柴放在他兒子以撒身上」（創世記22：6）。

故事中最令人印象深刻的片段可能是，《聖經》沒說到以撒在面臨被犧牲的悲慘命運時，有任何反抗。同樣的，天父和祂的兒子也願意犧牲在十字架上——因為那樣才能帶來拯救。

「看哪！那羔羊」

以撒對他父親亞伯拉罕說：「父親哪！」亞伯拉罕說：「我兒，我在這裡。」以撒說：「請看，火與柴都有了，但燔祭的羊羔在哪裡呢？」亞伯拉罕說：「我兒，上帝必自己預備做燔祭的羊羔。」於是二人同行。創世記22：7–8

認真讀經的信徒有時會注意到所謂的「首次提及」法則。意思是，讀經時，會注意每一個原則或信條第一次是在哪裡出現，因為第一次出現時的情境，通常能為之後出現的同樣情況如何解讀，提供指引。

今天的存心節就是一個例子：「羔羊」這個詞第一次出現就是在這段經文。很多學習《聖經》的人可能會很訝異，因為一般相信「羔羊」第一次出現是在伊甸園外，當時上帝「用皮子做衣服」給亞當夏娃穿（創世記3：21）。

的確，就整本《聖經》來看，亞當和他妻子所穿的皮子很可能是由羔羊皮所製成，不過〈創世記〉沒有明講。同樣的，上帝命令亞伯獻上祭物時，他獻上的可能是隻羔羊，因為耶穌常常被比喻成羔羊（光是在〈啟示錄〉就有20次！），不過，這是基於我們對《聖經》的整體瞭解，且創世記4：2有提到「亞伯是牧羊的」，因此仍是間接推測而來。

《聖經》裡第一次真正出現「羔羊」（lamb）這個詞，是由應許的孩子（也代表了耶穌基督）以撒口中說出：「但燔祭的羊羔（lamb）在哪裡呢？」而亞伯拉罕的回答是：「我兒，上帝必自己預備做燔祭的羊羔。」這話預示了耶穌對尼哥德慕（尼哥底母）說的話：「上帝愛世人，甚至將祂的獨生子賜給他們，叫一切信祂的不致滅亡，反得永生。」（約翰福音3：16）祂的意思是，這禮物是天父上帝賜予的。

有趣的是，新約《聖經》裡「羔羊」第一次出現是在〈約翰福音〉（〈馬可福音〉14章也有提到逾越節的羊羔，但不是重點，且就時間先後而言，已經較接近耶穌傳道工作的終了）。「羔羊」兩個字是施洗約翰說的，他正好回答了以撒的問題，也回應了我們這些罪人最深的渴望：「看哪，上帝的羔羊，除去世人罪孽的！」（約翰福音1：29）

真相曝光

上帝使那無罪的，替我們成為罪，好叫我們在祂裡面成為上帝的義。哥林多後書5：21

2015年時，色情網站「愛雪莉・麥德森」（Ashley Madison）被駭客破解，因為網站擁有者不願照駭客的要求，將網站關閉；結果造成登入過這個網站的人身分全被抖了出來。可以想見，那些人意識到自己的行為可能被公諸於世時，心裡一定嚇個半死。

我小時候讀到〈路加福音〉裡有段話，也把我嚇壞了。它說：「因此，你們在暗中所說的，將要在明處被人聽見；在內室附耳所說的，將要在房上被人宣揚。」（路加福音12：3）真的是每件事都會嗎？我腦海不禁浮現了我在大家面前公開出醜的畫面：天使就坐在我家屋頂，將我最不可告人的秘密逐項大聲唸給大家聽，結果認識我的人都笑得東倒西歪──實在是太丟臉了！儘管不是像愛雪莉・麥德森網站資料曝光那樣顏面掃盡，但還是很丟臉。

不過，我們這些可憐的罪人不妨想想：耶穌基督之所以被公開羞辱，就是為了不要讓我們被羞辱。祂赤身裸體被釘在十字架上，被當作罪犯處置，一肩擔起我們的罪孽。如保羅所說，祂為我們「成為罪」。「基督既為我們受了咒詛，就贖出我們脫離律法的咒詛」，他這樣告訴加拉太人（加拉太書3：13）。

基督徒因為對十字架的概念太過熟悉，往往忘了被釘十字架其實是非常羞辱的；上帝的愛子是無罪的，卻在大庭廣眾之下，以被極其屈辱的方式死去。然而，希伯來書12：2卻說：「祂因那擺在前面的喜樂，就輕看羞辱。」

假設（但願只是假設）你的名字也在愛雪莉・麥德森洩漏的名單當中。你害怕得發抖，在名單裡搜尋著自己的名字，心知這實在太可恥了！然而，你沒看到自己的名字，「耶穌」的名字卻赫然映入眼簾。祂是無罪的，卻決定代你承受這個污名，因為祂要確保你會有永遠的生命。於是，祂受到全世界的嘲笑輕視，但你沒事了！

儘管有罪的是我們，付出沉重代價的卻是耶穌。罪是一種屬靈的不貞，讓我們因此失去進入上帝國度的資格。不過，儘管本來沒指望了，但「律法本是外添的，叫過犯顯多；只是罪在哪裡顯多，恩典就更顯多了。」（羅馬書5：20）

若明白這點，我們就該徹底翻轉對生命的態度。

回家

願恩惠、平安從父上帝與我們的主耶穌基督歸與你們！基督照我們父上帝的旨意，為我們的罪捨己，要救我們脫離這罪惡的世代。但願榮耀歸於上帝，直到永永遠遠。阿們！加拉太書1：3-5

人類當時對上帝的反叛，對整個地球的受造物都產生了巨大的衝擊。罪不只是一個法律行為所衍生出的屬靈債務，而是根本地改變了我們的本質以及這個地球運作的方式。我們今日所說的「真實生命」已經離我們本來的樣子很遠；我們帶來了死亡與敗壞，然而卻無力靠自己的力量扭轉這一切。

保羅所指的「罪惡的世代」，是被我們的罪惡所扭曲的世界。《聖經》將時間清楚劃分為兩個部分：「現世」就是我們的這個時代，是一個上帝的受造物已被罪蹂躪的時代。而當罪所造成的影響被上帝反轉，恢復本來面貌及原有秩序時，就是「將來的世代」的來臨。

「上帝要擦去他們一切的眼淚」，約翰目睹「將來的世代」——即新天新地時，天上傳來這樣的聲音：「不再有死亡，也不再有悲哀、哭號、疼痛，因為以前的事都過去了。」（啟示錄21：4）

現代的神學理論常把耶穌基督的犧牲看成是一種「法律程序」，目的是讓我們拿到天堂的門票。事實上，發生在各各他的事其意義遠遠不止於此；耶穌是用生命保護了整個地球。我們得到永生時不會變得輕飄飄，在雲上彈奏豎琴，而是會住回修復過的地球，也就是上帝當初為人類創造的家園。

我們可以發現到，儘管這世界最後將被火燒盡（彼得後書3：10），但保羅沒說上帝會救我們脫離「地球」，他說的是祂要「救我們脫離這罪惡的世代」。的確！我們會有段時間待在天上，與上帝一同審閱案卷（啟示錄20：4，12），並與耶穌基督一同作王。但之後我們會回到我們歸屬的地球，而「末後的亞當」將會掌權，作我們的王。

是的，十字架贖回了我們，不過它也贖回了整個世界。從髑髏地有一條路通往天上，上帝熱情邀請我們：「來吧！回家吧！」

受騙的代價

耶和華如此說:「你們是無價被賣的,也必無銀被贖。」以賽亞書52:3

「**你**可以靠裝信封每小時賺進20元美金!」提姆在報上看到這樣一則廣告。當時還是一個沒有網路的時代,一小時20元美金遠遠超出行情價。他高興到不顧理智判斷,於是照廣告的指示,寫信給他們索取所需材料。收到東西時他好興奮;照信上的說法,他可以有兩種選擇:「入門版」及「進階版」。前者的材料費是20元美金,而後者是40元美金。他毫不猶豫就把40元美金裝進信封寄了出去。

他收到回信時,心裡的感受用失望透頂都不足以形容。寄來的是一張紙,上面寫著:「沒人會為裝信封一小時付20元給你;世上沒有這樣的好事!不過,機會來了:你如果在報上刊登同樣的廣告,告訴別人靠著裝信封,一小時可賺20元,就有機會了!」

今日,詐騙郵件是以寄電子信箱的方式,且更真假難辨:有些甚至聲稱,如果你能幫忙出資,將數百萬美金的金額從某個國家提領出來,就可以得到那筆錢。信以為真的人往往因而損失數千美金──不幸的是,通常這些人正是最禁不起這種損失的一群人。

提姆的故事反映出整個人類所面對的困境。儘管上帝早已清楚警告過我們,但我們還是寧願相信撒但,不願聽從祂的教導,認為我們會變得更有智慧,甚至可以與神媲美。然而,這樣的謊言正如屬靈上的詐騙電郵,若掉入其圈套,將付出無比龐大的代價,就像是先知以賽亞時代的以色列人,我們傾盡家財,卻落得一無所有,無法挽回什麼,也無力償付錯誤所造成的代價。

幸運的是,上帝願意贖回我們──而且不要我們付出一毛錢。然而,這不代表贖回我們是件輕鬆容易的事;要贖回整個地球,必須付出昂貴的代價,償付的方式不是用錢,或靠我們自己努力行善,唯一可行的償付方式,是透過上帝獨生愛子的犧牲。

豐盛無比

你們為何花錢買那不足為食物的，用勞碌得來的買那不使人飽足的呢？你們要留意聽我的話就能吃那美物，得享肥甘，心中喜樂。以賽亞書55：2

那年夏天我約莫六歲，全家一起去露營。爸媽正忙著搭帳棚時，我溜進樹林去探險。大約走了40英呎（約12公尺）時，我的左眼上方突然傳來一陣尖銳的疼痛，眼睛感覺好像快要瞎掉；我嚇得趕快跑回營地，邊跑邊哭。後來痛感慢慢退去，我的冒險精神又回來了，於是又往樹林的方向走去。同樣情況再度上演：在深入樹林大概40英呎處（約12公尺），我的眼睛上方又突然一陣疼痛，這次更痛了！接著連脖子旁邊都好痛。

原來是一個大黃蜂巢惹的禍！蜂巢就位在我臉的高度，且和周圍的樹葉一樣是綠色的，所以幾乎看不到。結果，我為了避開樹枝而把頭低下去時就撞到它——而且是兩次！

你可能會以為，對一個小孩來說，被毒針狠狠叮了一下，應該會讓他不敢再回到事發地點，或至少讓他學會先好好觀察周遭環境再往前走。實情是，人不總是那麼理性；有時我們得要被螫上好幾次，才會發現走同樣的路一定會讓你受傷害。

以賽亞書52：3中，上帝告訴以色列人他們把自己「賣掉」，卻「沒有拿到一毛錢」。而在以賽亞書55：2中，祂提出這種情況衍生的一個問題，且嚴重性不亞於前者。自從人類為了一個空洞的謊言，白白斷送了自己與上帝同住、同享永生的機會，我們便產生一種錯覺，好像我們可以自己解決問題，不需要上帝。結果，我們卻痛苦地發現自己是迷失的罪人，我們的生命是虛無的。儘管如此，我們仍不死心，繼續用自己的方法尋求出路，結果使情況更糟；有些人尋求以「行善得救贖」的宗教信仰，有些人則轉向追逐金錢、權位、性愛、名望，或其他任何聲稱可以彌補我們損失的事物。

我們最後都會發現，人想出來的方法都是謊言。我們平白把自己賣掉，然後一輩子追尋昂貴但全然無用的解套方法，結果還是一樣感到空虛。上帝告訴我們，罪的問題只有一個方法能夠解決，就是時時留意祂的引導，然後就好好享受祂豐盛的供應——而毫無疑問的，所有的豐盛都來自於基督的十字架。

完美無瑕的上帝

你們吩咐以色列全會眾說：本月初十日，各人要按著父家取羊羔，一家一隻。
出埃及記12：3

在現今我們稱為「棕枝主日」（Palm Sunday）的那一天，耶穌騎驢進到耶路撒冷，圍觀的民眾滿心歡喜，一心擁護祂為王。當然，才幾天後，阿諛奉承就變成了嘲笑揶揄，形成了可悲的對比。不過，至少在那一天，他們的熱情真是欲罷不能。

那時正值逾越節，整個城市擠滿了眼尖的朝聖者，他們會在當月第14天獻上一隻完美無瑕的羊羔作為祭物，紀念多年前的一個晚上，耶和華巡行埃及時跳過門楣塗有無辜羊羔之血的人家，不予擊殺（參出埃及記12：6-14）。每個家庭幾天前就會挑好羊羔，把牠綁在椿上展示給鄰居看，讓他們可以檢視：這羊真的是他們家最好的一隻嗎？真的一點缺陷都沒有嗎？

羊羔是在當月第十天挑選出來，然後一直展示到第14天。而耶穌——上帝的羊羔，除去世人罪孽的（約翰福音1：29），正好就是在家家戶戶忙著挑選羔羊的那天騎驢進城。所有的預備工作就是為了這一刻：天上的政權將羔羊放在全以色列人民面前，他們的反應是高呼「和撒那」表達對祂的尊崇。

於是，耶穌被逮捕後，當大祭司質問祂都教導群眾什麼，耶穌便能告訴他：「我從來是明明地對世人說話。我常在會堂和殿裡，就是猶太人聚集的地方教訓人；我在暗地裡並沒有說什麼。你為什麼問我呢？可以問那聽見的人，我對他們說的是什麼，我所說的，他們都知道。」（約翰福音18：20-21）

耶穌的整個傳道事工，就像是上帝將自己的言行攤在世人面前，讓每個人仔細檢視；在耶穌世上生命的最後一週尤其如此。儘管騎驢進城的光榮場面已是兩千多年前的事了，我們仍可藉由閱讀《聖經》，看到耶穌基督——你我的逾越節羔羊，完整的面貌。你可以自己評估祂是否值得你崇拜讚美，值得你尊祂為王。

天上的情人節

你們要彼此相愛，像我愛你們一樣，這就是我的命令。人為朋友捨命，人的愛心沒有比這個大的。約翰福音15：12-13

2月14日是西方國家的情人節；這是為愛情而設立的一天（情人節的英文為St. Valentine's Day，直譯為「聖瓦倫丁節」）。對多數人來說，情人節就是鮮花、巧克力、卡片，也許還有浪漫的晚餐（美國科羅拉多州有個名叫Loveland的愛情小鎮，鎮上居民在情人節時會將收到的卡片寄回，對方就可以得到Loveland的郵戳）。可惜的是，這個節日紀念的對象——瓦倫丁，卻在幾百年流傳下來的慶祝儀式中被淡忘。

瓦倫丁是一名西元三世紀的教士。當時的羅馬皇帝克勞狄二世（Claudius II）顯然曾針對為數眾多的男性公民頒佈命令，規定他們不得結婚（指的是一夫一妻），理由是他認為沒有家累的士兵因為無後顧之憂，在戰場上比較能夠奮勇殺敵。然而瓦倫丁卻違抗皇帝的命令，為新人們舉行婚禮。最後他被逮捕，遭到鞭打及石刑，最後更被斬首。

至少一般流傳的版本是這樣寫的。不過，就像很多基督教殉道者的故事，由於都是當事人過世很多年後寫成，經過多年的加油添醋，其真實性早已大打折扣。直到今日，關於聖瓦倫丁的故事，網路上仍不斷有新版本冒出，因為眾人仍持續加料。瓦倫丁是否真的是為新人證婚而犧牲生命，已無從考證；可以確定的是，他確實於西元269年殉道，這是在君士坦丁大帝在西元四世紀宣佈基督教為羅馬帝國國教前，許多基督徒共同的命運。

他的「罪名」比較可能是拒絕停止傳福音，而不是為人們主持婚禮。很多基督徒都是這樣：一旦我們見識到上帝為了拯救我們，甘願付出怎樣的代價，我們自己也會受到感召，反映出同樣無私的愛，甚至不惜為愛犧牲自己的生命（啟示錄12：11）。

若有人為了救你，願意以自己的生命交換，那麼他愛你、在意你的程度自然是毋庸置疑。我們看到耶穌在粗糙的羅馬十字架上痛苦掙扎，頓時明白祂把我們小小罪人的生命，看得比自己的生命還重要。

上帝所展現的真愛——祂也希望兒女能得到祂的真傳——比卡片和鮮花深刻得多。真愛使人願意「為朋友捨命」，就在今天，你是否願意向某人展現出真正無私且完全不期待回報的愛呢？讓對方因此得見反映在你身上的耶穌。

畢其功於一役

凡祭司天天站著事奉上帝，屢次獻上一樣的祭物，這祭物永不能除罪。但基督獻了一次永遠的贖罪祭，就在上帝的右邊坐下了。從此，等候祂仇敵成了祂的腳凳。因為祂一次獻祭，便叫那得以成聖的人永遠完全。希伯來書10：11-14

注意今日存心節經文的遣詞用字，你會發現一件有趣的事：作者先是說祭司天天「站著」，然後說耶穌「坐下」。這是因為聖殿的獻祭必須持續進行，永無終止；每次的獻祭都是象徵性的，不能真正除去人的罪；再往前看幾個經文，也是這樣說：「因為公牛和山羊的血，斷不能除罪。」（希伯來書10：4）

在祭壇上獻上羔羊和公牛，只是預表（象徵）未來會有更偉大的事情發生：上帝的羔羊將會臨到這世界，帶走世人的罪。對以色列子民來說，每年的贖罪祭輪完一次後，隔年又得重新來過，因為真實的贖罪行為尚未出現，祭司們得日復一日為除罪儀式忙碌。但當耶穌在髑髏地獻上祂的生命時，祂高呼：「成了！」十字架畢其功於一役；上帝獨生子的犧牲已超越時空，解決所有人類罪的問題。

耶穌並沒有繼續每天獻上祂自己，儘管祂繼續在上帝寶座前為我們代求，基督教的教義發展到中世紀，出現一項重大謬誤：他們相信耶穌基督必須每天被合格的祭司「獻上」，世人才能藉由祂的寶血獲得赦免；而聖餐禮中的麵包和葡萄酒原本只是表徵，當時的人卻相信它們真的會變成耶穌的身體和血，置餅的桌子則有著「祭壇」的地位。

然而，〈希伯來書〉第十章告訴我們，耶穌在十架上已成就一切。我們應將這段經文牢記在心，相信耶穌已為你我做成了這工；祂能坐下休息，是因為獻祭的工作已經圓滿達成。我們應瞭解到，單單十字架已足以除去你我的罪，我們再做什麼都只是畫蛇添足。

不知名的羅馬人

又有兩個犯人，和耶穌一同帶來處死。到了一個地方，名叫「髑髏地」，就在那裡把耶穌釘在十字架上，又釘了兩個犯人：一個在左邊，一個在右邊。當下耶穌說：「父啊！赦免他們；因為他們所做的，他們不曉得。」路加福音23：32-34

我們可以發現《聖經》裡並沒有提到那位拿起榔頭，將釘子釘入耶穌手腳的士兵叫什麼名字。然而《聖經》作者卻清楚指認哪些人共同精心謀劃了這場處決儀式：亞那、該亞法、猶大等，他們的名字也永遠遺臭萬年。但實行刑之人的名字，《聖經》卻付之闕如，只用「他們」概括稱之。

不知處決耶穌的劊子手是第一次做這種事，或早已是老手？他把釘子敲進耶穌的手時，可有驚惶失措？事後，他心中是否感到悔恨，不願重提這件事？他是個冷酷無情的人嗎？還是，他其實有血有肉，只是當時羅馬帝國整體的社會氛圍，使他被迫要執行一項令他反胃的任務？這些我們都不知道。我們對這位行刑者一無所知，因為《聖經》沒有提及他的身分。

我相信《聖經》這樣的安排是有意的。也許，如果講了那個人的名字，這件事就會變成只和某人有關，好像都是他的錯。相反的，不提這個人是誰，正能傳達出正確的信息，耶穌會被釘上十字架，我們所有的人都難辭其咎。「世人都犯了罪，虧缺了上帝的榮耀。」保羅在給羅馬基督徒的信裡如此說（羅馬書3：23）；以

賽亞也提醒我們：「哪知祂為我們的過犯受害，為我們的罪孽壓傷。因祂受的刑罰我們得平安，因祂受的鞭傷我們得醫治。」（以賽亞書53：5）以賽亞所說的「我們」並沒有針對特定對象，而是泛指所有的人，也就是包括你我；不是別人，而是我們自己造成的，我們必須承認，犯罪的是我們人類。

若有人想得到來自上帝的平安，希望被祂的鞭傷醫治，那麼他就得先承認，耶穌的苦難是由他造成的。我們再來讀一次以賽亞這段經文，這次請大聲唸出，並將以下空白處以自己的名字取代：「祂為＿＿＿的過犯受害，為＿＿＿的罪孽壓傷。因祂受的刑罰＿＿＿得平安，因祂受的鞭傷＿＿＿得醫治。」

然後，我們再回到今天的經文，看看耶穌在我們手中受苦時，怎樣流露出不可思議的恩慈與悲憫。這段經文中，祂祈求天父原諒的不只是那幾位強盜，也包括你我：「父啊！赦免他們；因為他們所做的，他們不曉得。」聽起來難以置信，但真的，只要你我願意承認自己的罪，我們就可以得到祂的寬恕與赦免。

愛的恩賜

從那裡經過的人譏誚祂，搖著頭，說：「祢這拆毀聖殿、三日又建造起來的，可以救自己吧！祢如果是上帝的兒子，就從十字架上下來吧！」馬太福音27：39-40

人性的黑暗面之一，就是我們往往連最起碼的同情心都沒有。看到一個男人在人類有史以來最殘忍的刑具上痛苦掙扎，旁邊經過的人居然還忍心嘲笑祂。照說這人已經為了自己的「罪行」付上代價，被處以十字架的刑罰，但這對群眾來說還不夠，他們還是不滿意。

耶穌的仇敵對祂的仇恨是如此之深，覺得祂再也不能公開傳道還不夠，還要在祂的傷口上抹鹽，直到祂嚥下最後一口氣。

對全人類來說，這真是恥辱的一刻！我們理當羞愧，因為我們完全可以理解：人性真的就是這樣。我們平日看多了自己和別人的行為，因此聽到耶穌的仇敵說這些話時，會發現自己其實也是如此殘忍。

要怎麼解釋我們這種行為？大部分人平時都自我感覺良好，但有一天，當被罪污染的心藉由外在行為顯露它猙獰的面目時，我們才茫然發現，罪——這最讓我們痛苦的沈痾，始終如影隨形；因此，我們會說謊、偷盜、謀殺、參與街頭暴動，做出傷害其他人的種種不堪罪行。

仔細聽聽那些人是怎麼譏誚耶穌的：「祢如果是上帝的兒子，就從十字架上下來吧！」這話一聽就知道最初是出自誰的口中；在曠野中，撒但也曾用同樣的話試探耶穌。撒但曾說：「祢若是上帝的兒子，可以吩咐這些石頭變成食物」，以及「你若是上帝的兒子，可以跳下去。」

（馬太福音4：3-6）

可見，這種對上帝的質疑心態不是來自別人，正是來自撒但；他使我們學會仇視上帝。人類在犯罪後已完全向撒但那方投誠，以致我們連上帝的無辜兒子都能殺掉。不過，別搞錯！祂絕對有能力從十架下來，祂並沒有義務要救贖我們。只是，祂對我們的愛比我們邪惡的本性還要更頑強，因此祂寧願待在十字架上受死，好讓我們能夠重新以祂的形象被塑，成為新造的人。

「祂救了別人」

祭司長和文士並長老也是這樣戲弄祂，說：「祂救了別人，不能救自己。祂是以色列的王，現在可以從十字架上下來，我們就信祂。」馬太福音27：41-42

我得承認，從很年輕的時候，我就對政治很熱衷。事實上，成為神職人員前，我這輩子最大的夢想是參政。儘管當年的夢想如今已被全職的傳道工作取代，不過，老實講，每逢選舉季，眾候選人精彩的角逐戰還是會吸引我的目光。

然而，每次我聽完政治人物說話後再聽媒體轉述，心中總會納悶：我和那些記者聽的是同一個人說的話嗎？有時，對某位候選人立場及看法的報導——只是由一串文法結構所組成的文字描述，並且前後文不一致——其內容是如此的偏離事實，簡直令我懷疑該名記者是不是為那位候選人的對手工作；候選人說的話被斷章取義，聽到的人會以為做出此言論的候選人要不是太愚蠢、完全在狀況外，不然就是人品低劣。

這種作法從人類出現就有了，更在耶穌被釘十字架那一天發揮到極致。耶穌在公開場合的一言一行，每個人都看得到，也被記錄下來；人們都知道，無數被祂接觸過的人，生命從此發生奇蹟般的改變，祂周遊四方「行善事，醫好凡被撒但壓制的人」（使徒行傳10：38）。

耶穌傳道的能力以及祂完美無瑕的品格都是無可爭辯的事實，他們根本拿不出理由來解釋為何要把祂釘十字架，只能針對祂過去的成就加以嘲諷，貶低其價值，他們輕蔑說：「要是這個人真的是救世主，那為何不能救自己？」

這些人的行為，和撒但在伊甸園的作為如出一轍：藉由質疑上帝的權柄，在上帝與人類之間挑撥離間。然而就像操弄選情的人，這些大祭司、文士、長老的可悲之處在於，他們說的話99%都是正確的，就只有一個字錯了！不是祂不「能」救自己，而是祂不「願」救祂自己。耶穌本來可以自救，但那樣做就不符合上帝愛的本性了。

如果祂只能在救自己和救我們之間二選一，祂寧願捨棄自己。

我受苦時祂在哪裡？

從午正到申初，遍地都黑暗了。約在申初，耶穌大聲喊著說：「以利！以利！拉馬撒巴各大尼？」就是說：「我的上帝！我的上帝！為什麼離棄我？」馬太福音27：45-46

凱倫會這麼憤怒不是沒有原因的；當她還是個小女孩的時候，有人傷害了她。「那個男的對我做出那種事的時候，上帝在哪裡？」她質問道。當時我和她一同坐在教堂裡。「我當時只不過是個小女孩……」說著說著，她潸然淚下。

在某些時刻，與其硬擠出一個草率的答案，不如靜靜地陪伴對方；我感到現在正是這樣的時刻。有時候就是該哭著告訴上帝，我們有多受傷，完全不明白事情為什麼會這樣；即使是耶穌，在感覺不到天父的同在時，也露出了人性的那面，哭了出來。當然，我們和耶穌有很大的不同，就是祂是完全無辜的，本來不需要活在這世上，為了脫離上帝的世人並其種種暴行而受苦；祂是自己選擇要加入我們的。生存在一個墮落的世界，必須面對的殘酷現實是：人類得為罪付上代價。我們的罪不只影響了自己，也對周遭的環境產生了負面影響，包括我們碰到的人、與人之間的關係，還有我們自己的家人。

要是上帝為了預防罪所造成的後果，決定在祂復臨前就完全消滅罪惡，我們會希望祂做到什麼程度？是在祂準備要追究我們對別人的傷害前就打住嗎？

另一方面，也別忘了，我們很難為「罪」找到一個很好的解釋。依照懷愛倫的說法，罪是「神秘的，不可理喻的。如果為它找個理由，就等於是將它合理化。因為，要是犯罪有理，或是我們可以找出它的起因，那就不叫做罪了。」（懷愛倫著，《善惡之爭》，原文第492頁）

不過，有件事是肯定的：上帝本來毋須為罪或苦難負起責任，卻願意一肩承擔我們的罪造成的所有後果。那些使我們與上帝隔絕的罪，全都歸到耶穌的頭上；祂徹底的承擔了這一切，以致祂覺得彷彿與父上帝徹底的隔絕了。

那次當你覺得孤單又心痛，想質問上帝在哪裡時，答案是：祂釘在十字架上，比任何人都痛心的感受到罪所造成的隔離，而那十架代表著祂的決心——終有一天，我們將永遠與上帝同住，祂將擦乾每一滴眼淚。

有一位王

用荊棘編做冠冕，戴在祂頭上，拿一根葦子放在祂右手裡，跪在祂面前，戲弄祂，說：「恭喜，猶太人的王啊！」馬太福音27：29

在原本的舊約《聖經》中，最後一卷書卷其實是〈歷代志下〉，是我們後來改變了書卷的順序。放在最後，容易讓人對接下來發生的事充滿了期待，讀者會覺得故事顯然還沒說完——但上帝的國度還沒來臨呢！因為故事就只寫到尼布甲尼撒王摧毀聖殿，然後就突然跳到古列王誓言要重建聖殿，整本書就此畫下句點。顯然，這樣的結束方式沒把事情交代清楚。對第一代的讀者來說，《舊約》是一個未完待續的故事。不過，細心的現代讀者應能看出，新約的作者群是有意接續〈歷代志下〉沒交代的部分：耶穌就是〈歷代志下〉所說，眾民在等待的王。

因為有這樣的背景，眾人在總督府對耶穌的譏誚就更顯得悲哀。的確，將荊棘冠冕放到耶穌頭上的不是以色列人，而是一名羅馬士兵；對羅馬人來說，任何人如果對帝國的生存造成威脅，絕不容寬貸。但耶穌會被帶到總督府，遭受如此莫名其妙的羞辱，是因為上帝子民中的統治者也將耶穌視為眼中釘。結果，以色列人等待多時的王來了，他們卻拒絕承認祂。

不過，看到這些與上帝立約子民的行經，心中不以為然是一回事，察覺到自己也沒怎麼把祂當王看，又是另外一回事了。往往，我們拿著自己的問題去找上帝，請祂一定要插手，讓事情能有圓滿結局，我們要求我們人生故事的原作者幫我們把故事寫完，因為我們自己寫得不好，卻又拒絕聽從祂的指示。

我們會做做樣子，對著《聖經》屈膝下跪（如果有其他基督徒在場的話），對上帝的啟示表示尊崇。但自己單獨時，就把上帝提供的方法束之高閣——我們對它的輕忽，無異於嘲笑侮慢。就像乃縵將軍，我們不願在卑微又污濁的約旦河中洗淨自己，而是選擇用自己的方法解決問題。

是的，我們往往只會在看到那些古羅馬士兵嘲笑天國的君王時覺得噁心，以為自己不可能會這樣，但實情是，我們自己也好不到哪裡去！我們真的有尊耶穌為王嗎？如果有，我們的生活方式有反映出這樣的信念嗎？

罪名

在祂頭以上安一個牌子，寫著祂的罪狀，說：「這是猶太人的王耶穌。」馬太福音27：37

將一個人定死罪是件嚴重的事。在現今世界中，死刑要定讞需經過多年的司法程序，中間可以上訴；犯罪的證據需反覆檢視，案情每一個細節都不能忽略，以確定被告真的犯下了相關罪刑。而在耶穌的時代，如果法院裁定為死刑，必須先休庭一天，隔天再回來投票一次。如果第一次投票認定被告人無罪，第二次也必須投被告人無罪；只有第一次投被告人有罪者，第二次才有機會改變心意。

法院會設下重重門檻，確保被告不會因為人為疏失或有人惡意陷害而被判以重刑。如果案子和你個人有關，你就不能參與審理過程；而法院的功能不是在判人有罪，而是要盡其所能證明被告人無罪。即使是被告人自承犯行，也還不構成有罪的條件，至少還需兩位獨立的目擊者指證。如果有人作偽證，一旦被發現，將被判處他所誣指對象原本會承擔的罪責。

可見，當時的法院會極力避免誤判。因此，如果有人犯下重罪，被判死刑，十之八九是罪有應得。

不過，以耶穌的例子來說，審判的過程根本是虛應故事，幾乎完全沒有照正常程序：目擊者的證詞是假的，證據也是捏造的——而且過程也不符合法律程序！早在逮捕之前，他們就打定主意，一定要將耶穌入罪。

結果，將耶穌定罪，就證明了我們是定罪祂的：不是上帝犯了罪，卻導致耶穌被處死；一切罪刑都是由我們犯下的。想想，祂對我們是何等奇妙的愛！

猶太人的王

有許多猶太人念這名號；因為耶穌被釘十字架的地方與城相近，並且是用希伯來、羅馬、希臘三樣文字寫的。猶太人的祭司長就對彼拉多說：「不要寫『猶太人的王』，要寫『他自己說：我是猶太人的王』。」彼拉多說：「我所寫的，我已經寫上了。」
約翰福音19：20-22

當憤怒的群眾將耶穌帶到彼拉多那邊時，他問他們：「你們告這人是為什麼事呢？」（約翰福音18：29）大祭司控訴耶穌的罪名是祂說了褻瀆神的話，然而猶太人沒有政治上的權力可判人死刑，他們心知肚明羅馬人才不管什麼褻瀆不褻瀆，他們對這那些猶太人的教義根本不感興趣。因此，等到群眾把耶穌帶到彼拉多前面時，耶穌就被說成了一個「作惡的」（約翰福音18：30）。然而，彼拉多仍認為這是芝麻小事，他宣布：「你們自己帶他去，按著你們的律法審問他吧！」（約翰福音18：31）

於是，他們改變策略，將攻防點移到危及羅馬帝國的穩定上。「我們見這人誘惑國民」，他們這樣告訴彼拉多，還說耶穌「禁止納稅給凱撒，並說自己是基督，是王」（路加福音23：2）。對羅馬人來說，鬧獨立、挑戰凱撒的權威，是足以構成死罪的。

因此，耶穌頭上的牌子反映出一種弔詭現象：有些宗教領袖擔心耶穌的傳道行為會引起羅馬人對「以色列國」的憤怒不滿。一方面，這些人當然是想要推翻羅馬帝國，改由繼承大衛寶座的那位彌賽亞統治；但另一方面，他們又不承認耶穌就是那位彌賽亞——他們一直在期待的王。

然而，以煽動叛亂的罪名控告耶穌，等於和羅馬帝國合作，承認了他們的統治，接受凱撒為王。事實上，當彼拉多問那些祭司長：「我可以把你們的王釘十字架嗎？」，他們的回答竟然是：「除了凱撒，我們沒有王！」（約翰福音19：15）

因此，今天我們所要面臨的抉擇是：耶穌真的是我們的王嗎？還是，只有在承認符合自己的利益時，我們才會這樣做？

我們在心裡暗暗抗拒上帝的旨意時，是否也跟他們一樣會在祂頭上掛一個牌子，尊崇這世界的王甚於尊崇祂？我們其實和當時的民眾一樣，都站在十字架下方鼓譟，要求彼拉多改牌子上的字。但要怎麼改？是改成「耶穌說祂是王」，還是「耶穌就是王」？

兩者的差別豈止是天差地遠！

穿上祂的義袍

兵丁既然將耶穌釘在十字架上，就拿祂的衣服分為四分，每兵一分。又拿祂的裡衣，這件裡衣原來沒有縫兒，是上下一片織成的。他們就彼此說：「我們不要撕開，只要拈鬮，看誰得著。」這要應驗經上的話說：「他們分了我的外衣，為我的裡衣拈鬮。」兵丁果然做了這事。約翰福音19：23-24

十字架的刑罰之所以令人髮指，原因之一是它徹底剝奪了受刑者的基本尊嚴。儘管中世紀的畫家努力將受刑者描繪得較有尊嚴，但古羅馬歷史的專家明白指出，遭此刑罰的人連表面的尊嚴都是奢求；事實就是，耶穌被鄙視，行刑者盡其所能的羞辱祂。

祂的衣物被士兵瓜分。五件衣物中的前四個是什麼，《聖經》沒告訴我們，但專家根據現有證據，推測應該是：帽子（或頭巾）、腰帶、涼鞋，以及塔利特（tallith，一種有流蘇的披肩，禱告時穿戴）。《聖經》有明確描述的是第五件衣物：裡衣。所謂「裡衣」，指的是一種長版內衣。耶穌的裡衣是士兵拿走的衣物中最貼身的那一件，且沒有經過縫合。結果，他們不是把衣服撕開，每個人拿走部分衣料，而是用類似賭博的方式，讓贏的人獨佔它。

那些羅馬士兵不可能知道自己的行為正應驗了預言，但熟悉〈詩篇〉的人應該看得出這點（「他們分我的外衣，為我的裡衣拈鬮。」詩篇22：18）。他們的本意是要污辱耶穌，卻正好告訴了世人，祂就是那位眾人期待已久的彌賽亞。

想像一下這是什麼感覺：幾個成年男子把屬於你的東西拿走；他們只關心自己的戰利品，卻對於剛在你身上執行了史上最殘酷的刑罰不以為意。想像你會何等心寒，好像你的東西比你本人更有價值；而他們對你痛苦是如此無動於衷，根本不配擁有你的東西。

弔詭的是，如果這些士兵開口，耶穌是願意把東西給他們的；祂曾告訴門徒：「有人想要告你，要拿你的裡衣，連外衣也由他拿去。」（馬太福音5：40）而更大的弔詭是，因著祂在十架上的犧牲，我們得以披戴公義的外衣，而這公義確實是完整而不可分割的（參馬太福音22：11）。沒有這件外衣，我們就失去了參加天國婚宴的資格。若非耶穌的犧牲，羅馬士兵就沒衣服可搶——也因為祂的犧牲，讓我們得以穿上祂的義袍。

移民這條路

所以你們應當記念：你們從前按肉體是外邦人，是稱為沒受割禮的，這名原是那些憑人手在肉身上稱為受割禮之人所起的；那時，你們與基督無關，在以色列國民以外，在所應許的諸約上是局外人，並且活在世上沒有指望，沒有上帝。你們從前遠離上帝的人，如今卻在基督耶穌裡，靠著祂的血，已經得親近了。以弗所書2：11-13

以移民身分來到美國定居是一個辛苦的過程。每天都會有某件事提醒我：你不是美國人，你的身分類別屬於「其他」。我的信用記錄全部歸零；當我還是觀光客時，我的國際駕照是被承認的，但現在我想要拿到加州的駕照時，卻得像個16歲小孩一樣通過路考。儘管如此，我的移民經驗不算特別波折，至少，我本來就會講英文，只是有一些單字，要注意u不發音，說話的時候需省略。

我剛來的時候是持工作簽證，這常引起移民官的質疑；我不只一次在邊界被攔下訊問。取得永久居留權是條漫漫長路，其過程常遭受政府人員粗魯無禮的對待，他們似乎不尊重我的感受。最後，經過了幾年，付出大把鈔票，經歷無數挫折，最後終於在一位好律師的幫助下，我才完完全全正式成了美國社會的一分子。

在天國裡，你我的身分類別也是「其他」，瞭解這點對我們有好處。身為罪人，我們的價值觀與上帝的心意是南轅北轍。我們和上帝看重的事物不同，說著不同的語言。

對於接受某些特定族群的移民，我們會表達自己的疑慮，因為擔心他們會對我們的生活方式產生威脅；其實我們更該了解，罪人真的會對上帝國度的快樂與和平帶來威脅；若你是西元一世紀的外邦人（不是以色列人），你甚至無法參與上帝和以色列人立的約。

那麼，要成為上帝國度的子民會不會很難？答案是：難到超乎想像！事實上，你我都不符條件，因為我們身上的罪已使我們永久喪失資格。也就是說，我們活在世上「沒有指望」，也「沒有上帝」。不過，好消息是，我們移民到天國的手續是由耶穌幫我們包辦。祂已代我們經歷最艱辛的過程，於是「你們從前遠離上帝的人，如今卻在基督耶穌裡，靠著祂的血，已經得親近了」。

移民意味著生活重頭來過，過程免不了要流血、流汗、流淚。但我們很幸運有耶穌，流血的部分祂已經代我們經歷了。

和好的事工

因為父喜歡叫一切的豐盛在祂裡面居住。既然藉着祂在十字架上所流的血成就了和平，便藉着祂叫萬有——無論是地上的、天上的——都與自己和好了。你們從前與上帝隔絕，因着惡行，心裏與祂為敵。但如今祂藉着基督的肉身受死，叫你們與自己和好，都成了聖潔，沒有瑕疵，無可責備，把你們引到自己面前。歌羅西書1：19-22

據說，演員摩根‧華萊士（Morgan Wallace）曾針對人與人的爭論，說過一句名言：「每次爭論一定都有三方：你那一方、我那一方——還有對的那一方。」任何人只要曾長期為某件事和人僵持不下，都會同意他的看法。隨著時間拉長，雙方的火氣都越來越大，結果小小意見不合及隨口說出的話語都變成不得了的事，而對方顯得越來越可惡。

然而，錯通常不會只在某一方；每個人都有需要被原諒的地方。不過，有些人會誤以為我們跟上帝之間的不合也是這樣：要是人類和上帝間產生了鴻溝，那雙方一定都有責任！我們眼見自己的悖逆造成痛苦折磨，於是就怪罪上帝；幾千年來，祂成了眾矢之的，默默承受不公平的指控。

然而，《聖經》裡提到的「和好」，向來都是指人類，而不是上帝那一方。上帝是無罪的那方，我們拿不出可以指控祂的理由，而你我卻是「因著惡行，心裡與祂為敵」。在與品格完美的上帝爭端中，我們是唯一有罪的那一方。

是我們需要和上帝和好，而不是顛倒過來；本來應該是我們採取主動，修補與天父上帝之間的裂痕，但上帝知道我們沒有辦法修補這個鴻溝，因為，我們的心已被罪嚴重敗壞，欲振乏力。於是上帝決定採取主動，使我們能跟祂和好。

祂的作法是來到我們這一方——有罪的一方，承擔我們的罪孽，儘管祂完全清白無罪，成為人類的一分子，度過無可指謫的一生，於是達到了律法的要求，稱得上無罪。這樣的祂，卻要將自己無罪的身分和我們交換；藉由成為我們的一分子，以便代表我們。懷愛倫說：「因為基督是公義的，我們因為祂，獲得了天父的赦免，得以站立於天父寶座前，彷彿自己從未犯過罪一般。」（懷愛倫著，《信息選粹》卷三，原文第140頁）

事實再清楚不過：我們本是罪有應得、毫無盼望，還好我們有耶穌。一首古老的詩歌是這樣唱的：「兩手空空無代價，靠主捨命在十架。」（《萬古磐石》，奧古斯都‧涂來德作詞，湯馬斯‧黑斯廷作曲）

憑信獻祭

亞伯因著信，獻祭與上帝，比該隱所獻的更美，因此便得了稱義的見證，就是上帝指他禮物作的見證。他雖然死了，卻因這信，仍舊說話。希伯來書11：4

小時候，該隱和亞伯的故事讓我很不解：為什麼上帝會悅納亞伯的祭物，不喜歡該隱的？他們都只是把自己所擁有的獻上啊！牧羊的獻上一隻小羊，種田的獻上蔬菜，上帝是不是太不講理了？

直到長大後讀到〈希伯來書〉，我才終於明白為什麼。獻上的祭物為何根本不是重點；你無法要蔬菜或羊來為你贖罪，因為它們不是人類，只有人類才需要承受罪的工價——死亡。因此，亞伯的祭物被上帝悅納，是因為他是憑信心獻上；他明白祭壇上的羊只是代表了即將來到的上帝羔羊，祂才能真正移除世人的罪（約翰福音1：29）。換言之，亞伯不是對自己的祭物有信心，而是對那位將要打碎蛇頭的「女人的後裔」有信心，對耶穌將成就的有信心。罪的工價是死，這點《聖經》講得很清楚。上帝告訴我們的先祖亞當夏娃，如果他們選擇脫離上帝的統治，他們「必定死」（創世記2：17）。犯罪的代價

是死亡，但不是動物死，「因為公牛和山羊的血，斷不能除罪」（希伯來書10：4）。因此，亞伯在祭壇獻上的羊不可能除去他的罪；他的罪要除清，只能以他自己的生命作為代價。

然而亞伯相信，上帝的應許必會實現，上帝對付罪的方式必能成功。他明白耶穌的犧牲能拯救我們；祂為我們流下寶血，於是實現了律法所要求的公義。祂取代了我們的位置，我們的罪被算在祂頭上。保羅說，上帝使那無罪的耶穌「替我們成為罪，好叫我們在祂裡面成為上帝的義」（哥林多後書5：21）。

我們縱然可以像該隱，靠自己的力量努力改進自己的錯誤，但要償付自己的罪債，只有以生命作為交換。我們對罪的問題一籌莫展，只能靠耶穌基督的寶血。

而上帝宣告，祂的寶血已經足夠。

焦急的父親

如今卻蒙上帝的恩典，因基督耶穌的救贖，就白白地稱義。上帝設立耶穌作挽回祭，是憑着耶穌的血，藉着人的信，要顯明上帝的義。因為祂用忍耐的心寬容人先時所犯的罪。羅馬書3：24-25

我們的女兒排定手術日期後，隨著時間流逝，日曆上圈起的那一天漸漸接近，我可以看出她越來越焦慮。她是個勇敢的孩子，要讓她失去鬥志並不容易。儘管如此，手術日快到時，我還是看得出她開始擔心起來。我安慰她：「沒有人喜歡動手術，我也是。」由於我自己也動過幾次手術，清楚知道手術前會經過怎樣的心路歷程，故此她常問我動手術是什麼感覺。

但我之前卻不知道孩子在動手術前，父母的心路歷程；現在我發現我比她還緊張。我知道會很痛，也知道手術的風險：讓孩子接受全身麻醉，成功率永遠不會是百分之百。

手術那天，我緊張到想吐，卻沒讓她看到我的緊張。

從人類離開伊甸園那一刻起，上帝和祂的子民就面對了漫長的等待。我們病得很重，需採用大刀闊斧、斬草除根的療法。而上帝承諾的治療方式，是讓女人的後裔來到世上，擊碎撒但這條蛇的頭。於是，每當有新生兒降臨世上，上帝的子民就會猜測：「救世主是他嗎？」人類很著急，但他們的急迫情有可原，畢竟，罪的工價可是死亡。

對於人類來說，等待是怎樣的心情，我們當然能切身體會；我們無法感受到的，是上帝在天上如何焦急等待。只要犯過一次罪、違背過上帝律法一次，都需以犯罪者的生命做為代價。控訴者撒但只要抓到任何人類的過犯，都會緊咬不放，控訴上帝不公平；他會說，自己因為犯罪被逐出天堂，人類卻可以逍遙法外。

那麼，上帝是否真的放過人類，不追究他們的罪？保羅給了個出乎意料之外的答案：是的！但祂不是任憑人犯罪——那是不可能的，因為這有違祂公義的本質。祂不追究，因為祂會讓耶穌代替我們，達到律法對公義的要求。有些人以為耶穌的角色是保護我們，因為祂父親急著要消滅人類；其實完全相反，天父上帝殷殷期盼一切苦難都成為過去，因此祂寧願不追究我們的罪，以免我們遭致滅亡。

看來，天父上帝比我們自己還要著急。

我是蟲

但我是蟲，不是人，被眾人羞辱，被百姓藐視。詩篇22：6

有次我讀到一篇文章，講到十九世紀偉大的佈道家查爾斯·司布真 (Charles Spurgeon) 在一場聚會上講到耶穌被釘十字架的過程時，台下觀眾的反應。他們有人倒吸一口氣，有人當著現場那麼多人的面開始啜泣，有些人甚至接下來連續幾天都難以成眠。

我不禁懷疑，現代的聽眾是否也會有同樣的反應。請別誤會我的意思！我知道很多虔誠的基督徒都為髑髏地所發生的事深深動容；我看過很多罪人因此留下眼淚。但司布真的聽眾會有如此強烈的情緒反應，是由於他對十字架這種刑罰的描述。

這種刑罰的殘忍使他們感到反胃不舒服。

好吧！我知道你聽過以下的數據：拜大眾傳播媒體所賜，一個在西方國家長大的小孩，到成年前平均目睹了超過20萬件暴力行為，以及1萬6千件謀殺事件。為何暴力如此氾濫？撒但的目的只是想把我們訓練成冷血的壞人嗎？還是，他將如此大量的暴力事件呈現在我們面前，是為了要使我們麻木，使我們對於當年他對耶穌所施加的血淋淋暴行無感？

現在，我再也碰不到任何西方聽眾，說他讀到耶穌被釘十字架的描述，就大為動容。也許，類似的反應只在觀看梅爾吉勃遜所導演的《受難記：最後的激情》(The Passion of the Christ) 時出現過；很多觀眾看到耶穌被釘十字架的過程以如此寫實的畫面呈現，都覺得太過血淋淋（但我並不推薦這部影片，它的內容並不忠於《聖經》的記載；我只是想強調，對於施加在他人身上的暴行，我們的容忍度有多高。當然，假如我們自己是受害者的話，就完全另當別論了。）

回到今天一開始的存心節經文，這段話一般被視為關於彌賽亞的預言，但令人震驚的是，它竟然把耶穌形容成像「一隻蟲」。我一直不了解，直到有一天，一位頗有智慧的《聖經》學者告訴我，《聖經》原文裡，這種蟲指的是crimson grub；它的體型很小，可以用來提煉衣服的染料。如要將一匹布染上美麗的顏色，得先把這種蟲壓碎，才能得到染料。

耶穌為了遮蓋我們的罪而遭受怎樣的折磨，我們是難以想像的。也許現在開始，我們應該有一小時遠離媒體，利用這個時間沈澱一下，默想耶穌基督的一生。反覆思量祂的一生，看看祂付出的代價有多大，我們的生命必將從此不同。

13條領浸約言

所以，你們要去，使萬民作我的門徒，奉父、子、聖靈的名給他們施洗。凡我所吩咐你們的，都教訓他們遵守，我就常與你們同在，直到世界的末了。馬太福音28：19-20

當我們接受浸禮，就象徵性的把以往的自己埋葬了，從今以後成為獻身給上帝的基督徒，展開新人生。因此，凡接受末世運動的信徒，在受浸時要公開宣讀以下13條領浸約言，藉此表示願意相信和遵行：

❶ 我相信天父上帝，祂的兒子基督耶穌和聖靈。

❷ 我相信耶穌基督在髑髏地受死，乃是為人類的罪作贖罪祭，並相信人類因信而藉著祂所流的寶血，得以從罪的刑罰中被救出來。

❸ 我已經放棄世界及罪惡的道路，接受耶穌基督為我個人的救主；我相信上帝因基督的緣故，已經赦免我的罪，並賜給我一顆新的心。

❹ 我因信而接受基督的義，承認祂為我在天上聖所中作中保；並要求祂實現祂所應許的，賜下聖靈住在我心中，因而堅固我，使我得到力量遵行祂的旨意。

❺ 我相信《聖經》是上帝所默示的聖言，同時相信只有《聖經》才是基督徒信仰與行為的唯一準則。

❻ 我接受十條誡命為基督徒所當守的律法，願意立志靠著基督，遵守這包括第四條守第七日為主的安息日在內的律法。

❼ 我相信我的身體乃是聖靈的殿，立志細心照顧身體，戒絕含有酒精的飲料，各種煙類與不潔淨的食物等，藉以榮耀上帝。

❽ 我接受屬靈恩賜的道理，相信預言之靈乃是餘民教會的明顯特徵之一。

❾ 在我心中存有耶穌快來的洪福之望，肯定地下決心預備迎見主，並且幫助別人也作預備迎接祂。

❿ 我信任教會的組織，願意獻納我的十分之一與樂意捐，以及個人的努力來維持教會。

⓫ 我接受新約《聖經》中全身入水之浸禮教訓，願意這樣受浸，作為向大眾表示對基督的信仰，並相信自己的罪過已蒙赦免。

⓬ 我既然知道並瞭解基督復臨安息日會所教導的基本《聖經》原則，願意立志靠著上帝的恩典，使我的生活能與這些原則符合。

⓭ 我相信基督復臨安息日會是餘民教會，並希望被接受為教友。

（編按：英文原書沒有此篇2月29日文章，因2020年正值潤年，故引用台灣區會的十三條領浸約言作為本日內容。）

3
Mar

領浸約言第三條：
我已經放棄世界及罪惡的道路，接
受耶穌基督為我個人的救主；
我相信上帝因基督的緣故，
已經赦免我的罪，並賜給我一
顆新的心。

重獲自由

我聽見在天上有大聲音說：「我上帝的救恩、能力、國度並祂基督的權柄，現在都來到了！因為那在我們上帝面前晝夜控告我們弟兄的，已經被摔下去了。」啟示錄12：10

那天我結束講道後，一如往常，講台旁已有聽眾在等候：有些是為了有這次佈道會而來表達感謝，有些是來批評指教，還有一些是有疑問要提出。經過廿五年講述《聖經》的經驗，我已預期會有這樣的幾群人出現，也預計花幾個小時和他們談談。靠近隊伍最前頭的地方，有個男子看起來憂心忡忡。他說：「我希望能追隨耶穌，但首先我要放棄某個壞習慣。」

「那就改掉這個習慣吧！」我回答道。我看到他臉上出現難以置信的表情，可能是之前的講道者都會花上幾個小時聽他談論自己的問題，但他沒想過有人會直接告訴他：那就改掉吧！

「是這樣的，」我繼續說，「我猜你大概一定感到很挫折；我雖然不知道你是指什麼事，但你今天或昨天可能又去做了。不過，明天你就可以和『它』說再見，因為耶穌的十字架已經讓你能夠擺脫它。」許多人白白成了罪惡習慣的奴隸，只因他們沒能明白一個簡單的事實：撒但早就被髑髏地的十字架徹底擊敗了；要是他現在還能控制你，那一定是你授權給他

這樣做。

我的意思絕不是人可以靠意志力來戒除一個根深蒂固的惡習，光靠自己採取行動並不足以掙脫罪的挾制，但因為那位「控告我們弟兄的」已被摔下去，耶穌已經給了我們新的生命，我們知道自己必勝；我們可以向上帝祈求，讓祂照著祂的心意，給予你勝過罪惡的生活方式。這是上帝賜給我們的禮物，因為祂的恩典，我們可以大方收下，宣稱自己已經得勝。

有一個流傳已久的故事，是關於一隻大象：這隻大象體型非常龐大，卻被一根小小的柱子、還有一條顯然對牠太細的繩子給拴住，動彈不得。有個遊客看到這個景象，覺得很奇怪，大象怎麼不知道自己可以輕易掙脫。於是，馴象師告訴他：「牠還是隻小象的時候，我就用那根柱子拴住牠，當時牠確實無法掙脫。久而久之，牠變得非常習慣那根柱子，以致牠以為自己一直都被它拴住，於是連嘗試掙脫的念頭都不曾有過。」

該是向罪的捆綁提出挑戰的時刻了，因為讓耶穌脫離死亡毒鉤的那股力量，已經使它斷落瓦解了。

「我一切所有的」

父親對他說：「兒啊！你常和我同在，我一切所有的都是你的。」路加福音15：31

讀「浪子的比喻」時，大部分人到了故事接近終了，都會自動跳過一些細節，畢竟它主要就是在責備那位心懷苦毒的長子；他心裡不平衡，是因為他不明白：一直忠心服侍父親的是他，為何誤入歧途的弟弟一回家，爸爸就這樣熱烈歡迎？

然而，在父親責備他的話裡，有一個重點我們不應忽略：「我一切所有的都是你的。」今天，就讓我們好好來咀嚼這句話：**我一切所有的都是你的。**耶穌在髑髏地以自己的性命為贖價來拯救你，不僅是為你換到一張「馬上出獄」的許可證而已，更是讓你與祂的王國有分：你將會和祂在寶座上同坐，和祂一起生活，一同掌權（啟示錄20：4）。換言之，天父上帝所擁有的一切，也都是你的。

這不僅令人覺得不可思議，更會改變我們的生活方式。要是連耶穌基督的王國都是我們的，世上還有什麼值得擔憂的事？此生中所有發生的事，不管再艱辛、痛苦，都是短暫的，終有一天會過去。

這份大禮超乎我們的想像。這以耶穌基督在十字架的犧牲換得的禮物是如此珍貴，不是我們應當領受的，想到這點，我們怎麼還會把時間浪費在和別人比較上？另一方面，既然我們已得到一份不配擁有的禮物，又何必因為別人對我們的冒犯而感到委屈呢？

因著耶穌基督的十字架，我們不是勉強擠進天國的窄門，而是因為沾了耶穌的光，得以在天使列隊鼓掌歡迎之下，和祂一起回家。我們將得到得勝者的冠冕，儘管心裡清楚，真正配得這榮耀的是耶穌（啟示錄4：10-11）。

「我一切所有的都是你的。」父親這樣宣佈；明白這句話，對你我的人生影響深遠。

像上帝那樣饒恕人

你們饒恕人的過犯，你們的天父也必饒恕你們的過犯；你們不饒恕人的過犯，你們的天父也必不饒恕你們的過犯。馬太福音6：14-15

黛博拉用懷疑的眼神看著我：「你說要我原諒他？你知道他傷我多重嗎？」

「我的確不能完全體會。」我柔聲回答。「我只知道，他仍繼續在傷害妳——因為妳放不下，所以妳每天都活在它造成的痛苦中。寬恕不代表妳贊成他的作法，覺得他這樣做是對的。正因為他不該這樣對待妳，所以才需要妳原諒他。何不放手讓他走呢？」

寬恕是個非常大的挑戰。儘管我教導別人要這樣做，也很清楚自己未必能做的到，因為有些傷害太深，很難放下。儘管如此，如果任自己陷溺在傷痛中，只會毀了自己。相較起來，放下它確實是一個好得多的選擇。

何況，上帝也已經透過耶穌基督，寬恕我們所有的過犯。

今天存心節中耶穌的話或許可以解釋為：「我要你對別人都能像我對你一樣包容忍耐！」耶穌教我們要這樣禱告：「免我們的債，如同我們免了人的債。」（馬太福音6：12），並強調：「你們不饒恕人的過犯，你們的天父也必不饒恕你們的過犯。」（同章15節）

當我們看清耶穌在十字架上所賜下的禮物是何等貴重時——如果你聽到祂因為感受不到父上帝的同在，因此痛苦絕望的呼喊，就明白祂為了要讓你在祂的國度裡有分，付上了怎樣的代價——便知道上帝的恩典是無比長闊高深；祂對人的寬容程度到了不可思議的地步。

「我賜給你們一條新命令，乃是叫你們彼此相愛，」祂這樣告訴使徒們，「我怎樣愛你們，你們也要怎樣相愛。」（約翰福音13：34）

照我們的本性，要彼此相愛已經不容易，寬恕更難，但怨恨所造成的痛苦往往比傷害本身更大。然而，眼見耶穌是如何把我們的罪債與祂同釘十字架（歌羅西書2：14），我們實在無法再緊抓著怨恨不放。

一旦理解耶穌是如此完完全全地饒恕我們，我們對待別人的方式將會不一樣。

改寫《聖經》

我們若認自己的罪,上帝是信實的,是公義的,必要赦免我們的罪,洗淨我們一切的不義。約翰一書1:9

在北歐一個寒冷的夜晚,我剛結束講道,一位年輕女子站在演講廳的門外要找我。她還沒開口,淚珠已在眼眶中打轉,語帶哽咽:「我知道你剛才講的是什麼意思。」她指向這幾天我佈道的講台,「你說的那些,聽起來實在很美妙,但我不相信它適用在我的身上。」

我問她為何不能。「你不知道我做過什麼事!」她用低啞的聲音說,不敢看著我。

「的確!」我答道,「我不知道,但上帝知道,而且我現在就可以告訴妳,如果妳因此感到悔恨——我想應該是的,因為它讓妳如此不安——那代表聖靈正試著帶妳回到天父的身邊,否則妳就完全不會把這事放在心上。我向妳保證,上帝正在呼召妳,祂必會原諒妳,絕不會欺哄妳,妳可以完全放心。」

但她還是聽不進去。於是我打開我的《聖經》,遞給她,指著某一章節說:「請幫我唸一下,大聲點!」

於是她唸出那段經文:「我們若認自己的罪,上帝是信實的,是公義的,必要赦免我們的罪,洗淨我們一切的不義。」她沉默了半晌,然後抬起頭來看著我。

「來!」我從外套口袋掏出一枝筆遞給她,「請幫我用這枝筆在我的《聖經》上寫幾個字,就寫在剛剛那段經文的後面。」她有點遲疑的把筆接過去。「請妳在經文的結尾加上『除了』,然後寫下妳做過的事。」

她驚恐的把筆還給我:「我不能這樣做!我不能改變《聖經》的內容!」

「妳就寫吧!」我說,「反正妳已經改變上帝說的話了啊!妳不是不相信上帝所指的對象也包括妳在內嗎?」

她終於會意了;她向我眨眨眼,露出微笑。她總算得到了釋放:了解這段經文沒有什麼但書,它對所有人一律適用。只要我們認罪悔改,祂就必定會洗淨我們所有的不義。

還不夠格

為義人死，是少有的，為仁人死，或者有敢做的。惟有基督在我們還作罪人的時候為我們死，上帝的愛就在此向我們顯明了。羅馬書5：7-8

「請問，我可以跟您談一會兒嗎？」說這句話的男子我沒見過，但我的第一印象是他看來頗為沮喪。

「當然好！」我說，「不過先等我幾分鐘，我完成一下手邊的事情。」於是，我迅速的把事情做完，然後跟著他一起走到大廳。我們在一張長凳上坐下，肩並肩。他發出一聲深沈的嘆息，彷彿做了這個動作就能把胸口的鬱積之氣給擠壓出來。一開始他沒說話，接著，他把頭轉向我，淚水就要奪眶而出。

「我真的不覺得我做得到。」他說，「你不知道我幹過什麼事，我是不可能達到上帝的標準了；我永遠都不夠格。」

「你剛說的話中有幾點是對的，」我回答，「首先，我不知道你做了什麼事，但上帝知道；然後，你說得對，你永遠都不夠格。」他面露訝異表情，我猜應該是有些人為了讓他不要那麼難過，會告訴他，他已經很好了。但那些陳腔濫調被淡忘後，罪人自己的心總會意識到，要靠自己的力量解決內心最深的苦痛根本不可能，相較於上帝的榮耀形象，自己實在太過不堪。

「其實這就是重點！」我解釋道，示意他看今天的存心節經文：「保羅告訴我們，耶穌沒有等到我們變得夠好，才為我們捨命，而是在我們還是罪人的時候就這樣做了。祂知道我們無法採取主動。祂為我們捨命不是因為我們夠好，相反的，是因為我們不夠好，也無法變得夠好。整件事的重點就是：我們雖然不夠好，但祂是完美的。我知道有件事你可以完全放心——祂對你的愛能克服你所有的缺陷。請聽我說：上帝真的愛你，祂不在意你做了什麼。」

從今天起，記住：上帝真的愛你！

真正的獎賞

魔鬼又帶祂上了一座最高的山,將世上的萬國與萬國的榮華都指給祂看,對祂說:「祢若俯伏拜我,我就把這一切都賜給祢。」耶穌說:「撒但,退去吧!因為經上記著說:『當拜主——你的上帝,單要事奉祂。』」馬太福音4:8-10

對一般人來說,撒但提出的條件令人難以抗拒:只要隨便鞠個躬,表示一下臣服,他就會把整個世界都交給你。我沒見過幾個人可以抗拒這樣的誘惑——就算懷疑有詐,但還是不會拒絕。

還好耶穌基督不是「一般人」;撒但知道祂來到世上的目的,是要將這個因我們背叛上帝而糊裡糊塗就交到撒但手中的世界拿回來。自從人類墮落後,撒但就聲稱他擁有這個世界的主權,甚至跑到天庭宣告:「我從地上走來走去,往返而來。」他會說出要把全世界都送給上帝的兒子這種話,再次證明撒但相信:這世界歸他管。

然而這世界並非由他掌管,十字架上所發生的事已清楚證明這點。但在耶穌基督完全把世界拿回來並建立祂的王國之前,這世界會先經過全面的改造;這是因為耶穌當初來到世上,不是要拿回當時的世界,而是要將世界還原成起初創造時的樣貌。這也是基督徒之所以「放棄」這個世界的原因。因為我們明白,這世界只是它原始樣貌的一個殘影,因此我們拒絕接受那些墮落天使的價值觀以及他們的統治,因為就是信了他們那套,我們才會落入今天這樣的處境。要是耶穌當時真的向撒但俯首稱臣,那就全盤皆輸,因為就等於祂違反了自己的道德律,不再全無瑕疵,也不再有資格代替我們承擔罪的後果。另一方面,即使撒但真的信守承諾,把這個世界交給耶穌,祂也不要這樣的「獎賞」。

所謂拒絕這個世界,是指像耶穌那樣的拒絕方式:祂愛世人,甚至為他們捨命;祂與他們同行,和他們交朋友,並為了他們而努力作工。不過,他也把更美好的遠景指給他們看:耶穌基督的王國,重建的樂園。

那些對世界目前的樣貌感到滿意的人應該要明白,我們現在所見的,有一天將會被扔進歷史殘渣,因為上帝創造我們,不是要我們來到這世上受苦、哭泣,最後死亡。儘管目前耶穌基督還沒來到,我們已經可以展開新的生活——彷若新天新地的生活。

放棄世界

不要愛世界和世界上的事。人若愛世界，愛父的心就不在他裡面了。因為，凡世界上的事，就像肉體的情慾、眼目的情慾，並今生的驕傲，都不是從父來的，乃是從世界來的。約翰一書2：15-16

馬汀參加佈道會已經有幾週了。在某個週末佈道會結束時，傳道人朗恩從收到的決志卡中，欣喜的發現馬汀表示希望受洗。於是，週一晚上他來到了馬汀的家裡。

身為一個稱職的傳道人，朗恩帶著馬汀將領浸約言——唸過，確保他知道加入這個教會代表的意義。當他唸到第三條時，頭一句是：「我已經放棄世界及罪惡的道路……」馬汀遲疑了。朗恩心想：糟糕，他生命中一定有什麼他不願面對的事。「我對這條可能沒有辦法接受！」馬汀質疑道。這讓朗恩緊繃起來，害怕最糟的情況會發生。「因為，我怎能放棄這個世界？耶穌基督可是為它犧牲了自己的生命！」他問道。

馬汀的問題非常好。事實上，基督徒所謂「放棄」這個世界，指的不是住在這是世上的人。今天存心節經文所指的，一是屬世的心態，這種心態不根除，我們就永遠處於與造物主作對的狀態；其二是針對罪所造成的苦難，這從人類墮落，與上帝的恩典隔離後，就如影隨形的跟著我們。耶穌在傳道的過程中，親眼看到人類遭受這樣的痛苦、折磨，一定感到心如刀割。身為一個本質就是愛的造物主，祂怎麼可能認同罪所帶來的毀滅性後果？而誰又能接受將上帝的兒子釘上十字架的那種屬世心態？

「恨惡這個世界」和「恨惡屬世的心態」是兩件事。在客西馬尼園的時候，想到要承擔我們的罪所造成的後果，耶穌的心裡其實很掙扎；「倘若可行，求祢叫這杯離開我！」祂禱告道（馬太福音26：39）。但，不過數小時之後，祂的心中卻已滿溢對那些即將把祂釘上十字架之人的憐憫：「父啊，赦免他們！因為他們所做的，他們不曉得。」（路加福音23：34）

站在十架下，見到這樣不可思議的愛，我們為祂的犧牲傷心流淚的同時，心裡怎會不痛恨導致這一切發生的事物？痛恨世界指的就是這個。

因此，當我們愛上那位為我們捨命的上帝，我們的心會漸漸變得像祂，自然而然會想接近世上還沒認識耶穌的其他罪人。

尋找正北

人心比萬物都詭詐，壞到極處，誰能識透呢？耶利米書17：9

我那個年代的孩子，都得學會用一根縫衣針及一小塊軟木塞來製作指北針，不知道現在的小朋友是不是還會這樣做。你要先把針用磁鐵摩擦個幾次，使它帶磁性，然後再把它穿過一小塊軟木塞，在一個盤子裡放一點水讓它漂在上面，針就會開始旋轉，最後指向北極的方向（如果你住在南半球的話，則是南極。）

這個方法很有用，特別是你如果在樹林裡迷了路，身邊剛好有一塊磁鐵、一根針、一小塊軟木塞的時候。不過指北針有個問題：它只能大略指出北極的方向，沒辦法對準真正的北極。它其實是指向某種早期探險家稱之為「磁力島」（magnetic island）的地帶，離真正的北極差得很遠。如果你所在的位置夠南，這個誤差尚能忽略不計，指北針大致是指向正北；但如果你是在北極，由於你身處的位置可能會比磁北極還要更北，誤差就會變得很大，因此造成嚴重的誤判。另一個問題就是，就

連磁北極本身的位置也不是固定不變的；在廿世紀中，它往西北移動了將近1126公里，且持續以每年約48公里的速度朝西北偏移。

我們被罪充滿的心就像是一個僅是大略指向正北的指北針。我們多少還保留了一點判斷是非的能力（多虧了聖靈的動工），但我們的心已被罪蒙蔽，以致我們會在罪性及自私心態的牽引下做出決定。罪指的不只是一連串錯誤行為，更是從根本上就損壞了我們的道德儀；表面上看到的是我們的罪行，看不到的是促發罪行的深層動機。

先知耶利米指出，我們的良心已經太過腐敗，往往感受不到自己偏離上帝的道已有多遠，所以我們才需要一顆新心；憑著我們原本的心，永遠都找不到真正的道德北極。好消息是，耶穌很清楚道德正北的所在，祂答應要換一個全新的指北針（新心）給我們。

只是凡人

因為按著我裡面的意思，我是喜歡上帝的律；但我覺得肢體中另有個律和我心中的律交戰，把我擄去，叫我附從那肢體中犯罪的律。我真是苦啊！誰能救我脫離這取死的身體呢？感謝上帝，靠著我們的主耶穌基督就能脫離了。這樣看來，我以內心順服上帝的律，我肉體卻順服罪的律了。羅馬書7：22-25

某個週五的傍晚時分，我站在灰狗巴士的站牌下，著急的等待某輛車抵達。第二天早上我有幾場浸禮要主持，可是我要去的那間教會連一件浸禮袍都沒有。不過這不難搞定，我知道有間教會有很多件，於是打電話去問他們能否借我幾件。他們答應了，說袍子會隨下一班灰狗巴士送達。

然而，車到了，卻不見袍子。櫃台的工作人員看起來一副蠻不在乎的樣子：「我想它這幾天一定會到。」他這樣說。

「不能幫我查查看嗎？」我問道，他卻只聳聳肩。「聽好了！我不要它這幾天才到，」我語氣變強硬，向他強調：「我現在就需要！」他事不關己的態度觸怒了我；我脾氣爆發了。

於是兩人越吵越兇，最後，我氣沖沖地離開。幾個小時後，車站的人打來，說包裹找到了。我回到巴士站時，東西就放在櫃台上，上面用大而清晰的字體寫著我所屬教會的名字。

我覺得好丟臉。我做了一個很糟的見證，且驚恐的發現，原來心中那個在認識耶穌之前的「老我」一直蠢蠢欲動。不過，我很快就想起保羅的話，他面臨過和我一樣的掙扎。他的確愛主，也希望能活出一個新人的生命，卻發現身處於這瀰漫著罪惡的環境，每天都會碰到試煉，「老我」有時還是會暗中扯後腿。

因此，《聖經》要我們憑信心而活不是沒有原因的：我們理性上會告訴自己，自己已經是新造的人，但撒但會想盡辦法讓我們懷疑自己是否已經重獲新生；當我們信心一動搖，撒但就逮住機會，要使我們對每件事都產生懷疑。我們必須拒絕聽信他的鼓吹。

我向那位車站職員道了歉；我起碼要做到這點。我甚至還告訴他，以一個神職人員來說，我的表現實在是太差勁了。他露出微笑：「我懂——你也不過是個人。」真是個聰明的傢伙！要是我們都能如此說話就好了。

不過就是個火爐

即便如此，我們所事奉的上帝能將我們從烈火的窯中救出來。王啊，祂也必救我們脫離你的手；即或不然，王啊，你當知道我們決不事奉你的神，也不敬拜你所立的金像！但以理書3：17-18

但以理的友人們回答尼布甲尼撒王的話，對廿一世紀的基督徒來說，確實是良藥苦口。自廿世紀後期以來，許多西方基督教義常宣揚，信仰基督教能夠得到現世的獎賞。傳道者和牧師會向會眾保證，跟隨基督的人通常都能事業有成，財富源源不絕。於是，那些沒見到這些「福利」兌現的人，不禁懷疑自己是不是被上帝忽略了！

這種傳福音的方式近年來被稱作是「成功神學」，它並不能正確傳達《聖經》所描述的、上帝與人之間的永久約定。因為，儘管《聖經》中的確有幾處記載上帝強調要讓以色列民族復興，但我們不該弄錯這些故事的重點；它們所要強調的是：一旦我們決定要跟隨耶穌基督，等於也決定了為與祂永遠同住，甘願放棄這世上的舒適享受。

跟隨耶穌的人，有可能到此生結束時，都還沒得到獎賞。〈希伯來書〉11章列了一張長長的名單，他們有生之年都未曾得到上帝的獎賞：「這些人都是因信得了美好的證據，卻仍未得著所應許的。」

（希伯來書11：39）

耶穌曾說過一個比喻：一個人發現了一顆稀世珍寶的珍珠，於是典賣了他所有的財產，什麼都沒留下，只為了能買下它（馬太福音13：45-46）。這個故事道出了追隨耶穌的真義：一旦你瞭解祂是誰，其他事物的價值就相形失色——包括你自己的生命。「人若賺得全世界，賠上自己的生命，有什麼益處呢？」（馬太福音16：26）耶穌這樣勸導我們。

有時候，放棄這個世界必須付出代價，這就是為什麼耶穌要我們在決定追隨祂時，先想清楚那意味要付出怎樣的代價（路加福音14：28）。但「即使我們知道上帝並不會把我們從火爐中救出來」，但以理的年輕希伯來夥伴告訴巴比倫王，「我們還是會這樣做，絕不會為了要向你效忠而背叛耶穌基督。」

或許，你其實早已知道跟隨耶穌是要付上代價的。那麼，提醒自己，那不過就是個火爐罷了，百萬年後，當你在耶穌面前細數過去種種得失，便會發現，若能跟祂在一起，一切都值得。

越過繩索

人不拘用什麼法子，你們總不要被他誘惑；因為那日子以前，必有離道反教的事，並有那大罪人，就是沉淪之子，顯露出來。他是抵擋主，高抬自己，超過一切稱為上帝的和一切受人敬拜的，甚至坐在上帝的殿裡，自稱是上帝。帖撒羅尼迦後書2：3-4

十年級的時候，我曾參觀過位於加拿大首府渥太華的國會大廈。那時有一位加拿大參議員邀請我們班去參議院，我們還可以坐在參議員的位子上。不過，真正吸引我目光的是議會廳最前方一張很大的椅子：那是女皇的座位，前面有繩索圍起來，禁止訪客進入。

但我心裡還是癢癢的，快離開的時候，我翻越了繩索，坐到女皇的寶座上。我不知道有多少人做過同樣的事，但我可以確定的是，人類對上帝所做出的挑釁行為可能就是像這樣。

在寫給帖撒羅尼迦教會的第二封信中，保羅預言了「沉淪之子」的出現，他將會試圖奪取上帝的寶座。這種作法等於是步上了路錫甫的後塵，因為撒但就是想要在整個宇宙做王掌權（以賽亞書14：13-14）。

然而，悖逆上帝的不是只有大罪人，他只是名單上的第一位，我們所有人也都榜上有名；自從我們在伊甸園背叛上帝，我們就一直試圖奪取上帝的權柄。除了耶穌以外，世人都犯了同一條罪：我們試圖坐在上帝的寶座上，質疑祂的教導，自己想要當家作主。可悲的是，這必然導致令人心碎的後果，甚至直接引發災難。

把矛頭對準某些大型企業或組織，說他們正是保羅所說的「大罪人」、「沉淪之子」是一回事，認清自己在這場叛亂裡也是同謀，又是另一回事。

如果不是有成千上萬的人，為了己身的利益願意支持大罪人和「空中掌權者」（以弗所書2：2），他們也無法建立起版圖如此龐大的帝國。邪惡能夠掌權，是因為人的信從，或至少是因為我們不願接受耶穌的幫助，將我們從其魔爪中解救出來。當基督徒發誓要放棄這個世界時，即是承認自己不該「越過繩索」，坐在本不屬於我們的座位上。

一同做王

然而，上帝既有豐富的憐憫，因祂愛我們的大愛，當我們死在過犯中的時候，便叫我們與基督一同活過來。你們得救是本乎恩。祂又叫我們與基督耶穌一同復活，一同坐在天上，要將祂極豐富的恩典，就是祂在基督耶穌裡向我們所施的恩慈，顯明給後來的世代看。以弗所書2：4-7

大學時代，我常在加拿大卑詩省位於維多利亞市的議會大廈一帶流連，因為我喜歡看質詢時議員與首長的激烈交鋒。質詢時段是在下午，反對黨議員可以利用這個時間，向政府官員提問。有一天，離開旁聽席後，我在大廳跟省長碰了個正著，當時他正被一群咄咄逼人的媒體記者包圍。

他完全不知道我是誰，不過他看到我站在大廳另一端，就想趕快逮住這個機會結束折磨，從記者群中脫身。「嘿！」他親切的叫我，活像我們是失聯已久的老朋友，「看到你真好！」他走過來，把手臂放在我的肩膀上，說：「咱們去散個步吧！」於是，我們沿著走廊走到他的辦公區。我們一踏入大廳，已經有幾個身居要職的人等著要找他，我在電視新聞上曾見過他們。「我等一下再來找你們。」他這樣告訴他們，然後要我跟著走進他的辦公室。他把門關上，請我坐下。他對我的生活很好奇，問東問西；我們閒聊了十分鐘，他才送我離開，並祝我一切順利。儘管我穿著不太體面的舊毛衣以及有破洞的牛仔褲，整個卑詩省最有權力的人剛才對我的態度，卻活像我是他們中間的一員。

大部分的人終其一生都試圖奪取上帝的權柄，要不然就是想要在自己生命中掌權做王，但這其實很可悲，而且到了最後勢必徒勞無功；因為除了上帝這位創造者，沒人能做王掌權。另一方面，反抗上帝的統治其實是不必要的，因為耶穌最後會邀請那些追隨祂的人一同做王；祂要你跟祂一起坐在天國的寶座上：「得勝的，我要賜他在我寶座上與我同坐，就如我得了勝，在我父的寶座上與祂同坐一般。」（啟示錄3：21）

人生在世，希望得到心靈的平靜滿足，祕訣在於相信上帝是慷慨、樂於給予的。祂統治世界不是為了自己的利益，而是為了你我的好處。

攀關係

凡在人面前認我的，我在我天上的父面前也必認他。馬太福音10：32

再也沒有什麼行為比「攀關係」更能顯示出一個人的不安全感了。所謂「攀關係」，指的是與其他人談話時，技巧性的提及自己碰到（假設是真的碰到）某個名人或有影響力的人物，好讓別人以為你都是跟這些上流社會的名人來往，誤把你的層級提升到比你自認的更高些。

事實上，真正認識很多大人物，或自身就是大人物的人，很少會需要藉由吹噓自己和某人的關係，來讓別人另眼相看。

對基督徒來說，放棄這個世界的美妙之處在於，我們得以用更合宜的觀點來看待有權有勢或掌握財富的人，知道他們也不過是人，只是正好比別人擁有更多的資源。事實上，擁有的越多，有時反而成為一種羈絆，讓人捨不得放棄屬世的一切，追隨耶穌。

一旦我們看見過十字架光照下的耶穌，明白祂送給我們的禮物——寬恕與救贖——是如何珍貴以後，世上任何人都不能再讓你衷心折服，除非你在他們身上看到了耶穌的品格。因此，不論是歐洲的國王、國會議員、企業領袖，在十字架前都是平等的；明白這點我們會活得坦然自在的多，這種平等完全不是人訂定的法律所能達到的。

既然我們知道上帝透過耶穌，連祂的王權都可以與我們分享，世上的權力結構及這罪惡世界所推崇的一切，便不再具有吸引力。儘管《聖經》要求我們生在哪個地方，就要尊敬服從當地的政權領袖——前提是其言行不能違反上帝的旨意，我們這些被寬恕的罪人仍應該慶幸，自己不僅僅是被赦免，更可以立刻就展開新生活——好像耶穌基督已經復臨，我們已經生活在祂的國度一般。

其實，耶穌其實也喜歡「攀關係」，只是祂的作法和我們截然不同。世上沒有人的權力能和耶穌相比，可是到頭來，祂在天上最喜歡掛在嘴邊的，反而是你我的名字。

挖出已死的過去

所以天父的兒子若叫你們自由，你們就真自由了。約翰福音8：36

有一則古老的故事如此說：一個人開著車在鄉間小路奔馳時，不小心撞上一隻貓。他把車停到路旁，下車查看，很不幸的，貓咪未能逃過死劫。滿心悔恨的他，朝道路兩旁張望，想看看貓的主人是否在現場。最後，他見到遠處有間農舍，於是拾起了死掉的貓咪，走到屋前，心虛的敲了敲門。

看到房屋的主人來應門，他不禁哭了。「我實在不知如何開口；對不起！我不小心把妳家的貓給撞死了！」說著，他把貓咪的屍體拿給主人看。

貓咪的主人顯然相當震驚，但她只溫和的說：「嗯，意外總是難免，每個人都有可能會碰到這種事，我願意讓這件事就這樣過去。我們把牠帶到外面去埋葬吧！」

他們一同走到車庫，拿了一把鏟子，然後走到房子後面，為貓咪舉行了簡單的葬禮。貓咪的主人見肇事者的情緒還無法平復，便試圖安慰他：「記住，這件事就

到此為止，我不會再追究，也請你把它忘掉。」

一週後，那個人又開車經過同一條路。當他看到上次來過的那間農舍，罪惡感再次來襲。於是，他停下車，繞到房子的後方，把死貓給挖了出來，然後，他又按了門鈴。屋主看到他，滿臉驚訝。「我不知道該怎麼開口：對不起，我把妳家的貓給撞死了！」他的淚水再度奪眶而出。

「你這傻子！」上次那位女主人說，「我一個星期前不就已經原諒你了嗎！而且我還要你把它忘掉，你又把牠挖出來做什麼呢？」

儘管這故事有點毛骨悚然，卻充分強調了一點：《聖經》所講的「寬恕」，是針對我們的罪，徹徹底底、不折不扣的寬恕。「所以天父的兒子若叫你們自由，」耶穌這樣告訴門徒們，「你們就真自由了！」當上帝寬恕你，你的罪就結案了。我們不妨自問：「為何老是要回頭挖出上帝早已埋葬的過去？」

反覆刺激舊傷

上帝啊，有何神像祢，赦免罪孽，饒恕祢產業之餘民的罪過，不永遠懷怒，喜愛施恩？必再憐憫我們，將我們的罪孽踏在腳下，又將我們的一切罪投於深海。彌迦書7：18–19

詹姆斯‧加菲爾德（James Garfield）在美國歷任總統中名氣不算特別響亮，然而卻是被暗殺的四位總統之一。1881年7月2日，一個古怪且有妄想傾向的男子，名叫——查爾斯‧古提奧（Charles Giteau），因他以為加菲爾德會指派他到法國擔任外交官，結果卻沒有，失望憤怒之下，他在華盛頓特區火車站向加菲爾德背後開了一槍作為報復。

加菲爾德本來應該不致因為那一槍而喪命；子彈並沒有打中重要器官，而是卡在胰臟後方，沒能深入。大部分現代醫學專家都認為，當年殺死他的不是子彈，而是治療他的醫生們。原因是加菲爾德中槍後沒幾分鐘，醫生們就開始用沒清洗過的手伸進加菲爾德的傷口內，試圖把子彈給取出來。結果加菲爾德就躺在完全沒消毒過的車站地板上，讓醫生們（前後多達12位）用各式各樣的器具檢查他背後的傷口，想找出子彈，結果卻徒勞無功。

當時的醫學界還沒有接受約瑟夫‧李斯特（Joseph Lister）的「菌源說」。於是，接下來的八天，病菌就在總統的體內大肆攻城掠地，使他漸漸衰弱，體重開始急遽下降；不過才幾週的時間，就從210磅（約95公斤）掉到130磅（約59公斤）。總統的醫生急著想取出子彈，於是找來了發明電話的貝爾（Alexander Graham Bell），希望能用他發明的金屬探測器來找出子彈的位置。但探測器並沒有發揮作用，因為總統所躺的床內有金屬彈簧，檢查過程中一直導致機器誤判。

終於，在9月9日那天，加菲爾德傷重不治。然而，他會喪命，並非因為子彈，而是因為醫生們不斷地去戳探他的傷口。很多人之所以做基督徒做得很痛苦，不是因為所犯的罪，而是因為不相信自己真的已經被赦免了。結果，我們不把自己的過去交託給耶穌，卻要一而再、再而三把傷口挖開檢查。因為缺乏信心，最後心靈就生病了。相對的，所謂的信心，就是選擇相信，上帝說祂不再追究我們的過犯與罪孽，祂是認真的。老是去回想已獲得赦免的罪，將使我們與耶穌要賜給我們的喜樂無緣。因此從現在起，別再耽溺於過去的舊傷疤了。請相信上帝所說的：過去那些罪孽，已經遺落在無從挖掘的地底深淵了。

上帝的忍耐

那時，彼得進前來，對耶穌說：「主啊，我弟兄得罪我，我當饒恕他幾次呢？到七次可以嗎？」耶穌說：「我對你說，不是到七次，乃是到七十個七次。」馬太福音 18：21-22

多年來，我每次讀到上述的存心節經文，都以為耶穌只是隨口說出一個龐大的數字，來向彼得強調：寬恕不應有次數限制。的確！「七」這個數字在耶穌的話裡有特殊的意義，它代表著完美及徹底；因此祂在這裡提到「七」，的確是有意告訴彼得，必須放下世俗對寬恕的定義，以提昇自己寬宏大量的境界，也就是要像上帝那樣愛世人，原諒他們的過犯。

這些的確都是耶穌所教導我們的，不過我也不禁注意到：70乘以7正好是490。490這個數字，對彼得這樣的猶太人來說有著特殊意義。讀者應該還記得，猶太人流落巴比倫正好是70年，每一年都代表了某個他們沒有遵守的安息年（歷代志下36：20-21，耶利米書25：11）。而由於安息年是每七年一次，沒遵守安息年的時間加起來即是490年。

所以，耶穌是否在告訴我們，對別人應該要向耶穌對我們那樣有耐心？上帝等以色列民回轉，這一等就將近500年，你

我對彼此的耐心可就差多了！

當上帝的子民從巴比倫被擄歸回後，上帝又給了他們490年的時間，讓他們可以再次學會遵守與上帝立的約，為彌賽亞的來臨做準備，也就是「要止住罪過，除淨罪惡，贖盡罪孽，引進永義，封住異象和預言，並膏至聖者。」（但以理書9：24）可見，上帝竟耐心的等了兩個490年。

有些人認定上帝是位易怒且充滿怨恨的神，他們恐怕沒有注意到《聖經》中記載的祂，其實是多麼有耐心，因為祂是萬般不願意讓任何一位罪人沉淪。

每當我們懷疑上帝是否能原諒某個人或某件事，請想想耶穌對彼得所說的話，上帝遠比我們更有耐心，更寬大為懷。我們永遠都無法想像上帝能寬容到什麼地步，以及祂多希望拯救我們，使我們能回天家；我們無法探知祂的極限，所能做的只有相信祂願意赦免我們，並抱持這這個信念而生活。

攪亂天下

找不著他們，就把耶孫和幾個弟兄拉到地方官那裡，喊叫說：「那攪亂天下的也到這裡來了。」使徒行傳17：6

3月17日是許多國家訂為「聖派翠克節」（St. Patrick）的日子。派翠克是一名傳教士，他將基督教信仰帶到完全信奉異教的愛爾蘭。他16歲那年被愛爾蘭海盜綁架；他們是北歐最令人聞風喪膽的人口販子，專門綁架兒童，他們會在半夜摸進有孩子的人家把小孩帶走，父母往往要到第二天天亮才發現孩子不見了。

派翠克是在西元四世紀初期被綁架的，當時他還不是一名基督徒，不過他在家曾接觸過這個信仰。被綁架後，派翠克被迫為一名愛爾蘭部落頭目牧羊，經常過著飢寒交迫的生活。

他身邊幾乎沒有可以談話的對象；除了父親當年事奉的上帝以外，他在世上無依無靠。於是，派翠克變得經常禱告，最終成了基督徒。

被擄六年後，他有天在睡覺時突然聽見一個聲音，告訴他該回家了。「看哪！你回家的船已經準備好了。」他相信他所聽見的，於是徒步走了約320公里到海

邊，結果那裡真的有一艘船正等著他。在歐洲大陸各地繞了幾年後，他最後回到了英國。

回國後，有一天他又突然做了個奇特的夢；夢裡，他聽到愛爾蘭人懇求他回到愛爾蘭，把福音帶給他們。有沒有搞錯？叫他回到那些逼迫他的人那邊？一開始他很抗拒，但同樣的夢一直重覆出現，他最後不禁相信，是耶穌要他去的。

結果，當整個歐洲都陷入史稱「黑暗時代」的中世紀時期時，愛爾蘭的賽爾特人（The Celts）因突然接受了基督信仰，成為前所未有、最有學識又忠誠事主的傳道大軍；沒幾年的時間，他們已在歐洲各處建立起培訓中心。

在一個歐洲的福音事工幾乎快絕跡的年代，愛爾蘭守護了福音的火炬，而愛爾蘭的力量則是來自於一個被耶穌改變的生命；要是我們也願意相信上帝能給我們新的心、嶄新的生命，我們一樣可以所向無敵，像派翠克那樣翻轉整個歐洲。

一份禮物

因為上帝的義正在這福音上顯明出來，這義是本於信，以至於信。如經上所記：「義人必因信得生。」羅馬書1：17

在馬丁路德明白上帝赦免並接納世人的真義之前，原本也是一名苛待自己的修士。他因為相信合宜的生活方式及抑制肉體欲望可以減輕罪孽，所以只要一犯錯就會懲罰自己，希望能馴服自己的罪性。

「我是名好修士，」他在著作中寫道，「我嚴格遵守我們修會的規例，嚴格到了假如有人夠靠著當修士而上天堂，那絕對是我；我所有修道院的弟兄都可以為我作證。要是我還繼續過這種生活，我可能會因為守夜、禱告、讀經，以及其它事工而喪命。」（馬丁路德的話，摘自《我的立場：馬丁路德的一生》，羅蘭·別頓著，原文第45頁）

他這些努力最後自然是白費了，因為罪性是個極為棘手的問題，而我們的罪孽也太深，無法靠自己的力量克服。路德意圖藉著像是禁食、苛待自己、犯錯就狠狠自我懲罰等方式來洗清自己的罪孽，最後卻敗得一塌糊塗，以致連看到「登山寶訓」都感到痛苦不安，「這些話所要求達到的標準太高，任何人都不可能做到。」他對耶穌的話表達了這樣的看法，「只要是血肉之軀，就絕不可能做到。」（同上第46頁）

直到有一天，馬丁路德來到了羅馬。當地有個名勝叫做「彼拉多的樓梯」（Pilate's staircase），罪人會去攀爬，希望能以此贖罪，他也不例外。在攀爬的過程中，他突然領悟到福音的精髓：我們無法靠自己的力量贏得上帝的赦免，只能憑著信心接受祂的赦免。關於故事的詳情，有些比較古老的版本是說，馬丁路德在攀爬時，便是想到今天存心節的經文：義人必因信得生。

就在那個當下，整個西方基督教的歷史開啟了嶄新的一頁：既然你我無法靠自己贏得上帝的寬恕赦免，但《聖經》又保證我們一定會得到，我們只能得出一個出乎意外的結論，就是我們只能接受赦免，如同接受一件禮物一般。不過，不知為何，因為我們的罪性，我們很難接受別人主動取消債務，寧願自己努力還債；因驕傲感作祟，使我們不願白白收下太貴重的禮物，直覺的認為必須回報些什麼，或用某種方法贏得它。

不過，這樣的邏輯對耶穌的這份禮物並不適用；祂說我們已經獲得赦免，是千真萬確的——所以，我們就活得像是個已經被赦免的人吧！

「別忘了鴨子的事！」

豈不曉得你們獻上自己做奴僕，順從誰，就作誰的奴僕嗎？或作罪的奴僕，以至於死；或作順命的奴僕，以致成義。感謝上帝！因為你們從前雖然作罪的奴僕，現今卻從心裡順服了所傳給你們道理的模範。你們既從罪裡得了釋放，就作了義的奴僕。羅馬書6：16-18

布萊恩興奮得不得了，他祖母送了他一只彈弓當作生日禮物。於是他拿著彈弓跑到後院，對著目光所及的每個東西發射石頭：樹、柵欄，還有用來生火的木柴等等。不過，沒多久他就發現，自己不是什麼神槍手，什麼都沒打到。布萊恩對自己的表現感到很失望，於是回到了屋裡；這時，他看見祖母的寵物鴨正踱步走過火爐的柴堆。

我八成也不會射中吧！他心想，隨即朝鴨子的方向射了一枚石頭，沒想到卻一擊就中！鴨子應聲倒地，死了！布萊恩嚇傻了。驚慌失措的他，一把抓起死鴨，往柴火底下塞。湮滅證據後，他轉過身，赫然看到他姊姊瑪莉蓮正對他露出詭異的笑容。她沒說什麼，只是轉身進屋。

午餐後，祖母叫瑪莉蓮幫忙洗碗。「但布萊恩說他今天想幫忙洗。對吧！布萊恩？」她壓低聲量，在布萊恩耳邊說：「別忘了鴨子的事！」布萊恩乖乖洗了碗。到了晚上，祖母要瑪莉蓮去收拾地下室裡的玩具。「可是布萊恩說他會整理。」她拒絕了，同時給了布萊恩一個暗示的眼神。接下來整整兩週的時間，布萊恩包辦了所有本該是姊姊負責的家事，因為怕她會揭發他的罪行。最後，他終於受不了。他按捺著委屈的眼淚，走進客廳，向祖母坦承犯行：「奶奶，有件事我想告訴您。幾個禮拜以前，我帶著我的彈弓到後院玩的時候，不小心把您的鴨子給打死了！」

在長椅上坐著的祖母放下了手邊正在閱讀的書，示意布萊恩坐在她旁邊。「來！」她慈祥的說。布萊恩爬到她身邊，她摟住布萊恩。「我早就知道了，」她說，「那天發生的事，我透過廚房的窗戶都看到了。但我已經原諒你了，因為我愛你。我只是想看看，你會繼續受你姊姊擺佈多久？」

撒但最喜歡讓我們相信自己被罪捆綁，不得翻身，其實上帝願意原諒我們。祂很清楚我們做了什麼，祂只願我們快快回到祂身邊，好把我們變得乾乾淨淨、清清白白。*

（*作者強調：這個故事原著者不是我，它應是虛構的。不過我個人很喜歡，因它生動描繪何謂「罪的奴僕」，我在各場合曾引用它多次。）

弔詭

耶穌對他們說：「無病的人用不著醫生；有病的人才用得著。我來本不是召義人悔改，乃是召罪人悔改。」路加福音5：31-32

有些人似乎完美到不需要拯救——這真是件可悲的事。這些人彷彿每過一天，就又累積一些新的成就，可以紀錄到一個小剪貼簿，然後掛到腰間。等到上帝（或他們自己信奉的神祇）要他們交帳的時候，他就能有備而來說：「看，我一直都是個好人。就記憶所及，我從未作弊、說謊，或偷東西。我總是盡力遵循大家公認的道德準則過生活，因此，我自認是上天堂的完美人選。」

上帝無法為這些人做什麼。這些人看不出人的罪本身即是一個大問題，因此也不會想到要向耶穌這位偉大的醫生求救，除非有人自願，上帝也不會強迫他相信祂。想像耶穌平時待人的樣子，覺得彌賽亞應該會比較想要跟那些道德領袖同工，因為這些人在羅馬佔領的時期努力讓以色列走在正道上，不偏左也不偏右。因為怕以色列會再度犯下導致他們被巴比倫滅亡那些罪，很多文士和法利賽人於是落入了另一個無底深淵：他們開始變得對規矩、儀式，以及條例吹毛求疵。

然而，他們的驕傲，不靠上帝只靠自己的自傲，仍是一種罪。遭巴比倫擄掠前，上帝的子民曾照著自己的想法，自創了一個結合了異教信仰的宗教，這就是背離上帝的行為。而到了耶穌的時代，儘管他們反對羅馬人的異教信仰，但仍完全靠自己的力量過活。而且，因為一心想保持完美無瑕，反而看不到罪造成的問題。

這樣的宗教氛圍下，那些為自己的罪孽而心碎的人，會覺得自己沒希望了。由於周遭都是些喜歡強調自己道德有多高尚的人，他們感到更加絕望，確定自己是不會上天堂了。

但耶穌正是要帶給這些絕望的人希望。祂對心靈破碎的罪人說：「我知道你很痛苦；因為你需要我，我才來到你身邊。」

親近耶穌的人，會感到矛盾：越是親近祂，就越看到自己的不義。但你不用為此擔心，意識到自己的不完全，就是解決問題的第一步。真正要擔心的反而是，你離耶穌的光照太遠，以致看不清自己的本相。

修繕還是重建？

耶穌又設一個比喻，對他們說：「沒有人把新衣服撕下一塊來補在舊衣服上，若是這樣，就把新的撕破了，並且所撕下來的那塊新的和舊的也不相稱。」路加福音5：36

我讀大學時，曾做過居家修繕的工作。有天下午，我接到一通電話。電話那頭的女子說，她有個朋友家裡出現「輕微」的異味，想請我幫忙看看。

幾天後，我來到了她的朋友家。我按了門鈴，就在對方來應門的那一刻，那「輕微」的異味衝到開放的玄關，讓我眼淚直流。我走進屋內，馬上就發現問題所在：客廳的牆壁底部全被某個東西污染了。原來是她養的貓亂撒尿，弄得到處都是，慘不忍睹。正當我打算直接了當的告訴她問題所在，我瞥見了壁爐上有幅很大的油畫，畫的正是她的貓。

我頓時明白，她很難接受這個事實。「妳覺得有沒有可能是，」我很客氣地問，「妳的貓出了點小狀況？」其實老實講，她居然沒注意到這件事，讓我覺得有點不可思議！

她的反應令我終身難忘。她馬上就緊繃起來，氣憤的否決我的話：「我的貓不可能會做出那種事！」這下子我別想說服她了。

我幫她估了個價，大概要幾千美元左右，把她給氣壞了。「給我噴一點除臭劑就好！」她命令道。她想用20元美金，解決一個2000元美金才能解決的問題。

太多人也是這樣：意識到了自己的罪行，就想把它給掩蓋起來。方法是把屬靈履歷表上的灰撢一撢，盡力展現自己最好的一面，以為這麼一點表面功夫就可以讓上帝稱我們為義。

可惜，儘管那位朋友可能會被表面功夫所蒙蔽，上帝卻不是可以唬弄的對象；想用20元美金搞定一個需要耗資2000元美金的問題，是行不通的。

因為，罪的問題不是像在舊衣服上縫個補丁，或將罪玷污的心靈粉刷一下就可以搞定的。唯一有效的方法是換顆新心，因為光整修已經不夠，非要拆掉重建才能讓我們的「心房」乾乾淨淨，沒有一點異味。而且要達到這個效果，我們自己要退一步，讓專家上場，那唯一有能力處理此事的專家，就是耶穌基督——上帝的無罪羔羊。

我那不完美的腳丫

我們都像不潔淨的人；所有的義都像污穢的衣服。我們都像葉子漸漸枯乾；我們的罪孽好像風把我們吹去。以賽亞書64：6

我發誓，我真的不記得那段對話是怎麼開始的；我承認，我竟然會把它公諸於世，那也是蠻奇怪的。

那時不知為何，我正盯著自己的腳看。儘管我知道雕刻家不會對我的外型有興趣，但還是不禁想證實自己的疑問：我的腳是不是長得不太好看？我的意思是，以腳的標準而言。

我知道大部分人不會為這個問題傷腦筋。客觀上來說，我的雙腳極端不對稱：一隻比另一隻整整大了一號半。儘管如此，我從不覺得它們有什麼難看——直到我被太太嘲笑。

「有什麼好笑的？」我有點搞不清楚狀況。

「是喔？你是說你的腳嗎？」她又笑了起來。看來，我太太當初會被我吸引，大概不是因為我的腳。只是，我自己怎麼會一直沒發現它們其實長得很怪？

我們罪人看自己的罪也是這樣。我們在沒認識道成肉身的耶穌基督之前，多少都覺得自己的品德還不錯。我們看著鏡子，會覺得自己的好行為絕對多到足以彌補少數的錯行。由於我們的心靈已經被罪嚴重扭曲，如果沒有一個公正的第三方，我們幾乎不可能看到自己其實是有罪的。

但，總有那麼一天，你會發現，你所認知的自我形象，原來是精心修飾過的，除去這層修飾後，你才會與上帝眼中的自己相見。在祂聖潔的光照下，我們本來自以為是的善行，立即顯出了被自私污染過的痕跡。當下，你會聽到一個來自天上的聲音說，即使是你最高尚的善行未能、也永遠不可能為你贖罪。

我們越受到上帝的光照，自我感覺就越不良好。這時我們面臨二個選擇：一個是完全不理會，回到無知的狀態，但這樣無濟於事，另一個選擇是承認自己的罪，並接受上帝的赦免。我們認罪的當下，上帝就不再追究了，因為，這時的你看來才像是祂的好孩子。

新心，新眼光

我想，現在的苦楚若比起將來要顯於我們的榮耀，就不足介意了。受造之物切望等候上帝的眾子顯出來。因為受造之物服在虛空之下，不是自己願意，乃是因那叫他如此的；但受造之物仍然指望脫離敗壞的轄制，得享上帝兒女自由的榮耀。羅馬書8：18-21

人好像天生就有期待感，相信生命會是美好的，人會是善良的，宇宙萬物會照著我們希望的方式運作。因此，一旦我們發現這一切並非如此，就受到很深的打擊：原來，我們周圍的人最愛的是他們自己，為了自身的利益，不惜粉碎我們的希望和夢想；甚至自然界也與我們作對，除了天災，我們每創造什麼，就會被破壞掉：地基和屋頂會破裂，草坪和種植的樹木會生病、凋亡，而我們自己的身體也會隨著年紀日漸衰敗。

除非我們能夠面對現實且理解問題的源頭，明白我們無力解決它，否則我們注定終身失落悔恨。上帝賜給我們最珍貴的禮物之一，就是讓我們有顆新的心，能察覺到這個世界出了很大的問題，因而堅持不與現況妥協，一心渴望回到最初——就是在人類背叛上帝以致宇宙萬物的運行失序之前，世界本該有的樣子。

十九世紀的許多虛無主義哲學家，因為拒絕相信有一位上帝，所以當他們看到人生在世受盡折磨，便常感到絕望無助，不知要去何處尋求慰藉，對未來也沒有盼望。但我們擁有上帝的禮物：一顆新心，讓我們能夠把眼光放遠，越過當下的紛紛擾擾，看到上帝允諾的未來。

一顆新心也使禱告成為我們生活的方式，於是我們的希望和夢想與上帝漸趨一致；它讓我們能直接向那位上帝說話，祂和我們一樣為現今世界的景況感到痛心，期盼它回復最初的美好。

最後，它重燃了我們的希望，使我們再次注意到上帝的手所做的工，於是我們便明白，上帝並沒有放棄這個世界；祂有個偉大的計畫，要將我們所毀壞的一切恢復得完好如初。

我們不妨把新心視作將來預備進入嶄新世界的頭期款。

吉兒搞錯了！

我們知道，一切受造之物一同嘆息、勞苦，直到如今。不但如此，就是我們這有聖靈初結果子的，也是自己心裡嘆息，等候得著兒子的名分，乃是我們的身體得贖。我們得救是在乎盼望。只是所見的盼望不是盼望。誰還盼望他所見的呢？羅馬書8：22-24

我模仿知名佈道家丹·班辛格（Dan Bentzinge），把自己的GPS系統命名「吉兒」（Jill）；因為這套系統會跟我說話，還會指示我方向，讓我覺得好像應該給她一個名字。可惜我在命名方面沒什麼天賦，所以乾脆就直接把班辛格為他的GPS取的名字拿來用了。嗯，有時我要她再確認一次，有時甚至直接表達反對意見，像是「吉兒，妳為什麼不早點叫我切到右車道？」。而且，不瞞你說，我因為太常跟她講話，以至於把任何電腦語音技術都叫做「吉兒」。例如，你可能稱手機的語音助理為「Siri」，但我還是叫她「吉兒」。

我對吉兒第一次出包記憶猶新。我們全家都很喜歡泰國菜，有次我聽說某地方開了一家新的泰國菜餐廳，於是就在GPS裡輸入它的名字；於是，吉兒開始帶路。我本來期望這會是趟美食之旅，沒想到，吉兒最後宣佈「目的地在您的右手邊」的時候，我卻發現自己置身於一片空地，還停在一列鐵軌上！

幾個星期後，我想要找一間教會，但吉兒卻把我帶到一間鄉村俱樂部裡面。我費盡口舌，想說服門口的警衛讓我開進去，因為我堅持在俱樂部大門的後方肯定有座教堂。然而他再三向我掛保證：這附近真的沒有教會——聽他的口氣，似乎在暗示要是有的話他也會去，「能不能拜託你把車開回去？！」

吉兒顯然是出了什麼問題。「教會事件」接下來幾週，她還是一直誤導我，最後我不得不換掉她。吉兒如同人罪性的縮影；它本來就是為了墮落天使們的利益所設計，因此會不斷把我們引入歧途。想找到正路的唯一方法，就是讓上帝把我們罪性的GPS移除，換上祂的系統，我們才會被帶往天國的方向。但這並不表示我們不會走錯路或不會對路況感到失望，然而上帝的GPS系統會不斷把我們拉回到祂的道路上。

在你心中的永生

上帝造萬物，各按其時成為美好，又將永生安置在世人心裡，然而上帝從始至終的作為，人不能參透。傳道書3：11

我對數位電子科技不算太著迷，不過的確很喜歡「推特」（Twitter）。另一個我喜歡的電子遊戲是《當個創世神》（Minecraft）。不要笑我！我當初會知道這個遊戲是因為我的孩子在玩，現在她們早已過了喜愛它的年紀，但身為老爸的我仍然樂此不疲。

我喜歡它不是因為它有很多愛跟玩家作對的卡通怪獸（順便提醒爸媽們：你可以把它們關掉）。我喜歡它的部分原因是，這個遊戲會隨機產生各種風景，種類繁多，包括海洋、河流，森林等等，應有盡有。沒有任何兩個遊戲場景是重複的，你可以連續幾個小時探索各種場景，卻不會看到一模一樣的。

但真正最讓我著迷的，是玩家可以自己蓋東西，改造既有景觀；這遊戲等於是世上最大的樂高積木組。當我失眠的老毛病又犯了，而漫漫長夜特別難熬時，有時我便會起身，蓋起了一座座虛擬的大房子或是整齊的小村莊。更好的是，它不像真實世界，蓋好後還要清理現場，我只要把筆記型電腦合起來就一切清潔溜溜。

前一陣子，我試著釐清為何探索周遭景物、蓋東西，就能讓這個遊戲有如此大的魔力？最後我得到了結論：這本來就是上帝當初給人類的指示。祂說：「要生養眾多，遍滿地面。」（創世記1：28）我們本來就該享有探索與創造的樂趣。

當然，我們也必須承認，因為罪，這種探索與創造的天性已經變了調：我們為了自己，不再本能地為了彰顯上帝榮耀而創造。但當初的本能多少還在，因為，儘管人類悖離了上帝，但上帝造我們時給予我們的心，上帝還保守著它，讓它仍多少存留在我們裡面。因此，在我們獲得寬恕、得到一顆新心當作禮物之前，儘管我們的生命充滿罪惡，但上帝放在我們裡面那對「永恆」的認同，會吸引我們來到祂身邊。上帝已在每個人的心裡點燃渴慕的星星之火；至於要不要接受祂的邀請，讓祂將微溫的心冶煉成火熱的新心，終能與祂齊心齊意，那就要看我們接受與否了！

上帝的信心

亞伯拉罕因著信，被試驗的時候，就把以撒獻上；這便是那歡喜領受應許的，將自己獨生的兒子獻上。希伯來書11：17

就心理的層面而言，遭到背叛是人生最痛苦的經驗之一。痛苦不只在於一開始突然發現自己的配偶不忠、朋友為了自己的利益將你出賣、或同事在你背後詆毀你。起初的憤怒、痛苦、遭侮辱等感受固然難熬，但最可怕的是，這種創傷最終可能造成永久性的問題，也就是使人失去信任別人的能力。

即便你自己沒有遭受背叛的經驗，應該也見過受害者：這種人總是懷疑別人有不良動機，老是擔心別人又要欺騙或傷害他。這種感覺會影響當事人日後的人際關係，造成毀滅性的影響，這也就是為何背叛行為害的不只是遭受背叛的人本身而已。以人與人之間的關係來說，背叛者會摧毀被背叛者對人的信任。然而，人對上帝的背叛固然也導致關係破裂，但矛盾的是，身為加害者的人類，卻也失去了對上帝的信心，成了受害者。這不是說上帝沒有因為人的背叛而感到傷痛；祂也曾多次以婚姻中的不貞來形容我們的背叛帶給祂的感受。

不過值得注意的是，我們的背叛，並沒有使上帝就此再也無法信任我們。《聖經》告訴我們，上帝相信我們是可以回轉的，真正的阻礙反而是我們自己的遲疑；儘管上帝說別怕，祂是可以信賴的，但自從我們信了那位墮落天使（撒但）的話，對上帝的話就持保留態度了。

也許就是因為這個原因，上帝要我們拿出信心。如果祂總是為我們預備好一切，祂指引我們的方式也總是清清楚楚且符合我們的邏輯，那麼我們在完全信賴上帝這項功課上就學不到什麼。上帝對待我們，就如對待亞伯拉罕一樣，要我們做一件難如登天的事，毫無保留的信賴祂；將自己最珍視的東西拿來獻祭，確信上帝有祂的旨意。

當然，靠我們自己是不可能做到這樣的程度。但是，如果我們願意相信祂的信實，而不是自己的主觀感受，並以這樣的態度生活，上帝一定會賜下新心，讓我們能夠再次全心信賴祂。

初試啼聲

若有人在基督裡，他就是新造的人，舊事已過，都變成新的了。哥林多後書5：17

我們來比較一下人類和上帝其他受造物在幼年時期的長短。小牛在出生後的半小時（最多幾個小時）之內，自己就能跌跌撞撞的站起來。幼熊通常只跟在媽媽身邊兩年，就自己出去闖天下；鮭魚從初生到成熟儘管長達約四年，但都是靠自己摸索，因為父母在它們孵化前的幾個星期就已死亡。

然後我們再來看看唯一照上帝形象所造的生物——人類。大部分的人到20歲前後都是和父母住在一起，然後才會離家獨立。我們可說是所有生物當中最依賴父母的（大象的寶寶也不遑多讓，牠們直到約16歲都還待在父母身邊。）可見，以人類而言，剛出生的時候，我們還不能算是一個真正成熟獨立的生命體，接下來多年的時間，我們仍需要別人的支持與教導，才能成為真正負責獨立的人。

就某個角度而言，我們在基督裡的重生也是如此；保羅說，我們在基督裡就是新造的人，隨著罪得赦免，我們離開了罪惡的生活而轉向上帝，有如開始一個新的生命。還記得吧？耶穌對尼哥德慕（尼哥底母）就是這樣說的：「我說你們必須重生。」（約翰福音3：7）

重獲新生不等於抵達目的地，它只是第一步。我們的確得到一顆新的心，但終其一生都要在基督創設的學校調教這顆心，使它成長茁壯。事實上，因為上帝是永在的神，這段訓練期大概會持續到永恆。先知瑪拉基說罪與邪惡被除滅後，我們將「出來，跳躍如圈裡的肥犢」。換言之，就連耶穌復臨後，我們仍要繼續學習、成長。

記住：儘管我們在基督裡已經得到了新心，但那不代表我們就沒有成長的空間了。然而，能夠重新來過是一件多令人振奮的事啊！今天，你我才剛搖搖晃晃站起來，不過上帝會一路相伴，為我們加油打氣，看著我們漸漸成長茁壯，直到永恆。

婚姻使你改頭換面

你們這自誇是不好的。豈不知一點麵酵能使全團發起來嗎？你們既是無酵的麵，應當把舊酵除淨，好使你們成為新團；因為我們逾越節的羔羊基督已經被殺獻祭了。哥林多前書5：6-7

如果我每次只要靠著向年輕人解釋：「一旦結婚了，就不要想改變或訓練對方。」就能得到一元美金的話，那麼我早就發財了！要和一個人互許終身，就要認定他（或她）以後就會是這個樣子。然而現實情況卻是，很多年輕人（尤其是男性）在交往時表現得可圈可點，之後就有點乏善可陳。如果你在婚前發現對方有某些你看不順眼的地方，以為自己在婚後可以予以「矯正」，保證會釀成慘劇。

不過，婚姻的確會改變一個人，這是千真萬確的。和我認識比較久的人都會告訴你，我和當年的新郎官判若兩人；我太太使我變得更好。但這改變並非刻意為之，而是在互動中自然而然發生。多年來，我倆共度晨昏，於是她的興趣漸漸也變成了我的興趣。

婚姻意味著嶄新的開始，幾乎生活的每個面向都改變了；在婚姻中，我們有機會學習成長，成為更好的自己。我們在基督裡的新生命也是如此：我們得到一顆新心，跟耶穌基督有了不一樣的關係。與耶穌相親的時日久了，我們自然會發現自己變了。

這種改變無法強求，也不是靠著列出一個「可做」與「禁止」的清單，然後咬緊牙關，下定決心無論如何都要做對的事，就可以成就。這種以自己的行為當作基礎的信仰無法長久，之後往往徒留失望和幻滅；以行為作中心的信仰其另一個問題是，我們仍是把焦點放在自身。

要聲明的是，行為自然很重要，這是毋庸置疑的；無論多難，我們也得做出合乎上帝心意的決定，也必須追求合宜的基督徒生活。

然而，如果我們把主要的心思放在與耶穌之間的關係，將與祂深入交流看成是最重要的事，祂就一定會改變你，這潛移默化的威力絕不輸罪的酵母。我們一旦定睛於耶穌，就把自己拋到腦後了；當我們沉浸在祂的相伴，不知不覺中，心意漸漸就會與祂相通。

為何我們會被吸引？

並且我們講說這些事，不是用人智慧所指教的言語，乃是用聖靈所指教的言語，將屬靈的話解釋屬靈的事。然而，屬血氣的人不領會上帝聖靈的事，反倒以為愚拙；並且不能知道，因為這些事惟有屬靈的人才能看透。哥林多前書2：13-14

有件事我常感到大惑不解：閱讀同樣的《聖經》章節，理察·道金斯（Richard Dawkins）或其他所謂的「新」無神論者，怎麼會和基督徒有如此天南地北的解讀？信上帝的人看到的是一位充滿愛、公義、慈悲的上帝，他們看到的卻是一位喜怒無常、滿心憤恨不平的上帝。我們看到的是世界脫離了創造主的管轄而變得殘缺，但很多人看到的卻是一位脾氣暴躁的神，祂就像奧林匹斯山上的希臘諸神，把自己的快樂建築在人類的痛苦上。

同樣是讀《聖經》，不同的人怎會得到截然不同的結論？有些大學教授怎麼會只把它當作純粹的文學作品，完全看不出它的至善至美？關於這點，保羅在給哥林多教會的第一封信裡是這樣寫的：「屬靈的事唯有屬靈的人才能看透。」光憑我們的直覺，《聖經》有很多地方晦澀不明；唯有順從聖靈的引領，我們才能真正瞭解裡面所要傳達的意思。除非我們願意放下自己先入為主的想法，聽從聖靈的指示，否則我們無法讀懂《聖經》。

這其中一部分是這顆新心給予我們的另一項祝福：我們得到上帝賜予的能力，

得以理解以前不明白的道理；因罪而蒙塵的心靈被拂拭得乾乾淨淨，我們便不再麻木。於是，我們不再總是追求享樂或滿足己身的慾望，而會渴望擁有像耶穌那樣的心腸及意念。

這份上帝賜予的禮物，約翰·衛斯理或曾稱它做「先行恩典」（prevenient grace）。根據他的說法，人類因為被罪及自私蒙蔽太深，已經無法靠自己的力量找到上帝，必須要上帝主動召喚我們；〈約翰福音〉說：「若不是差我來的父吸引人，就沒有能到我這裡來的，到我這裡來的，在末日我要叫他復活。」（約翰福音6：44）

要是你對於自己是否已經擁有一顆新心感到存疑，或擔心自己會因為失敗、犯錯而失去救恩，〈約翰福音〉的經文應該可以讓你放心了；因為，要不是上帝先在你身上動了工，這些問題你連想都不會想，但如果你會想到這些問題，就代表上帝已經在你身上產生影響力；你的心正在經歷大改造。

當信賴上帝，相信祂很想領你回家：你對祂的渴望就是最好的證明。

口味是如何改變的？

我要使他們有合一的心，也要將新靈放在他們裡面，又從他們肉體中除掉石心，賜給他們肉心，使他們順從我的律例，謹守遵行我的典章。他們要作我的子民，我要作他們的上帝。以西結書11：19-20

那天我和一位好友一起吃午餐。餐畢，他開始吃起水果，將一顆一顆葡萄從枝子拔下，塞進嘴巴。這時，他說：「你能想像嗎？這沒有肉味，也不肥美，又不是澱粉類食物，我居然會喜歡吃！」朋友最近身體出了些狀況，醫生要他克制飲食。

他的話讓我想了很久，因為我碰過的大多數男性，沒幾個人會說出這種話。很多人儘管會勉強同意：是的！我們應該要吃得更健康，但要這樣吃的時候，都是叫苦連天，想念著以前吃過的好東西。我想這或許是我們年輕時的飲食習慣造成的，或許也可歸咎於文化；無論是哪一種，我們似乎從小就喜歡那些不該吃的東西，很怕有朝一日醫療單位會要大家改吃沙拉、避免炸的東西，改用清炒之類。至少就我個人而言，如果有人在我20歲的時候跟我講，我將來會成為一個純素主義者，我一定哈哈大笑。

我用懷疑的眼神看了朋友一眼：他真的喜歡這種新的飲食方式嗎？還是，他只是想要說服自己？我觀察了一會兒，覺得他是真心喜歡。

周遭環境突然發生重大改變時，喜好也會突然跟著改變；屬靈生活也是如此。不論過去的環境如何塑造了我們的喜好與認知，遇見上帝後，我們看世界的方式將會完全不一樣，而我們的性情將完全重塑。我們對上帝的品格認識越深，改變會越迅速；以前喜歡的，突然變得討厭，以前討厭的，現在變得喜歡。

光靠自己的力量是無法改變一個人的本質。儘管我們可以壓抑自己真正的喜好，選擇較健康的食物，但也只是勉為其難的吞下一餐，不會真正吃得開心。因此，上帝跟以西結說：「我要給他們……（一顆新）心。」是上帝改變了我們，這靠我們自己硬撐是做不到的。我們所能做的，是多花時間跟上帝相親，當我們對祂的愛越來越深，祂會給你一顆新心，去愛祂所愛的事物。

注意你的車停在哪兒！

不要效法這個世界，只要心意更新而變化，叫你們察驗何為上帝的善良、純全、可喜悅的旨意。羅馬書12：2

新車第一次被刮到或撞出凹洞，感覺總是特別不舒服。這些年來，我買的車都是二手車，所以一定有刮痕。但儘管如此，車子第一次被刮到的時候，我還是會很懊惱。為了避免這種情形，我會刻意把車子停在雜貨店停車場最角落的位置，盡量離其他車遠一點，以免被不長眼的車門撞出一個坑。

如果是一顆全新的心，價值更是遠勝任何名牌車。而且，車子再怎麼完美，不免漸漸老舊，發生各種故障情形。但一顆新心就不一樣了：在一位有無限大能的上帝的引導和影響下，它有無限的成長空間，反而會越變越好。上帝是永在的神，而永恆可是很長的時間，注重美感的祂，一定會持續為你這顆新心拋光打蠟。

也許，我們應該盡量把自己的新心停放在一個安全的角落（尤其是剛得到它的時候），遠離莽撞的駕駛人，或免於遭受那些到處亂放的購物推車襲擊——這些推車有可能被一陣風吹過來。你的新心是上帝的愛子在髑髏地的犧牲換來的，非常寶貴；然而在這與創造主脫離的世界中，它太容易受到環境的負面影響，或接觸到危險的事物；西方文化已嚴重墮落，媒體的影響力又無所不在，我們這一代人的新心所面臨的威脅可能更勝以往。

我們當然不可能完全與世隔絕，也不應該這樣做；畢竟，我們的責任就是使萬民做耶穌基督的門徒。然而，我們都應該注意自己每天會受到哪些來自環境的影響，檢視哪些事物會對耶穌給我們的新心造成危害。我們必須在這世上生活，但如保羅告訴我們的，我們絕不能隨世俗沉淪，因為，我們得到的是一份無比珍貴的禮物，要小心翼翼把它收好。

4
Apr

領浸約言第四條：

我因信而接受基督的義，承認祂為
我在天上聖所中作中保；並要
求祂實現祂所應許的，賜下
聖靈住在我心中，因而堅固我，
使我得到力量遵行祂的旨意。

世上第一座聖所

於是把他趕出去了；又在伊甸園的東邊安設基路伯和四面轉動發火焰的劍，要把守生命樹的道路。創世記3：24

今天讓我們再次造訪泰姬瑪哈陵——全世界屈指可數、遠勝你想像的觀光景點。我的意思是，很多時候旅遊廣告上的照片都有點誇大，往往過度美化了那些景點，等到你實際造訪時難免失望，但泰姬瑪哈陵可不是這樣。

泰陵的建造者沙迦罕是在十七世紀為他最愛的妻子蓋了這座陵墓。根據歷史記載，他妻子剛過世時，他悲痛到了極點，甚至想過要自殺，還好在朋友的勸阻下打消了這個念頭；朋友建議他可以蓋座陵墓來紀念她。陵墓主體的確美得沒話說，不過前方的花園也不遑多讓。如果你透過谷歌地球（Google Earth）來看泰陵，會看到花園中央有一個「生命之泉」（fountain of life），從那裡有四條水道往花園的四個角落流去。這座花園又稱「圍牆內的花園」，這個英文字paradise（天堂）即是由這個字pairidaeza衍生而來。

觀察花園的空間配置，會赫然發現其中的玄機。被死亡擄走的沙迦罕愛妻，其長眠地點就緊挨著花園門外，顯然是希望有朝一日她可以重返花園——這樣的安排活生生就是〈創世記〉第三章描述的情景；因犯罪而死亡的上帝子民們，也是被隔絕在伊甸園這座大花園外。

但上帝的子民們不是沒有一線希望。我們可以注意到，伊甸園門口景象的描述實在太像聖所：它也有兩個基路伯，兩者之間也有火焰，而「四面轉動發火焰的劍」在《聖經》希伯來原文的描述則是「某種燦爛的光輝，如劍身反射的光芒」，而不是真正的劍；而現代的《聖經》譯本是說上帝「安設」基路伯，「安設」對應的希伯來原文是shaken，而shaken是Shekinah的字根——Shekinah的意思就是「上帝親自同在」。

因此，伊甸園的大門口如同摩西所搭建的會幕，一方面彰顯了上帝的主權，另一方面也讓我們清楚的看到，上帝在人類背叛後，雖將我們逐出，但馬上又給予我們希望與安慰。「我已經想出一個辦法，」祂提醒亞當夏娃，「將來有一天，靠著女人的後裔，你們可以再回到伊甸園。」

查問上帝

假若那城裡有五十個義人，祢還剿滅那地方嗎？不為城裡這五十個義人饒恕其中的人嗎？將義人與惡人同殺，將義人與惡人一樣看待，這斷不是祢所行的！審判全地的主豈不行公義嗎？創世記18：24-25

聖所建成後，上帝在那裡揭示了祂解決罪及救贖人類的計畫。不過，其實在年代更早的書卷中，上帝曾提到將會有一個能夠救贖人類的聖所：當上帝到幔利去拜訪亞伯拉罕時，祂向亞伯拉罕透露祂打算要毀滅所多瑪及蛾摩拉這兩座城市。祂是這樣說的：「我所要做的事，豈可瞞著亞伯拉罕呢？亞伯拉罕必要成為強大的國，地上的萬國都必因他得福。」（創世記18：17-18）從這故事可看出上帝是打算如何實現祂的救贖計畫：祂要讓祂的子民知道全盤計劃。這故事完全應證了先知阿摩司對上帝的描述：「主耶和華若不將奧祕指示祂的僕人——眾先知，就一無所行。」（阿摩司書3：7）

亞伯拉罕的上帝是一位樂意向祂子民啟示的上帝；祂不只是給予人類蒙救贖的機會，更在救贖計畫每個關鍵時間點之前先預告；如果攸關我們的救贖，就會先讓我們知道。除此以外，這救贖的歷史還有一個重要的細節，就是〈啟示錄〉所提到的，當它即將邁入尾聲，我們將有機會去檢視天上的各種書卷（請參考但以理書

7：10，啟示錄20：12等）。上帝在實行最後的審判前，會將祂的計畫攤開來給我們檢視，因為祂沒什麼好隱瞞的。

許多人將這個階段稱之為「查案審判」，我們可以看到，上帝在幔利與亞伯拉罕交談時就已經預告了這件事。當時，上帝原打算要毀滅這兩座罪惡滿盈的城市，但祂在正式採取行動前，卻先把計畫告訴了亞伯拉罕，於是給了他提問的機會：「審判全地的主，豈不行公義嗎？」

亞伯拉罕這個問題想必引起許多人的共鳴。只要是人，大概都曾經對上帝對待自己及這個世界的方式感到不解，我們也會像他一樣，有機會的話會以這些問題詰問上帝。正如亞伯拉罕，儘管有些事我們現在不了解，但最後必定會對上帝的答覆心服口服。

在終於明白上帝的心意後，我們會有什麼反應呢？，我們會不禁說：「主上帝——全能者啊，祢的作為大哉！奇哉！萬國之王啊，祢的道途義哉！誠哉！」（啟示錄15：3）

聖靈的膏抹

這耶穌，上帝已經叫祂復活了，我們都為這事作見證。祂既被上帝的右手高舉，又從父受了所應許的聖靈，就把你們所看見所聽見的，澆灌下來。使徒行傳2：32-33

在場目睹這一切的人，一時反應不過來：這些耶穌的使徒們，幾個星期前還為自己的性命安危擔心，現在卻說這位耶穌已經復活了，而且突然變得好像天塌下來都不怕了。不只如此，不知為何，他們還用在場人士的母語彼此交談。這簡直是太不可思議了！

彼得——幾天前才公開否認自己認識拿撒勒的耶穌，此刻竟然告訴驚奇的群眾：「你們現在看到的，是因為耶穌剛剛領受了聖靈，並將祂澆灌在自己的教會上。」可見，我們平常說使徒們是在五旬節領受了聖靈的澆灌，大致上沒錯，卻沒抓到《聖經》真正要強調的：根據《聖經》，耶穌才是主要領受聖靈的人。

我們再把〈詩篇〉133篇的描述對照著看：「看哪，弟兄和睦同居，是何等地善，何等地美！這好比那貴重的油澆在亞倫的頭上，流到鬍鬚，又流到他的衣襟。」（1-2節）

這段精彩的描述預言了之後五旬節將發生的事件：那天，門徒們將團結起來，聚集在同一個地方，或照使徒行傳2：1的說法：「同心合意」（with one accord，僅出現在英王欽定本《聖經》）。為什麼這些人要這樣聚會？〈詩篇〉的作者說：是因為大祭司即將受到聖靈的膏抹。膏油自然是聖靈的象徵，而大祭司就是耶穌基督自己；由此推之，耶穌基督應該就是在五旬節那天受膏被立為天上聖所的大祭司。

我們也應該注意，儘管耶穌在世時已經告訴門徒們，要將福音傳遍全世界，但祂要門徒們等到領受聖靈後，才可以採取行動（使徒行傳1：4）。把這幾段章節放在一起看，就會浮現出一個美麗的畫面：儘管耶穌回到天父那裡去了，祂不是要我們孤軍奮戰，一肩擔起傳福音的重任；相反地，祂差派聖靈與我們同在，透過聖靈，耶穌這位天上的大祭司成了眾教會的指揮官；有祂在，福音的戰役終必獲勝。

親見耶穌

亞伯拉罕舉目觀看,不料,有一隻公羊,兩角扣在稠密的小樹中。亞伯拉罕就取了那隻公羊來,獻為燔祭,代替他的兒子。創世記22:13

著名畫家威廉‧霍爾曼‧亨特(William Holman Hunt)有次告訴朋友們,他打算要畫一幅耶穌的肖像。結果他們堅決反對,說這根本是不可能任務,因為「一位真正的畫家只畫他眼睛看得到的東西,」他們聲稱,「所以你不可能為耶穌畫像,因為你根本沒見過祂。」

據說亨特是這樣回答的:「你不懂我的意思;我會見到祂的。我會跟祂一起做木匠活,一起走過加利利山;我要跟著祂走進那些貧窮、目盲、無衣可穿的,以及長了大麻瘋的人當中;還會跟著祂到髑髏地,一起釘十字架──我要一直跟著祂,直到我認識祂,把祂看清楚;然後,我才會動筆。」

亨特想到了一個辦法,可以在無法實際接觸到耶穌的情況下看見耶穌;那就是透過研讀《聖經》,瞭解祂的一生。直到今日,無數的人仍透過四福音書認識了耶穌。不過,如果是那些比耶穌的時代早幾千年的人呢?那時耶穌還沒有來到這世上,展開祂的傳道工作呢!例如,像亞伯拉罕這樣的人怎樣才能看見耶穌呢?

今日的基督徒是因為回顧耶穌在十字架為我們所成就的,而能憑信心相信祂在髑髏地的犧牲足以還清我們的罪債,確保我們能得到拯救。事實上,儘管「基督徒」這個名詞是多年後從安提阿這個城市發源的(使徒行傳11:26),舊約時代的信徒其實也是「基督徒」;當然,他們不可能在歷史記載中讀到十字架上發生的事,對他們來說那是未來式;但亞伯拉罕還是預知了這件事──藉由上帝親自提供、為人類受死的代罪羔羊。

其實早在上帝用獸皮遮蔽亞當和夏娃赤裸的身體(創世記3:21),祂就已經告訴我們,有天,「那一位」會為我們解決罪的問題。在會幕及後來的聖殿未建成之前,獻上動物做為祭品,也已被當作是預告十字架的救贖;等到會幕搭建起來,救贖的計畫以更明確具體的形式浮現;即使在幾千年後的今日,我們回顧並考察獻祭禮儀,以及關於聖殿令人驚嘆的設計細節,仍可看出救贖計畫是經過了極其周密的考量,於是深刻體會到十字架上發生的事,意義是何等的重大。

舊約時代的信心

並且不用山羊和牛犢的血，乃用自己的血，只一次進入聖所，成了永遠贖罪的事。若山羊和公牛的血，並母牛犢的灰，灑在不潔的人身上，尚且叫人成聖，身體潔淨，何況基督藉著永遠的靈，將自己無瑕無疵獻給上帝，祂的血豈不更能洗淨你們的心，除去你們的死行，使你們事奉那永生上帝嗎？希伯來書9：12–14

那天，我們正坐在客廳裡，一起查考《聖經》。「舊約時代的信徒得救是靠著遵行律法以及動物獻祭，但我們卻是依靠耶穌基督寶血的遮蓋。」一位男士這樣跟我說，口氣似乎頗不以為然。

「我完全同意你的觀點！」我附和道，「我是說，我們的確是藉由耶穌的寶血得救。不過，舊約的信徒這點其實和我們一樣。」我打開我的《聖經》，翻到〈希伯來書〉第十章，跟他解釋：「因為公牛和山羊的血斷不能除罪。」（希伯來書10：4）

他以前都沒有注意到這段經文，當下說不出話來。不過我要幫他講句話：像他有類似誤解的人比比皆是，成千上萬的人似乎相信，動物血真的有除罪的功效。然而，〈希伯來書〉的作者說得很清楚，動物獻祭這件事本身並不能拯救失喪的罪人；把動物的血灑在會幕的外院只是一種象徵，讓救贖的概念具體化，讓罪人可以憑信心仰望將要來臨的，耶穌基督十架上的救贖。

因此，舊約的信徒仍是靠信心，而非行為得救。創世記15：16以及羅馬書4：3講得非常清楚，是亞伯拉罕的信，「便算為他的義」。〈希伯來書〉的作者所訴求的對象對於聖殿的儀式和規矩相當熟悉，因此他跟他們強調，具體可見的獻祭儀式非常重要，因為能幫助信徒理解耶穌基督現在在天上聖所的工作。今天的經文主要是強調：人只要相信耶穌基督，哪怕只是透過儀式象徵性的預示，都一定會得到赦免；那麼，我們現在甚至能了解真正的大祭司藉由祂寶血的功效，在天上為我們代求，那不是更確定了我們可得到救贖嗎？

舊約的信徒看到動物的血被帶進聖所，心裡就感到平安，因為知道如果自己認罪悔改，就能獲得上帝的赦免，被視作無罪，得以繼續活在上帝的面前。你我應該更篤定，更有安全感；畢竟《聖經》提醒我們，天上的聖所及天上的大祭司不只是影像，而是更偉大且真實存在的。

世界之光

我轉過身來，要看是誰發聲與我說話；既轉過來，就看見七個金燈臺。燈臺中間有一位好像人子，身穿長衣，直垂到腳，胸間束著金帶。啟示錄1：12-13

七個金燈臺是至聖所中唯一的光源；如同聖所裡的其他物件，它也是彌賽亞的有力象徵。先知撒迦利亞在異象中，見到天使給他看一個燈臺；這燈臺一直受到橄欖油的浥注，因此能夠晝夜放光明。先知問天使：「這代表什麼意義？」天使說：「萬軍之耶和華說：不是倚靠勢力，不是倚靠才能，乃是倚靠我的靈方能成事。」（撒迦利亞書4：6）

關於耶穌的傳道事工，有一點是值得關注的：祂一直到在約旦河受洗，聖靈以人眼可見的形式降臨在祂身上後，才開始公開傳道。在那之後，就如有人突然「啪」一聲把房間裡的燈打開一般；上帝的品格透過祂兒子的一言一行，清楚呈現在世人面前。世人看著耶穌，就看到了上帝的真實面貌。

耶穌這樣說祂自己：「我是世界的光。跟從我的，就不在黑暗裡走，必要得著生命的光。」（約翰福音8：12）

公開傳道三年半後，耶穌以人的形式回到了天上，擔任人類最偉大的大祭司，在上帝面前成為全體人類的代表，但那不代表祂的光從此就從世上消失了；恰恰相反，耶穌向我們承諾：「我總不撇下你，也不丟棄你。」（希伯來書13：5）除此以外，祂還告訴門徒們，祂回天上對他們有好處（約翰福音16：7）為何耶穌這樣說呢？

那是因為耶穌持續透過聖靈與教會同在；聖靈的恩膏仍不斷從天上的聖所湧流到地上的教會；受到澆灌的我們，既然得到了能力，便應該向世人展現上帝的愛。「你們是世上的光。」耶穌這樣比喻，「城造在山上，是不能隱藏的。人點燈，不放在斗底下，是放在燈臺上，就照亮一家的人。」（馬太福音5：14-15）

耶穌首次在〈啟示錄〉出現時，是身著大祭司的禮服，站在七個燈臺間：這七個燈臺代表著各世代的教會（啟示錄1：20）。我們今天的使命，就是讓耶穌繼續發光——透過我們。

生命的糧

我是從天上降下來生命的糧；人若吃這糧，就必永遠活著。我所要賜的糧就是我的肉，為世人之生命所賜的。約翰福音6：51

耶穌選擇用麵包來比喻基督的身體，祂用的這個比喻大概沒幾個人聽得懂；麵包是全世界大部分人的主食，不分種族或文化，大概都有類似麵包的食物：就因它如此普遍，因此也被用來象徵人類生存所需的基本營養。例如，在西方文化中，我們將家裡的經濟支柱稱為 breadwinner（賺得麵包的人），而companion（好朋友），則是由一個拉丁文複合詞演變而來，即「com」（一起）加上「panis」（麵包），意為「一起分享麵包的人」。

耶穌會用麵包來比喻祂為我們而破碎的身體，是要強調我們真的是極度需要祂。十字架的救恩不是可有可無，不是耶穌在世上傳道工作的一點小點綴，而是如果沒有它，我們與賜生命的主之間的巨大斷層，將無力跨越，必須自己面對罪的工價——就是死路一條。

每個安息天，在聖殿服事的祭司會將聖所裡的十二條麵包換上一批新的；看到這些麵包，他們就會再次受到提醒：我們的生命端賴與上帝的連結，上帝是我們最基本的主食，沒有祂，我們就活不下去。

想想看，人要對食物做什麼，才能活下去？答案是，你必須吃下它。同理可證，光是知道上帝存在，明白祂是宇宙間唯一的生命泉源還不夠；基督信仰不僅是對一系列信條表示認可，它的重點其實是人與創造主之間的關係。麵包買回家後就往架上一丟，不會讓你得到生存所需的能量，你得把它吃了！

因為麵包有重要的象徵意義，代表著生命之糧，它除了在聖殿禮儀中出現，新約時代的聖餐禮也保留了擘餅的儀式。只知道耶穌是誰是不夠的，甚至只相信《聖經》的真理也不夠，我們必須要接受耶穌的禮物——一顆新心，讓祂徹頭徹尾的改變我們的生命。基督信仰就是一個學習順服的過程；我們漸漸把自己的私心放一旁，讓基督的靈成為我們心靈的一部分，使整個人都能得到最滋補的營養。

大師的加持

另有一位天使，拿著金香爐來，站在祭壇旁邊，有許多香賜給他，要和眾聖徒的祈禱一同獻在寶座前的金壇上。那香的煙和眾聖徒的祈禱從天使的手中一同升到上帝面前。啟示錄8：3-4

聖所中，在至聖所前方、僅以幔子相隔的地方，有一個燃香的小祭壇。祭司會在那裡點燃一種特殊的香，這香是由多種芬芳的香料調配而成，點燃後，一股甜甜的香氣會裊裊上升，穿越隔離的幔子，飄到代表上帝權柄的約櫃所在。〈啟示錄〉告訴我們，這股芳香的氣息代表著上帝眾子民的禱告。

至聖所需以幔子隔離，是因為罪人無法承受聖潔上帝的同在。身為罪人，我們的禱告自然也沾染了罪污及自私心態，無法直接呈到上帝寶座前，得要和特殊的香混在一起，才能進入至聖所。因此，耶穌將自己的公義加進了我們的禱告當中，我們的禱告才得以上達天庭。

從前，有個小女孩求她父母親讓她學琴，因為她希望將來能成為一個專業的演奏家。儘管她只會用「一指神功」敲敲打打，但她渴望能夠彈出更優美的旋律。

於是，她的父母幫她徵求鋼琴老師。結果，令他們喜出望外的是，他們居然排到了某位名師的個別指導！到了上課的那天，他們被引領到大師的工作室。儘管大師本人還沒到，但小女孩太興奮，根本坐不住，就直接往房裡的鋼琴衝過去，開始乒乒乓乓敲出那十分惱人、快把爸媽搞瘋的曲調！

正當小女孩粗暴地「襲擊」鍵盤時，大師突然走進了琴室。爸媽感到很尷尬，想過去叫她不要彈了，但大師示意要他們別動。

大師悄悄的來到小女孩旁邊，與她並肩坐在琴凳上。然後，他開始在小女孩嘈雜的琴音中加入了自己細膩典雅的伴奏。很快的，「一指神功」級的樂聲變成了令人驚豔的二重奏。儘管女孩原本的聲音仍清晰可聞，但有了大師伴奏的加持，這樂聲竟變得悅耳了！

儘管罪是全然醜惡的，但別忘了，我們在天上的大祭司是我們中間的一分子；祂是不折不扣的人，儘管祂也是不折不扣的神。當你的生命注入了祂的美善，就轉化成甜美芬芳的馨香之氣，繚繞天庭。

不是發揮創意的時候

又當為我造聖所，使我可以住在他們中間。製造帳幕和其中的一切器具都要照我所指示你的樣式。出埃及記25：8-9

我們既然是依照上帝的形象所造，自然會像祂，擁有祂的各種特質；其中當然也包括人類取之不盡，用之不竭的創造力。但令人難過的是，自從人類墮落後，我們把創造力用在屬世的追求，一個最可悲的例子是，人類發明過的東西中，排前幾名的實用性罐頭食品及網際網路，其實都是因應戰爭需要而生的副產品。

儘管如此，我們天生的創造本能畢竟還是有它美好的一面；藝術之美常能帶給因罪而受苦的世界一些慰藉。

然而，世上有一個地方因為牽涉到上帝的救贖計畫，所以我們的創意在此無用武之地——那就是會幕。我們可以發現，摩西在監造會幕時，並不能加入自己的想法，或視情況更動原本的設計，而必須「原原本本」的照著上帝的指示建造。這是因為聖所建造的目的是要讓世人看見耶穌基督以及祂為我們贖罪的工作，進而確保我們能得救，這事唯有靠祂的十字架能成就；我們自己再怎麼努力想要根除深植

內心的罪，都是徒勞的。

上帝不准以色列人在聖殿的設計上融入任何自己的主張，因為聖殿顯現的是不可更動的救贖計畫。想要回到上帝的寶座前，當時只有一個辦法，就是透過大祭司將牲畜的血帶到至聖所，來到上帝的面前。而該隱獻的祭就是沒有遵照上帝的計畫，因為他是獻上自己種出的作物，來自於己身的勞力付出；相較之下，亞伯只對上帝的羔羊有信心（希伯來書11：4）。乃縵將軍被告知要紆尊降貴，在污濁的約旦河裡洗澡，也是幾乎向試探投降，一度想選擇其他較有尊嚴的方式。要是他沒勝過這個試探，就會死於大痲瘋，無福經歷上帝的醫治大能。

這個世界相信條條大路通往上帝，但實情並非如此。就算是那些從沒聽過耶穌基督的名、在末日審判時被視作義人、得以從死裡復活的人，他們之所以能夠重生，依然是透過上帝指定的唯一路徑：耶穌基督（撒迦利亞書13：6）。

施恩座

我要在那裡與你相會，又要從法櫃施恩座上二基路伯中間，和你說我所要吩咐你傳給以色列人的一切事。出埃及記25：22

在我16歲那年，我開著老爸的新車，一不小心把它開進一個很深的山溝；車子完全報廢。我在肇事現場等待我爸來救援的那半個小時，大概是我此生最難熬的一段時間。第二天一大早，我老爸出現在我房間門口，「起來！」他小聲的說。我很害怕，不知道接下來會發生什麼事；他終於要爆發了嗎？會不會把我送去軍校？

我們上了他那部生鏽的老爺車（因為**新車已經被我毀了**），開到了昨晚我因方向掌控不良，不小心摔下去的狹窄轉角。「你坐到駕駛座！」他下令，說著就離開駕駛座。我很不願意，但他堅持要這樣做。然後，我的雙手發抖，緊抓著方向盤，讓他帶著我，反覆練習在角落附近移動。爸爸看著我一次又一次的克服了那曾經讓我灰頭土臉的轉角，直到我得心應手。

「施恩座」在《聖經》的希伯來原文中是用kapporeth這個詞；kapporeth的意義不容易解釋，它原是一個法律名詞，意指取消債務以及為過失付出賠償。kapporeth

要如何翻成各國語言，讓從古至今的譯者傷透腦筋。馬丁路德把它翻成德語的gnadenstuhl，意思是「恩典的座位」；而希伯來文的專家在把希伯來文《聖經》翻成以希臘文寫成的《七十士譯本》時，不得不發明一個新字「hilasterion」來當作kapporeth的翻譯；照hilasterion的字根看來，它的意思是「用來施恩的東西」。

「kapporeth」會這麼難譯，是因為約櫃的上蓋代表了一個意涵極為深厚、難以掌握的概念。人類違背上帝的命令時，等於是違背了放在約櫃內的律法，而約櫃象徵著上帝的寶座。於是，上帝說：「來找我；就在你犯罪的地方，我要見你，並給你看一樣東西。我要讓你知道，我可以遮蓋你的過犯；我將用羔羊的血將你護庇於恩典下。」上帝選擇把我們叫到犯罪現場，然後將祂救我們的方法展示給我們看。上帝本來大可以將約櫃的上蓋稱作「公義座」，但祂沒有。

這正是為何〈希伯來書〉要我們「只管坦然無懼地來到施恩的寶座前」（希伯來書4：16）。

慈愛和誠實相遇的地方

「要用皂莢木做一櫃，長二肘半，寬一肘半，高一肘半。要裡外包上精金，四圍鑲上金牙邊。」出埃及記25：10-11

────名痲瘋病患跪倒在耶穌面前請求醫治，說：「祢若肯，必能叫我潔淨了。」（馬可福音1：40）接下來發生的事非常動人；耶穌「動了慈心，就伸手摸他，說：『我肯，你潔淨了吧！』」（41節）

我常在想，這位痲瘋病患不知已有多久沒有人敢觸摸他了？上次有人擁抱他是什麼時候？因為痲瘋病患被視作是「不潔淨」的。

在當時，得到痲瘋病不只會死，還註定要終身受人鄙棄，蜷縮在社會最底層。耶穌不僅醫治了他的身體，更做出了令當時的人難以想像的舉動：祂伸手摸了他，等於同時醫治了他的心靈。

仔細閱讀《聖經》對約櫃的描述，我們會發現約櫃同時具備兩種特質。它的表面是純金做的，很多學者將之視為神聖的象徵，而在鍍金的表層之下，約櫃的其它部分則是由皂莢木製成；這是一種強韌無比的有機材質。

由此我們不禁推斷，約櫃是不是預示了耶穌的本質？因為，祂的確同時具備了兩種特質：祂既是完全的神，又是完全的人。也許皂莢木的強韌預示的是，耶穌雖將經歷死亡這種只有人才有的經驗，但祂不會被死亡征服；如〈詩篇〉所說：「因為祢必不將我的靈魂撇在陰間，也不叫祢的聖者見朽壞。」（詩篇16：10）

約櫃的雙重性質可能也顯明了耶穌基督另一個至善的面向；約櫃內放置的是刻了十誡的法板，外層則是施恩座，因此它融合了上帝的公義與慈愛；耶穌的寶血灑在其上，贖了我們的罪，祂完完全全彰顯了上帝的公義和慈愛，正如〈詩篇〉作者的預言，在耶穌身上我們會看到「慈愛和誠實彼此相遇，公義和平安彼此相親。」（詩篇85：1）得了痲瘋的人靠近耶穌便得到醫治，罪人來到上帝的施恩座同樣會得到赦免。

從耶穌身上，我們可以看到上帝的完整形象。歷代志上13：6告訴我們：「這約櫃就是坐在二基路伯上耶和華神留名的約櫃。」要明瞭上帝的本性以及祂是如何治理祂的子民，最好就是透過耶穌；畢竟耶穌自己也告訴天父，透過祂的傳道工作：「祢從世上賜給我的人，我已將祢的名顯明與他們。」（約翰福音17：6）

鉅細靡遺

我們所講的事，其中第一要緊的，就是我們有這樣的大祭司，已經坐在天上至大者寶座的右邊，在聖所，就是真帳幕裡，做執事；這帳幕是主所支的，不是人所支的。希伯來書8：1-2

想想看，如果你處於上帝的位置，你要怎麼將一些無比奧妙高深的道理，講給這樣一群人聽——首先，他們的理解力不如你；再者，因為他們的心靈受到罪的敗壞，以致本來已經有限的理解力又打了折扣。在伊甸園的大門口，這位偉大的老師用了很簡單的方式表達，祂先是告訴亞當夏娃，將來會有一位女人的後裔來到世上拯救他們，儘管祂自己會被重重打擊，但最終祂會打傷那條蛇的頭（創世記3：15）。

然後，上帝要兩位始祖將原先用來遮羞的東西換下，披上上帝為他們準備的獸皮；祂這樣做是在預告，上帝的羔羊將來到世上，犧牲自己的生命以遮蓋我們的罪（21節）。最後，祂在伊甸園的門口安設了兩個基路伯（24節），這是《聖經》中首次出現聖所的形象。

隨著時間過去，聖所的意象變得越來越複雜，從定期的動物獻祭演變成聖殿的興建，於是聖所的設計及獻祭儀式的細節，佔了整本《聖經》數百頁的篇幅。

為什麼上帝要把它設計得那麼複雜？因為，會幕代表著耶穌，而關於祂的一切

有如此強大的影響力，且極其奧妙豐富，我們即使投注永生的時間來研究祂，都還無法完全參透祂的至善至美。彼得在他收錄於《聖經》裡的第一封書信——彼得前書4：10中，用「百般恩賜」來形容上帝分賜給門徒的能力，而「恩賜」在希臘原文是poikilos，意思是「五彩繽紛」。

每當你自認已了解耶穌，聖靈又會再開拓你的視野，讓你得見耶穌另一個全新、超乎你想像的層面。

我曾在宗教課程聽到學生抱怨：「我們應該好好認識的是耶穌，幹嘛要花時間鑽研那些相關聖所的細節？」會說出這種話，代表他完全不明白，細節正是重點所在！研究聖所正是為了要能更深入的認識耶穌；〈希伯來書〉的作者所強調的就是這點：當我們認識了聖所在地上的複製品，便能明白在天上真正的聖所中，那位大祭司是什麼樣子，以及祂在上帝的面前為我們做了什麼。因此，關於聖所設計的每個細節，獻祭過程的每個環節，都是經過精心安排，為了要突顯出整本《聖經》中那顆最美麗的寶石——耶穌基督。

在地人

因為基督並不是進了人手所造的聖所（這不過是真聖所的影像），乃是進了天堂，如今為我們顯在上帝面前。希伯來書9：24

美國獨立運動的導火線之一，是大英帝國議會當中缺乏美國代表。英國議會和美國十三州殖民地中間隔著茫茫大海，卻有權通過影響居民權益的法案。大部分訂出這些法律的人自然不曉得當地人的生活情況——大部分也不關心，只是把殖民地視作支援帝國生活所需的一種裝備及補給線而已。

到了十八世紀中，殖民地對於沈重的賦稅漸漸忍無可忍，喊出了「沒有代表，就不繳稅」的訴求。

他們的不滿不難理解。今天，我們常常也是政府官員決定什麼，人民就得照單全收，而這些人對於他們訂出的政策，可能對於一般老百姓每天的生活造成哪些衝擊，往往沒什麼概念。

因此常有人私下抱怨：「我們不能放心讓這些人做決定；他們有公家機關的退休金還有健康保險，哪知道我過得是怎樣的生活。」

同理，也有些人抱怨，上帝不可能知道他們每天生活所面對的挑戰。他們會說：「上帝祂自己又不需在這裡生活，怎麼能論斷我們這些實際在世上生活的人？」然而，光是道成肉身這件事就已經使這種抱怨站不住腳，因為耶穌確實在世上生活過；另外，《聖經》也告訴我們，我們在天上有屬於世上的代表。耶穌在上帝的寶座前不僅會以其神性的立場發聲，祂在天上也是「為我們顯在上帝面前」（希伯來書9：24）。注意，祂不是光為了我們，也是代表我們——以「末後的亞當」的身分（哥林多前書15：45）來到上帝面前。

一旦知道天上的聖所有自己的代表為我們發聲，我們便可放心與上帝建立關係；因為耶穌清楚地上的情形，祂完全能夠勝任其代表的工作。以前，這個工作曾經是亞當的，但人類後來不再為了上帝的榮耀而活，於是上帝就把亞當撤換了，改派耶穌接任；祂既能體現上帝的榮耀，又能服事人，是真正的完美人選。有祂在，我們就不怕面對每一天，因為我們知道，人類的初熟果子已經得到了榮耀，也將在我們通往榮耀的路看顧我們，確保我們走得平安穩妥。

站在光中

生命在祂裡頭，這生命就是人的光。約翰福音1：4-5

九○年代曾經很流行的3D立體海報，不曉得你是否還記得？對沒有經驗的人來說，整張海報看起來只是佈滿了密密麻麻的彩色點點。但如果你能學會讓眼睛放鬆，把注意力從個別點點的表象轉開，就會發現在這些看不出秩序的一堆點點中，一幅3D的景象突然清晰浮現。有些人可以第一眼就看出3D的圖像；有些人則要努力個幾分鐘才看得出來（像我就是）；也有些可憐人不論如何努力嘗試，就是無福享受發現圖像的樂趣。

在信仰的世界也是如此。社交網站上有一些圖文或短語，對基督教極盡嘲諷之能事，彷彿與之有不共戴天之仇，這些訊息透過網路大量轉貼，我看完後往往覺得不可思議。

很多人的貼文是大剌剌的嘲笑基督本身以及基督徒。有時他們會對《聖經》內容斷章取義，為了要使上帝這個概念令人反感，或是顯得愚蠢。我常納悶，既然大家讀的是同一本《聖經》，他們為何不會像我一樣，看到耶穌基督的美善形象？

這個問題早在基督信仰一出現就存在了。約翰告訴我們，耶穌來到世間，於是人終於親見上帝的至善至美（約翰福音17：1-6）。有些人看耶穌是看見祂的本相，就會因為得到祂的光照而歡欣鼓舞；但有些人看耶穌為眼中釘，必除之而後快。

為何兩種人同樣是看著耶穌，卻有如此迥異的感受？也許我們可以從聖所的佈置得到一點線索。在聖所裡，金燈臺是唯一的光源，代表著耶穌是世界之光。耶穌說：「我是世界的光。跟從我的，就不在黑暗裡走，必要得著生命的光。」（約翰福音8：12）

要看到金燈臺的光，你得先進到聖所裡；也就是說，你得配合上帝救贖的計畫，在耶穌寶血的遮蓋下，來到上帝的寶座前。如果拒絕聖靈這樣的帶領，就看不到那個光；相對的，如果你願意靠上前去，更接近耶穌一點，視線就會突然清晰起來。耶穌基督一直在發光，但你要跟隨其後才會看到這亮光。

鬼的筵席

你們不能喝主的杯又喝鬼的杯；不能吃主的筵席又吃鬼的筵席。哥林多前書10：21

過去我們都以為，肥胖率的上升是西方國家所面臨的問題，為肥胖所苦的通常都是有錢人。但根據世界衛生組織於2018年發布的報告指出，全球平均肥胖率比起1975年時上升了三倍。以2016年來說，全世界有39%的人口過重，而13%更達到臨床上的肥胖等級（**世界衛生組織，〈肥胖及過重〉，2018年2月**）。

導致全球肥胖率上升的因素不勝枚舉，但最主要的因素是營養不均衡。現在的精緻食物不乏卡路里；事實上，現在人很容易就吃進過多卡路里，因為這些食物儘管生產迅速，卻往往缺乏營養，無法滿足人體真正的需要。

我們靈性上的需要也是如此；不適當的精神糧食最後必會讓頭腦及心靈生病。我們吃了這樣的食物並不會感到滿足，反而會傷害屬靈的感官，使我們可聽見上帝聲音、察驗真理的能力受損。

保羅曾談到拜假神的問題。他指出，精神上的筵席只有兩種，一個是屬主的，另一個是屬撒但的。如果我們坐錯了桌，我們的心將會飽嚐謊言及敵人的建言，永遠無法飽足，更糟的是，當屬靈的胃口敗壞到一個地步，人會開始渴望所有有害的東西，類似於吃太多垃圾食物產生的後果。事實證明，那些藉由娛樂、性愛、藥物濫用、或其它肉體上的刺激來平息內在靈性飢渴的人，似乎總是需索無度，那是因為——他們餵給靈命的食物根本營養不足。而到最後，這錯誤的靈性食糧還會要了他們的命，因為罪的工價就是死。

只有一種飲食，可以真正滿足你最深層的需要，抒解你最迫切的渴望。錯誤的飲食會讓你一直覺得，應該會有更好吃的，而正確的飲食能讓你就此滿足。聖所中，上帝擺設了滿滿一桌糧食，於是我們明白了：世上只有一個地方可以讓心靈取得維生所需的食糧。」耶穌這樣告訴周圍的群眾：「我就是生命的糧。到我這裡來的，必定不餓；信我的，永遠不渴。」

（約翰福音6：35）

信任那位祭司

他的供物若以牛為燔祭，就要在會幕門口獻一隻沒有殘疾的公牛，可以在耶和華面前蒙悅納。他要按手在燔祭牲的頭上，燔祭便蒙悅納，為他贖罪。利未記1：3-4

獻燔祭的祭壇位於會幕外院，它象徵著耶穌基督的十字架。聖所本身代表天上更偉大的聖所，而獻祭的動作是發生在殿外——正如耶穌是在不屬於天上的人間犧牲了生命。象徵耶穌基督的祭牲在外院被犧牲之前，懺悔的罪人得要「按手在燔祭牲的頭上」。

我們看到的《聖經》版本是說「按手在祭牲身上」，原文其實更進一步，說是要整個人「靠在牠上面」。這可以讓我們理解，罪人是如何仰賴耶穌基督的犧牲。為了讓耶穌基督的寶血遮蓋自己，我們得完全倚靠祂，將所有希望寄託在祂身上。在整個救贖計畫中，我們唯一能做的是憑著信心，承認自己的罪，然後就將得救的指望完全寄託在耶穌的寶血上；我們相信十字架使我們免於被定罪，祂的寶血救了我們。

有意思的是，正如獻祭是在會幕的外院舉行，罪人在救贖的劇本中所扮演的角色也只限於在聖所之外的行動。一旦進入了聖所，就是祭司的事了；他會將祭牲的血帶進至聖所內，象徵性的將它在上帝的寶座前獻上。

罪人自己是不會進到聖所的，而是要將這個與上帝和解的工作交託給祭司；祭司會進到聖所中，為罪人代行除罪儀式。我們在上帝的救贖計畫中也是如此：我們在世界這個「外院」認罪悔改，之後就將罪的重擔整個留給基督幫我們解決。罪人得救是「本乎恩，也因著信」，而不是因自己的好行為（以弗所書2：8）。因此，儘管我們看不到祂，我們在認罪悔改後，就必須全心信賴我們的大祭司——耶穌在天上聖所的事工，相信祂會負起救贖我們的責任。然後，我們就可以回到正常生活，相信上帝知道祂自己在做什麼，事情交給祂就穩當了。

保羅給哥林多教會的信中寫到，「因我們行事為人是憑著信心，不是憑著眼見。」（哥林多後書5：7）

罪的代價

他要在耶和華面前宰公牛；亞倫子孫做祭司的，要奉上血，把血灑在會幕門口、壇的周圍。利未記1：5

梵蒂岡於2008年時突然修訂了一份古老的「罪的清單」；這清單制訂於西元七世紀，當時的羅馬教宗是格列哥里一世（Gregory I）。原本的清單中，將七種過犯認定為所謂的「七宗罪」（seven deadly sins），新的版本則將一些像是「污染環境」、「販毒」以及「墮胎」等犯行也納入。依照中世紀的傳統，犯下七宗罪其中之一，將會導致靈魂永遠的淪喪。

將罪依輕重分等級這個古老傳統，如今還存在於基督教世界的某些角落；有些人會將罪分為「死罪」（mortal／deadly sin）和「小罪」（venial sin）。照他們的說法，犯下死罪會帶來嚴重後果，如果不悔改，最後將失去救恩。死罪包含干犯十誡中的任何一條。至於「小罪」，他們則認為相對輕微，不會帶來那麼嚴重的後果。

人會想將罪分等級，好使某些罪顯得不那麼嚴重，這乃人之常情；我們很多人都會做這種事。例如，我們會認為在證人席上說謊，跟說個「善意的小謊言」相比是兩碼子事。

然而，儘管有這種古老的傳統，且基於本性，我們也希望淡化某些罪的嚴重性，但《聖經》完全不是這樣說的。《聖經》把所有的罪都看得一樣嚴重、一樣都會導致死亡。今天大部分的人都認為，偷吃伊甸園的禁果沒什麼大不了，跟小孩從廚房摸走一塊餅乾差不多。然而，上帝說得再清楚不過，吃了禁果人就得死，犯了其他罪也是一樣。

對以色列人來說，在聖殿的外殿以這種方式獻祭（見今天的存心節），最能讓他們痛苦地意識到罪所造成的嚴重後果。罪人不僅是獻上一隻祭牲，更要親手殺掉牠，這樣做的象徵意義很明顯：是他自己的行為導致無辜動物的死亡。「唯有透過十字架，我們才能夠體會，罪邪惡到什麼地步！」懷愛倫這樣叮嚀我們（《喜樂的泉源》，懷愛倫著，原文第31頁）。當我們看到上帝的兒子犧牲在十字架的祭壇上，我們就明白：是我們把祂放上去的；我們再也不用懷疑罪有多嚴重，怎麼會導致死亡，同時也體認到祂送給我們的是一份怎樣的禮物，明白祂真的對我們有著無邊的愛。

「你不能這樣進家門！」

耶和華曉諭摩西說：「你要用銅做洗濯盆和盆座，以便洗濯。要將盆放在會幕和壇的中間，在盆裡盛水。亞倫和他的兒子要在這盆裡洗手洗腳。他們進會幕，或是就近壇前供職給耶和華獻火祭的時候，必用水洗濯，免得死亡。」出埃及記30：17-20

我七歲的時候，有一天在鄰居的牧場玩。正當我攀爬牧場的大門時，門突然自己開了，更恰好擺盪到化糞池上方，我不由分說的就被甩了出去，拋進深及胸口的糞池裡。我好不容易才從池中掙扎而出，狼狽的走在炎熱的鄉間小路，走了半英哩（約0.8公里）才到家。

渾身慘兮兮、尷尬且難受的我，一心只想回到我那安全舒適的家。可是，沒多久我就發現，想回家沒那麼容易。我快到門口時，媽媽正在前院裡，馬上攔住了我的去路。「你這樣不能踏進家門！」她嚇得尖叫，大概是想到我會把大門到浴室間搞得多恐怖。

「你要先沖乾淨，我才會讓你進來！」然後，她把花園的水龍頭打開，用橡皮水管把這場髒兮兮的探險造成的後果給清乾淨。

舊約時代的祭司在參與聖殿相關的儀式前，必須先在洗濯盆（一個很大的銅製缸，裡面裝滿水）裡把自己洗乾淨。畢竟，他們也是罪人，全身都沾附了罪的污穢，而聖殿卻象徵著上帝在天上的寶座。儘管上帝確實愛我們，祂的國度本是我們的家，但我們一身的罪污，所以，祂不能讓我們根深蒂固的反叛傾向敗壞祂的王國，必須先把它徹底清乾淨，才能再次放我們進來。

好消息是，上帝並沒有把我們趕走，反而先幫我們想好了要怎麼才能潔淨；我們只要靠著耶穌基督，就能變得乾乾淨淨。只要我們願意，祂能夠讓我們遠離罪的污穢，進到祂的家裡，成為其中的一分子。

「不義的人不能承受上帝的國，」保羅這樣警告過哥林多人，不過他接著說：「但如今你們奉主耶穌基督的名，並藉著我們上帝的靈，已經洗淨、成聖、稱義了。」（哥林多前書6：9，11）

有君尊的祭司

惟有你們是被揀選的族類，是有君尊的祭司，是聖潔的國度，是屬上帝的子民，要叫你們宣揚那召你們出黑暗入奇妙光明者的美德。彼得前書2：9

儘管耶穌回到了天上的聖所，擔任起大祭司的職務，使徒不是就此閒閒沒事幹，而是擔負起了將福音傳揚世界各地，「直到地極」的工作（**使徒行傳1：8**）。正如耶穌藉由祂的傳道事工，讓全世界認識到祂父親的名字以及品格；我們此生也應當將耶穌介紹給全世界，在聖靈的引領、指導，以及感動下，我們成了耶穌基督在這世上的代言人。

正如耶穌基督是照亮世界的光，祂說我們也是世界的光（**馬太福音5：14**），必須把握每個機會展現光亮。正如耶穌是生命的糧，祂要被救贖後又被尋回的彼得「餵養我的羊」（**約翰福音21：17**）。正如耶穌為了拯救我們，寧可謙卑祂自己，甚至捨棄自己的生命，祂也教我們「當以基督耶穌的心為心」（**腓立比書2：5**）。

耶穌成了我們的大祭司，祂說我們也是「有君尊的祭司」，擔負起讓世人與上帝和好的工作（**哥林多後書5：18–19**）。耶穌洗淨我們，並使我們成聖、稱義（**哥林多前書6：11**），我們也要去使萬民做祂的門徒，給他們施洗。

通過聖所的路——始於外院的贖罪祭直到至聖所內的罪得潔淨，在在都以具體的方式告訴我們耶穌基督是透過什麼方式來拯救我們。其實就某些方面來說，它也說明了教會受託傳揚福音，所應採行的途徑：我們也要像耶穌一樣，走那條通過聖所的路；因為我們極其有幸，能將祂所做的工反映給世人看。當然，一個很大的不同的是，我們沒辦法救任何人，因為自己拿不出功績來；不過我們能夠讓別人從我們身上看到耶穌的事工，因而認識祂，因此，約翰一書2：6提醒我們：「人若說他住在主裡面，就該自己照主所行的去行。」

成長的唯一道路

王要回答說：「我實在告訴你們：這些事你們既做在我這弟兄中一個最小的身上，就是做在我身上了。」馬太福音25：40

「我會更努力！」這句話對於學習一項新技術，或是克服工作上碰到的困難很有用。不過，如果你的目標是要變得更像耶穌，那句話就不成立了，因為努力在這方面已無用武之地。就基督徒屬靈上的成長來說，自己的努力是沒有用的；如果有用，我們就可以炫耀說能夠成聖，自己也有功勞。

藉由自己的努力，想變得更像耶穌，會產生一個問題，就是你關注的焦點仍然是在自己身上，而對自己的執著正是導致犯罪的根本原因。咬牙苦撐，希望再努力一點就能把自己的罪洗淨，會讓你的注意力一直停在自己身上！

耶穌給門徒們的臨別贈言，不是要他們下定決心，努力洗淨自己的罪，而是要他們把福音傳揚到各地。耶穌在做出山羊與綿羊的比喻時，就把這點闡釋得非常清楚了：祂非常在意我們是否關心、照顧旁人，甚至說為別人做的，就等於是做在祂身上。

如果我們願意將全部心思投入在福音的工作上，我們就不會有時間老是研究自己；一旦不再以自我中心，我們藉著讀經和禱告與耶穌同行時，身心就能經歷到強而有力的轉化：這種轉化不是靠我們自己的努力，相反的，我們得讓開，讓耶穌來改變我們。懷愛倫說：「若想要在恩典中成長，只有一個方法，那就是忘掉自己的私利，上帝命令我們做什麼，就做什麼。說得更明確一點：如果誰需要我們，就盡一己之力幫他，成為他的祝福。想要單靠領受恩典，就過著健全的基督徒生活，猶如想要光吃飯不工作，就能過得很好；這樣的人，不論是照自然或屬靈的定律，勢必走向腐化之途。如果一個人習慣不動，很快肌肉就會變得沒力。同樣的，基督徒如果不常把上帝賜給我們的能力用出來，不僅無法長成基督的身量，連原本的能力都會消失（懷愛倫著，《喜樂的泉源》，原文第80–81頁）。

贖罪日

按著定命，人人都有一死，死後且有審判。像這樣，基督既然一次被獻，擔當了多人的罪，將來要向那等候祂的人第二次顯現，並與罪無關，乃是為拯救他們。希伯來書 9：27-28

在舊約的聖殿儀式中，罪人悔改後，他的罪孽就象徵性地歸到獻祭牲畜的頭上，最後被祭司帶進聖所內。這套儀式代表著將來耶穌基督要代替我們承受的事；祂在十字架上犧牲了自己的生命，完全地滿足了贖罪的條件：我們的罪被算做是祂的，或照保羅的話講，耶穌是「替我們成為罪」（哥林多後書5：21）。

耶穌在十字架上受死後，祂來到了天上的法庭，用自己的犧牲為人類贖罪。〈啟示錄〉中有一段場景是發生在上帝的寶座前：正當約翰為了沒人有資格展開上帝手中的書卷哭泣時，他突然看到耶穌基督以被殺羔羊的形象出現（啟示錄5：2-6）。正如祭司在聖所內獻上代罪祭牲的血，耶穌也在天上的聖所將自己的犧牲獻上，而廿四位長老宣佈，耶穌基督是有資格展開書卷的。他們說：「因為祢曾被殺，用自己的血從各族、各方、各民、各國中買了人來，叫他們歸於上帝。」（9節）

在以色列人住帳篷的日子裡，祭牲的血以及上帝子民的罪孽會被帶進會幕裡上帝所在之處，從年頭到年尾，不斷重複。最後到了贖罪日，一年下來累積的所有「污穢」（利未記16：16），會被徹底清乾淨。

注意〈希伯來書〉裡事件發生的順序。首先，耶穌被獻上，於是「擔當了多人的罪」；我們的罪孽和過犯都歸在祂身上，由祂為我們扛下來。等到耶穌復臨的時刻，就「與罪無關，乃是為拯救他們」。這回，祂為了我們再次來到世上，終於將罪徹底除滅；那份救贖——祂保證祂的子民能夠得到、我們也能憑信心接受，至此終於完整實現。罪惡和痛苦都成了過去，上帝終於可以永遠「擦去他們一切的眼淚」（啟示錄21：4）。

儘管如此，即使在等待的同時，因為有聖靈做我們「得基業的憑據」（以弗所書1：14），我們就可以開始過著耶穌復臨後要過的生活。就在今天，讓某個人從你身上看見上帝的羔羊可以怎樣改變他的生命吧！

凌駕風暴的寶座

在他們頭以上的穹蒼之上有寶座的形像，彷彿藍寶石；在寶座形像以上有彷彿人的形狀。以西結書1：26

在1970年代末，某電視台推出了一系列叫做「幽浮計畫」（Project UFO）的節目。節目一開始，觀眾先是看到飛碟在眼前飛來飛去，而旁白是這樣說的：「這些就是以西結說他所看見的輪子；直到今天，我們還是常看到這些不明飛行物。」

不用說，〈以西結書〉跟飛碟一點關係都沒有。它首章出現的意象其實和其他《聖經》章節——例如，〈啟示錄〉及〈以賽亞書〉，都是在描述上帝的寶座。以西結領受這個異象時，以色列民族正處於最低潮的時期，他和其他人一樣成了巴比倫的俘虜；上帝的子民感到灰心喪志，他們的情況和啟示者約翰領受異象時類似；當時約翰也是一個人被放逐到拔摩島。

異象一開始，以西結看到一個混亂而難以理解的畫面；一陣狂風從北方颶來，代表尼布甲尼撒將攻破耶路撒冷。這事為何會發生？以色列人覺得很難理解。當以西結再看仔細一點，便看出了代表著聖所的基路伯，以及一朵很大的雲，閃耀著燦爛的光芒，於是他明白了！上帝在這裡，與他們同在，四活物不尋常的移動方式是由「靈」所控制（以西結書1：12）。最後，在最上方，他果然看到了上帝的寶座。

以西結的異象對我們的意義是什麼？那就是，即便是在人生最苦澀的時刻，上帝仍在掌權；祂的救贖大業仍在天上聖所裡持續推進。有時候，我們會覺得什麼都沒了，上帝已經不要我們了；有時候，我們幾乎要徹底灰心，不想再抱任何希望。越是在這樣的時刻，我們越是要堅守信仰，將目光從眼前的混亂轉移開來，遠眺天上的聖所，相信就算是在這樣混亂的情況下，上帝仍在祂的寶座上，耶穌基督也還是我們的大祭司；祂會遵守諾言，把這世界的眾國度以自己的永恆國度取代。

耶穌說：「你們心裡不要憂愁……我若去為你們預備了地方，就必再來接你們到我那裡去。」（約翰福音14：1，3）

勿佔據寶座

人不拘用什麼法子，你們總不要被他誘惑；因為那日子以前，必有離道反教的事，並有那大罪人，就是沉淪之子，顯露出來。他是抵擋主，高抬自己，超過一切稱為神的和一切受人敬拜的，甚至坐在上帝的殿裡，自稱是上帝。帖撒羅尼迦後書2：3-4

保羅在寫給帖撒羅尼迦教會的第二封信中提到，基督復臨前，基督徒要面臨的最大的考驗之一，是有一大罪人會來搶奪上帝的主權。但從後來中世紀——所謂的「黑暗時代」發生的事來看，他說的完全應驗了。不過，〈啟示錄〉13章告訴我們，這件事其實到今天都還沒了結。

要注意的是，犯下侵犯上帝主權這種罪行的，並不只有大罪人一人，之前就有叛軍主帥——路錫甫幹過同樣的事，他只是有樣學樣；路錫甫因為自恃過高，竟然覬覦起上帝的地位及權威。〈以賽亞書〉記載，他曾告訴自己：「我要升到高雲之上，我要與至上者同等。」（以賽亞書14：14）

現在我們再來看〈啟示錄〉。〈啟示錄〉說龍把自己的權力交給了獸（啟示錄13：2），於是世人都對獸的本事感到崇拜，決定追隨他（3節）。可見，我們得意識到，墮落的天使們是有計畫的要使世人跟從他們。因此，我們不只是要防範沉淪之子的野心，也要明白自己其實也有同樣的傾向。畢竟，有時我們也會質疑上帝的主權，佔據屬於祂的寶座。

我們當以《聖經》幾個最為人熟知的故事角色為借鏡；這些人都是因為侵犯了上帝的主權（即使僅僅幾分鐘的時間），代替上帝做決定，而造成了災難性的後果。該隱藐視上帝對獻祭的心意；亞伯拉罕自作聰明，想藉由夏甲來「幫」上帝成就祂的旨意；雅各想硬把繼承權給以掃；而最初的時候，夏娃聽信了蛇的話，等於是挑戰了上帝的權柄。

我們也是一樣。我們試圖要主導上帝的行為，為不符合祂心意的事情禱告，然後在祂回應前就照著自己的意思去做。我們不管上帝是怎麼決定的；不用祂的方法，而照著我們自己的想法去做，覺得自己夠聰明，就算上帝的意思已經很清楚了，我們還是可以再評估一下。

上帝正在天上的聖所向祂的教會發出指令，如果明白這點，我們的心態就該像是已經生活在祂的國度；在這國度中，上帝已經重回祂應有的位置——我們心中的那個寶座。

「希望」這帖藥

凡仰望耶和華的人，你們都要壯膽，堅固你們的心！詩篇31：24

莎士比亞的劇作《一報還一報》（Measure for Measure）所探討的主題是道德的持守及淪喪。治理維也納城的公爵委託代他攝政的安哲魯進到市井之間，幫他調查人民道德敗壞的程度。結果，安哲魯抓到一個名叫克勞狄奧的年輕人，他做了一件放縱肉體情慾的事，於是安哲魯判了他死刑。當克勞狄奧請求安哲魯赦免時說了一句話，這句話後來成為莎翁劇作的經典台詞之一：「除了希望，傷心絕望的人無藥可醫。」

的確，人生總會有某些時候，你對發生的事感到完全無能為力；也許是拿不出錢還債，或是沒藥可以治你的病，也可能是死亡奪去了你所愛的人。這時，你身旁的人都幫不上忙；事實上，在你最低潮的時候，人們說的很多話，可能對你來說還是傷害多於安慰。

基督徒對於苦難也沒有豁免權。今天有一種論調說，信耶穌後人生會一帆風順、飛黃騰達，這是對福音的扭曲，就連耶穌自己也不免受苦及傷悲，尚未進入永生的信徒們自然也無法避免；看看以利亞，他在迦密山與亞哈派遣的人馬對決後，也曾絕望到起了想死的念頭。

生活在這墮落的世界，有時就是得在苦難中奮力求生。但對基督徒來說，我們有著莎翁所說，歷經時間考驗的良藥，那就是「希望」。儘管在這世界找不到出路，儘管別人的方法都幫不上忙，我們仍知道，我們的大祭司已戰勝死亡，現在祂正親自代表我們，在天上的法庭為我們代求。

我們的未來在祂手中，便平安穩妥；因為有復活的耶穌在天上聖所，我們就有希望。從《聖經》中可發現，上帝在執行祂的救贖計畫時，從未有片刻的延誤；我們獲得救贖不但是必然，而且是近在眼前。

也許，傷心絕望的人除了希望以外，真的無藥可醫；但在耶穌裡的希望，對於受傷心碎的人來說，有著何等驚人的療效啊！

深謀遠慮

基督在創世以前是預先被上帝知道的，卻在這末世才為你們顯現。你們也因著祂，信那叫祂從死裡復活，又給祂榮耀的上帝，叫你們的信心和盼望都在於上帝。彼得前書1：20-21

儘管寫這本書時我還未滿五十歲，但到目前為止我已經搬過二十幾次家，跟各式各樣的搬家公司都打過交道。其中，最讓我們難忘的莫過於「米奇搬家公司」（非真名）；那次，我們是從本市的一區搬到另一區。「米奇」人員遲到幾個小時不說，搬運東西時那種草率態度更令人瞠目結舌。他們把東西搬上車時馬馬虎虎，結果弄破了好幾個東西；更曾一度把廚房一條水管給弄破，而且還沒告訴我們，等我發現時，廚房已變成水鄉澤國。

之後，他們當然成了拒絕往來戶。我知道意外難免會發生，但如果問題明顯是因為疏忽或事前缺乏規劃所造成，我很難把這種情況歸類為「意外」。

如果我們從聖所來認識上帝的救贖計畫，就會清楚明白上帝絕不允許出現任何閃失，全都是精心安排。啟示錄13：8甚至告訴我們，耶穌是「創世以來被殺的羊羔」。彼得也強調基督「在創世以前是預先被上帝知道的」（彼得前書1：20）。在我們還沒因犯罪而需要救贖前，上帝就已經為我們預備了耶穌。

當我們跟著耶穌走過聖所，從外院獻牲畜的祭壇到至聖所內的施恩座時，一定會深刻感受他們對細節的講究：幾乎每個設計上的環節、儀式中的每個細微動作，都有所代表的意義。聖所的擺設預告了耶穌將降臨人世，祭司及獻祭的儀式也是如此。一個誠心追求主的人看到這些，一定會知道上帝的救贖計畫絕非一個匆促想到的補救措施，也不是那種因災難猝不及防的發生，於是上帝才趕快想個辦法來阻止災害擴大的情形。

救贖是上帝縝密而精細的計畫；計畫要成功，唯一的不確定因素就是你是否願意配合。除此之外，其他都掌握在上帝手中。一旦你下定決心，「羔羊無論往哪裡去」（啟示錄14：4），你都願意都跟隨祂，你就可以安心準備搬到上帝的國度，因為你知道，搬家過程是由上帝一手策劃，絕不出錯。

用鋼琴彈好聽多了！

我們如今彷彿對著鏡子觀看，模糊不清，到那時就要面對面了。我如今所知道的有限，到那時就全知道，如同主知道我一樣。哥林多前書13：12

我每天早上都要走5英哩（約8公里）的路，才能抵達辦公室。對我來說，這代表我每天有超過一小時的時間，得以沉浸於智慧型手機播放的古典音樂當中。有一天早上，就在我轉了最後一個彎，準備抵達辦公室時，手機傳出了用鋼琴彈奏的巴哈樂聲。樂音如此動人心弦，以致我想坐在路邊幾分鐘，好好專心欣賞完再走。不過，這樂音儘管美妙之極，卻非忠於原味，因為巴哈當初寫這首樂曲並不是為了鋼琴；事實上，他幾乎可說是從沒為鋼琴寫過任何曲子，因為巴哈是十七世紀的人，而鋼琴要等到十八世紀初才被發揚光大。

巴哈的樂曲是為小鍵琴和大鍵琴而寫。前者的音量又小又微弱，在音樂廳演奏時根本聽不到，而後者是靠琴鍵來撥動（而非以槌子敲擊）琴弦，因此演奏者在音量的變化上受到了極大的限制。

可見，用鋼琴彈奏巴哈確實並非原汁原味。不過，我不像某些堅持正統的人介意此事，因為鋼琴絕對是我最喜歡的鍵盤樂器。鋼琴的義大利文是pianoforte，意思是「柔音（soft）與強音（loud）」，顧名思義，鋼琴可以讓演奏者幾乎可以完全隨心所欲的決定每個音符的音量，這點就和大鍵琴不一樣。就個人淺見，巴哈的音樂用鋼琴彈奏確實要好聽許多。

現在，我們來想像一下你在天國第一年的第一天會是怎樣的。之前，上帝曾給你一段時間，讓你在這世上譜寫出一段動人的樂章；你的生命就如同一件不同凡響的樂器，演奏出來的音樂可以讓世人領會到一位純全上帝的存在。

可惜的是，這件樂器的表達能力仍受罪的嚴重干擾；儘管那位天上的大祭司已經藉由祂的恩典使你成聖，品格達到人所能達到的最高境界，但畢竟仍只是一臺大鍵琴，你可以表現的音量範圍仍有其先天的限制。

然而，在上帝那大能的手轉化下，你終於完全被恢復成上帝原本造你的樣式，罪造成的限制在漫長的等待後，終於完全被解除，你得以進入榮耀；你的品格頓時成了樂器中的極品。你那有限且殘缺的人生，被上帝重新譜曲，且用新的樂器來演奏，或響徹雲霄，或輕柔低吟都能發揮自如。這首曲子將動人心魄，就連天使都會停下手邊工作，側耳傾聽。

真正的你

我已經與基督同釘十字架，現在活著的不再是我，乃是基督在我裡面活著；並且我如今在肉身活著，是因信上帝的兒子而活；祂是愛我，為我捨己。加拉太書2：20

這顆樹的枝幹扭曲，滿佈瘤節，粗糙不平。有人殘忍地把它一半的枝幹給砍掉了，把它變得好醜，看來只能等到它春天的樣子了。我試著想像春天來臨時，它長出一頭茂密葉子的樣子，但它好像還是沒有辦法如我想像。正當我打算離開時，突然看到樹幹一側早已裂開，裡面顯然有棵幼樹，只是被深深埋藏在粗硬的表面下，不知有多久了。這棵幼樹是外面那棵被吸收掉的攣生兄弟嗎？還是，它只是同棵樹的心材部分？

「這還真像我啊！」我心想。我對自己的罪性已經看的太清楚，深知無法憑著自己的表現讓上帝稱許。然而，我那歷經風霜的外表下，仍殘留了一點人類最初的面貌；不論被這個世界如何修剪、儘管樹皮因罪變得厚重斑駁，上帝起初創造的那個純真美好的我，仍未消失殆盡。真正的我還在，只是在人生的折磨下，外表長出了一層厚厚的疤痕組織。

幾乎每個外表飽經風霜的大人，都曾是眼神天真無邪的孩子，充滿了理想，以為生命會是慷慨仁慈的。

然而隨著歲月過去，一層又一層的堅硬外殼漸漸在我們的夢想上堆疊，將它掩埋。最後，我們的外表變得扭曲，產生了瘤節，變得粗硬——這就是罪在我們身上所造成的影響。

但偶爾我們會想起童年的自由自在，想起還有天堂；這時，我們堅硬的外在開裂了，露出一條縫隙，讓我們窺見自己即將成為的樣貌。

真正的你，符合上帝心意的你，一直都在；而你越是願意將自己交託在那位大祭司的手中，就越能重獲生機；於是，外層的堅硬樹皮每天都會剝落一些，等到耶穌再來的那一天，就會完全掉光，再也不會長出來。

屆時，你將會重新擁有上帝栽種在你心中的夢想——就是祂在創造人類時所給予我們夢想。

其實，真正的你還沒有好好活過。

老鼠的殘骸

但現在基督已經來到，作了將來美事的大祭司，經過那更大更全備的帳幕，不是人手所造，也不是屬乎這世界的；並且不用山羊和牛犢的血，乃用自己的血，只一次進入聖所，成了永遠贖罪的事。希伯來書9：11-12

某天一大清早，我在走路上班的途中，差點一腳踩到一隻老鼠的屍體，更準確點說，應該是半隻老鼠的殘骸，因為它的背部完全消失了。我不禁好奇，這隻老鼠是發生了什麼事，導致它遭受如此悲慘的命運？是被鄰居的貓攻擊嗎？但如果是這樣，貓卻留下了一半的屍骸，我覺得有點難理解。

對於究竟發生了什麼事，我只能猜，畢竟當時我並不在現場，我只能靠著天馬行空的想像力猜測可能的理由。因為無法重建事發現場，真相究竟如何，我永遠無法確知。

我的這種經驗對某些人並不陌生，每個人終有一天會發現，這個世界有時很可怕，充滿了痛苦、折磨，死於非命的事。這些事情我們看到了，但卻不知道它們為何會發生，因為這個世界開始偏離正軌時，我們也不在現場。

有些人試著把這些歸因於演化，這個世界在掙扎著邁向更好的未來時，必須得經過這樣的過程；我們當中比較弱小的就會受苦、死亡，而基因較佳者則會活得比較好——即所謂的「適者生存」。而這種理論自然是假設演化（大致上）是朝著好的方向推進，我們今天所面對的種種問題最後都能獲得解決。

也有一些人成了悲觀的虛無主義者，認為生命是沒有意義的，受苦是理所當然，因為人生本來就是這樣。不過，他們會說：「別擔心，等到死了以後，一切就都會過去——永遠解脫。」

無論如何，提出這些理論的人都是看到了結果，再去想像它的成因。當年人類進行了一場交易，使這世界從天堂淪為恐怖片場景，那時這些人都不在現場。最聰明的選擇還是去問那位目擊者，祂深知罪是怎樣釀成了悲劇，因為祂都在現場。不只如此，祂還為此親自來到了世上，獻上自己的鮮血，為我們擔負起罪所造成的後果。祂所流的血已說明了祂對於我們的痛苦處境有切身體會。我讀過很多哲學家還有詩人的作品，他們都曾針對人類的處境提出自己的解釋，但唯有耶穌提出的解釋最能引起我的共鳴。

我們的世界會殘缺不全是有原因的，想要修復它，聖所提供了方法——且是從當事人那邊得到的。

天國的第一堂課

我們現在所知道的有限，先知所講的也有限；等那完全的來到，這有限的必歸於無有了。我作孩子的時候，話語像孩子，心思像孩子，意念像孩子；既成了人，就把孩子的事丟棄了。我們如今彷彿對著鏡子觀看，模糊不清，到那時就要面對面了。我如今所知道的有限，到那時就全知道，如同主知道我一樣。哥林多前書13：9-12

牛頓曾針對重力提出一個公式，他用數學模型來解釋物體之間的作用力。儘管這個模型似乎很完美也很好用，不過到了廿世紀，它卻被愛因斯坦的相對論取代，因為後者更能正確解釋某些現象。如今，相對論又被量子物理及「弦理論」（string theory）所取代，因為我們發現，先前的物理定律不足以解釋次原子粒子（subatomic particles）的行為。

這些我們學生時代抄在筆記本上的物理定律，都是人類為了解釋自然現象而提出合理的數學解釋。一旦有人發現它們有問題，那怕只是輕微偏誤，就得進行調整。

我們看到了聖所，就有如看到了一個模型；這模型能夠幫助我們了解宇宙一些最深奧難解的問題：為何髑髏地的十字架能夠拯救我們？為何耶穌道成肉身這件事意義那麼重大？上帝對我們的愛有多深？上帝最後要如何在不違反祂道德律的前提下，審判人類，處理我們的罪？祂要如何讓罪人進入到祂的國度，卻又不會承擔他們再次背叛的風險？

這些大哉問我們將會花上永生的時間不斷思索。懷愛倫寫道：「關於上帝是怎麼進行祂的工作，我們在世上的這段時間，只能稍微得到一點概念；等到進入永恆後，我們還要繼續不斷探索。」（懷愛倫，《兒童教育指南》，原文第50頁）上帝首次針對這個問題開啟討論，是在祂於伊甸園門口設立的聖所，那裡有著發光的基路伯以及祂閃耀的臨格；之後，討論繼續在會幕及其後的聖殿進行。

這些都是上帝救贖計畫的「模型」；模型是由看得到、摸得著的材料製作，並藉由操作來使我們明白背後的抽象道理。時至今日，我們則是藉由研讀《聖經》裡的經文，嘗試理解天上聖所中進行的救贖計畫。這門課我們一輩子都修不完，因為它是如此深奧，我們永遠都不可能窮盡其奧秘。如果再想到保羅說的：「上帝的愛，我們才剛開始體會，怎能不讓人內心澎湃不已？」

快來打開《聖經》，盡可能的汲取它所有的信息吧！我們在出席天上的第一堂課前，總希望做好準備吧！

全年無休

凡靠著祂進到上帝面前的人，祂都能拯救到底；因為祂是長遠活著，替他們祈求。希伯來書7：25

那天一大早，太陽才剛從地平線露臉，我突然感受到身體左邊傳來一陣尖銳的疼痛！完了，我心想，一定是腎結石！根據經驗，我知道接下來會發生什麼事：刀割似的劇痛很快就會把我擊垮。我曾經有幾次靠著自己的力量，在家裡把結石排掉，但這次我可以感覺到情況不簡單。因為不想把太太吵醒，於是我跳上車，用谷歌地圖搜尋離家最近有急診的診所。令人沮喪的是，最近的一家居然也要一小時之後才開門！

我不想要等那麼久，決定要開到本地一家醫院的急診室；收費雖然會比較貴一點，但我實在痛得受不了，已管不了那麼多了！

你是否也有多次在營業時間外發生緊急狀況，卻找不到人的經驗？例如，暖爐平常都好好的，一放假就故障，找不到人來修；管路在非上班時間爆裂，如果要請師傅來修，得加收額外費用；不然就是已經排定了重要的視訊會議，偏偏網路突然中斷，打電話給廠商，卻是電話代接公司接的。

這些狀況都是因為我們的世界並非全年無休。有時，這還真令人急的跳腳！

我們再來看看天上的聖所這個對照組。〈希伯來書〉的作者說，耶穌之於人類是「長遠活著，替他們祈求」。換句話說，在我們最需要祂的時候，祂就在我們身旁；我們需要一位中保時（約翰一書2：1），毋須等到天堂明早開門，因為現在就找得到祂。

還不只如此；祂只要出手就能把事情完美解決，從不需退件重做。《聖經》這樣形容耶穌：「凡靠著祂進到上帝面前的人，祂都能拯救到底。」「到底」（uttermost）這個字在有些現代版本《聖經》中是用「完全」（completely）這個字；有些《聖經》學者把「完全」解釋成「充分」的意思，有些人則把它解釋成「永遠」。不論是哪種解釋，對我們都是天大的好消息：上帝願意無條件赦免你那被罪玷污的心，也願意讓你永永遠遠地在祂的國度裡安居。

AUTHENTIC

我們得以更明白基督的心，與祂有更親密的關係。

5
May

領浸約言第五條：
我相信《聖經》是上帝所默示的聖言，同時相信只有《聖經》才是基督徒信仰與行為的唯一準則。

上帝在想什麼？

「正如主藉著從創世以來聖先知的口所說的話……」路加福音1：70

上帝向來喜歡和我們互動交流。在我們被逐出伊甸園前，祂曾在涼風徐徐的夜晚來尋我們（創世記3：8）；我們被逐出後，祂仍用各種方法讓我們知道，祂打算要如何救贖我們脫離罪孽，以及復原被我們破壞的一切（15節）。

從我們被趕出伊甸園後，上帝一直維繫著與我們的溝通管道。祂毫不保留的讓我們知道自己目前的處境；包括背叛祂所造成的後果、祂對我們無比深厚的愛，以及祂有辦法藉由耶穌基督來拯救我們。不只如此，祂還針對在墮落世上如何生活，例如個人理財、人際關係、健康等面向提出一套指導原則並公諸於世。

在〈路加福音〉卷首的地方，上帝又透過施洗約翰的先祖，捎了一條信息給人類；提醒我們，祂會一直與我們保持聯絡。這信息是藉由先知撒迦利亞的口中說出的：「古時候的先知早已告訴我們，會有彌賽亞來到世上。」我們也許自甘切斷與上帝的連結，但上帝從未完全放手不睬我們。正如保羅向路司得的民眾所傳講的──從人類墮落以來，上帝就讓我們自行決定人生的道路要怎麼走，不強迫我們要回轉，回到祂身邊。但從人類叛亂至今，上帝「為自己未嘗不顯出證據來」（使徒行傳14：16~17）。

到此我們應該可以發現，上帝的國度真的和世俗政權有著天壤之別。上帝是用勸導的方式，訴諸理性、藉由愛，使我們願意回到祂身邊；而人類常常是用強迫的手段，促使人民遵守法律或服膺於某種意識形態。選舉的時候，政治人物總是說要使施政透明公開，但這個承諾最後必定七折八扣。相較起來，上帝真的是說到做到。先知阿摩司說：「主耶和華若不將奧祕指示祂的僕人眾先知，就一無所行。」（阿摩司書3：7）

要不是因為電子郵件的內容外洩或深喉嚨出來爆料，我們還真不知道這些政治人物在做什麼；但上帝不同，我們只需研讀《聖經》，並藉由禱告默想來理解其意義，就可以知道上帝的心意；而身為上帝政權的「知情人士」，絕對是莫大的榮幸──畢竟，這可是昔在、今在、永在的政權。

絕對的權威

《聖經》都是上帝所默示的，於教訓、督責、使人歸正、教導人學義都是有益的，叫屬上帝的人得以完全，預備行各樣的善事。提摩太後書3：16

耶穌基督道成肉身這件事，是神學家千年以來一直試圖理解的奧秘。不過，每個時代的學者都得到同樣的結論：耶穌確實是血肉之軀。關於這點〈約翰福音〉說得再清楚不過：「道成了肉身，住在我們中間。」（約翰福音1：14）；因此，「道成肉身」肯定是真的，這部分沒有問題。較令人費解的是，道成肉身這件事是怎麼發生的？耶穌怎能同時既是完全的神，又是完全的人類？

的確，關於道成肉身這個題目，確實有很多我們可以好好探究的地方；在這探索的過程中，也會不時看見上帝的榮光，但這件事到底如何發生，終究超出了我們的理解範圍。事實上，過去有些人在苦思這個問題時，不小心誤入了歧途，得出了「耶穌沒有神性」或「耶穌沒有人性」的結論。「要當心！」懷愛倫有次就曾提醒過一位正在研究這個主題的牧師，「探討耶穌基督的人性時要極端的小心，」她強調，「因為耶穌道成肉身這件事向來是、也永遠是個謎。」（懷愛倫著，《懷氏手稿》卷13，原文第18–19頁）

《聖經》和耶穌本身有共通之處。除了耶穌基督本身和《聖經》章節都被稱之為「道」，兩者也都兼具神性及人性。《聖經》是上帝的「道」，藉由人類作者的筆成為文字；它是上帝的心意，而祂的能力是無邊的，卻又是用人類有限的語言來表達。過去兩百年來，學者一直想釐清這有限和無限究竟代表什麼意義，有些人最後徹底走偏了，否認了《聖經》的神聖權威。

保羅告訴我們，《聖經》「都是上帝所默示的」（提摩太後書3：16）；它是上帝的話，藉由人類作者來傳達。耶穌當然就是「道」，只是以肉身呈現。不論是透過《聖經》或耶穌，上帝都是遷就我們的程度，向我們揭示祂自己，因為我們無法達到祂的等級。

因此，看待道成肉身的議題時，我們在探討耶穌與「道」之間的關係時，也應當戒慎恐懼。這方面懷愛倫給我們的建議是，耶穌「將《聖經》視作最高權威，因此我們也該這樣做。《聖經》應被當作是永恆上帝的話語、信仰的根基、所有疑問的解答。」（懷愛倫著，《天路》，原文第39頁）

在玻璃上蹦跳

至於上帝，祂的道是完全的；耶和華的話是煉淨的。凡投靠祂的，祂便做他們的盾牌。撒母耳記下22：31

【警告：如果你還沒造訪過位於多倫多的加拿大國家電視塔（CN Tower），以下的這篇文章可能會掃了你的遊興。】

在接近塔頂的地方，離地1100呎（約335公尺）處的觀景台，有塊區域的地板是玻璃做的。每天都可以看到緊張兮兮的遊客圍繞著那塊玻璃地板，掙扎著要不要把腳踏上去（感覺上應該要很久才會掉到地面）。你得戰勝自己的理智，抗拒人的本能，才能放膽把腳踏上去。不過，儘管你聽說這東西可以承受你的重量，決定跨出那一步時，你的大腦還是會尖聲驚叫：「不要！」

然而，一旦你膽怯的試著把腳踏上玻璃幾次後，膽子就會慢慢大起來，開始拍下自己站在玻璃板上的照片，與下方的人行道遙遙相對。等你膽子變得更大，甚至會在玻璃版上做出助跑動作，然後奮力一跳，降落在上面。

它是真的很好玩。然後，等到你玩膩了，離開玻璃地板，進了電梯後，還有最後一個驚喜等著你；操作電梯的導遊會告訴你：「剛剛上來時，我們其實沒跟你們說，觀景台所有的地板都是玻璃做的；只是因為遊客覺得實在太恐怖，我們才把它鋪上地毯，只保留一小塊區域露出玻璃。」

想像一下這是什麼樣的情形：你掙扎了半天，終於鼓足勇氣，站上玻璃地板——結果卻發現其實你早就站在上面了！

上帝的話語之於我們，就像那玻璃地板：很多人一開始接觸《聖經》時，心裡也都帶著恐懼，不曉得如果真的把一切交託給祂會怎樣；也就是——憑著信心跨出第一步，真的照著《聖經》的教導去做，並且以上帝的應許全都會實現為前提，決定自己的生活方式。漸漸，你鼓起了勇氣，踏出了幾步，便會發現這條路真是走對了，於是又有勇氣再走個幾步。可見，上帝真的會像盾牌一樣保護信靠祂的人。

當我們最後終於走進了榮耀，天上的書卷展開在眼前，使我們有了天堂的眼光，這時自然會發現：過去，上帝無時無刻不是在支持著我們。

可靠的旅遊指南

耶穌轉身暗暗地對門徒說：「看見你們所看見的，那眼睛就有福了。我告訴你們，從前有許多先知和君王要看你們所看的，卻沒有看見，要聽你們所聽的，卻沒有聽見。」路加福音10：23-24

如果你打算去某個地方旅行，可能會先去買本有關當地的旅遊指南，或是上網搜尋，看看要去之景點的照片，預知它大概的樣貌。不過，不論看過多少張照片，實際抵達後一定會發現，所見到的景象和你的想像有落差。這並不是照片不正確，而是因為我們的預期裡，摻雜了很多想像的成分。例如，你可能以為某棟建築是面向海，事實上不是！也可能是某個物品你看到後，才發現比你想像的小。

同樣的，舊約《聖經》針對彌賽亞的描述，也是清晰而有說服力。耶穌在往以馬忤斯的路上（路加福音24：27），碰到兩位沮喪的門徒，於是拿舊約裡對祂的描述來提醒他們，彌賽亞本當如此。另一個例子是拿但業；他在得知彌賽亞出身於拿撒勒時，對救世主的認知也受到衝擊，不禁表示質疑：「拿撒勒還能出什麼好的嗎？」（約翰福音1：46）耶穌降生在世上後，有關祂的種種事蹟，持續挑戰著以色列人的錯誤信念。我們會受到衝擊，有時是因為被驕傲蒙蔽，看不清事實，如同我們看待當今的宗教領袖；有時則只是純粹的無知。

〈路加福音〉中，有段是描述耶穌差派七十人去傳福音。這些人返回後沒多久，耶穌就轉身朝向使徒們，告訴他們，他們有多麼幸運：「你們所看見的，曾經有許多先知和君王都想看見，但卻沒能看到。」這些使徒有幸受到更多光照，比之前的信徒看得清楚很多，是因為耶穌本人就在他們身邊。

因此，研讀《聖經》時，如果希望能夠得到最大的收穫，可試著把舊約想像成一本旅遊手冊，裡面印滿了景點的精彩照片。照片顯示的絕對是事實，因為相機一定是忠實記錄鏡頭捕捉到的景物。不過，為了不要讓自己的想像干擾了對實際景物的認知，我們一定要將耶穌傳講的信息，以及其人其事拿來跟自己從照片得到的印象做比對。要是沒有耶穌的實際存在，《聖經》就不過是另一部古老的文獻，但有了耶穌，這本書便被賦予力量，足以打開你的眼界，改變你的生命。

《聖經》就是力量

於是從摩西和眾先知起，凡經上所指著自己的話都給他們講解明白了。路加福音24：27

耶穌剛復活時，還沒太多人知道祂已經從死裡復活了；信徒們只感到深深的困惑。

在〈路加福音〉接近結尾的地方，我們就看到兩位失望的門徒；祂這三天來所發生的一連串事件，讓他們摸不出頭緒。宗教領袖把他們希望成為彌賽亞的那一位給帶走了，還把祂釘上了十字架；而去墳墓那邊看過，名字都叫馬利亞的那兩位婦人卻堅稱耶穌又復活了。這一切真是令人難以理解！

就某些方面而言，身處後現代的我們和這兩位喪氣的門徒其實有共通之處；同樣是幾乎覺得世上沒什麼絕對的事物。眼見理性主義和機械化卻未能達成烏托邦的承諾，反而帶來了史上最暴力血腥的廿世紀，許多人都已經不再相信生命有著客觀、應遵循的方向或目標，或是有所謂客觀真理待我們發掘。

我們本來期待能夠使人類擺脫目前困境的種種方法，最後都宣告無效；當年那兩位門徒也表達了同樣的心情：「但我們素來所盼望、要贖以色列民的就是祂。」（路加福音24：21）他們實在不知道該怎麼面對這一切。

現在，注意耶穌是怎麼回應他們的！從祂的回應中可看出，《聖經》有著為我們的生命注入希望的莫大力量。當時，祂就在這兩人身旁，大可向他們表明自己是誰，說些像是「我就是耶穌啊！」之類的話，這樣做一定可以解除他們的疑惑。然而，耶穌卻是這樣引導他們的：祂是「從摩西和眾先知起，凡經上所指著自己的話，都給他們講解明白了。」

耶穌本可以向他們顯示，給他們一個神蹟，但上帝的兒子沒有這樣做，而是給這兩位困擾不已的門徒上了一節《聖經》課，或更精確地說——是一堂《聖經》預言課！自從人類墮落以來，上帝跟人類溝通的主要管道就是透過《聖經》；透過它，祂告訴我們祂對人類的計畫，給予我們希望與安慰。從第一頁到最後一頁，《聖經》傳達的信息有著無比強大的力量，以至於連耶穌復活時都要用它來啟發門徒，儘管我們可能會覺得祂其實可以用其他的方法。我們也可以學祂，可以從現在開始，全心倚靠《聖經》，把它當作是希望的唯一寄託，那今天就會是特別值得紀念的一天！

真理與瘋言

祢話的總綱是真實；祢一切公義的典章是永遠長存。詩篇119：160

說到《聖經》，最讓某些現代讀者感到難以接受的其中一點，是它並非被動的記載了真理，而是自己定義了真理為何。上帝透過先知以賽亞告訴我們：「我──耶和華所講的是公義，所說的是正直。」（以賽亞書45：19）

若以後現代觀點來看，這根本是謬論。有些人會堅稱：世上沒有所謂的絕對真理，是非的判斷是視個人偏好、社會文化背景以及當時的情況而定；所謂的絕對真理，不過是有些人為了控制別人而發明的。

這種思想在老一輩的人聽來，會覺得不可思議，因為他們在上大學的年代沒有「相對性思考」（relativistic thinking）這種觀念。然而，對於1960年代之後受教育的大部分人來說，相對性思考卻是他們接觸的主流，而這種思考方式最終導出的結論，有些真是令人瞠目結舌。有位紐約的大學教授因為想知道相對性思考已經氾濫到什麼程度，便針對他的學生做問卷調查，結果得到了一些駭人聽聞的結果：高達20%的學生說他們「不願因納粹對猶太人進行種族滅絕而批評他們」；其中有些人表示，他們個人雖然厭惡納粹的行為，但不會說他們是不對的，因為我們不該批評別人的文化，也不該對別人的世界觀表達質疑（約翰·李奧著，《猶太世界評論》，〈後現代的大學校園：看不到邪惡存在的教授們〉）。

這種典型的廿世紀思想，是受了十九世紀哲學家的影響。然而，早在莎士比亞時，他就曾在《哈姆雷特》中描述過這種思想，一句台詞說到：「世上本來就沒有所謂的是與非，是與非都是我們想出來的。」換句話說，每個人都可以定義是與非；一件事之所以邪惡，是因為你認為它邪惡。

不過，要提醒讀者的是，如同安德魯·克萊文（Andrew Klavan），在《天大的好消息》（The Great Good Thing）這本書指出（原文第136－137頁），哈姆雷特是在裝瘋的情況下說出了這些話──而在莎翁寫下這齣劇四百年後的今天，當時的胡言亂語，如今卻被當成真理。

我接觸過的人有幾萬以上，親眼見到這種心態讓許多人感到悲觀絕望。畢竟，沒人會希望「世上沒有什麼是真的」；也許就是因為這個原因，現在有那麼多人開始覺得，《聖經》裡的絕對真理實在美好，也非常療癒。

創造的大能

諸天藉耶和華的命而造；萬象藉祂口中的氣而成。詩篇33：6

記得曾經有個週末，我被一長串的待辦事項壓得格外喘不過氣來，感到無比焦慮。當時我正面對一些看似無解的問題，讓我晚上都睡不著覺。於是，儘管忙碌不堪，我仍抓起了兩樣重要的東西：我的紅色吊床以及藍色袖珍本《聖經》，然後開了一個半小時的車，進到山裡，為的是能獨處——說的更精確一點，是為了只跟上帝待在一起。

我花了一段時間才找到完美的地點，可以停下來；我需要的是一個沒人找得到我的地方，因為我絕不能被打擾。最後，我終於發現了完美的地點。它位在河岸邊，後面有塊大岩石把我給擋住，不會被人看到（**在我有生之年，我都不會向任何人透露它的位置！**）。我將吊床固定在兩棵樹之間。此時，身旁除了拂過樹梢的風以及下方2呎（約0.6公尺）處的潺潺流水，再也沒有其他干擾。然後，我打開我的《聖經》，開始聆聽上帝的聲音。

只要你帶著一顆敞開受教的心打開《聖經》，上帝就一定會讓你聽見祂的聲音，且屢試不爽。我聆聽著那位不斷告訴門徒：「別怕」的上帝所說的一切，幾個小時下來，我的焦慮漸漸褪去，信心也回來了，對於接下來一週要做出的決定，心裡感到無比平安穩妥。

我想可能有人會說，你只不過是需要一點時間獨處，整理一下自己的思緒。然而，儘管獨處的確有很多好處，但我感覺被醫治和獨處並沒有關係，而是《聖經》裡上帝的話撫平了我受傷的心。

其他書是不能和《聖經》相提並論的；它是上帝要對人類說的話，而當上帝開口時，祂的話語是帶有力量的，只要幾個字就能使整個宇宙從無到有。

值得注意的是，《聖經》裡的字句也是祂從無到有的創造，英文裡的inspiration（靈感）這個字就是這樣來的；《聖經》裡的話語有創造的大能，能夠醫治破碎的心靈，把它轉變成符合耶穌基督形象的樣式。

沒有更多人每天都來汲取《聖經》裡所有的豐富，實在是很可惜的事！

你的真面目

上帝的道是活潑的，是有功效的，比一切兩刃的劍更快，甚至魂與靈、骨節與骨髓，都能刺入、剖開，連心中的思念和主意都能辨明。希伯來書4：12

我唸大一的那一年，宿舍裡有位同學非常擅長畫人物漫畫，就是把一個人長相的優（缺）點都畫得很誇張的那一種。大部分同學每天傍晚結束一天的課，都迫不及待回到宿舍，看看今天誰是他筆下最新的「受害者」，而他也一定會讓大家賓主盡歡。既然全校將近一萬八千名學生都是他潛在的「受害者」，他永遠都不乏題材。

有時他畫的是某位不受歡迎的教授，有時則是某個敵對寢室的人。然而，有一天，他畫的對象卻完全看不出所以然；以前，他每次畫的都維妙維肖，充分展現他的天分，但這回他畫的人，我卻完全認不出。

就在這時，我發現房間裡其他人笑了出來。最後有個人說：「你還看不出來嗎？」然後，他宣布了殘忍的真相：「就是你呀！」

就在那一剎那，我看出來了，而且老實講，我不喜歡他把我畫成這個樣子。在看出是在畫我之前，我只是覺得不好笑，現在我更笑不出來了，因為它讓我看到了我不願意面對的自己；更令我難受的是，其他人都看得出是我，顯然代表他畫得很像，無可否認。

這有點像在聽自己的聲音透過錄音設備放出來，那種渾身不對勁的感覺；大部分人都覺得，這根本不像自己的聲音，然而，令人難堪的事實是：所有在場的人都覺得這明明就是你的聲音，因為錄音就是忠實記錄所聽到的聲音；我們說話時，聲音會先從嘴巴送出，經過會干擾音質的頭骨，才會傳到自己的耳朵，而錄音設備傳出的聲音則可免除這種干擾。

〈希伯來書〉的作者警告我們，有時候，閱讀《聖經》會讓我們感到痛苦。這是因為，上帝非常愛我們，祂要我們看清楚自己的真面目，也就是，我們在祂眼中的面貌。上帝的眼睛所看到的，是原原本本、未加修飾的事實。

但，別喪氣！祂會這樣做是因為你要先看見自己迫切需要耶穌拯救，祂才能開始動工，把你改造成上帝的孩子該有的樣子。

你在開始跟隨耶穌之前，上帝要你丟掉某些東西；如果你願意，祂很樂意用明確的方式告訴你真相。

分享上帝的道

念這書上預言的和那些聽見又遵守其中所記載的，都是有福的，因為日期近了。啟示錄1：3

每天的最後五個鐘頭，也就是晚上七點後，通常是我最有生產力的時段。我很享受在家裡每個人都上床睡覺後，籠罩屋子的那種寧靜；這時，陪伴我的只有我的書和我的思緒。在書桌上那唯一一盞燈的照射下，《聖經》裡的故事變得更加鮮活；有時，我可以清楚的感受到耶穌的同在，如此真實，好像是祂親自走進了我的書房，把手搭在我的肩膀上，在我耳邊細語。

在我個人圖書館的所有藏書中，《聖經》帶給了我數不清的喜悅時光。不過我得承認，我經驗到《聖經》帶給我的最大快樂，並不是在書房獨處的時候，甚至也不是在多年來苦思的《聖經》問題終於找到解答，那靈光乍現的一刻。

我最大的滿足其實是來自於將《聖經》與他人分享。回顧過去幾十年，我發現，每次我打開《聖經》，和一群尋求真理的人分享，就是我最感到滿足的時刻。每當我看到有人出現理解認同的眼神，或是看到某個本來完全拒絕耶穌的人被祂的話語感動，剛硬的心軟化下來，就讓我感到莫大的滿足。

別人的問題也讓我花無數個小時，跪著禱告求問，並細細查找《聖經》，希望找到解答。

研究《聖經》預言的人多半會認同，研讀約翰的最後一卷書卷——〈啟示錄〉的頭幾個經節時，會得到加倍的祝福。《聖經》應許我們，假如我們閱讀〈啟示錄〉，我們將得到祝福；我可以用個人親身經驗證明這是真的：每次我重讀〈啟示錄〉，都會得到祝福。

但這祝福不只是給那些自己一人安靜默想上帝話語的人，原文的用詞意思其實是：那些將章節唸出來給周圍的人聽的人，將得到祝福。這樣的用詞，其實是反應了舊約時代的傳統：當時經文是藉由朗讀的方式唸給上帝的子民聽。

閱讀上帝的話語是有福的；將祂的話語分享出去，則更加有福。

上帝的捲尺

有人對你們說:「當求問那些交鬼的和行巫術的,就是聲音綿蠻,言語微細的。」你們便回答說:「百姓不當求問自己的上帝嗎?豈可為活人求問死人呢?」人當以訓誨和法度為標準;他們所說的若不與此相符,必不得見晨光。以賽亞書8:19-20

我的祖父——一位熱愛木匠工作如同自己生命的人去世時,我開了一段很長的車程去參加他的葬禮。主持葬禮的牧師讓我第一眼見到他就有好感;葬禮進行到一半時,他突然把手伸進口袋,掏出了一把捲尺,說:「我有話想跟這裡的孫子輩們說說。」

「喬在世時,每天工作都會用到像這樣的捲尺,以確保他每一次切割都會是準確的。至於生活,他則仰賴另外一種『捲尺』,也就是他的《聖經》。他用《聖經》來量度生活中的每個決定,確保它們都符合上帝的心意。大家都看見,他確實度過了屬神的成功一生;這是因為他在下刀前一定會量個兩次,然後就切下去了。我要問問大家,你們能不能也像他這樣,把上帝的話當作這一生不可動搖的絕對標準?」

今天你隨便走進一家書店,都會看到很大的區域是擺放那些所謂的「自我成長類」書籍(而且擺放面積有逐漸擴張的趨勢)。這些書的作者都保證,他們有辦法使你的生活更平順如意。我相信這些書當中有些的確會對你很有幫助,不過你也會看到一些不怎麼樣的人所寫的冒牌貨,試圖用這來取代與上帝建立真正的關係,然而它們的品質畢竟差正品很多。這些書所給的建議,很多是不能聽的;它們有些是關於異教儀式,有些甚至直接就是教人通靈,如果警覺心不夠,很容易就會上當。

從以賽亞說出今天的存心節那段話後,已經過了幾千年,但情況還是如他所述。在他的年代他們就是靈媒,你給他們一定的費用,他們就會幫你向已逝的人求問;今日世界的有些作法,則是乍看之下沒有那麼裝神弄鬼,但所謂自我成長的世界中,仍潛藏了許多可怕的陷阱。

當年牧師給我們的挑戰,我也邀請你試看看:手邊隨時都要有一本《聖經》,這樣你在閱讀時,才能拿著上帝的標準來量度每句話是否可信。畢竟,量的時候仔細一點,就只要切一刀;這比隨便量量,之後要補上好幾刀要好太多了!採用第一種作法,就長遠來看,我們可以少受很多苦。

依然是初版

草必枯乾，花必凋殘，因為耶和華的氣吹在其上；百姓誠然是草。草必枯乾，花必凋殘，惟有我們上帝的話必永遠立定。以賽亞書40：7-8

如果你還保留著當年讀書時的教科書，不妨找出來，看看它的封面。我想你的書應該不會是第一版，因為教科書通常都是不斷改寫，然後再發行。我有一本生物教科書，多年前我買它的時候就已經是第67版，最近我上網去看，想知道今年的生物系新生用的會是第幾版？結果看來，從我幾十年前修這門課以來，這本書已經被重新打散，抽取其中部分內容編成了一本新書——就連這本新書都已出到了第8版！

為什麼教科書要一直出新版？我心中酸民的那一面告訴我，這樣出版商才能讓銷售量居高不下，因為通常學生都不敢用較舊的版本，唯恐新版多加了什麼考試會出現的重點。

不過我也知道，真正的原因應該是人類知識的本質就是這樣，不時就會有新的發現推翻舊有理論，而我們的想法就得跟著改變。1950年代認為是不可動搖的定律，對於一個廿一世紀的大學生來說，未必沒有質疑的空間。

人類的知識是會改變的，然而上帝的知識永不更改。我們可以看到，儘管《聖經》的翻譯始終不完美，必須一直出新的譯本。「《聖經》的內容本身數千年來從未改變過。」基督徒向來這樣宣稱，而死海古卷（Dead Sea Scrolls）的發現也的確證實了他們的說法：《聖經》的內容從寫成後，一字一句都沒變過。

當然，這不是說從未有人針對《聖經》的內容提出質疑，那是一定有的。畢竟，上帝的話和世俗的價值觀南轅北轍，更是和主流文化格格不入。不過，它絕對真實可靠，你可以放心倚賴；儘管《聖經》裡有些觀念，我們現在會覺得難以理解，有一天，在耶穌基督親臨的光照下，就會證明它是對的。

因此，儘管基督徒有時可能要為了自己的言行而道歉，也可能要為曲解上帝的話，做出了某些行為而道歉，但我們永遠都不會因為上帝曾說過什麼話，而需要為祂道歉，這點我們可以放心；人類的主張一定會不斷改變、修正，但上帝的話語經得起永恆的考驗。

「那本書改變了我的生命！」

你們既因順從真理，潔淨了自己的心，以致愛弟兄沒有虛假，就當從心裡彼此切實相愛。你們蒙了重生，不是由於能壞的種子，乃是由於不能壞的種子，是藉著上帝活潑常存的道。彼得前書1：22-23

「那本書改變了我的生命！」說話的男人指的是杜斯妥也夫斯基的《罪與罰》（Crime and Punishment），故事描述一個男子在犯下一件令人髮指的罪行後，身心受到極大的煎熬。我一聽就懂他的意思；的確很多人都能說出某本小說或哲學作品是他們人生的轉捩點。我自己回想起來，也有幾次因為讀了某本立論精闢的書，從而改變了我的世界觀。我的藏書中就有幾本是這樣，我也常引用它們的內容。

不過，人寫的書儘管有可能改變你的思想，卻不可能改變你這個人的本質。的確，如果一本書真的能讓你對作者的觀點心悅誠服，因此改變了自己的想法，表面上，你可能真的變成了另一個人；但你的本質還是一個罪人，仍會被驕傲、野心、私心所操控。

《聖經》跟人寫的書截然不同的一點，就是它能夠使你成為一個新造的人。彼得說，基督徒已經「蒙了重生……藉著上帝活潑常存的道」（彼得前書1：23）。儘管改變我們的是耶穌，也就是「道成了肉身」（約翰福音1：14）的那一位，但祂改變我們的主要方式是透過《聖經》。《聖經》是創造主自己的聲音，祂直接向你的心說話；祂使萬物從無到有；祂在世上時，曾譴責撒但，要求他放開被他抓住的人；曾使患病的痊癒。《聖經》是受了聖靈的啟發寫成，因此有徹底翻轉你生命的力量。自從我們在伊甸園斷了與上帝的交通，《聖經》便成了祂與我們親近的主要途徑。讀《聖經》時，耶穌與我們同在；我們有了和祂相處的機會，身心靈會經歷劇烈的轉化，如同保羅所形容的：「我們眾人既然敞著臉得以看見主的榮光，好像從鏡子裡返照，就變成主的形狀，榮上加榮，如同從主的靈變成的。」（哥林多後書3：18）

《聖經》不只是改變你的思想，或使你能夠用不同的眼光看事情；如果你願意的話，它其實能夠重新塑造一個你，使你成為耶穌基督的樣式。

你得繼續

但你所學習的，所確信的，要存在心裡；因為你知道是跟誰學的，並且知道你是從小明白《聖經》，這《聖經》能使你因信基督耶穌，有得救的智慧。提摩太後書3：14-15

＿＿位監獄警衛告訴我，他們最近有位犯人逃跑了。他說的這座監獄位於一個由岩石構成的半島上，半島的陸地突出於冰冷的海中。那裡的海岸並沒有設置圍牆防範越獄，因為他們假設，如果有人想要用游泳的方式越獄，在抵達彼岸前一定會因失溫而死。然而，顯然有人證明了他們的假設是錯的！

「你覺得你們找得到他嗎？」我問。這時，他給我上了一課震撼教育：「噢，他們覺得他們已經知道他在哪裡了，現在只是在等他犯下另一個案件，好讓他這次可以在牢裡好好蹲一蹲。」

我真是長見識了！儘管我對警衛所說的仍感到有點懷疑，但這讓我開始思考基督徒的得救經驗。刑事制度的運作邏輯是：犯罪的人為了要補償社會，得去坐牢，刑期長短由法律訂定。然後，等到刑期服畢，事情就算過去，犯罪的人可以重獲自由，過著正直清白的生活，不再犯罪。他應該會展開新的生活——至少理論上應該是這樣。

很多人都把「上帝的赦免」這件事，看得像是一個法律程序；一旦你走完法律程序，就可以繼續原來的生活方式。這種態度是把浸禮視作得救的終點，你已經和上帝和好了，得到你想要的，整件事就此結束。這就有點像是違規停車繳罰款，付了錢就可以走人；你毋須記得承辦人員的名字，反正你這輩子（但願）都不會再碰到他。

然而，我們來看看保羅是怎麼勸勉提摩太的：「但你所學習的、所確信的，要存在心裡。」得到赦免不等於抵達目的地，只是來到起點。上帝不是天國的員工，只是跟你收個錢，然後註記「已跟他和好」。祂要的是和你建立關係；我們永恆的未來只會為祂而活。

是的，上帝的確會赦免我們，但赦免只是起點，祂渴望的不僅止於讓你免除刑責，更是要讓你成為一個全新的人，進到祂永恆的國度。為了達到這個目標，祂在復臨之前，先給了你《聖經》，因為它「能使你因信基督耶穌有得救的智慧」。這本《聖經》可以保證你日日夜夜都與上帝保持關係。

兩場革命

過了這三天半，有生氣從上帝那裡進入他們裡面，他們就站起來；看見他們的人甚是害怕。兩位先知聽見有大聲音從天上來，對他們說：「上到這裡來。」他們就駕著雲上了天，他們的仇敵也看見了。啟示錄11：11-12

復臨信徒認為，〈啟示錄〉11章的這兩位見證人象徵著舊約和新約《聖經》。在法國大革命時代，理性成為新的上帝，而《聖經》被藐視與踐踏。然而，隔沒幾年，到了十九世紀，《聖經》在全球再次被高舉，《聖經》及傳福音的社團在世界各地如雨後春筍般出現，而當年反基督教最有力、預言這個信仰即將終結的伏爾泰，他的故居後來卻成了《聖經》資源的寶庫。

十八世紀末的西方世界，發生了兩場關鍵性的大革命：法國大革命以及美國獨立運動。但法國人民沒能如願建立一個自由的共和國；拿破崙終究也只是位懷抱稱帝野心的獨裁者。另一場革命，也就是美國獨立運動，卻造就了一個自由民主的國家，保障宗教自由直到如今。

儘管造成這種差異的原因可能不只一種，其中有一點卻值得基督徒注意：對《聖經》的態度。十七世紀時，有些清教徒因英國沒有真正的自由而逃離英國，另外也用心研讀《聖經》。結果他們發現，以色列要求為他們自己立一個王這件事，令上帝對他們很失望（撒母耳記上8章）。

於是，他們開始覺得，只要他們還想回到一個理想的社會，在那裡可以用自己認為合宜的方式服事上帝，沒有一個中間人來干涉牽涉個人道德良心的事，他們和英王之間的衝突就不會永遠沒完沒了。

於是，他們決定仔細查考〈申命記〉17章；此章中上帝預言以色列人會要求設立一個王，於是設下了保護條款，避免日後的禍患：王不可是外邦人，且必須要自己抄寫一本律法書，並好好遵守。這些規定在十七世紀的改革者，如約翰·洛克（John Locke）等人看來，其實就是共和國的概念。

到了十八世紀，清教徒的這些觀念融入了美國憲法：成立一個像羔羊（耶穌）的國家（啟示錄13：11）。美國和法國這兩個國家的革命結果天差地遠；而對你來說，是否照著《聖經》的辦法來處理最困擾你的問題，結果也是天差地遠。

上帝子民的遺產

「耶路撒冷啊，耶路撒冷啊，你常殺害先知，又用石頭打死那奉差遣到你這裡來的人。我多次願意聚集你的兒女，好像母雞把小雞聚集在翅膀底下，只是你們不願意。看哪，你們的家成為荒場留給你們！」馬太福音23：37-38

偉大壯觀的廢墟，往往是古人創造的文明中唯一殘留的紀念品。不論是絕美的馬丘比丘，還是壯觀但已漸傾頹的古羅馬廣場，古時的建築師留下了他們驚人的手筆，讓我們這些住在不能撐太久的木造房子中的後人，得以見識這些文明往日的光輝。儘管大部分人除了在大學時必讀的文學經典外，不會特別找時間把荷馬的《伊利亞德》或是柏拉圖的《理想國》好好讀過一遍，但很多人一看照片就認得出衛城、古夫金字塔，或是羅馬競技場。

不過，就某方面而言，這些精雕細琢的古代文明遺跡，其影響力不如某項非物質文化遺產深遠；這文化遺產也是一個主要的古代文明留下的，比起它，那些隨著歲月崩解的廢墟幾乎只能算是逝去文明所留下的墓碑。

和其他文明相比，古代的希伯來文明沒留下什麼實體建築來表彰它；最值得驕傲的耶路撒冷聖殿曾兩次被毀，如今僅剩一座哭牆。

著名的景點當然有，像是「列祖之洞」（Cave of the Patriarchs）或是「雅各井」（Jacob's Well），但亞伯拉罕族人所留下的壯觀建築早已不復存在。

儘管如此，沒有人能否認希伯來文明對全世界造成的深遠影響。當其他文明逐漸被歷史淡忘，亞伯拉罕的後裔所帶來的影響，直到今日全世界卻都還能清楚感覺到。不僅人類歷史中知名度最高的人——拿撒勒的耶穌——出身自希伯來文化，就連始終是史上最暢銷書籍的《聖經》也是。

在耶穌即將被逮捕並釘十字架前，祂曾為耶路撒冷城哭泣。祂曾三番兩次派遣先知去警告那裡的人民，祂為他們感到哀慟：他們聽不進上帝透過先知向他們發出的警告，還自恃於聖殿的榮耀，認為有了這殿，自己便可永保平安（耶利米書7：4）。如今，聖殿沒了，但上帝永活的道透過希伯來人傳下來，且依然常存，成了他們贈與這世界最珍貴的禮物。

你打算在世上這短暫的旅程裡為自己留下什麼供人紀念？上帝渴望能夠透過祂的話語，將你的生命雕琢成耶穌般的樣式，試想：人留下的紀念物，還有什麼可以比這更好的？

免費贈送

智慧在街市上呼喊，在寬闊處發聲，在熱鬧街頭喊叫，在城門口，在城中發出言語，說：「你們愚昧人喜愛愚昧，褻慢人喜歡褻慢，愚頑人恨惡知識，要到幾時呢？」
箴言1：20–22

有時你會納悶人們浪費多少時間和精力去尋找某問題的答案，後來卻發現這個問題早就被解決了。我喜歡YouTube的一個原因就是，它等於提供了完整的居家修繕課程——而且還免費；假如我想拆解我的暖爐，通常會有某個和我有同型號暖爐的人已經拆解過，並把過程錄下來給我看；如果我想找出車子出了什麼毛病，通常也一定有個和我有相同車款的人碰過同樣的問題。

我再也不需要跑到圖書館，心急如焚的找一本書來解決我的問題；這樣花時間和精力的日子早就過去了，今天，網際網路瞬間就可以為我和提供協助的人搭上線。

〈箴言〉一開頭就呼籲讀者：不要忘記！我們所經歷的每件事情，沒有一件是前所未有的；世上某個地方，總有某個人曾經歷過相同的事情，並能提供他寶貴的心得。今天的存心節用了一個令人心痛的景像比喻：古老的智慧供人免費索取，卻沒人對它有興趣。「智慧」在此被比喻成一個女人，站立在城中的廣場上，請求來來往往的人：讓我來幫助你們吧！你們是如此需要我！但這些人卻把她的懇求當作是耳邊風。

《聖經》令人驚嘆；它開誠布公的針對人類生活的所有面向提供指引，從兩性和理財的忠告，到灰心與喪志的解方全都有。它集結了不同時代之人的人生經驗，這些人都曾經親身經歷過上帝，且都因為和祂立約，建立起關係，而得到無比的希望和勇氣。

可惜，在大部分人的家中，《聖經》都是被供在書架上，從未被翻閱過，而住在屋簷下的人卻每天和大大小小的問題奮戰，幾乎快要棄械投降。智慧的來源——比全世界最偉大哲學家的總數更有智慧，來自上帝祂自己——明明唾手可得，等著為我們這些罪人指點迷津，然而它的字句卻幾乎終年不見天日。箴言2：4–5如此形容《聖經》裡的智慧：「尋找它，如尋找銀子，搜求它，如搜求隱藏的珍寶，你就明白敬畏耶和華，得以認識上帝。」

秒懂？

耶和華──萬軍之上帝啊，我得著祢的言語就當食物吃了；祢的言語是我心中的歡喜快樂，因我是稱為祢名下的人。耶利米書15：16

在我小時候，當時流行一種《聖經》新譯版。出版商聲稱，這個版本讀起來「輕鬆的像在讀小說」。確實如此。有那麼幾年的時間，大家的讀經進度突飛猛進，因為輕鬆好讀。不過，後來因著同樣的原因，大家突然不再青睞這個版本，因此它的銷售直直落。這股熱潮會退去，理由跟它當初會興起是一樣的：讀起來太輕鬆了！

《聖經》裡有幾個章節是用「吃」來形容吸收主的話語；例如〈以西結書〉第3章、〈啟示錄〉第10章，以及今天的〈耶利米書〉第15章。我們吃進去的東西會成為身體的一部分；消化系統會從食物吸取重要養分，用來修復並建造你的身體。然而，在這速食世代，我們的食物經過了重重加工，熱量往往很高，營養卻少的可憐。我們吃進越多這樣的食物，身體就越不健康。

《聖經》裡的信息需要細嚼慢嚥，才能充分被消化吸收。比起一次唸許多章節，有讀沒懂，還不如每次只讀個幾行，細細體會內容，絕對是更好的選擇。

亨利‧梭羅（Henry David Thoreau）看到當代的人們讀起書來總是漫不經心，且不懂得欣賞較有深度的書，不禁感到失望難過。儘管他指的是文學經典，而非《聖經》，但他的話仍值得我們思考：「我們必須致力挖掘每字每句的意義，就我們個人的智慧、膽識、器量所及，盡量不要受限於一般對這些字句的理解，嘗試建構出更宏大、更深層的概念。唯有如此，我們才能貼近古代那些偉大作家的心靈，因為，那些當代出版社推出的譯本儘管充斥整個市場，但靠它們是無法得到這樣的體驗的。」（亨利‧梭羅著，《湖濱散記》，原文第82頁）

他這段話主要表達的是，仔細用心的讀一篇東西，一定會有收穫。的確，《聖經》無法秒懂，它也不該是那樣。畢竟，這本書是將上帝的心意用人的語言來描繪，光是為了這點，就值得我們以渴慕的心，一字一句細細體會它。儘管我們已經習慣了只有兩分鐘的網路短片，我們還是要耐著性子，花時間好好咀嚼上帝盼望我們能夠體會的神聖真理。

直到永遠

我實實在在地告訴你們，那聽我話又信差我來者的，就有永生，不至於定罪，是已經出死入生了。約翰福音5：24

關於人生，一個令人遺憾的事實是，除非你有名的不得了，否則一旦你離開這個世上，一兩個世代過去，將再也沒人記得你是誰、做了什麼。也許你是個立法者，曾成功推動一些先進的法案，但除非這些法案後來引發災禍，一個世代以後，就沒有人會記得你在這件事上的貢獻；你可能蓋過摩天大樓，並以你的名字為它命名，但幾世代後，大多數人即使聽到這個名字也不會想起你，就像是我們聽到那些古代法老的名字時，也不會有特別的感覺，儘管他們曾蓋起巨大的金字塔，作為自己的陵墓。

人儘管可以在上帝賜給他的寶貴一生中，拼命的累積財富，追求世俗的名聲，但最後還是難免一死；畢竟，這就是所有罪人的命運。即使是惡名，也有日落條款，在那之後沒人會記得你；即使記得，你對他們也不再重要。我知道這聽起來很殘酷，但事實就是如此。畢竟，你對你的高祖父母能有多少感情？你可能根本就沒見過他們，到你這一代時，只聽過關於他們少數幾個流傳下來的故事，然後就是一、兩張嚴重泛黃的相片，勉強保存至今。

我要強調的是，成就不是件壞事，《聖經》也告訴我們，在等待耶穌再來的同時，仍要殷勤做工（路加福音19：13）。既然得（也應該要）工作，就盡力去做出一番成績來。但也不要忘了！人類的成就都是短暫的，如果我們把存在的意義都用「成就」來定義，到頭來，你的人生終歸是沒有意義的。

然而，你有機會將你的時光花費在比你自己更大的事上；這件事就是超越你一生且能持續到永恆的上帝國度。我們在《聖經》當中可以讀到，有些人因為認識了永活的上帝，得以過著超凡入聖的生活。儘管他們早已離開人世，幾千個世代後的今天，大家不但記得他們，還深深受到他們的影響。

他們現在雖然已經息了世間的勞苦，等待耶穌的復臨，但當年他們的所作所為，至今仍不斷改變著世人的生命；他們透過聖靈感動寫下的話語，啟發了我們的生命之道。他們幫助我們放下無謂的追求，將短暫的人生投資在永恆的事物，也就是上帝的國度。

未來的存在感

上帝的應許,不論有多少,在基督都是是的,所以藉著祂也都是實在的,叫上帝因我們得榮耀。哥林多後書1:20

2016年的春天,密西根州的油價瞬間降到新低點,每加侖只要47分(相當於每公升約台幣3.8元)——只比一公升12分(相當於台幣3.7元)多一點點!全國報紙頭條都在問:「油價還會再降嗎?」美國其他州雖然沒有那麼低,油價仍是空前的便宜。打從1990年代起,就沒有這麼痛快加油過,當時油價漲超過一美元關卡,我還記得曾為此發過牢騷。

每次油價一掉,就會有些有趣的事發生。有些人覺得手頭突然寬裕起來,就會開始買更大的車;而在油價漲了一倍(甚至三倍)的今日,高耗油車款就會滯銷,因為大家會覺得買不起,而去選擇便宜的小車。但油價一降,大貨車和休旅車好像又變得可以買了!

由此可以看出我們有多短視,畢竟(這很明顯吧!)價格跌了之後,遲早還會再反彈,油價早晚都會回升。

未來的事總是比較沒有存在感,好像還久得很,但它其實沒有我們想像得那麼遙遠。記得上回你跟鄰居說好,幾個月後要幫他顧小孩嗎?約定的日期還有半年時,我們很容易就一口答應,可是到了約定日期的前一天時,你往往就會後悔答應他,因為現在你感覺起來就很真實了,壓力也突然增加很多。

我們對《聖經》裡的預言也是持同樣態度。儘管〈但以理書〉和〈啟示錄〉裡的預言迄今已一一實現,有些人讀到預言這個世界會失去宗教自由的經文時(例如〈啟示錄〉13章),還是會聳聳肩:「我不覺得那樣的事在我有生之年會發生!你看現在那麼多宗教團體,我們的信仰這麼多元,怎麼可能有人能強迫所有人只接受一種信仰?」

有些人對於基督復臨也抱持同樣看法:「我這輩子都不會見到的。」的確,這件事看起來如此遙遠,感覺只是個假設。不過,記得蘇聯在1989年突然垮台嗎?我們大部分人都大感意外,沒人預期它會發生。對於上帝的應許,你一定也會大吃一驚地叫:「怎麼那麼快就實現了!」

大空隙時期

祢的寶座從太初立定；祢從互古就有。詩篇93：2

弗列德的新屋真的充分說明了「便宜沒好貨」這句話。他本來很喜歡這棟房子，然而隨著冬雨的來臨，他突然明白這棟房子為什麼會賣得那麼便宜：它漏水漏得實在太誇張了！他試圖整修，但沒有用。最後不得已，儘管損失慘重，他也只好再把房子賣掉。這件事造成他人生中一個黑暗期，幸好他克服了，繼續往前進。

《聖經》是宇宙歷史中俗稱的「教會時期」（又稱「大空隙」，The Great Parenthesis）。比起上帝的永恆，比起那昔在、今在、永在的上帝，《聖經》裡發生的事件僅涵蓋幾千年，簡直就是一眨眼的時間。將《聖經》中描述的人類歷史和上帝存在的時間相比，整個人類歷史霎時顯得相當短暫，像是上帝在執行祂偉大計畫的過程裡的一點小插曲。

要是我們不曾犯罪，人類的歷史就會是這宏大、綿長、連續的宇宙史中的一個小小段落，但因為我們的背叛，歷史被打斷了，我們的地球脫離了上帝原來的計畫；因為我們的心已經不再向著祂，如保羅所說：「原來體貼肉體的就是與上帝為仇。」（羅馬書8：7）

上帝本來可以秉持公義，把我們從宇宙除掉，但祂沒有。相反的，祂決定暫時擱置原本的計畫，先來處理我們造成的混亂局面。

這「暫停期間」所發生的事，就記載於《聖經》的〈創世記〉到〈啟示錄〉的扉頁之間，成了宇宙的大空隙。

然而，這段時期卻是何等重要！我們犯罪後，聖子為了要拯救我們，自願成為我們中間的一員，後來更永遠以血肉之軀，在天上的寶座前擔任人類的代表。此外，令人難以置信的是，上帝還要這個世界成為祂王國的總指揮部！「看哪，上帝的帳幕在人間！」，約翰聽到天上寶座傳來這樣的聲音，「祂要與人同住……做他們的上帝。」（啟示錄21：3）

我們本以為上帝會剷平這世界，結果祂卻沒有；祂把它留下來了。儘管人類的故事是宇宙史上一個黑暗時期，上帝卻用它彰顯了祂的榮耀。

於是，這個故事將永遠流傳下去。

禱告權利金

弟兄們，我們既因耶穌的血得以坦然進入至聖所，是藉著祂給我們開了一條又新又活的路，從幔子經過，這幔子就是祂的身體。又有一位大祭司治理上帝的家，並我們心中天良的虧欠已經灑去，身體用清水洗淨了，就當存著誠心和充足的信心來到上帝面前。希伯來書10：19-22

最近某次選舉季中，大家針對政府官員所謂的「政治酬金」行為（pay to play）有很多討論。政治酬金指的是候選人牽線，讓他的捐款人能和政府要員晤談或參與政府重大工程，以此獲得大筆競選經費。這種作法當然非常不道德（往往也違法），不過，從這些驚人的政治獻金來看，卻也顯明了人為了要進入權力中樞，往往不惜代價。

〈使徒行傳〉記載，有一個本來是行邪術的人，名叫西門，他在受洗後不久，看到其他人在使徒幫他們禱告過後，便能領受到聖靈。因此，習慣以表演魔法來換取金錢的他，提出了以金錢作為交換（金額應該不少），請求使徒們告訴他是怎麼做到的。他說：「把這權柄也給我，叫我手按著誰，誰就可以受聖靈。」（使徒行傳8：19）

看來，拿錢買通人的手段還真是不分古今中外皆有之。

彼得當然把他罵了一頓，並向他曉以大義：上帝的恩賜是不能用錢交換的。上帝國度運行的方式，對於墮落的人類來說

是陌生的；你錢再多也買不到接近上帝的權利，更無法讓自己來到祂的寶座前；因為我們的罪孽深重，這價碼不是我們自己付得起的。

幸好，我們仍有一條路，可以去到上帝身邊。〈希伯來書〉的作者說，透過耶穌的寶血，「祂給我們開了一條又新又活的路」，讓我們能進到至聖所，直接站在上帝的面前。

我們能穿越幔子，是經由耶穌基督的「身體」；祂不僅是神，也是百分之百的血肉之軀，卻又完全無罪。因為祂，我們毋須悄悄進去至聖所，然後縮頭縮尾的待在角落，而是以「充足的信心」、「坦然」的態度接近寶座。

在這世上，人會以金錢換取好處，但在上帝的國度，耶穌把所有的好處都留給你；為了讓你得到接近全宇宙最有權勢者的絕佳機會，祂不惜付出天價。

耶穌不是花錢為自己謀得好處，而是祂自己付出高額代價，讓你的禱告可以進到上帝的耳中。

誰會不想利用這樣的機會呢？

奉主耶穌之名

你們奉我的名無論求什麼，我必成就，叫父因兒子得榮耀。你們若奉我名求什麼，我必成就。約翰福音14：13-14

基督教的禱告有別於其他宗教的地方之一，是我們在禱告結束時會提到耶穌的名字。因此，每當政府人員要求主持典禮的牧師在公開禱告時，「訴求對象不要僅限於特定信仰人士」，他們通常是請他不要提耶穌的名字，這樣代禱的對象就不會只針對基督徒。

不過，對基督徒來說，耶穌的名字非提不可，因為耶穌自己告訴我們要這樣做。但所謂「奉主耶穌的名求」，其真正涵義遠超過只是口頭上提到祂的名。

一則從亞歷山大時代就流傳下來的故事如此說：有天晚上，當軍營中大部分人都已進入夢鄉時，有一個人發現守夜的士兵竟然在站崗時睡著了。輪值時打瞌睡等於置其他同袍的性命於險地，是很嚴重的罪刑。

於是，士兵被抓到亞歷山大大帝的面前跪下。士兵心裡清楚，他的疏忽會要了他的命。「年輕人，你叫什麼名字？」這位偉大的征服者問道。

這時，待罪的士兵眼中突然閃現了一絲希望：「報告長官：我的名字跟您一樣，都是亞歷山大。」

將軍沒說話。過了一會兒，他清了清喉嚨，臉色也緩和了下來：「好，那麼，我建議你要不就改名，要不就改掉你的行為——二選一！」

《聖經》中「名字」幾乎是「品格」的同義字。要使用耶穌的名字，不只是把祂的名字說出來那麼簡單；你既然用了祂的名字，也得擁有像祂的品格才行。

「奉主耶穌的名求」不僅是吐出那幾個字，而是代表你願意這一生都以祂的生命為榜樣；「奉耶穌的名求」也代表你願意在求祂為你做什麼之前，先考慮祂希望你怎麼做。「奉耶穌的名求」，代表我們與上帝產生緊密的聯合，以至於禱告結束時，你的品格被這樣的歷程打磨拋光，變得更加聖潔。這樣的禱告是心靈的相會，心意的交融，以及兩顆心的合而為一。

耶穌承諾，如果我們的禱告是像這樣，一定會得到祂的應允。

照祂的旨意

我們若照祂的旨意求什麼，祂就聽我們，這是我們向祂所存坦然無懼的心。約翰一書 5：14

「所以，你們禱告要這樣說：『我們在天上的父：願人都尊祢的名為聖。願祢的國降臨；願祢的旨意行在地上，如同行在天上。』」（馬太福音6：9–10）

禱告最重要的原則是，先求上帝的旨意，而非為實現我們自己的願望，相信祂知道哪裡是正確的方向。上帝與人之間的關係原本應該是由上帝照顧我們的需要，而我們則會彰顯祂的榮耀。然而，因為我們不信任祂，這樣的關係亂了套。因此，我們現在得重新學習信心的功課，練習在開口提出自己的希望和需要之前——縱然他們總是被自私和短見所污染，先求祂的旨意得到成全，藉此讓自己回歸信任上帝的本分。

這樣做不但是表示謙卑，也是有遠見的作法；我們是在練習信任上帝，相信祂比我們更瞭解自己，祂所安排的對我們最好。儘管我們仍在等待這世界恢復成上帝的國度，等待著那代表房角石的耶穌基督最後來到，取代世間的政權，因為我們渴望成為其中的一員；然而，在等待的同時，我們已經在學習如何在那裡生活。

即使最後等到我們回到天上，進入了榮耀，仍要持守對上帝的信心。路錫甫在被驅逐之前，曾想成為三位一體上帝的一分子而被阻止；其實他本當專心仰賴上帝，相信祂知道自己在做什麼。我們也是一樣；我們回到天家後，並不會馬上變得無所不知，像上帝知道每件事一樣。我們仍需要憑信心倚靠祂生活。

想到這點，我們就可以理解，為何在回到天國前，我們就已經要為上帝的旨意禱告，祈求它都能實現。一旦我們明白上帝的旨意是第一優先，這時就要再回頭檢視自己的需要和願望，看看它們是否和上帝對整個宇宙的心意一致。這樣的禱告，上帝一定會垂聽。

超光速禱告

我正禱告的時候，先前在異象中所見的那位加百列，奉命迅速飛來，約在獻晚祭的時候，按手在我身上。他指教我說：「但以理啊，現在我出來要使你有智慧，有聰明。你初懇求的時候，就發出命令，我來告訴你，因你大蒙眷愛；所以你要思想明白這以下的事和異象。但以理書9：21-23

對於宇宙到底多麼廣闊無邊，我們目前只有初步概念。在人類有能力觀察到宇宙深處前，我們的先祖卻早已能夠看到比我們更近也較熟悉的宇宙範圍。現在，我們已經知道，就我們可以觀察得到的範圍而言，宇宙約有930億光年那麼寬（一光年約5兆9億英哩，約合9兆4億公里）；現代人的視野已經完全不同，不過，就觀察所及，宇宙實在不算是人類的安樂窩。

我們會好奇：其他星系會不會也有生命存在？如果有，我們有可能跟他們聯絡上嗎？然而，離我們最近的星系也有約25兆英哩遠（約合40兆公里），任何人的壽命都沒有長到可以撐到目的地。即使我們決定送一些人上太空船，期望他們的後代子孫可以抵達目的地，其結果一樣不可行；因為，在旅程結束前，太空中強烈輻射很可能早已摧毀他們的生育能力，無法留下子孫。

於是，科學家和理論家希望能發展出所謂的「曲速引擎」（warp drives），使太空船飛得比光速更快。另一種可能是利用「蟲洞」；所謂蟲洞，姑且可以解釋成宇宙中兩點之間的捷徑；此捷徑的存在使得本來連續的時空產生了扭曲，於是，兩個相隔遙遠的點突然被拉在一起。這就有點像是一張紙上，兩端各有一個點，你把它折一半，就會讓它們貼在一起。這些物理理論對我們的信仰應能有所啟發。耶穌是以肉體的形式回到天上，儘管我們不知道知道天上是在哪裡，但可以確定的是，它和我們之間的距離一定是超乎想像的遠。然而，我們一開始禱告，卻馬上就傳入上帝的耳中。

〈但以理書〉第9章開頭，描述的是這位先知正在禱告，尋求上帝的心意。如果你把他的禱詞唸一遍，大概只需幾分鐘的時間。我們來想像一下：加百列出現時，但以理剛開始禱告，他說他是上帝叫他來的，而他在但以理禱告尚未結束時，就已抵達。既然天使可以在短短幾分鐘內跨越浩瀚的宇宙，你的禱告顯然也是。當科學家們還在夢想著跨越無垠的太空，上帝的子民已經知道其中訣竅：飛越宇宙的捷徑，在你雙膝跪下的那一刻便啟動。

決意禱告

但以理知道這禁令蓋了玉璽，就到自己家裡（他樓上的窗戶開向耶路撒冷），一日三次，雙膝跪在他上帝面前，禱告感謝，與素常一樣。但以理書6：10

我們可以捫心自問：「有多少人事物，會讓我們願意為它犧牲生命？」有些人會為了拯救家人甚至朋友，甘冒生命危險；很多人願意為了國家或君主而置身險地，因為他們把國家這個大我看得比自己的生命更寶貴；不過，有幾個人會願意為了禱告而犧牲自己的生命呢？但以理就是這樣一個例子。

但以理是《聖經》中少數幾個似乎找不出缺點的人物；亞伯拉罕曾為了自保，謊稱撒拉是自己的妹妹；挪亞會喝醉酒；摩西在埃及的時候殺過人，有時也會控制不住自己的脾氣；大衛犯下姦淫，還設計殺害情婦的丈夫。但在《聖經》中關於但以理的事蹟中，看不出他犯過什麼明顯的錯。〈但以理書〉一開始的時候，就說他的智慧比起全巴比倫最聰明的人還要「勝過十倍」（但以理書1：20）；今天存心節的背景是「那時總長和總督尋找但以理誤國的把柄，為要參他，只是找不著他的錯誤過失，因他忠心辦事，毫無錯誤過失。」

（但以理書6：4）

但以理當然也像我們一樣，是墮落的人類。他會有基督般純全的品格，是因為他和上帝之間有很深的連結，完全順服於祂。換言之，他堅不妥協的人格和鋼鐵般的意志，是來自於上帝的力量。

他能夠如此，其祕訣顯然部分來自他對禱告的堅持。但以理認為，禱告對於屬靈的健康實在太過重要，即使冒著被殺的危險，他都要禱告。於是，在命令頒佈後，他照常像前一天一樣，打開窗戶，每天禱告三次，與那位永活的上帝交通。

現代的基督徒，有幾個會像但以理一樣，如此珍視禱告的時光？我們如果能把和上帝獨處的時間，看得比自己的性命還重要，我們的屬靈體驗不知會比現在更豐富多少？〈詩篇〉的作者是這樣說的，「上帝啊，我的心切慕祢，如鹿切慕溪水。」（詩篇42：1）

世上還有什麼事物，能夠比每天與上帝共度的時光更加可貴？

為誰禱告？

只是我告訴你們，要愛你們的仇敵，為那逼迫你們的禱告。這樣就可以做你們天父的兒子；因為祂叫日頭照好人，也照歹人；降雨給義人，也給不義的人。馬太福音5：44-45

我為自己的太太和孩子禱告，是再自然不過之事了，畢竟，她們在我眼中，是全世界最重要的人。要我為朋友和同事禱告也不難，我跟他們在一起很開心。不過，耶穌要我們行的路並不好走；祂對我們的要求高於那些信奉「成功神學」的人所相信的。

耶穌要我們放下自己，背起十字架；要我們把別人看得比自己更重要；最後，祂還要我們不只是為家人、朋友，以及陌生人禱告，也要「為那逼迫你們的禱告」。

這很困難！若你不喜歡某個人，怎麼還能為他禱告？又怎樣能為某個你一想起他，心頭就湧現負面情緒的人禱告？或是為某個故意折磨你的人禱告？上帝為什麼要我們這樣做？

耶穌接著就告訴我們原因了：「好讓你們成為你們天父的兒女。」。禱告不僅僅是把你的想法說給上帝聽，也是上帝改變你的一個主要途徑。你是否曾注意到，和某個人相處的時間越久，你的個性就會變得越像他；一個人搬到外地後沒多久，說話就多少會帶有當地的口音。可見，光是和上帝相處這件事，就足以改變一個人。

禱告，是進入上帝的同在，是坦然無懼地走到施恩的寶座前（希伯來書4：16）。而當我們身心都在祂跟前，祂就會漸漸將你塑造成基督的樣式，於是你會注意到，基督為世人犧牲生命不是在我們悔改歸正以後，而是在「我們還做罪人的時候」（羅馬書5：8）。被釘在十字架上時，祂為逼迫祂的人這樣禱告：「父啊，赦免他們；因為他們所做的，他們不曉得。」（路加福音23：34）

當你為那些欺壓你的人禱告，就是學習以耶穌的心為心，以祂的眼光看這個世界；而在天國裡，我們每個人一定都得要擁有耶穌這種能力。

你具備會員資格！

以利亞與我們是一樣性情的人，他懇切禱告，求不要下雨，雨就三年零六個月不下在地上。他又禱告，天就降下雨來，地也生出土產。雅各書5：17-18

那時，我和朋友正穿越機場。突然，他手伸進皮夾，掏出了一張卡片。「來，這張卡片可以讓我們進去那裡面！」他往後方一指，指向一間看起來很高級的機場貴賓室。這貴賓室和我們所搭乘的航空公司沒有任何合作關係，然而憑著那張卡，他們真的讓我們進去了。它的設備實在好的沒話說：椅子很舒服，餐點棒極了，不但可以上網，還供應全世界各地的報紙。

「你是怎麼得到這張卡的？」我邊問邊端著點好的豐富美食，然後舒適地往後一坐，「是花錢買的嗎？」

「不是！是辦信用卡時他們送我的。」他說，然後把那張信用卡拿給我看。我看後愣住了！我有一模一樣的卡啊！「你只要跟他們說，你想要進入這間貴賓室，他們就會寄通行證給你。」朋友繼續說。

我之前都不知道這些訊息。多年來，我一直在全世界各地跑來跑去，但從來都不知道我原來可以使用他們全球各地的高級貴賓室，享受這個特權。

禱告同樣也給予了我們特權。我們看到《聖經》裡那些信心的巨人，往往會想，要是我們也能像他們那樣，那麼容易找到上帝就好了！要是上帝能像垂聽他們的禱告那樣聆聽我們的禱告就好了！

雅各在今天的存心節所要強調的，絕對值得我們認真思想：以利亞的那張「通行證」，就是你皮夾裡的那張！他不是什麼超級英雄。《聖經》告訴我們，他和你我一樣，會累、會灰心，甚至曾一度希望自己死了算了！「耶和華啊，罷了！求祢取我的性命，因為我不勝於我的列祖。」他哀求道（列王紀上19：4）。

他的確沒有比他的先人更優秀；其實，他也沒有比你我優秀。雅各指出，以利亞「與我們是一樣性情的人」（雅各書5：17），但上帝仍以神蹟回應他的禱告。《聖經》所描述的，就是一群平凡人獲得天大的特權，得以來到上帝的面前。因此，他強調的是，你也有同樣的特權；以利亞求雨時上帝離他有多近，祂也離正在禱告的你有多近！

不再焦慮

*應當一無掛慮，只要凡事藉著禱告、祈求，和感謝，將你們所要的告訴上帝。上帝所賜、出人意外的平安必在基督耶穌裡保守你們的心懷意念。*腓立比書4：6-7

焦慮症已經成為西方世界最普遍的病症之一，大約每四個成年人當中就有一人會經歷到一次病態程度的焦慮。根據有些人的觀察，隨著都市化的腳步，大多數人從務農生活轉變成辦公室生活之後，焦慮好像就變普遍了。我們在面臨立即的危險時，身體「戰或逃」的機制會啟動，讓我們得以逃離凶猛動物的威脅，或即時避開其他危險。不幸的是，我們在面臨非人身安全的威脅時，這個機制一樣會啟動。這樣的威脅或害怕包括繁重的文書工作、迫在眉睫的完成期限、上台報告。因為壓力源一直都在，而我們又沒有以身體的行動回應，這樣的機制好像永遠都無法解除。

叫一個被壓得喘不過氣的人，去讀「應當一無掛慮」這樣的經文，他自然的反應會是：「對，說的好！可是我要怎麼做呢？」答案在接下來的經文裡——透過和上帝的親密交通。請注意這段經文如何安慰我們的：它要人「以感恩的心，將你的問題帶到上帝面前」。

使宇宙運轉的那位創造主，居然願意傾聽你的煩惱，關心你過的好不好；光是知道這點，就足以使你的壓力減輕不少，代表你不是孤軍奮戰。你可以想像自己爬到天父上帝的膝上，就像你小時候爬到爸媽膝上，然後告訴祂你的煩惱。

不過，請帶著感恩的心情做這件事，不要把禱告看成一個哭訴自己委屈的機會。我們應該先為上帝過去豐盛的供應而感謝，為自己目前所擁有的感謝。最後，因著對上帝的信心，我們先為未來獻上感謝，相信祂會繼續供應我們；即便有時我們主觀上覺得上帝不會再照顧我們了，仍要這樣做。

感恩的心是最好的抒壓良方，也能徹底拯救你脫離慌亂的漩渦，重新站穩腳根，面對真實的情況。從今天開始，把令你開心的事物列成清單，每天花點時間感謝上帝將這些賜予你。久而久之，你會發現「上帝所賜出人意外的平安，必在基督耶穌裡保守你們的心懷意念。」

禱告或證道？

你們禱告的時候，不可像那假冒為善的人，愛站在會堂裡和十字路口上禱告，故意叫人看見。我實在告訴你們，他們已經得了他們的賞賜。你禱告的時候，要進你的內屋，關上門，禱告你在暗中的父；你父在暗中察看，必然報答你。馬太福音6：5-6

我還是個小男孩時，我們家會固定去一間教會聚會，但那位教師看起來好像總是在生氣。也許那只是因為高血壓的關係，不過我看他臉色老是紅紅的，好像正為了某件事情大動肝火。我還記得，他每次證道結束時，都會做一個禱告——這禱告可真長！我記得曾不止一次偷瞄我小小的天美手錶（Timex），看看他禱告了多久。有一次他居然講了超過25分鐘！

他的禱告會那麼長，是因為他會利用結束禱告的機會，重複剛才講道的（多項）重點，以防聽眾沒有抓到他強調的要點。多年後，我回想這位牧師的這種作法，突然覺得他其實根本不是在禱告。畢竟，上帝已經聽到他講道的內容，毋須來個安可曲。他這樣做並不是在跟上帝交流，而是在向聽眾傳達信息。

多年來，我也聽過其他的人這樣禱告，只是方式略有不同。例如，在讀經小組熱烈討論後，或者是開完堂董會，負責散會禱告的人，從他說話的內容，可看出他顯然不是在跟上帝講話，而只是利用禱告的機會，向在場的其他人傳達某項訊息；假如你不同意他說的，好像還顯得很不虔誠。

耶穌告訴我們，禱告是我們與上帝的親密時光。要是你真的是在禱告，那跟你在一起的就只有上帝（頂多還有你的家人）。要是你希望你的禱告內容能讓上帝覺得你很有智慧，我勸你還是省省吧！人類所謂的智慧，在上帝的眼中根本不算什麼；祂知道的永遠都比我們多太多了。

祂真正渴望從你那裡得到的，無非就是我們對於所愛之人的期望——真心真意的相待。祂要的是真誠坦白，無所不談。祂對你的期望，如同你對自己孩子的期望。

小孩在公開場合大聲說出對父母的愛是一回事，看到爸媽坐在沙發上，就走過去爬到他們的腿上，只為了依偎在他們身旁，又是另一回事。能夠私下與上帝共享獨處空間，真的是很棒的經驗——你不妨試試！

醒來的第一個小時

次日早晨，天未亮的時候，耶穌起來，到曠野地方去，在那裡禱告。馬可福音1：35

我得承認，我並不是什麼「早起的人」。多年來，我一直熱切希望能夠趕上清晨的時光；為了達到這個目的，我一次又一次逼自己早起，企圖讓清晨起床成為一個令我愉快的習慣。有一陣子，我甚至強迫自己四點半離開被窩；希望藉由早起，能夠儘早進入全神貫注的狀態。每次在早場聚會碰到那些教友，他們看起來都神采奕奕，好像很開心，我也暗暗決定要這麼做。

我的努力終歸枉然。但現在我比之前起得更早了，常常是早上三點半就爬起來了。不過，那是因為失眠以及年紀漸大的關係，而不是因為我試圖讓自己在清晨達到最好的狀態。對我來說，早上八、九點之前，一切事務都太刺眼，也太吵雜。

我也曾試著在早場聚會中證道，卻發現我的舌頭好像卡住了，一直口吃，如果是在晚上就完全不會這樣。我沒辦法在早上開會，我的身體在早晨就是會鬧彆扭，導致會議的節奏不是進行的太快，就是太慢！我真的不屬於早起的類型——不過，有件事除外！

清晨的那幾個小時當中，有一位上帝，我可以與祂交談，祂一點都不介意我的慢半拍；即便有時我想不到適當的字眼來描述我最深的感覺及擔憂，聖靈仍會幫我把內心的感受翻譯成天上的語言，直接傳達到我那天父的寶座前（羅馬書8：26）。清早的時候，不論是電話或電郵我都懶得理，但神奇的是，上帝的話卻能擄獲我的注意力，轉變我。

從世俗的眼光來看，我就是沒辦法好好利用早上的時間。不過，或許這正是因為每天的頭幾個小時是屬於上帝的；在太陽從地平線升起的那段時間，我所能做的最有生產力的事，就是請示我的天父，祂希望我怎麼安排這一天。如果我清晨就能與祂相會，在接下來更清醒的時段中，我在祂國度的生產力也會大增。

本質上是無神論

愚頑人心裡說：沒有上帝。他們都是邪惡，行了可憎惡的事；沒有一個人行善。耶和華從天上垂看世人，要看有明白的沒有，有尋求上帝的沒有。詩篇14：1-2

我們常會引用〈詩篇〉第14篇，說不信上帝的人很愚頑。然而，我們最好把這段經文再讀一遍，因為，作者所謂的「不信」不只限於理性上「不同意」祂的存在。在上帝眼裡，所謂的無神論者，不光是指認為世上沒有上帝的人，還包括了那些相信有上帝，但不去尋找祂，或是過日子的方式像是世上沒有上帝一樣的人。

丹尼爾‧韋伯斯特‧懷特爾（D. W. Whittle）原是一名士兵，後來受到著名佈道家德懷特‧萊曼‧穆迪（L. Moody Dwight）的感召，成為一位宣教士及詩歌作家。1885年的時候，他曾在一篇文章中針對禱告這件事，提出深刻的觀察：「如果一個人相信世上有一位超乎萬有的上帝，有創造的能力與智慧，也相信這位上帝如果想要創造一個生物，一定是覺得他很重要、很有價值；然而，他卻不相信上帝會關心他在世上所面臨的種種考驗及試煉，那也太可悲了。」（丹尼爾‧韋伯斯特‧懷特爾著，《奇蹟般的禱告》，原文第5頁）換句話說，就某個意義來說，不禱告等於是抱持無神論，或至少是抱持「自然神論」（deism）；自然神論的信念是，宇宙會開始運轉，可能是因為一位上帝，但在那之後祂就撒手不管了。對相信自然神論的人來說，禱告是沒有意義的，因為上帝不會干涉人類的事。

然而，凡讀過《聖經》的人，是不會相信上帝不管人類的論調。祂為我們所做的事當中，最值得讚頌尊崇的，是讓耶穌基督道成肉身，也就是祂決定永遠成為血肉之軀，來到世上度過一生。

如果我們相信耶穌在這世上生活過，就一定會相信禱告是有意義的，因為，假如「上帝愛世人，甚至將祂的獨生子賜給他們，叫一切信祂的不致滅亡，反得永生」（約翰福音3：16）這句話是真實的，那麼我們就會相信「我們若照祂的旨意求什麼，祂就聽我們」（約翰一書5：14），因此，我們可以滿懷信心面對每一天。

那位給你生命，並日日供應你的上帝，肯定很關心你；你的禱告並不是到了天花板就上不去了。有時，祂會晚一點才回應，甚至不應允你的禱告，但這都是為了你好，不願你受到傷害；祂一定有聽到你的禱告，這點你大可放心。

不禱告就是生命活得像是沒有上帝——本質上其實就是無神論。

6
Jun

領浸約言第六條：
我接受十條誡命為基督徒所當守的
律法，願意立志靠著基督，遵守
這包括第四條守第七日為主的
安息日在內的律法。

師心自用

上帝啊，祢的寶座是永永遠遠的；祢的國權是正直的。祢喜愛公義，恨惡罪惡；所以上帝——就是你的上帝——用喜樂油膏你，勝過膏你的同伴。詩篇45：6-7

「那對你來說可能是真理！」一位年輕女士看了我在電視上的佈道內容後，寄來一封電郵表達她的不滿，「可是，絕不是我所認為的真理！」

「我知道我們對事情的看法一定有所不同，不過，也許我們可以試著找出我們都認同的真理。」我回應道。

「不對！」她說，「世上沒有所謂的真理，只有什麼對我來說是對的，什麼對你來說是對的。我們都得照著自己信奉的真理而活，而這真理是我們自己認定的。」

不幸的，在這廿一世紀，抱持像她這樣觀點的大有人在；現實狀況是，我們所處的這個世界再也不相信有絕對的道德標準，認為那是過時的玩意兒。「你沒有資格論斷我！」這句話意味著不只是要別人態度客氣點，也是在宣告：世上沒有絕對的是與非（對與錯），只有個人的是非觀。

我承認，比起黑暗的歐洲中古時代，這樣的想法是進步些；當時，何謂對錯是由國家設立的教會來界定，人民只能照著他們的標準走，不能表達任何反對意見；而現在每個人都可以自由選擇要怎麼生活、如何回應上帝，的確是比之前好很多。然而，這並不代表世上不存在客觀的道德標準。我們儘可以照自己喜歡的方式生活，但罪就是罪，我們無法更改它的定義。我們也許覺得單憑良心就好，然而，如果缺乏客觀權威的引導，光靠直覺很容易誤入歧途。「一個師心自用的人，即使思想已經走向極端，甚至失去理性，到了瘋狂的地步，自己仍然不會察覺。」梭羅寫道（亨利‧梭羅著，《湖濱散記》，原文第216頁）。

一個人如果單單聽從自我內心的引導，難免受到自私罪性的蒙蔽；最終，直覺將引導我們至錯誤方向。也許上帝造我們的時候，的確給了我們自由意志以及道德判斷的能力，但有智慧的人還是會以上帝的公義為參照標準，來決定他們的直覺是否正確。他們明白，耶穌之所以如〈詩篇〉作者所說「配得讚美」，是因為祂「喜愛公義，恨惡罪惡」。可見，就算我們不相信有絕對的道德標準，但上帝相信，而祂心目中完美的道德榜樣——耶穌，在各方面都提供了我們最完美的典範。

寫在我們的心版上

耶和華在雲中降臨,和摩西一同站在那裡,宣告耶和華的名。耶和華在他面前宣告說:「耶和華,耶和華,是有憐憫有恩典的上帝,不輕易發怒,並有豐盛的慈愛和誠實,為千萬人存留慈愛,赦免罪孽、過犯,和罪惡;萬不以有罪的為無罪,必追討他的罪,自父及子,直到三、四代。」出埃及記34:5-7

〈啟示錄〉中最重要的部分,對於上帝的末世信徒有一段生動的描述。根據《聖經》的描述,「羔羊無論往哪裡去,他們都跟隨祂」(啟示錄14:4);他們「額上都寫著祂的名和祂父的名」(啟示錄14:1)。那麼,究竟什麼是「祂父的名」?在出埃及記33:18-19中,摩西請求上帝顯出祂的榮耀給他看,上帝的回應是:祂願意透露祂的「名字」。於是,上帝先將摩西藏在磐石穴中,接著,祂以清晰有力的方式,向摩西這位以色列人的族長描述了自己的品格,藉此宣告祂的名。

關於上帝的品格,像這樣清晰有力的描述,我們在祂的道德律中也找得到——這些道德律正是祂治理萬民的根基。十誡讓我們認識上帝是誰,知道討祂喜悅的事情包括:珍愛生命、尊重他人、誠實、公義、愛等等。《聖經》告訴我們,上帝希望寫在我們心上的,正是這些事(希伯來書8:10)。

《聖經》預言道,末世的時候,所有人類會分為兩個壁壘分明的陣營:一個是接受獸的統治,並在額上受牠的印記(啟示錄13:16);另一個額上受的則是天父之名的印記。額頭自然是代表心,也就是我們做出道德判斷的所在。所謂上帝的名寫在我們的額頭上,是象徵上帝的品格寫在我們的心中;我們不僅承認誰是上帝,更願意接受祂的改造,將我們自私罪惡的本性轉化成祂的品格,漸漸地,我們越來越渴望追隨耶穌;不論祂往哪去,都立定主意跟著祂;無論祂做什麼,我們就跟著做什麼。

祂的愛與恩慈如此吸引我們,使我們深深渴慕祂的國度。

你也有一份

主說：「那些日子以後，我與他們所立的約乃是這樣：我要將我的律法寫在他們心上，又要放在他們的裡面。」以後就說：「我不再記念他們的罪愆和他們的過犯。」
希伯來書10：16-17

對於喜愛基督教歷史或古文物的人來說，2016年是令人興奮的一年；因目前所發現最古老的十誡版本，終於登上拍賣台了！不過，它的起價可要25萬美元（大約台幣770萬元）。

這塊刻字的石版，是在廿世紀初期、一個新的鐵路車站施工時被發現。它的歷史可追溯到西元300年，可能比君士坦丁大帝攻佔羅馬還要更早。之所以特別珍貴稀有，在於它是來自撒瑪利亞人——史上受宗教迫害最慘烈的民族之一。讀者應該還記得，在新約時代，撒瑪利亞人因為是從美索不達米亞移民而來，在猶太人的圈子中多少受到排擠；他們敬拜上帝的地方也和猶太人不同，是在基利心山而不是耶路撒冷。

撒瑪利亞版的十誡反映了他們獨特的信仰。他們把前四條誡命濃縮成了兩條，把第十條分成兩條（天主教也是這樣），又加上了一條新誡命，內容是要他們在基利心山上遵守誡命。

我承認，人很容易一方面違反誡命，另一方面又對寫著誡命的文物感興趣。這麼有歷史價值的東西，只要是《聖經》學者，大概都會想要收藏。唉，可嘆的是，我並沒有買古董的財力，只好在推特上貼文：「如果你手邊有多出來的30萬，就可擁有目前所知最古老的十誡版本。」

我當然是開玩笑的，不過卻有人認真回應我：「我自己的《聖經》裡就有了。」她說的一點也沒錯！收藏「十誡」根本就不需要花大錢，每個人都可以輕易看到它的內容。

不過，要強調的是，除了希望我們每個人手邊都能有一份十誡，上帝還希望我們不是把它保留在基利心山、聖殿山或你的書架上。祂想要的是把祂的道德準則一字不差地刻在我們的腦海中、心版上，這樣，我們的生命就能清晰反映祂的愛和品格。

基督除了讓我們知道，上帝已經赦免了我們的罪以及「不法行為」，還更進一步，將我們重新塑造成祂的形象。於是，我們不只認識祂，宣告祂的名，還能展現這名字所代表的品格，讓全世界都因為我們得以認識耶穌。

額上和手上

我今日所吩咐你的話都要記在心上，也要殷勤教訓你的兒女。無論你坐在家裡，行在路上，躺下、起來，都要談論。也要繫在手上為記號，戴在額上為經文。申命記6：6-8

當今世代有些談論基督教預言的書，認為「獸的印記」是一種可以植入手中的晶片，能夠取代信用卡，成為一種交易的媒介。有些書則推測，這印記可能是某種肉眼可見的紋身，有關當局看到它，就知道誰是效忠獸的國度。然而，這兩種解讀方式都是沒有根據的，做這種推論的人，在解讀〈啟示錄〉時犯了一個大錯，就是沒把它放入整本《聖經》的情境中來詮釋。

〈啟示錄〉描述事情的方式，主要是承襲了舊約的習慣。例如，約翰說跟從獸的人會「在額上和手上擁有牠的記號」，他會用這種方式形容他們，明顯是沿襲了上帝指示祂的子民時所使用的比喻（至少有四處）。也就是指他們要「將祂的律法繫在額頭上和手上，作為記號」。有些嚴格遵行教規的猶太人真的就照著字面意思，將不同形式的經匣（tefillin或phylactery）配帶在身上。這些經匣是皮製的小盒子，裡面裝有《聖經》章節，用皮帶纏綁在手臂或額頭上。

現代的《聖經》預言學者在解讀〈啟示錄〉時也沒有注意到，其實上帝的子民身上也有相對的印記，只不過他們的額上寫的是聖父的名字（啟示錄14：1）。上帝的「名字」自然是指祂的品格，如耶穌所說的：「祢從世上賜給我的人，我已將祢的名顯明於他們。他們本是祢的，祢將他們賜給我，他們也遵守了祢的道。」（約翰福音17：6）

我們如將這些經文融會貫通，就會看到《聖經》將兩種人明顯區隔開來：這個世界只剩下兩個陣營——你若不是擁有墮落天使的品格（也就是那些按自己的標準判斷是非的人），就是願意服從上帝的旨意；後者相信，上帝統治世界的方式是公義與恩典兼備，祂值得我們信賴。當世界歷史接近尾聲時，兩個陣營間的對立將昭然若揭；因此，身處末世的我們，今天就得做出選擇：我們的內心（以額頭為比喻）是否相信上帝是可以信賴的？我們的行為（以手為比喻）是否反映出我們對祂的信賴？我們這一生，不論是人前或人後，是否都反映我們真心相信上帝是主、是宇宙的掌權者？

少了一個顏色

你吩咐以色列人，叫他們世世代代在衣服邊上做繸子，又在底邊的繸子上釘一根藍細帶子。你們佩帶這繸子，好叫你們看見就記念遵行耶和華一切的命令，不隨從自己的心意、眼目行邪淫，像你們素常一樣；使你們記念遵行我一切的命令，成為聖潔，歸與你們的上帝。民數記15：38-40

整本《聖經》將上帝描述成一個心碎的戀人。〈以西結書〉16章中，上帝將祂的子民形容成一名女嬰；她被棄置在荒郊野外，被上帝發現。祂把她帶回家，將她打點得乾淨整齊，並養育她，令她成為基督的新娘。同一個故事在新約也出現過；保羅提醒哥林多的教會：「因為我已經把你們許配給一位丈夫，做為貞潔的童女獻給基督。」（哥林多後書11：2）

只是，不論在新約或舊約，那位新娘後來都背叛了她的丈夫。「只是你仗著自己的美貌，又因你的名聲就行邪淫。」（以西結書16：15）上帝在〈以西結書〉這樣告訴以色列。新約教會在君士坦丁統治時期過後的年代，也步上同樣後塵，教會普遍都偏離了信仰，以致被〈啟示錄〉形容成有如娼妓：「那女人身穿紫色和朱紅色的衣服，以金子、寶石和珍珠為妝飾；手拿金杯，杯中盛滿了可憎之物就是和她淫亂的污穢。」（啟示錄17：4）

關於〈啟示錄〉17章所描述的那女子（或教會），有個耐人尋味的地方，如果不仔細看就不會注意到。她穿的衣服有兩種顏色：紫色和深紅色。這兩種顏色在舊約時代，在織造聖所的幔子時都會用到（出埃及記25：4）。對很多人而言，她看來像是上帝的子民；她自己也希望、並強迫別人敬拜她。然而，編織帳幕的絲線所用的色彩，在這不貞女子的衣物上卻明顯的少了一種——那就是藍色。

為何這女子的衣服會缺藍色？那是因為藍色代表了上帝的律法，也就是上帝統治以及與祂子民立約的根基。因此，上帝要求以色列人穿的衣服要「在底邊的繸子上釘一根藍細帶子」，藉此提醒自己要遵守上帝的誡命。今天，有些人說上帝並不看重祂的子民是否遵守律法，然而只有和那犯錯的女人同樣立場的人才會這麼說，她和那些「守上帝誡命和耶穌真道的」信徒（啟示錄14：12），恰好成為強烈對比。

犯罪園區

你該知道，末世必有危險的日子來到。因為那時，人要專顧自己，貪愛錢財，自誇，狂傲，謗讟，違背父母，忘恩負義，心不聖潔，無親情，不解怨，好說讒言，不能自約，性情凶暴，不愛良善，賣主賣友，任意妄為，自高自大，愛宴樂，不愛上帝，有敬虔的外貌，卻背了敬虔的實意；這等人你要躲開。提摩太後書3：1-5

有一次我曾聽一位政治學者談到一個叫做「犯罪園區」的地方；想要犯法的人可以自行前往，在那裡，不管做什麼，都沒有人會阻止你。根據他的解釋，那裡之所以可以任人為所欲為，是因為去的人皆為自願前往，清楚其中可能的風險。因此，只要出了園外，他們就不能侵犯別人的身體和財產，但只要在園內，一切百無禁忌。

我猜可能有少數人的良知泯滅到一個程度，會對這樣的地方有興趣；畢竟，我們不時也會聽到新聞，知道有些罪犯是精神有狀況。不過，至少對絕大多數人來說，成立一個「謀殺樂園」這種想法實在駭人聽聞，也絕不會住在這樣一個地方。

有些基督徒卻——出於好意——提出一種觀點，說上帝的道德法則造成了我們不必要的負擔，害我們不能盡情享受生命。「我們不用遵守誡命啊！」不只一個人曾這樣對我表示，「我們是活在恩典之下的！」

這樣說的人通常是選擇性的遵守；有些誡命他們不管，有些則堅持其必要性。

也就是說他們自己要恣意而為，但卻又不允許別人為所欲為，危害到自己。依照保羅的預言，照這樣下去，這個世界將淪落為一個超大型的犯罪園區，最後每個人都照著自己所認定的道德準則行事。然而，如果我們把所有人類想要取消的道德誡命列一張清單，那大概所有誡命都會被劃掉。這樣的一個地方，你也許會為了要做某件事情，待個幾分鐘，但絕不會想要住在那兒！

上帝的律法不是要你綁手綁腳，或剝奪你的人生樂趣；恰恰相反，祂是要你活得更精彩，更有滋味。畢竟，誰不想住在一個沒有人會來偷東西、傷害人，或污衊人的地方？

而《聖經》向我們保證，等到新天新地來到，這些令人痛苦的事將成為過去（啟示錄21：4）。事實上，在耶穌復臨之前，我們已有這個榮幸，可以使與你接觸的人有如生活在「和平園區」，這和平園區就是天上的上帝國度之體現；他們說不定會發現，這就是他們想永遠定居的所在。

斷乎不可！

罪必不能作你們的主；因你們不在律法之下，乃在恩典之下。羅馬書6：14

「基督徒不必遵守安息日！」史提夫一邊跟我說，一邊將《聖經》翻到〈羅馬書〉。「因為《聖經》特別告訴我們，我們不在律法之下，而是在恩典之下。」不過，當我再問他幾個問題，就發現他其實並不是覺得「所有」的律法都不必遵守；譬如，像殺人、姦淫、妄稱主的名等等，他仍覺得是不應該的。

「有趣的是，」我告訴他，「這段並沒有特別說不用遵守安息日，保羅他指的是所有的律法。」

我們要怎麼解讀「不在律法之下」這句話？其實答案非常簡單。前陣子，我和妻子開車前往猶他州，經過一條下山的路。當時我正在趕時間，而前面的車開的很慢，我不禁失去耐心，結果衝動行事，因此惹上了麻煩——因為我後來終於逮到可以超車的機會，便趕緊加速想超過她，沒注意到路邊有州警在一旁。他示意要我把車停到路邊。

「我把你攔下來不是因為你超車，而是因為這裡的速限是每小時45英哩（約72公里），可是你卻飆到70英哩（約113公里）。」

他把我的證件先拿回警車，要我等一下。我知道自己麻煩大了，一定會被處以高額罰款。然而，他回來卻給了我一個驚喜：「看來你沒有其他的違規記錄或通緝令，那我就只給你個警告吧！」我當然很開心。我本來必須為違法行為付出代價，可是，儘管我罪有應得，員警卻法外施恩。然而，這不代表從此以後我對法律就有豁免權，不需要守法。

這正是保羅在羅馬書6：14所要表達的意思；從他緊接著的話，就可以清楚證明這點：「這卻怎麼樣呢？我們在恩典之下，不在律法之下，就可以犯罪嗎？斷乎不可！」（15節）身為基督徒的我們，對於耶穌基督為了確保我們有重新來過的機會，做出如此大的犧牲，應該有著無限的感激。因著對祂的愛與感謝，我們心甘情願活在祂所定下的道德框架內。

永不改變

耶穌基督昨日、今日、一直到永遠，是一樣的。希伯來書13：8

從小到大，我們都預期幫我們看病的醫師年紀肯定比我們大，也比我們聰明有智慧。每個人第一次碰到一位看起來比你年輕的醫生時，都會有點不太習慣。我記得我第一次碰到這種情形時，是在急診室；處理我傷口的那位醫師看起來實在太嫩，我的感覺好像是，他正忙著查閱腦中的教科書，想找出下一步該怎麼做。

當然啦，我自己年輕時，也曾有幾次告訴別人我是牧師，結果對方嚇一跳。在這些人的認知中，牧師應該是白髮蒼蒼，看起來很有智慧的樣子，不會是20幾歲的年輕人。我有時會用比較輕鬆的方式回應：「那你覺得老牧師又是從哪來的呢？」

在大部分的行業中，人的能力和判斷力都會隨著經驗增加，於是漸漸變得稱職。不過上帝卻不是這樣；不論昨日、今日、祂永遠都是一樣。所以，祂所訂定、反映祂品格的道德法則可以放心銘刻在石頭上，因為它永不改變：過去是有罪的，今天還是；今天是有罪的，明天仍然也是。

這世上的道德標準一直在變；我們小時候奉行的，長大後就過時了。令人欣慰的是，上帝的標準一直沒變。儘管這個世界的道德標準似乎是相對的，且會隨著時代而有所不同——說到底，等於是根本沒有道德準則，但我們仍可在上帝那裡找到心中渴望的不變標準。祂是不會變的；不需慢慢成長成符合我們需要或希望的樣子，也不會有一天突然變成了另一種面貌。祂，亙古不移。

因為上帝不改變，反映祂本性的種種應許，也就永遠不會改變。祂說祂能「拯救到底」（希伯來書7：25），是不會改變的；祂說祂就是愛（約翰一書4：16），這也不會改變。而耶穌說祂要再來，這個應許更不會隨著時代修正，或推出新的版本。

他們連穿衣品味都很像

聖徒的忍耐就在此，他們是守上帝誡命和耶穌真道的。啟示錄14：12

認真讀經的人大概都知道，上帝要祂的子民順服祂的旨意。不過，我們對於「順服」的認知，有可能產生偏差。例如，像今天的存心節經文，有些人讀了以後，會以為上帝是拿著一個文件夾，裡面有張「順服清單」，守在天堂門口；每個要進去的人，祂都會逐一查驗，只有合格項目夠多的人才有資格進去，未達標準者就得出局。

這種觀點有幾個不合理的地方。首先，上帝的品格就不是這樣。如果我們曾好好探討基督被釘十字架這件事的意義，就會知道上帝巴不得人人都能進入祂的國度，不可能反其道而行。祂怎麼會給了這樣一份價值難以估計的禮物——獻出自己兒子的生命，卻又處心積慮的阻撓我們進入祂的國度？這根本說不通！

再者，這種觀點把順服的動機搞錯了；上帝的子民會順服祂的旨意，不單單是出於義務。的確，有時我們儘管心裡不願意，但仍然選擇做對的事情；畢竟，愛是一種決定，不是一種情緒；對基督的真愛是基於原則而非感覺。這才是我們順服的動機，不是為了要贏取上帝清單上的「順服點數」。

關於順服的真正動機，〈啟示錄〉14章前幾節描述順服是出於我們在自己的額上有天父的名字（1節）。也就是說，我們變得只關注祂所關心的事，於是，祂的品格也成為我們的一部分；我們的一言一行很自然就反映祂的心意。順服是因為，我們對祂如此渴慕，以至於「羔羊無論往哪裡去」，我們都願意跟隨祂（4節）。

你如果細心觀察身邊那些結褵多年的老夫妻，就會發現一件有趣的事：他們經過多年的相處，連穿著打扮都變得很像。這也是為何上帝的子民會遵守祂的誡命：多年來，他們一直享受祂的同在；祂的誡命已經成了他們自己的一部分。因此，我一位牧師朋友跟我說，如果你多與上帝相親，漸漸就會發現，以前你厭惡的，現在變成喜歡，以前喜歡的，現在卻變得讓你覺得面目可憎。

你的人生是上帝的活招牌

龍向婦人發怒,去與她其餘的兒女爭戰,這兒女就是那守上帝誡命、為耶穌作見證的。那時龍就站在海邊的沙上。啟示錄12:17

撒但的武器中,最主要的似乎有兩種:欺騙與脅迫。如果他無法藉由欺騙,誘使你離開上帝身邊,就會改用脅迫的手段,讓你產生恐懼,希望你在面臨立即威脅的情況下,會因此喪膽而背棄上帝。其實,人類自從墮落後也深諳撒但的這套把戲。

從那些專制政權就可以看出這點。這樣的政權會興起,多半都是靠著一波波的強力宣傳,針對自己國族的歷史,提出一套詮釋方式,讓自己顯得像是國家未來唯一的希望;史達林和希特勒就是這樣,靠著成功的宣傳攻勢,建構出一套「國族論述」,即關於其國家民族歷史的論述,使得支持其政權像是天經地義的事。那些不同意其觀點的人,則面臨各種形式的懲罰,如被社會孤立,或遭到刑求,甚至犧牲生命。

專制政權之所以採用鐵腕手段,是出於潛藏的恐懼心態。如果是真理,從不需用強迫的手段,因為它經得起嚴格的查驗;但謊言就不同了,它很容易就站不住腳。就算沒人敢直接表達反對意見,只要有某個人拒絕屈從這樣的意識形態,默默選擇了一條不同的道路,他的生命就足以讓所有人看清這個政權的真面目。

撒但之所以要迫害遵守誡命的基督徒,不單是因為他們和他對立;撒但這麼急著想要消滅他們,是因為他們的生命會讓世人清楚看到,上帝國度的真實面貌,而顯出撒但說的都是謊言。撒但費盡心思,用盡方法,就是要讓世人以為上帝是邪惡的;有些人甚至認為人類會犯罪,上帝要負最大的責任。

不幸的是,撒但的話確實有幾分真實性:中世紀時發生的許多令人髮指的事,基督教教會都要負最大責任。然而,當時會發生這種事,也是因為我們沒有遵守上帝的誡命,展現祂的品格。儘管當年的錯誤遺毒猶存,造成難以洗刷的污名,但從另一個角度來看,這不也說明了如果我們在這末世能夠真正照上帝的心意而活,不知會有多大的影響力?遵守上帝的誡命可以讓世人看到上帝真正的面貌,所以撒但才會如此痛恨。遵守上帝的誡命,就是反過來證明撒但才是個不可信靠的騙子、殺人者。

從現在起,你可以讓自己的生命成為上帝的宣傳看板,讓世人看到祂的真貌。

迷戀青春

當孝敬父母，使你的日子在耶和華──你上帝所賜你的地上得以長久。出埃及記20：12

我們身處一個迷戀青春的文化當中。這樣的心態多少可以理解；畢竟，沒幾人喜歡年老和死亡，但一旦超過一定的歲數後，難免會想念起那段身體不會這裡痛那裡痛，也不會三天兩頭出毛病的時光。這時，人變得越來越渴慕上帝的國度，希望它快快來到。

然而，整個社會對於年輕的迷戀不僅止於體力方面，我們似乎還傾向於相信，年輕人的想法比較有參考價值。於是，我們不重視年長者的意見，視它們為過時、與社會脫節的想法；媒體報導的盡是年輕人的觀念和想法。

我承認不是只有年紀大的人才會有智慧；保羅也曾告訴提摩太：「不可叫人小看你年輕」（提摩太前書4：12），鼓勵他勇敢擔負起傳道的職責。不過，我還是注意到：這段話是保羅──這位快七十歲的老人家，在向年輕的提摩太提出忠告。

你的父母（和祖父母）對社群媒體可能沒你熟，可能也無法跟上最新的社會潮流。然而，大眾文化不等於智慧，如果年輕人輕視那些比他們早來到這世上的人，不把他們的意見當一回事，等於是錯失了一項寶貴的資產。只要仔細想想，就會發現這樣做其實很不智：你現在的階段人家早就已經走過，知道正確的方向，你卻堅持要自己盲目的摸索。這就像是你要開車橫越美國，手上明明有地圖，上面也記錄著去過某個地方的人當時的路徑，但你卻不肯拿來參考。這種心態會給整個社會帶來毀滅性的後果。一個最切身的例子是，十九世紀的哲學思想，造成了廿世紀全世界的種種暴行，使它成為人類歷史上最腥風血雨的一頁。然而，今日我們卻發現，我們的下一代對於這樣的意識型態缺乏戒心，隨便就跟著叫嚷，不知這些思想是如何泯滅人性，引發難以言喻的悲劇。

忽視長輩的人，將自食其果，重蹈覆轍。如果我們能一開始就善加利用上帝放在我們身邊的寶貴資源──長輩的智慧，該有多好！我們將可在上帝所賜予的土地上過著平安的日子，長長久久。

敬畏上帝

敬畏耶和華是知識的開端；愚妄人藐視智慧和訓誨。我兒，要聽你父親的訓誨，不可離棄你母親的法則；因為這要作你頭上的華冠，你項上的金鏈。箴言1：7-9

「根據最新的研究顯示，一父一母組成的核心家庭已經成為過去式。」紐西蘭記者莉亞·芬寧（Leah Flynn）在一篇新聞報導中寫道。此研究發現，在紐西蘭15歲的青少年當中，只有¼是跟親生父母生活在一起（「核心家庭已成歷史」，《大小事》，2016年8月29日）。令人難過的是，整個西方世界的研究者也都有同樣的發現，那就是，自從1960年代以來，傳統的家庭結構正快速消失中。

傳統家庭開始走下坡的時間點，正好是在性解放運動之後，這恐怕不只是巧合。這件事對後代的影響至鉅，家庭一旦分崩離析，孩子往往就與上帝灌輸其教導的主要管道失去了連結；因為，如果我們隨隨便便就和配偶說再見，等於是剝奪了下一代享用某項重要資源的機會，即父母親在成長過程的引導；這本來是上帝託付給父母的工作。

上帝期望父母能夠將祂的價值觀傳給下一代，因為孩子是上帝託付給我們的，我們有責任「教養孩童，使他走當行的道，就是到老他也不偏離」（箴言22：6）。

當然，婚姻會破裂，有時也是無可奈何；父母其中一方可能真的是走投無路，只能選擇與配偶分開。因此，對於盡心盡力養育子女，教導他們對上帝敬虔的單親父母，我們要時常提醒自己，不要貶低或批評他們；旁人的批評只會更增加他們本已沉重的負荷。

生活在這遭受過破壞的世界，必須認知到事情不總是完美；然而，我們應該把這些不順遂視作是偶發狀況，不要因此失去活出上帝完美計畫的動力和熱情。

另一個可能的狀況是，父母有時未必擁有合上帝心意的價值觀。如果父母個性自私，有暴力傾向，或對兒女疏於照顧，兒女要如何尊崇他們？請注意，今天的存心節經文中，智者的話語是以「敬畏耶和華」為前提，因此，父母的教導必須符合上帝的誡命，才會是「華冠」；上帝也曾告訴以色列人，如果父母叫他們從事拜偶像這類邪淫之事，就不該聽從他們。（以西結書20:18）

最理想的情況是——父母都是愛主的人。試試看，能否在你父母的身上發現他們對上帝的愛？而身為父母的我們也要加把勁，讓自己的家成為天國的預備學校。

生命的創作者

「不可殺人。」出埃及記20：13

認識十誡，就等於認識上帝的品格。每條誡命一方面是禁止人做出反社會的行為，另一方面，也是告訴我們上帝的本質。例如，上帝說「不可殺人」，就是要我們和祂一樣，把生命看得同樣寶貴。

1950年代時，美國的化學及生物學家史丹利·米勒（Stanley Miller）曾做過一個很有名的實驗。他調配出一個化學溶液，成分組成是模擬地球早期的大氣層。他把溶液放在一個封閉系統中，與外界隔絕，然後讓電流通過，以模擬當時可能已經出現的閃電。

實驗完成後，他檢查他調配出的溶液中是否出現了生命的跡象，希望能夠證實，生命有可能由無機化學分子自行形成。結果，他發現了幾種氨基酸，它們是組成生物體的重要物質；不過，他並沒有因此創造出生命。

自從人類歷史有文字記載以來，我們就一直對於周遭的世界充滿好奇，試圖瞭解它們。我們的好奇心是有回報的——物理化學方面的突破大大提升了人類的生存機率。儘管如此，我們終究無法打敗最大的敵人——死亡，因此還是未能明白生命最根本的奧秘。

我們憑著本能，就能看出什麼東西是有生命的。例如，花朵和松鼠是有生命的，而彈珠和鵝卵石不是。不過，儘管我們看到有生命的物體一定認得出來，卻很難解釋生命是什麼，又是從何而來。我們可以指出人在活著的時候，身體是怎麼運作的，但人一旦腦死，我們就再也無法讓身體恢復運作。

我們可以創造很多東西，但說到要創造生命，就使不上力了；這仍然是上帝的專利。生命只能靠著上帝存在；彼得說，耶穌是「生命的主」（使徒行傳3：15），他更進一步強調，耶穌基督不但是生命的源頭，生命要能夠繼續，也得靠祂：「祂在萬有之先；萬有也靠祂而立。」（歌羅西書1：17）

生命歸上帝所有是件好事，因為祂極為看重你的生命，願意每天都供應你，維持你的呼吸氣息。祂把你看作是祂所擁有，不允許別人帶走屬於祂的人。

我們對生命的褻瀆

亞伯拉罕、以撒、雅各的上帝，就是我們列祖的上帝，已經榮耀了祂的僕人耶穌；你們卻把祂交付彼拉多。彼拉多定意要釋放祂，你們竟在彼拉多面前棄絕了祂。你們棄絕了那聖潔公義者，反求著釋放一個兇手給你們。你們殺了那生命的主，上帝卻叫祂從死裡復活了；我們都是為這事作見證。使徒行傳3：13-15

上帝配得敬拜，是因為祂創造了萬有。因此，〈啟示錄〉中的二十四位長老如此讚美祂：「我們的主，我們的上帝，祢是配得榮耀、尊貴、權柄的；因為祢創造了萬物，並且萬物是因祢的旨意被創造而有的。」（啟示錄4：11）

今日我們對生命的褻瀆令人驚覺，人類已偏離我們的創造主多麼遙遠！在這個時代，我們甚至把死亡當作一種娛樂；每一代的影視業者，都在努力將死亡場面呈現得比之前更加寫實。儘管我們曾針對電影中的謀殺場面設下自律條款——即所謂的「海斯法案」（Hays Code），規定電影不得把謀殺表現的像英雄行為，恐怕造成觀眾對血腥場面上癮，但那早已經成為過去。

不過，要從兇殘行為看出罪最猙獰的面目，恐怕要回顧兩千年前的一場事件。如彼得所說，當時的人竟寧願把一個惡名遠播的殺人犯釋放，說他犯的罪沒什麼，卻要把自己的創造主給殺害。如果以天使的角度來看這場事件，他們其實會把觸體地的十字架看成是給撒但的最後一個痛擊；他終於永遠被「摔出去了」（啟示錄12：10-11）。在十字架上，撒但的叛變企圖以及罪的醜惡原形畢露；在十字架上，上帝自己創造的人類，將撒但對祂的恨意全都傾注在創造生命的耶穌身上，要羅馬兵丁把祂釘死；在十字架上，耶穌忍受「罪人如此的頂撞」（希伯來書12：3）。

儘管干犯十誡中的任何一條都是罪，但關於謀殺這一條，可能最突顯其醜惡的一面；謀殺是摧毀上帝依自己形象所造的人，也就是攻擊上帝的創造物毫不手軟。

但也就是在十架上，謀殺發生的地方，我們見識到上帝的愛與寬容可以到什麼地步；十字架反映出祂無比的榮耀。祂不僅使兒子從死裡復活，還允諾我們也可以這樣。於是，本該為罪付上死亡代價的我們，反而受到完全相反的待遇，得以有朝一日在耶穌裡復活。

約翰福音17：3這樣說：「認識祢——獨一的真神，並且認識祢所差來的耶穌基督，這就是永生。」

沒有退路

「不可姦淫。」出埃及記20：14

現在好像沒什麼人對結婚有興趣了！根據美國人口普查局（US Census Bureau）的統計顯示，選擇同居而非締結婚姻的人數，從1960年到2000年間，成長了十倍之多（美國人口普查局資料，2011年11月）。同居已經變得司空見慣，以至於有43%的年輕人認為，雇主應給予員工的同居伴侶和配偶一樣的福利（無婚姻家庭平權網站，unmarried.org）。

這衍生出一個耐人尋味的問題：如果連兩個當事人都不打算藉由婚姻互許終身，那雇主有必要認真看待這樣的一個關係，還為此掏腰包付錢嗎？儘管一直有人向我們鼓吹同居就等於結婚。然而數字不會說謊，從統計資料來看，結婚和同居截然不同：新婚夫妻在五年內離婚的機率是⅕，即20%，而同居男女在同樣時間內分手比率有多高？答案是將近一半，即49%；夫妻在結婚的頭10年離婚的比率約⅓，同居者則升高到62%。

《聖經》對婚姻的定義是要兩人終身相許。因為保羅把婚姻比作是基督和教會之間的關係，基督徒對於婚姻的信念是——丈夫愛妻子，就如上帝愛祂的子民（以弗所書5：31-32）。上帝不只是向祂的子民表達愛意，更與他們立下永約，這約定不僅是此生的事，更持續到永恆。

上帝定意要婚姻成為一輩子的事，或許是因為，我們得花上一生的時間，才能開始體會到，該怎麼像上帝愛我們那樣來愛對方。把同居視為婚姻是在欺騙自己；因為上帝愛一個人，是徹底的奉獻自己，包括奉獻自己的生命。如果不是藉由婚姻互許終身，就不可能享受到婚姻所帶來的祝福；一夜情，或即使是較長久的關係，都不是上帝所謂的愛；在祂的眼中，如果說到婚姻關係，是沒有所謂的後門或權宜之計的。

若非進入婚姻，我們就會錯失一個絕佳的機會，一個可以認識上帝之心的機會。

供路人參考

因我們是祂身上的肢體。為這個緣故，人要離開父母，與妻子連合，二人成為一體。這是極大的奧祕，但我是指著基督和教會說的。以弗所書5：30-32

上帝為亞伯拉罕的子孫挑定家園——迦南地，這是祂親自選的地點，必有其深意。的確，迦南是古代世界的交通樞紐；對於在歐、亞、非三洲間往來的人，這裡是必經之路，他們有機會看到聖殿，以及其中所舉行的儀式；因此以色列的子民是上帝送給這世界的禮物，「外邦人的光」（以賽亞書49：6）。行經迦南的旅客可以從聖殿豐富深邃的種種象徵物品中，親睹救贖的預示，他們可能會因產生好奇心而提出些問題。最關鍵的問題自然是：「請問那隻羔羊代表什麼？」

隨著西元70年耶路撒冷遭羅馬提多王（Titus）劫掠，地上的聖殿已化為烏有。敬拜的中心於是轉移到了天上的聖所；在那裡，我們的大祭司耶穌正履行著聖殿所預示的聖工。

到了我們的時代，沒有基督信仰的人，還是可以具體地目睹上帝對罪人的愛，那就是婚姻。保羅指出，丈夫和妻子之間的愛，深刻反映了基督和教會之間那種永恆的約定；事實上，整本《聖經》都用婚姻來比喻上帝和其子民之間的關係，上帝的子民被比喻是基督的新娘。

經由婚姻，我們自己會得到極大的福分，因為我們會從這神聖的誓約中，體會到上帝的心意；但受益的不是只有我們本身，周圍的人看到我們這樣的家庭，便是見到上帝之愛活生生的展現。這是真正的愛而不是濫情，是基於原則而非感受，能帶領我們度過人生的種種考驗。真正的愛是將別人的需要放在自己之上，以至於犧牲生命都甘願；基於真愛的婚姻能陪你度過人生的狂風暴雨，也能在平順日子裡，讓你沉浸在它溫暖的光芒。真愛的婚姻讓人原諒對方、鼓勵對方、為對方奉獻。

坦白說，這種愛世間罕見。因此，上帝才要把你像一盞燈一樣放在山丘上，好讓我們的同胞們看到，這樣的愛是真實存在的，好點燃他們的希望。我們在婚姻中學習成長，明白了上帝的心，也輕輕的將希望傳進心碎之人的心：「我以永遠的愛愛你。」（耶利米書31：3）

小偷的始祖

「不可偷盜。」出埃及記20：15

偷竊就是拿走不屬於你的東西。這種行徑來自宇宙間第一個賊：他偷走了專屬於上帝的東西，即祂子民的敬拜與讚美。儘管這個賊無法偷走上帝在天上的權柄，但自從他從恩典中墮落，被逐出天庭後，他就一直偷偷想把這些佔為己有。他因為完全被驕傲所蒙蔽（正如其他的賊一樣），竟覬覦起人類和天使對上帝兒子的敬拜。

他藉欺騙手段佔領了整個世界，接著又想把偷來的東西賣給原來的主人，企圖換取只屬於上帝的敬拜和讚美。也就是說，他竟想要用偷來的東西，跟耶穌交換一樣更珍貴的東西：「你若俯伏拜我，我就把這一切都賜給你。」（馬太福音4：9）

耶穌當然譴責了撒但，拒絕向他下拜。不過撒但不死心；這個世界尚未終結，耶穌仍未收回理應屬於祂的國度，撒但會把握最後機會，再次大張旗鼓，試圖搶奪上帝的主權。他拿出慣用的伎倆，也就是故弄玄虛，掩人耳目——例如：召喚「鬼魔的靈」，要他們「施行奇事」（啟示錄16：14），又使天上降下火來（13：13），以及強迫別人跟從他（同上，15-17節），搶走了本來只屬於上帝的東西。他是盜賊的始祖，人類的小偷都是他的徒子徒孫。

偷竊不只是對別人的一種冒犯，也是讓自己展現撒但而非上帝的形象。值得注意的是，偷竊的定義不光是拿走不屬於你的「物品」，將「自己」交給叛變的天使們供其驅策，也是一種偷竊：這樣做是自甘成為撒但同夥，偷走某個「人」——那就是依上帝形象所造，本當反映祂榮耀的「你」。

我們的生命並不為自己所有，如果將它賣給路錫甫，剝奪了世人能藉由你的生命看見上帝榮耀的機會，就是在學撒但的樣式。

另一方面，做個光明磊落的人，就是讓世界看到上帝原有的樣貌。

不懂得愛

盜賊來，無非要偷竊，殺害，毀壞；我來了，是要叫羊得生命，並且得的更豐盛。約翰福音10：10

有一天我快到家的時候，走到後門突然發現有點不對勁。很快地我發現門上的小窗戶不見了。我推門進去，看到窗戶已經掉落地面，摔個粉碎，廚房滿地都是玻璃碎片——我們家遭小偷了！人早就跑了，我小心翼翼巡察屋裡，發現少了幾樣東西。

財物上的損失還不是最糟的，東西再買就有。最糟的是竊賊背後的心態，他等於是貶低被偷之人的價值。

我們積累的財產可視作生命歷程的具體呈現；為了換取這些生活所必須用到的物資，我們自願付出生命中極大的一部分。因此，當你為了睡覺而購買一張床，它不只是一樣物品，而是等值於一週甚至更久的工作所得，是我們用時間及勞力換得的，是我們生命歷程的縮影。

偷竊的人偷走的不只是物品，也包括受害者的時間以及精力，等於是強迫對方為你工作。偷竊因此可說是一種奴役行為——反過來說，奴役也可理解成是一種偷竊行為。竊賊不只是拿走你的東西，更損害了你身而為人的價值，使你付出的時間——即你的生命貶值；耶穌說，這種殺戮及破壞的事，身為盜賊始祖的撒但也喜歡，就說明了這一點。上帝的品格則完全相反；祂尊重人的自由意志（**即便我們可能會濫用**），從不脅迫人做什麼；既然偷竊是把自己的需求和期望擺第一，就完全違反上帝國度運行的方式。

那麼，那些劫富濟貧的現代羅賓漢又怎麼說？事實上，他們的行為仍然是偷竊。一個人要怎麼用他的財富，不是照著我們的主觀認定。

依照上帝的安排，在最後的審判未來臨前，每個人都可以自行決定是否要遵守上帝的旨意，為祂而活；上帝要我們和祂一樣尊重其他人的選擇。

換句話說，一個人會偷竊是因為他不懂得愛人。

保護你的鄰舍

「不可作假見證陷害人。」出埃及記20：16

如果說，十誡中有一條每逢選戰到了就會成為主流文化的焦點，那就是——上帝禁止我們抹黑他人。每逢選舉季，我們每天都得被故意編造、似是而非的說法，以及對候選人的不實報導轟炸，以致還沒到投票日，就對這場選舉倒盡了胃口。不過，我們自己也沒好到哪裡去，每個人都曾不小心損害別人的名聲，或在茶餘飯後散佈影響他人形象的傳聞。

這種行為會造成嚴重後果。一個人不管有錢沒錢，至少會有一樣財產，那就是他的名聲。事實上，一個人的名聲比財產更能代表他；即使財務上破產了，名聲還在。事實上，即使他人已經不在世上，名聲還留在人間；人死後財產很快被分掉，但一個人的美名永遠屬於他。

再窮的人，在人格上都可能是富有的。編造或散播關於某人的不實傳聞，使他的人格遭受污衊，就是偷走了一個人最重要的財產。因此，禁止作假見證的誡命，在精神上與禁止偷盜的誡命相似。它也和禁止殺人有共通之處，因為破壞一個人的名譽，等於是摧毀他的生命品質，將他在世短暫之日所擁有的快樂也剝奪。

我記得有次曾陪一名老人坐在一起聊天。他曾遭遇抹黑，被控做出他根本沒做的事。說到自己一生潔身自愛，卻在幾天內落得聲名狼藉，他不禁落下淚來。他這樣形容，「這感覺就像枕頭被割破，然後一陣風吹來，儘管造謠者後來承認造假，但羽毛已經全都飄走了。」

如果我們以耶穌為榜樣，就知道基督徒絕不能貶低別人。為了讓犯過諸多罪孽的我們，將來有資格可以在上帝的國度做王、做祭司，祂不惜犧牲自己的名聲。因此，我們在進入榮耀之前，也應該「看別人比自己強」，好好保護我們周遭之人的名譽，因為上帝也是這樣保護我們。（腓立比書2：3-7）

守護你鄰舍發出的光亮

看哪，船隻雖然甚大，又被大風催逼，只用小小的舵，就隨著掌舵的意思轉動。這樣，舌頭在百體裡也是最小的，卻能說大話。看哪，最小的火能點著最大的樹林！舌頭就是火，在我們百體中，舌頭是個罪惡的世界，能污穢全身，也能把生命的輪子點起來，並且是從地獄裡點著的。雅各書3：4-6

對於上帝原諒我們這件事，《聖經》是以「將我們的一切罪投於深海」來形容（彌迦書7：19）。祂透過律法，在我們心中顯明祂的品格，並向我們保證：「我不再記念他們的罪愆和他們的過犯。」（希伯來書10：16-17）不但如此，更令人意想不到的是，祂還要我們站出去，成為山丘上的一盞明燈，讓世人透過我們看見上帝的形象：「你們的光也當這樣照在人前，叫他們看見你們的好行為，便將榮耀歸給你們在天上的父。」（馬太福音5：16）

上帝這樣做，真的是展現了祂不可思議的愛。因為，儘管我們對祂的信心時常不夠堅定，祂卻如此信賴我們，甚至把自己的名聲都交給我們這些背叛祂的世人；我們之中大概很少人肯冒這種險。

上帝對於人寬宏大量的程度，是我們望塵莫及的。我們可能信誓旦旦地告訴一個人我們已經原諒他了，其實依然耿耿於懷；事實上，我們往往還會再把這件事告訴別人。

我們來想想，把某人的醜事講出去，對他的基督徒生命會造成什麼影響。正如上帝將你的罪投入深海，他也是這樣對待此人；上帝要你反映祂的品格，祂也賦予他同樣的使命。然而，當我們散佈他的醜事，他就被剝奪了本應享有的赦免，無法以清白之身，無牽無掛的活出上帝賜給他的新生。而且，不管他如何努力的分享上帝的愛，讓世界看見祂真正的面貌，那些認識他且聽過關於他醜事傳聞的人，可能就會受到這些話的影響，看不清上帝欲透過他反映的榮耀；有些人聽到我們說某人的長短，或基於不完整的訊息針對某人所做的臆測，可能就會因此受到蒙蔽，對此人有成見。結果，我們不但毀了這個人的名聲，還熄滅了他所代表的這盞燈。

道人長短這件事，看似雞毛蒜皮，但雅各曾鄭重警告過我們，要讓地獄之火在這世上熊熊燃燒，只需動動舌頭。

內心的安寧

「不可貪戀人的房屋；也不可貪戀人的妻子、僕婢、牛驢，並他一切所有的。」出埃及記20：17

小孩在成長的過程中，最先浮現的人性黑暗面之一，就是人的私慾——例如：「我要這個！」這最能證明人的罪性是與生俱來，凡事都以自我為中心。如果我們不能控制它，自私會導致我們觸犯幾乎其他所有誡命；畢竟，人會偷竊、殺人、犯姦淫，都是為了要得到自己所沒有的。

私慾在上帝眼中是個嚴重的罪行，祂甚至清楚表明，貪婪的人無法繼承上帝的國度（以弗所書5：5）。原因是，上帝的本質是愛，祂國度的子民也和祂有著同樣的本性，會優先考慮別人的需要。路錫甫覬覦不屬於他的東西——上帝的寶座；正是他的貪心，導致他今天的下場。這樣的罪行會被看的如此嚴重，以致他被逐出天庭，是因為它威脅了整個上帝國度的快樂與和平，我們要是學他的樣式，上帝是不可能允許我們踏進天國一步。

我們心中會起貪念，是基於認定自己比別人優越，應該更有資格擁有這些東西；他們只不過是運氣好才擁有。我們不斷告訴自己：「這應該是我的才對！」，換句話說，這不該是那個人的。這是徹底貶低另一個生命的價值，且直接侮辱了上帝的品格；因為你等於是認為上帝不公平，沒有讓你得到你應得的。

貪婪的危險性在於，貪心的人總是想著自己，因此永遠無法得到滿足。被貪婪所困的人就算將再多財物據為己有，也無法滿足自己的慾望；因為，被自私纏累的心是個巨大的無底洞，永遠不可能填滿。然而，〈約伯記〉提醒我們，貪得無厭的人「內心沒有安寧」（約伯記20：20，《聖經》新譯本）。

上帝不要我們被貪欲折磨；祂知道我們自己再努力，也永遠不可能滿足內心真正的渴望。於是，祂向我們清楚指明貪欲的危害，禁止我們沾染它；我們一旦能擺脫私欲的綑綁，便有機會將注意力轉向耶穌基督，學習祂無私的心；在耶穌的心裡，我們比祂自己更重要，祂把我們放在第一位。

知足的祕訣

我並不是因缺乏說這話；我無論在什麼景況都可以知足，這是我已經學會了。我知道怎樣處卑賤，也知道怎樣處豐富；或飽足，或飢餓；或有餘，或缺乏，隨事隨在，我都得了祕訣。我靠著那加給我力量的，凡事都能做。腓立比書4：11-13

我們一起來回想一下：幾年前你過得如何？你現在比那時快樂嗎？當然啦，若非你過去曾遭受重大創傷，不然當我們回顧過去，總會不自覺將它美化，變得只記得當年的美好點滴。不過，我說的是當年你剛開始工作，或還沒什麼積蓄的那段日子，當時的你有比現在不快樂嗎？

我和我太太珍剛結婚時，幾乎是家徒四壁；我們只有她父母給的二手沙發，以及跟朋友借來的一張餐桌。家裡唯一全新的東西，只有我們的床墊。當年我們的收入都很微薄，過不起今天這樣的生活；我們完全沒有閒錢可以花在娛樂上，只負擔得起最基本的生活開銷。

但，我們當時有比較不開心嗎？並沒有！回顧那段日子，我覺得算是我人生中最快樂的時光之一。我們可說是一無所有，但還是快樂得很。

為什麼我們總是不明白，物質享受無法帶給我們快樂？貧窮固然不會使人快樂，不過積聚財物也不會帶來多少快樂。耶穌曾提出忠告：「你們要謹慎自守，免去一切的貪心，因為人的生命不在乎家道豐富。」（路加福音12：15）祂這樣講，是不希望我們終生為此受苦。

希臘神話中，有個人名叫西西弗斯，他因為太過妄自尊大，踰越了自己的本分，於是遭受處罰，必須完成一項不可能任務。他被判要將一塊巨石推向山頂，但是待石頭一到山頂，又會滾回來，於是又得重新來過。儘管這個故事不是出自《聖經》，但它傳神的表達出試圖滿足自己的慾望，只會落得一場空，陷入惡性循環：因無法滿足而痛苦，因痛苦而無法滿足。

可是，你傾注多年時間累積的成果並沒有什麼價值，因為它們終將化為烏有，無法持續到永恆。

我們如果能夠像保羅一樣，學到滿足的祕訣，就能立刻得到自由，得以好好的享受上帝賜給我們的生命。

沒有其他的神

上帝吩咐這一切的話說：「我是耶和華——你的上帝，曾將你從埃及地為奴之家領出來。除了我以外，你不可有別的上帝。」出埃及記20：1-3

亞伯拉罕和他周圍的人最不同的地方在於，他相信世上只有一位神。當時的確也有其他人像他一樣，是一神信仰；例如，那位神秘的祭司麥基洗德。〈創世記〉14章記載了他們兩人會面的經過，他們兩人敬拜的都是那位「至高上帝」。

不過，古時候的迦勒底人——亞伯拉罕的族裔，以及迦南人——即亞伯拉罕後來遷居地的當地居民，大多都信奉多神信仰。對這些民族來說，他們的生活和自然界的變化息息相關，而每個和生活有關的自然現象，都有位主事的神祇須要參拜：太陽有太陽神，月亮、雨水、收穫等等，也都有各自掌管的神祇。

因此，當上帝向亞伯拉罕的後代頒布十誡作為約定，要他們謹記祂領他們出埃及這件事時，這些人一看到第一條誡命時，應該立刻感到心裡一震！

我們當今所生活的世界，主要宗教中有三個都是一神信仰，聲稱自己敬拜的是亞伯拉罕的上帝。十誡第一條對我們並不陌生，也不會有什麼奇怪的地方，不過，對於當時的以色列人來說，他們剛從崇拜諸多神祇的埃及出來，十誡的第一條就會特別突顯；上帝是在提醒他們，亞伯拉罕的上帝不只是高於其他神祇，而且祂才是唯一的神，因為，只有創造天地的耶和華才真正值得我們的敬拜。

今天，十誡第一條好像沒那麼特別了，因為全世界有幾十億人口從小就在一神信仰的文化裡長大。然而，實情是，當今世界對於一神信仰的威脅卻沒有消散，反而加劇了；人類歷史上，從未有過如此多種的信念或信仰體系，試圖取代人與那位創造者的關係，使我們被誘惑、干擾，看不清什麼是最重要的。很多人說他們沒有特定信仰，卻沒有意識到，他們崇拜的對象就是自己；我們很容易以自我為中心，讓自己凌駕上帝，在生命中居於主導地位。

我們如果不遵守第一條誡命，就享受不到從認識上帝而來的喜樂，也將無從了解自己生命的意義；而每個人最渴望的，就是明白人生的意義。因此，上帝在帶領我們認識祂的其他道德準則前，先從基礎扎根，先來認識我們是誰，又屬於誰，再談其他。

至於追求其他信仰，則是浪費時間。事實上，神就只有這麼一位，再也沒有別的了。

趁著危機尚未來臨

又拜那龍——因為牠將自己的權柄給了獸,也拜獸,說:「誰能比這獸,誰能與牠交戰呢?」啟示錄13:4

整本《聖經》有明確的證據,證明有人試圖讓人和天使不要敬拜真正配得敬拜的創造主上帝,轉而向他下拜。先知以賽亞稱此人為「路錫甫」。路錫甫說:「我要與至上者同等。」(以賽亞書14:14)他在天上掀起的叛變宣告失敗後,被逐出了天庭,於是他把注意力轉移到以上帝形象所造的人類身上。一開始,他先是慫恿我們的先祖亞當夏娃不要相信上帝的話,他這樣騙他們:吃分別善惡樹的果子並不會死,不能吃是因為「上帝知道你們吃的日子眼睛就明亮了,你們便如上帝能知道善惡」(創世記3:5)。

不過撒但覺得,要實現自己野心,最好的方法還是讓人類也覬覦上帝的主權。因此,接下來整本《聖經》有很大的篇幅記載人因為把自己當上帝(**即使只是片刻的僭越**)而造成的一連串悲劇。亞當夏娃本來無憂無慮,卻因為對上帝產生猜忌,使得全體人類落入數千年被墮落天使奴役的命運;亞伯拉罕和撒拉無法相信像他們這樣的年老夫妻,還生得出小孩,於是決定助上帝一臂之力,好讓祂的安排能夠早日實現;撒拉建議亞伯拉罕應該和自己的女奴生個小孩。儘管他們只是暫時「代理」上帝的職務,但造成的後患卻延續至今。

我們天生的罪性,使我們想要自己掌控一切;如果上帝的旨意不合我們的意,我們就著急,決定照自己的想法去做。指責《聖經》某個道德敗壞的角色,例如〈啟示錄〉的那隻獸所代表的,說他妄想受到敬拜並不難,但我們或許也該自問:「為什麼他能夠打動我們,讓我們崇拜他?是不是因為他承諾讓我們過自己的生活,毋須再仰賴一個上帝?還是,他說會讓我們掌握大局?他是不是會告訴我們,有個方法可以在上帝不介入的情況下,解決那些全人類最頭痛的問題?」

想到以上種種可能性,我們現在就得學會信賴上帝,相信祂才能做王掌權;當危機迫在眉睫時,我們才能做出正確選擇。

拜偶像是投機行為

「不可為自己雕刻偶像，也不可做什麼形象彷彿上天、下地，和地底下、水中的百物。不可跪拜那些像，也不可事奉它……」出埃及記20：4-5

你可能會覺得，全世界大概沒幾個人會因為被救贖而口出怨言；但事實上，以色列人真的就做過這種事。當時，這些亞伯拉罕的後裔們剛從奴役中被解放，還在與亞拉得王的一場關鍵性戰役中取勝，但當他們要繞過以東地時，卻發現路很難走。他們就像我們一樣，遭逢不順時，就會開始抱怨。他們說，比起在這嚴酷的環境中掙扎尋找出路，還不如之前在埃及，日子還過得舒服些。

就在此時，上帝向他們揭示——其實祂一直在保護著他們。他們腳下的這塊土地，其實遍布著毒蛇（申命記8：15），但以色列人一直都沒有受到牠們的的侵害。上帝要帶他們回家，如今他們卻抱怨起上帝，於是，祂撤去了祂的保護。以色列人想要彌補所犯的錯誤，得藉由憑信心仰望杆上的銅蛇，重新學會信任上帝。

我們看待耶穌基督在十架上的工作，自然也需要懷抱同樣的信心。我們就像是曠野中的以色列人，只不過我們是往天上的應許之地前進。

我們其中大部分人都會覺得耶穌的這條道路並不好走，得學會克服自己的本性，歷經重重試煉，往往還得面臨世人的反對。當我們對基督徒生活產生怨言，其實代表著我們正面臨掙扎，考慮是否應該重新擁抱這個世界的價值觀及生活方式。

關於這銅蛇的最後結局，有些讀者看了會有點吃驚：上帝最後將杆上的銅蛇毀滅了。原因是以色列人重蹈覆轍，不再以十誡做為信仰的根基，反而把信心寄託在銅蛇上，開始把它當偶像膜拜（列王紀下18：4）。

儘管這個故事有多重涵義，可以研究好幾個小時，不過，它最令人感到不安的地方可能是，一個本用來預示十字架的象徵物，卻成了偶像；人手刻出的物品，竟被拿來當作膜拜的對象。

選擇好走的路，可能最後會走向拜偶像一途。這是因為，拜偶像這條路走來輕鬆省力：你等於是自創了一個宗教，這個宗教裡的神是你自己製造的。這樣的一個信仰，不需要和真正的神建立關係，因此可以避免掉種種可能的麻煩。為了不讓這種情形發生在我們身上，我們最好透過《聖經》檢視自己的信仰，確保自己沒有走上《聖經》禁行的捷徑，免得最後回不了天家。

寫在未乾的水泥上

因為我耶和華——你的上帝是忌邪的上帝。恨我的,我必追討他的罪,自父及子,直到三四代;愛我、守我誡命的,我必向他們發慈愛,直到千代。出埃及記20:5-6

關於人的基因DNA組成,人們常見的誤解是:它是一組一旦決定、就永不更動的遺傳密碼,根本性地決定了我們會是怎樣的人;我們的人生只能任其擺佈。於是,針對每種行為,我們都想找出它是哪種基因所導致的,常常也能如願找到相關的標誌基因。結果,很多人得到一個印象,就是我們其實無法掌握自己的行為,因為都是基因決定。

然而,近年的研究顯示,基因沒有像我們所想像的那麼根深蒂固,永不改變。內莎·嘉莉(Nessa Carey)在《自然史》(Natural History)這本雜誌裡的一篇名為〈不只是DNA:淺談表觀遺傳學〉的文章表示,與其說DNA像是一個模具,不如說它比較像一個腳本;同樣的電影腳本,交給兩個不同的導演詮釋,拍出的感覺可以截然不同。

1944到1945年間,在嚴冬以及德軍對物資的封鎖下,荷蘭遭逢了極為嚴重的飢荒。當時的情況緊急到人民為了解饑,不得不連鬱金香的球莖都拿來吃。當時有些孕婦還差幾個月就要臨盆,卻也得跟著挨餓。結果,她們後來生出的寶寶體重都比較輕。這並不讓人意外,但令人料想不到的是,這些小孩在成長速度上雖落後同齡兒童一截,但長大後卻也沒有肥胖問題。

可見,當年那場飢荒已使胎兒的基因產生變異,而變異過的基因持續影響他們之後的成長。

換句話說,很多種基因其實是可以視情況表現或不表現的;我們的遺傳身分(genetic identity)不是像刻在石頭上,無法更改,而是寫在未乾的水泥上,可以塗改。

儘管如此,不論是否注定,基因的影響的確存在。很多人都知道,十誡第二條提到某一個世代的罪會怎樣影響接下來好幾代的子孫;然而,我們一直到最近才真正明白它確實如此。我們的生活方式,是會對後代的基因產生影響,使他們容易產生某些行為。從負面來看,如果我們為了滿足私欲,自己創立了一個宗教,我們的孩子會受到很深的影響,容易犯下同樣的錯。不過,遺傳理論也告訴我們,我們不是無法脫離先天遺傳的詛咒;它不是石頭上的刻字,永遠無法改變。只有上帝的律法,因為反映了祂的品格,才是真正刻在石頭上,無法更動的。基因的威力也許強大,我們自己無法改變它,但上帝是基因密碼的原作者,有力量將它改寫,祂絕不會讓我們因為某個先人的行為,而永遠都無法翻身。

稱為祂名下的人

不可妄稱耶和華——你上帝的名；因為妄稱耶和華名的，耶和華必不以他為無罪。出埃及記20：7

我小時候，以為第三條誡命指的是叫人不可口出穢言。老實說，這童稚的想法確實使我在跟同學嘻嘻哈哈時，用詞會收斂些。不過事實上，這條誡命不只是禁止人亂講話。上帝的子民不是光用嘴巴宣稱祂的名，而是把祂的名字拿來使用，穿戴在身上。因此，巴比倫的俘擄時期快結束時，但以理為以色列和耶路撒冷做了一個禱告：「求主垂聽，求主赦免，求主應允而行，為祢自己不要遲延，我的上帝啊，因這城和這民都是稱為祢名下的。」（但以理書9：19）

他會這樣禱告，自然是為了耶路撒冷七十年前被尼布甲尼撒王攻破的事。這個事件源於當時城中的居民已經不再是異教徒的光、上帝品格的活見證。諸王做出種種可憎的行為，導致聖殿成為荒蕪（參歷代志下33：2；34：33；36：8、14）。聖殿的存在已經失去意義，因為這群所謂上帝的子民打著上帝的名號，然而他們的行為卻使自己的國家徒具虛名。

「以色列」這個名字，意思是「與上帝摔角，結果贏了」，因此他們的國名包含了上帝自己的名字。然而到頭來，很不幸的，以色列在和世界摔角時投降了。

指責古人的錯處很容易，畢竟他們是幾千年前的人了，感覺起來和我們沒什麼關係，我們會覺得，自己才不會像他們那樣。但《聖經》可不是這樣講的，〈啟示錄〉預言道，新約的婦人也會淪入靈性上的姦淫。

打從西元一世紀時，安提阿的信徒被稱做「基督徒」（使徒行傳11：26）以來，我們也成了「祂名下的人」，也被賦予任務，要讓世界看到耶穌基督，要呼籲世人「敬拜那創造天、地、海和眾水泉源的」（啟示錄14：7）。既然冠上耶穌基督的名，就得成為像祂一樣的人。保羅這樣提醒我們，「因為我們是與上帝同工的，你們是上帝所耕種的田地，所建造的房屋。」（哥林多前書3：9）又說：「豈不知你們是上帝的殿，上帝的靈住在你們裡頭嗎？」（第16節）

耶路撒冷的聖殿已經沒了，且永遠荒蕪。不過，還在世上的你呢？上帝渴望將你當作祂的聖殿，讓世人看見祂純全的品格。你是否名符其實，就看你的選擇了。

袖冠上了你的名字

要取兩塊紅瑪瑙，在上面刻以色列兒子的名字：六個名字在這塊寶石上，六個名字在那塊寶石上，都照他們生來的次序。要用刻寶石的手工，彷彿刻圖書，按著以色列兒子的名字，刻這兩塊寶石，要鑲在金槽上。要將這兩塊寶石安在以弗得的兩條肩帶上，為以色列人做紀念石。亞倫要在兩肩上擔他們的名字，在耶和華面前作為紀念。
出埃及記28：9-12

想像一下：能夠擁有上帝的名字，是何等無上的光榮？畢竟，世上沒有哪種生物比墮落後的人類更不配使用上帝的名。我們的心受到罪的影響已經變形；每天所言所行勢必扭曲了上帝的形象。想到有人會想從我們身上，看出上帝的原樣，真是深感不配。

另一方面，我們也注意到，大祭司穿戴的衣服上有一個胸牌，胸牌上的兩顆寶石刻有十二支派的名字。他穿著這樣的衣服直接進到至聖所，上帝的面前。大祭司自然是預表了耶穌基督，因此，這意味著不只是亞伯拉罕的子孫被冠以上帝的名字，耶穌基督也把祂自己冠上我們的名字，這是因為上帝的兒子也是人子；亞當是上帝的兒子（路加福音3：38），而耶穌自己也成了亞當的子孫。

上帝和人類所做的約定，可以用一句話簡單有力的總結：「你們要做我的子民，我要做你們的上帝。」（耶利米書30：22）我們這些不配的人，卻得到恩寵，得以冠上帝的名，將祂的名寫在自己的額頭上（啟示錄14：1）。而令人難以置信的是，真正配得敬拜讚美的耶穌基督，竟願意紆尊降貴，冠上了我們的名字，成為像我們一樣有血有肉的人，直到永遠。

上帝和我們的這種關係在〈啟示錄〉中，又藉著約翰在異象中看到耶路撒冷那段再次強調。〈啟示錄〉21章寫到，以色列十二支派的名字刻在城門上頭，而使徒的名字則是寫在基石上（啟示錄21：12，14）；約翰又說：「我聽見有大聲音從寶座出來說：『看哪，上帝的帳幕在人間！袖要與人同住，他們要做祂的子民，上帝要親自與他們同在，做他們的上帝。』」（啟示錄21：3）

這是真正超乎想像的愛；這位上帝實在太不可思議，竟不計較我們是怎樣的人，做過怎樣的事，願意冠上我的名字，也不以稱我們為「弟兄」為恥（希伯來書2：11）。如果祂都願意被冠上我們的名字（我們人類還曾要過祂的命），不把它當作是一種恥辱；那麼，我們能夠使用祂的名字，又是如何令人受寵若驚，欣喜若狂？沒錯！耶穌就是這樣告訴我們：「凡在人面前認我的，我在我天上的父面前也必認他。」（馬太福音10：32）

生活的暫停鍵

當記念安息日，守為聖日。六日要勞碌做你一切的工，但第七日是向耶和華——你上帝當守的安息日。這一日你和你的兒女、僕婢、牲畜，並你城裡寄居的客旅，無論何工都不可做。因為六日之內，耶和華造天、地、海和其中的萬物，第七日便安息，所以耶和華賜福與安息日，定為聖日。出埃及記20：8-11

十誡教導了我們如何與上帝建立關係，而最精髓之處就是關於安息日的那條誡命。此誡命處於十誡所有道德法則的中心，既總結了第一部分的要義，又一氣呵成地帶出了第二部分。它提醒了我們，在我們能夠與別人建立適當的關係前，要先學習與創造我們的上帝建立關係。

十誡一開始先是警告我們：我們天生就有與神建立關係、敬拜祂的渴望，但如果敬拜的不是耶和華，就只是枉然。上帝這樣提醒我們，「我是耶和華，在我以外並沒有別神。」（以賽亞書45：5），第二條誡命則是提醒我們，是我們依照祂的形象而造，而不是反過來；我們不能照自己的喜好為上帝增減任何一分。第三條誡命要我們認真思考：冠上了上帝的名字，意味著什麼？它指示我們要用一生向世人顯明上帝純全的品格。

現在，我們已經明白了十誡的前三條，於是，上帝按下了暫停鍵。祂邀請我們進入祂的同在，讓我們有時間和空間來真正認識祂。祂不僅教我們怎樣與祂建立合宜的關係，還特別留出一段時間，讓我們能夠深入瞭解和學習它。

「來！到我這裡休息吧！」上帝這樣邀請我們，「你想想看：什麼叫做被一位慈愛的主所創造出來？什麼又是身而為人，卻依上帝的形象所造？」

於是，每個星期的最後一天，我們都在上帝的陪伴中度過；將這週以來經歷的試煉、學到的人生功課都帶到祂的寶座前與祂分享。祂讓我們有思考的空間，可以想想祂是誰，我們本當如何；我們的心靈遂得到醫治。到了星期六日落時，我們已經做好準備，可以再次回到這個世界，與其他人互動，因為我們又更瞭解了身而為人的意義，以及為何要遵守其餘六條誡命。

學會安息

凡勞苦擔重擔的人可以到我這裡來，我就使你們得安息。我心裡柔和謙卑，你們當負我的軛，學我的樣式；這樣，你們心裡就必得享安息。因為我的軛是容易的，我的擔子是輕省的。馬太福音11：28-30

最近幾年，我們的家是越來越空蕩了，我不禁納悶著：時間怎麼過那麼快？好像前一刻你的孩子還是小嬰兒，要完全依賴你才能夠生存；下一秒鐘他們已經脫離你獨立，擁有自己的生活。於是，我有很多空出來的時間可以思考，上帝指派給我父親這個角色，究竟對我有怎樣的期望？就如祂把孩子借給了我，要我揣摩：如果上帝自己是爸爸，會怎樣撫養孩子？

偶爾回首過去這些年，我會突然感到不安；作為一個父親，有時我的表現簡直是糟透了！想到自己有時會失去耐心，或為了省事，在教養方式上做出妥協，我不禁一陣心痛；看到自己某些不好的人格特質，也傳給了孩子，我不禁感到憂懼；想到自己將來還得在天父上帝的面前，針對我作為一個父親的表現向祂交帳，我更是驚恐不已。

有一天，我走路經過住家附近時，整顆心又被悔恨淹沒。這時，我聽到一個微小的聲音在向我說話：「難道你不知道我很瞭解你嗎？你覺得我把孩子交給你養育，是因為你是舉世無雙的完美爸爸嗎？既然不是，你何不在我裡面安息呢？」

生活在這世上，每當我們的罪浮現出時，我們很容易就會被無力感淹沒、壓垮，於是心生放棄的念頭。撒但這位靈魂的敵人只要逮到機會就對我們洗腦，說我們是個大爛人，完全不配擁有目前所有的一切；一旦我們聽信了他的指控，心就再也無法安寧。

幸好，上帝非常愛我們，祂特別指定了一段時間，要我們將這段時間奉獻給祂，藉此提醒我們，我們毋須絕望，因為對於我們的情況，祂很清楚；畢竟，我們還做罪人的時候，祂就已經願意為我們死（羅馬書5：8）。

我們最後得以進入祂的國度，不是因為我們已經夠好，符合資格，而是因為耶穌基督夠好，完全達到上帝的標準（以賽亞書28：22）。每個星期，我們都應該把這個時間分別出來，好好認識耶穌，瞭解祂對你的愛有多深，又是如何熱切的想帶你回天家。明白這些，儘管天國尚未來臨，你已經能夠學會如何安息。

AUTHENTIC

我們得以更明白基督的心，與祂有更親密的關係。

7
Jul

領浸約言第七條：
我相信我的身體乃是聖靈的殿，立
志細心照顧身體，戒絕含有酒精的
飲料、各種菸類與不潔淨的食物
等，藉以榮耀上帝。

毫不遲延

及至時候滿足，上帝就差遣祂的兒子，為女子所生，且生在律法以下，要把律法以下的人贖出來，叫我們得著兒子的名分。加拉太書4：4-5

如果我們好好查考舊約《聖經》關於預言的章節，就會發現，耶穌基督誕生的時機點絕非巧合。祂第一次來到世上的時間，不僅符合〈但以理書〉中關於七十個七（490年）的預言——就是上帝定下讓罪惡止息所需的時間，此外，也特意選在一個全世界的政治及宗教情勢剛好適合的時間點。懷愛倫指出：「上帝的旨意始終影響著各國政府的行為，它決定了人的意向及他們的行動所產生的效果，最後終於萬事俱備——救主可以來了！」（懷愛倫著，《歷代願望》，原文第32頁）

當時，羅馬人建的交通網及希臘語已經把整個世界串連了起來。很多以色列人儘管居住在離耶路撒冷很遠的地方，但在節期時還是會回到耶城。另一方面，當時異教信仰已漸式微。天時、地利、人和都完美配合，耶穌來的正是時候。

耶穌復臨時，肯定也會是同樣的情況。當年耶穌開始公開傳道，《聖經》有七十個七的預言明確指出其時間點，而祂再來的時間點，《聖經》似乎沒有提供明確的時間表，不過，基於同樣的預言，我們有信心說：「快了！我們可以看到，但以理在異象中看到那些國家興起、衰敗的事，發生的時間點不是在祂第一次來臨，而是在祂復臨之時。」如今，這個世界在靈性上的墮落也符合了保羅寫給提摩太的信中所提出的預測；信中他說：「你該知道，末世必有危險的日子來到。」（提摩太後書3：1）

如果耶穌第一次來到世上前，已有充分的證據顯示祂會來，那我們現在更有確鑿證據，可以相信祂馬上就要復臨了。儘管我們不會知道是哪一天、或幾時幾分，但當它即將發生時，我們就會知道。這世上發生的事，不管是戰爭、災難，或巨大的浩劫，上帝全都看在眼裡。「時候滿足時」，上帝就會來到世上，分秒不差。

而我們該做的，是繼續憑信心生活，堅守福音事工，直到那一天。我們要相信，不論發生什麼事，當耶穌終於親自隨著曙光降臨，代表上帝選擇了那一刻，而那時刻也一定是最好的時間點。

懷疑的餘地

後來一時顯給五百多弟兄看，其中一大半到如今還在，卻也有已經睡了的。哥林多前書 15：6

耶穌從死裡復活後，很多人都見過祂。不只是幾位使徒看過，如果是那樣，可能有人會說這事是他們捏造的，因為耶穌死了，他們企圖挽回顏面。然而實情是，除了十二使徒，保羅告訴我們，還有其他五百人看過祂。所以，這不是像現代某個人言之鑿鑿地說貓王還活著，看到年老的他在沃爾瑪（Walmart）超市買東西，或是在餐廳吃飯，而是很多人都見證了耶穌的復活。

不過我們也注意到，耶穌復活後，沒有選擇讓所有人都看到祂。一方面，祂曾特別告訴大祭司該亞法，在祂復臨以前，他都不會再看到祂。這樣做有特殊目的，為的是讓該亞法將來親眼看到，被他判死刑的耶穌，確實是上帝的兒子（馬太福音26：64）另一方面，得以見到祂的人也未必都是信徒。四福音書多次提到，耶穌到各地講道都會有群眾聚集；這些人當中，一定有很多人也沒看到復活後的祂。

這些人只能憑著信心，相信耶穌確實已經復活——我們也是如此。我們的確從《聖經》中可以得到充分的證據，相信耶穌就是上帝派來的那位彌賽亞：每個關於祂的《聖經》預言都充滿微妙的細節，而且不同的《聖經》作者對事件的描述都不謀而合。

不過說到底，我們還是沒有親眼見證過祂的存在。然而〈希伯來書〉說：「信就是所望之事的實底，是未見之事的確據。」（希伯來書11：1）現代的基督徒是透過查考《聖經》，藉由聖靈聽到祂的聲音，然後憑著信心，相信祂說的都是真的，儘管我們沒有親眼目睹。因此，若真要懷疑，總還是有空間的；信與不信，也都在乎個人。

在這個階段，我們得先憑著那些見過祂的人所說的，以及聖靈在我們當中的見證，持守自己的信心。但我們不會一直等下去，我們即將像那五百人一樣，得以親眼見證復活升天的耶穌。到那時，祂將乘著榮耀降臨，而「眾目要看見祂」（啟示錄1：7）。

到那時，再也不會有任何懷疑空間。

竟害怕一隻羊

天就挪移，好像書卷被捲起來；山嶺海島都被挪移離開本位。地上的君王、臣宰、將軍、富戶、壯士，和一切為奴的、自主的，都藏在山洞和巖石穴裡，向山和巖石說：「倒在我們身上吧！把我們藏起來，躲避坐寶座者的面目和羔羊的忿怒；因為他們忿怒的大日到了，誰能站得住呢？」啟示錄6：14-17

在〈啟示錄〉第6章的最後幾節，是整本《聖經》中最令人扼腕的片段之一，赤裸裸的呈現了人類可以固執和盲目到什麼地步。這段經文描述耶穌復臨時，沒有做好準備的人見到祂，就急忙找地方躲起來。關於這一幕，有幾個值得探討的地方。

首先，耶穌是以羔羊的形象出現，這是刻意的選擇。人類歷史接近尾聲時，剩下還不信上帝的人就得面對現實，看看上帝曾為救贖他們做了什麼。羔羊出現在他們眼前，代表他們不是因為不知道救恩而喪失機會，而是因為他們拒絕接受救恩；上帝已經把所有阻礙他們獲救的障礙都移除了，祂用盡所有方法，想使人類回到天家，甚至不惜以自己兒子的生命為交換。

請注意，這些人看到耶穌乘著榮耀歸來時，他們是認得祂的，不然他們應該會大叫：「發生什麼事了？」而不會稱祂為「上帝的羔羊」，而且他們對於祂回來這件事心裡也有數，只是沒料到祂來得那麼快，令他們措手不及。

這說明了在這叛變的世界終結的那一天，那些失喪的人的結局乃是出於自願，上帝儘管痛心疾首，但還是會讓他們自行承擔後果。

另一個值得注意的地方是，這讓我們看到罪如何使人失去理智。如果是對獅子感到害怕自不難理解，但誰會怕一隻羊呢？你看過有人因為在院子裡見到一隻羊，就嚇得縮到角落，或逃到安全的地方去嗎？太荒謬了吧！那還不如說怕剛出生的小狗算了！這點出了上帝為了贖回我們，是怎樣的為我們設想，如果還要拒絕祂，實在是太說不過去了！這些失喪的人儘管有足夠的理由相信上帝真的值得信賴，可以放心把自己交給祂，但最後還是堅持不信祂，於是，儘管上帝的品格如此榮美、儘管祂的本質就是愛，他們也無福承受了。

〈啟示錄〉這可悲的一幕，強烈提醒了我們，我們實在沒有理由拒絕救恩，因為上帝的品格是如此榮美，祂又是如此愛我們，甚至願意為我們奉獻祂的生命；跟祂在一起，從來就不是件危險的事。

不只是一帆風順

論到睡了的人，我們不願意弟兄們不知道，恐怕你們憂傷，像那些沒有指望的人一樣。我們若信耶穌死而復活了，那已經在耶穌裡睡了的人，上帝也必將他們與耶穌一同帶來。帖撒羅尼迦前書4：13-14

每逢週末都會有許多電視佈道家，在各廣播電台主持宗教性節目。如果你有收聽，一定會聽到其中很多都是在鼓吹「成功神學」。他們會告訴聽眾，只要跟隨耶穌，人生就會變得更順利，我們會健康又有錢，比較不會遭遇困難等等。這種論調是很討喜，能為這些人賺進大把鈔票，只可惜，他們的說法有個很大的漏洞，那就是：大部分在新約《聖經》裡描述的信徒，也都是新約的作者，他們的人生離一帆風順可差得遠了！

耶穌應許我們的，並不是平順的人生，只要對耶穌的生平略知一二的人，就一定看得出這點。然而，祂確實承諾我們：在祂裡面，我們可以得到希望。今天存心節的寫作背景，正值西元一世紀，當時帖撒羅尼迦教會中，已經有些信徒逐漸開始凋零，他們的親朋好友正面臨失去所愛之人的傷痛。

如果是現代基督徒，可能會想要告訴帖撒羅尼迦人，毋須在葬禮上傷心流淚（我常聽到有人這樣說）；但保羅本人不是這樣說的。他不是要我們別難過，而是要

我們不要「像那些沒有指望的人」那樣哀慟。

目前，基督徒還是得在這世上生活；我們像其他人一樣會疼痛、受苦、痛失所愛。耶穌提示過我們，祂「降雨給義人也給不義的人」（馬太福音5：45）。真要說的話，信耶穌的人有時候活得還比別人辛苦。只要是在這世界生活，必然會嚐到罪惡所造成的苦果，這是任何人都逃不掉的，但我們還要額外忍受那些不認同我們信仰的人對我們的輕蔑譏諷。

所以，是的！我們當然會哀傷。非信徒會碰到的事，我們也都會經歷；我們過的是貨真價實、一刀未剪的人生。如同耶穌，我們會感覺疼痛，也知道孤單和被拒絕的滋味；祂在世上受過苦，我們也是。不過，我們的哀傷和其他人有本質上的不同，因為我們知道，耶穌已經戰勝了我們最大的敵人。儘管死亡終究會找上我們每個人，但它無法困住我們，因為它也無法困住我們的救主耶穌。我們知道耶穌會再次來到世上，屆時，祂將使所有悲傷都成為過去式。

上帝所說的「快」

證明這事的說:「是了,我必快來!」阿們!主耶穌啊,我願祢來!啟示錄22:20

像你我這樣的凡人,看到上面的存心節說祂快來了,心裡可能會蠻洩氣的。以一般標準來說,耶穌實在來的不夠快:我們希望祂能夠趕快來到,終結我們的苦難;我們希望祂能夠即刻來到,讓我們不用面對人生的終點──死亡。約翰聽到上帝說「是了,我必快來!」時,他也是迫不及待回應:「阿們!主耶穌啊,我願祢來!」

不過,兩千年過去了,如今我們已經很清楚,我們心裡想的「快」,和上帝所說的「快」顯然是兩回事。我們是個習慣微波爐的世代,期望五分鐘內就能把飯加熱完畢;發了簡訊,希望對方馬上就能回應。「快」對我們來說,意思就是「立刻」。

不過如果以永恆的格局來看,這場與撒但間的善惡之爭只不過是上帝宇宙史中一段短暫的失序。就重要性來講,這短暫的失序當然有劃時代的意義;但就長度而言,確實只是短暫的時期。以上帝的標準來看,這場紛爭很快就會收場;但必須要有足夠的時間,讓世人看清楚路錫甫的本性,讓人自己領會脫離上帝的結果,也讓每個願意悔改的人都不會錯過進入上帝國度的機會。然而,這段時間也不會過長,因為上帝是慈悲的,祂不忍心讓我們的痛苦拖太久。

我們因為生命短暫,又充滿著痛苦,怎麼看都覺得上帝實在是延誤了。然而,我們會缺乏這樣的眼光,也是因為受到罪的影響。懷愛倫談到耶穌第一次來到世上,她是這樣說的:「宇宙間的星體何時移動到軌道上的哪一點,自有定數,上帝的旨意也是這樣。」(懷愛倫著,《歷代願望》,原文第32頁)

換句話說,耶穌到來的時刻,一定是最好的時間點;不早不晚、不疾不徐。我們應該繼續懷抱信心,告訴自己,只要能夠用上帝的眼光看事情,堅持下去就不會那麼難。同時,我們可以滿懷憧憬,因種種跡象顯示,那日已經近在眼前。我們等待的同時,心中是充滿希望的。

「阿們!主耶穌啊,我願祢來!」

願祢的國降臨

亞當的七世孫以諾曾預言這些人說：「看哪，主帶著祂的千萬聖者降臨，要在眾人身上行審判，證實那一切不敬虔的人所妄行一切不敬虔的事，又證實不敬虔之罪人所說頂撞祂的剛愎話。」猶大書14-15

這本《以諾書》(Book of Enoch) 是由幾位作者合寫；約在耶穌出生前一世紀中出版，這本書有不少人讀過。有幾位早期的神學家認為，這本書應該是受到聖靈的啟示寫成，因為〈猶大書〉的作者曾引用它。儘管如此，基督教會大多視它為偽經，沒有收錄在《聖經》中。

然而，〈猶大書〉的作者會引用《以諾書》這段話，的確是受到聖靈啟示；這點我們可以確認。對現代基督徒來說，這段話包含了一個很重要的觀念：儘管我們受到「時代論者」（dispensationalist）的影響，容易誤以為耶穌復臨這件事只有我們這些末世信徒才關心，但事實並非如此。耶穌復臨、將一切更新，一直都是信徒所盼望的，即便是在遠古時代；舊約信徒儘管仍在期待彌賽亞第一次來到世上，但他們最終盼望的，還是上帝的國度能夠真正來臨。

正是因為他們心中懷抱著這樣的盼望，當他們真的看到耶穌第一次來到世上時，才會感到困惑，覺得和他們的期待不同。西元一世紀時，大家開始期待彌賽亞來到，推翻人類的政權，繼承大衛的寶座。畢竟，〈但以理書〉預言的第四個帝國（羅馬帝國）既已來到，統治著上帝的子民，他們覺得該是時候了。《以諾書》在耶穌出生前的那一百年引起熱烈迴響，可見當時大家心中的期盼越來越殷切。

聖子道成肉身，來到我們中心，的確令人振奮，要不是十字架的恩典，我們也無法得到上帝的救贖；這些沒有人會否認。然而，從古至今，上帝子民最終的盼望仍然是：看到耶穌基督榮耀歸來，讓祂終結人類因不受管轄、隨己意而行所造成的災難，恢復我們當初放棄的伊甸，讓它永遠完好如初。這些才是每一世代信徒的共同盼望。

不久，當耶穌帶著祂的千萬聖者降臨時，我們就會見到那群人——即傳承盼望給我們的那群人；我們將一同享受上帝的同在。在永恆的時光中，我們將彼此分享，在自己的生命中，如何經歷了上帝的愛與恩典。

其實，我們何不現在就開始練習講這些愛與恩典的故事，將我們心中的希望帶給其他人，讓他們也能夠感受呢？

謙卑的王國

當人子在祂榮耀裡、同著眾天使降臨的時候，要坐在祂榮耀的寶座上。馬太福音25：31

亞歷山大大帝極其輝煌的戰功，不僅使他在世界歷史上佔有一席之地，甚至連〈但以理書〉的預言也提到他——那時他甚至還沒出生呢！亞歷山大以古代希臘英雄的傳人自居，甚至連睡覺時，床邊都擺著一本荷馬的《伊利亞德》（Iliad）。他認為自己是特洛伊戰爭第一勇士——阿基里斯（Achilles）的化身，還專程跑到特洛伊，去向雅典娜女神獻祭（**希臘神話中，雅典娜是站在希臘這方，而阿基里斯是希臘人**），在阿基里斯的墳上獻花，並帶走了一件古代特洛伊人的戰袍當作紀念品，希望為自己帶來好運。

歷史學家猜想，亞歷山大以如此驚人的氣勢大舉擴張，可能主要目的不是為了開疆拓土，而是為了滿足他的冒險慾。他一打敗波斯，就自封為波斯王。在波斯，國王的地位是非常崇高的，因為波斯人有行跪拜禮的傳統，也就是臣民必須將國王當作神一般的崇拜，尊稱他為「萬王之王」，看到他時得向他鞠躬叩首。結果，亞歷山大後來竟要求希臘人比照辦理，結果引發極大的民怨。

到最後，亞歷山大更相信自己是宙斯－阿蒙（Zeus Ammon）的兒子，即希臘神祇宙斯（Zeus）和埃及神祇阿蒙（Ammon，**亦作Amun**）的合體。也就是說，亞歷山大同時使用了兩個頭銜，一個是「萬王之王」，另一個是「神的兒子」——它們都是基督徒保留給耶穌基督的。

結果他的下場極為悽慘。亞歷山大的大軍打到印度時，已經精疲力竭的他們，再也無法忍受他的妄自尊大，堅持要打道回府。回程時，這位偉大的征服者日漸精神錯亂，行為變得反覆無常，並開始出現妄想的症狀。他們走到巴比倫的時候，他本打算還要往南，向阿拉伯進攻，但長年不正常的生活使他的健康陷入了危機。最後，亞歷山大因身體的傷勢、酗酒，可能還加上瘧疾，年僅33歲就撒手人寰。

人所建立的帝國就是如此，上帝的國度則截然不同。真正的萬王之王、神的兒子——耶穌，沒有吹捧自己，反而自甘卑微，因此祂的王國最終取代亞歷山大，以及〈但以理書〉所提到的、世上任何一個帝國。人的野心終會化為過往雲煙，徒留臭名，耶穌的謙卑卻造就了一個永恆的王國。

對死亡的恐懼

兒女既同有血肉之體，祂也照樣親自成了血肉之體，特要藉著死敗壞那掌死權的，就是魔鬼，並要釋放那些一生因怕死而為奴僕的人。希伯來書2：14-15

廿年前，我都是用一本口袋大小的行事曆來紀錄每天的行程。但自2000年起，我開始改用PDA（個人數位助理），接著是手機，最後是可以與我的筆電同步的智慧型手機。這些轉變都發生在短短數年間。時間管理的技巧一直被科技重新定義，然而，有件事一直沒變，那就是我們必須謹慎利用我們有限的時間。

每個人遲早都會領悟到，我們在這世上的旅程其實非常短暫。人在年輕時會覺得人生好像很長，長到足夠實現所有的夢想。然而，當你來到中年就發現，自己其實不可能完成所有想做的事情，你得排出優先順序。

如果我們仔細想想，一定會驚訝的發現，我們的人生有太多的決定是基於生命有限這個事實。我們會盡量抽空陪伴我們關心的人，是因為我們知道，每個人有一天都會離開這世界；我們會事先為老年生活作規劃，是因為明白當身體開始走下

坡，我們會有些特殊需求；我們會審慎考慮在自己離世後，財產要怎麼分配，也會購買各種不同的保險，因為我們知道人終有一死，只是早晚的問題。

現在，想像一下，假如我們都不用考慮死亡的問題，那生活會是怎樣的？你毋須謹慎規劃你的時間，因為某件事即使今天沒完成，也可以一年後，甚至一千年後再繼續。你毋須為最壞的情況做打算，因為根本沒有所謂的最壞情況；上帝已經把人世間的種種痛苦，如疼痛、受苦及死亡都拿掉了。

因為耶穌，我們不只從死亡中解脫，也從對死亡的恐懼中解脫。有了這樣的認知，我們得以用全然不同的眼光安排生活，因為我們知道，真正的生活根本就還沒開始呢！儘管我們可能還得在這墮落世界上辛苦幾年，但真正的時鐘，也就是那永恆的時鐘，要等到耶穌回來，接我們回美地的那一刻，才會開始轉動。

再飲新葡萄汁的日子

他們吃的時候，耶穌拿起餅來，祝福，就擘開，遞給門徒，說：「你們拿著吃，這是我的身體」；又拿起杯來，祝謝了，遞給他們，說：「你們都喝這個；因為這是我立約的血，為多人流出來，使罪得赦。但我告訴你們：從今以後，我不再喝這葡萄汁，直到我在我父的國裡同你們喝新的那日子。」馬太福音26：26-29

我小時候跟著爸媽上教會時，都覺得聖餐禮過程異常嚴肅——簡直和葬禮差不多。在分派葡萄汁和無酵餅時，一種神聖的靜默籠罩著整個教堂，連偶而有人努力忍住咳嗽，都顯得不敬。在我看來，氣氛如此沉重是當然的，畢竟我們是在紀念人類史上最可怕的暴行——因為憎恨上帝的兒子，竟置祂於死地。長大後，我還是很珍惜聖餐禮那莊嚴的靜默，我會利用這個機會，再次感念上帝為救贖我付出的昂貴代價，感念祂愛我們這些小小罪人如此的深。

因此，這場合確實很嚴肅，但對於長大後的我來說，聖餐禮不僅是在紀念一件過去的事，它的用意也在於時時提醒我們，我們是有盼望的；慈悲的上帝用耶穌破碎的身體以及流出的寶血提醒我們，有一天，我們會從殘缺回歸完整。

「這將是我們最後一次像這樣一起吃飯，」耶穌這樣告訴門徒，「之後就要等到大家平安回到我父的國度了。」保羅後來也寫道：「你們每逢吃這餅、喝這杯，是表明主的死，直等到祂來。」（哥林多前書11：26）

六歲的時候，我的腳動過一次手術，過程非常痛苦。直到今日，我的腳上依然有著很大的傷疤；每次我看到它，都還能感受到手術帶來的疼痛；不過，它也提醒了我一件很重要的事：因為那次手術，今天我不但能行走自如，還能奔跑。

因此，聖餐禮讓我們想起史上最黑暗的一刻，在那一刻，罪徹底展現其猙獰的面目，人類犯下了最可恥的罪行。同時我也有機會藉著禮節安靜下來，想到自己應該要為十字架感到何等羞慚；這時心中難免激動不已。就這個角度來說，聖餐禮的確是極為沉重的場合，我們罪人面對這樣神聖的愛，是該靜默。

然而，耶穌的計畫並不是到十字架就結束了。為了我們，祂還打算再度來到這世上；祂期待永遠與我們同在。因此，我們以莊嚴的態度吃那餅、喝那杯，但心中卻也因盼望而飛揚，因為我們深知耶穌還會再來。

不只是補救

我們卻是天上的國民，並且等候救主，就是主耶穌基督從天上降臨。祂要按著那能叫萬有歸服自己的大能，將我們這卑賤的身體改變形狀，和祂自己榮耀的身體相似。腓立比書3：20-21

根據美國整形外科醫師學會（American Society of Plastic Surgeons）幾年前公布的數據顯示，2015年美國人花在整型手術上的金額高達美金13億3千萬（約合4112億9千萬台幣），這還不包括真正因為燒燙傷、受傷、外觀異常施行的手術，它純粹是指為了改善外觀、變得更好看所做的手術。此外，美國消費者一年花在化妝品上的錢更高達400億美金（約合1234兆4千多億台幣）。由這些數字可以看出，美國人對於外表的重視已經到了執迷的地步（不過，先別搖頭嘆息說美國人只會追求膚淺享樂，因為大部分西方國家的統計其實都差不多。）

我們的社會非常迷戀外表。大家嘴巴上都說美好的品格比美麗的外表重要，但我們所營造的這個世界，證明我們口是心非。電視中出現的都是年輕帥哥美女，把他們當男神、女神般崇拜；各種消費產品的廣告代言人，從服裝、車子，甚至是清潔劑或尿布，他們的照片都是由繪圖軟體修出來的，那樣的長相在現實中不太可能存在。

我們的老祖先其實也和我們一樣。古代的希臘人儘管不知道什麼是數位科技，但他們的藝術作品也推崇所謂的「完美

人體形象」，也就是說，儘管看上去很像人，也真的很美，但跟大部分真正的人一點都不像。

這些作法讓人不禁覺得，我們是不是隱隱約約感受到，人的身體好像有哪個地方出錯了，本來不該是這樣。當我們年紀漸長，本來就不完美的身體變得狀況百出，不安全感遂轉為恐懼。特別是當我們看到死亡那條黑色終點線漸漸逼近，我們開始害怕這不完美的生命即將以死亡、腐朽的樣式，劃上休止符。

於是，我們只好抹上更多化妝品，假裝這些事都不會發生；這種心態，正如我們總是告訴自己，罪不是什麼大不了的事。然而，光靠塗抹只能掩人耳目，真正解決問題的方法，得靠能夠遮蓋罪的寶血。上帝打從一開始就告訴我們，我們已經不再是真正的人，至少不是當時受造的樣子。儘管如此，天父仍提醒我們，「我有解決之道，我的獨生愛子已經償還所需的代價。你要緊緊跟著我和我的獨生愛子，不久後我就會把你卑微的身體變得像祂一般榮美。」上帝的方法遠比補救高明得多；因祂會恢復我們原有的榮美。

上帝最大的獎賞

我們的盼望和喜樂,並所誇的冠冕是什麼呢?豈不是我們主耶穌來的時候、你們在祂面前站立得住嗎?因為你們就是我們的榮耀,我們的喜樂。帖撒羅尼迦前書2:19-20

我們講到「天上的獎賞」時,常提到黃金鋪成的街道、耶穌預留給我們的住所。的確,新約《聖經》在描述未來的獎賞時,確實是用這些事物來形容。不過我們也都知道,在這世上,有形的事物並不是最重要的,真正為我們的人生帶來樂趣的是人——在天堂也是!這樣說可能會讓內向的「人」(例如我)有點焦慮,因為在這世上,只要是扯到人的事,往往很棘手,充滿複雜性。

我有個朋友是位老牧師,他曾說:「跟我們敬愛的天上使徒們同住,那真是太好了!跟我們認識的地上使徒們同住……嗯,可不可以不要?」他這幾句話讓人會心一笑,畢竟我們都碰過很難搞的人,我們自己說不定在某個人的眼中也很不好相處。儘管我們都有心與人為善,但每個團體中,一定有些人就是頻率不合,動不動就擦槍走火。即便是使徒也是如此;保羅和巴拿巴也曾因爭執不下,決定分道揚鑣(使徒行傳15:39)。

但我們也不要忘了,保羅說他將來在天上最大的獎賞,會是看到那些因他的事工而認識耶穌的帖撒羅尼迦信徒。但以理在以下的經文也表達了同樣的意思:「智慧人必發光,如同天上的光;那使多人歸義的,必發光如星,直到永永遠遠。」(但以理書12:3)

〈啟示錄〉向我們揭示,耶穌其實是打算將祂的獎賞——寶座,與我們共享。祂是這樣承諾約翰:「得勝的,我要賜他在我寶座上與我同坐。」(啟示錄3:21)不過,耶穌和世間君王不同的是,祂會將寶座視作一種獎賞,不是因為它象徵權力,而是因為它贖回了很多人;祂之所以願意踏上往髑髏地的旅程,是為著「那擺在前面的喜樂」(希伯來書12:2)。

在天國來臨前,我們還無法擺脫自我中心的本性,人際間的相處因此狀況百出,往往令人頭痛不已。但等到那一天,我們和羔羊站在錫安山上,額上寫著天父的名字(代表擁有祂的品格),我們就會明白,為何「人」才是上帝賜下最好的獎賞。

其餘的莊稼

但各人是按著自己的次序復活：初熟的果子是基督；以後，在祂來的時候，是那些屬基督的。再後，末期到了，那時基督既將一切執政的、掌權的、有能的都毀滅了，就把國交與父上帝。哥林多前書15：23-24

我有次在網上看到有人在討論一個問題：「如果有人不相信耶穌是真的從死裡復活，那他還可以被稱作是基督徒嗎？」因為是網路論壇，各方人馬的意見可以自由交鋒，只要是你有想法，都可以提出來討論；那些偏向自由派的人就會堅持，一個人毋須相信耶穌傳道事工中超自然的部分，也可以稱作是基督徒；他們強調對基督徒的認定，端看他是否認同且渴慕祂的教導。

從某個角度來看，他們說得也沒錯！畢竟，一個人如果上教堂、又讀關於耶穌教導的文章或書籍，我們一定不會說他是位佛教徒；若真要歸類，一定把他列為「基督徒」。同理，任何宗教團體只要是以研究耶穌為宗旨，那麼即使那個團體完全是異端，我們仍會說他是「基督徒」——只不過，那是以最寬鬆的定義來說。

不過，耶穌自己對信徒的期望又是如何呢？如果我們否認祂確實曾經以肉體樣式復活過，祂可以接受嗎？新約《聖經》可不是這樣寫的！在寫給哥林多教會那封鏗鏘有力的信中，保羅就這點表達了堅定的立場：「若基督沒有復活，我們所傳的便是枉然，你們所信的也是枉然。」（哥林多前書15：14）我們未來的希望所繫，在於耶穌真的以血肉之軀復活，成了第一位自己無罪、卻為我們償付了罪價，並打敗了我們最大的敵人「死亡」的人。因此，耶穌基督的復活不僅是個令人嘖嘖稱奇的歷史事件，也是上帝為我們的永生付出的頭期款。

初熟節時，祭司會從剛收成的莊稼中拿一捆出來，然後「在耶和華面前搖一搖」（利未記23：11）。這個舉動一方面是感謝上帝的供應，另一方面，也代表著我們相信其他莊稼也會陸續收成，因此是一種信心的表示。保羅告訴我們，其實耶穌的復活才是真正的搖祭；因為耶穌，以人的身分從死裡復活了，我們便有理由相信，其餘的「莊稼」也會跟進；我們有一天也會出死入生。

復活不僅是個歷史事件，更是我們懷抱盼望的根本理由。我們回顧十字架便發現我們有盼望，因為耶穌不是屬於過去，而是屬於未來。

最奢豪的贈禮

我現在被澆奠，我離世的時候到了。那美好的仗我已經打過了，當跑的路我已經跑盡了，所信的道我已經守住了。從此以後，有公義的冠冕為我存留，就是按著公義審判的主到了那日要賜給我的；不但賜給我，也賜給凡愛慕祂顯現的人。提摩太後書4：6-8

2016年的時候，達拉斯牛仔足球隊的年輕跑衛伊澤克爾·艾略特（Ezekiel Elliott）幫他的父母買了一棟新房子。他告訴記者，他今日的成功要歸功於他爸媽這些年來的犧牲，因此希望能夠對他們有所回報。我讀到這則報導時，不禁暗暗地對自己說（我想很多人都這麼想）：「哇，好棒，可以給得起這種禮物！一棟新房子耶！」

後來，我讀到保羅寫給提摩太的信才明白：我可以給得起比這更奢豪的禮物。儘管我的帳戶裡沒多少錢，我也沒有太多的資源或人脈，不過，我有權給出人所負擔得起、最奢豪的禮物——我們的一生。房子可以再蓋、錢可以再賺，但此生只有一次，一旦花光了，就再也回不來。因此，耶穌才會告訴我們：「人為朋友捨命，人的愛心沒有比這個大的。」（約翰福音15：13）

那麼，我甘願把這樣一份大禮送給誰呢？唯一合理的選擇是：給那位為了我永恆的命運，犧牲一切的上帝。然而，即使我把生命都交給祂，都還比不上祂為我所做的。把我們僅此一次的人生交給耶穌掌管，不是為了償還祂對我們的救贖，因為這救贖不是靠我們努力就可以換得的，而是出於對祂的愛，因著無限的感激，將生命作為獻禮，傾注我所有的、不留後路。

然而，所謂為他人獻出自己的生命，不是非得用自己的肉身為別人擋下子彈才算是。你可以慢慢地、有計畫的獻上自己，讓自己逐漸被澆奠在福音的事工上，直到一滴不留。我們大可以不去擔心未來，大可以不讓自己的時間花在填補私慾的無底洞上。從現在開始，到耶穌再來，我們可以大方運用此生，大手筆的給予，因為我們還有永生。

因此，讓我們為別人獻出所有時間，讓我們告訴每個碰到的人，天父那裡有很多很棒的房子等著我們入住。路加福音9：24也是這樣鼓勵我們：「因為，凡要救自己生命的，必喪掉生命；凡為我喪掉生命的，必救了生命。」

不能朽壞的基業

願頌讚歸與我們主耶穌基督的父上帝！祂曾照自己的大憐憫，藉耶穌基督從死裡復活，重生了我們，叫我們有活潑的盼望，可以得著不能朽壞、不能玷污、不能衰殘、為你們存留在天上的基業。你們這因信蒙上帝能力保守的人，必能得著所預備、到末世要顯現的救恩。彼得前書1：3-5

人在買新東西的時候，會有一種特別的快感。在我的青少年時代，手提式音響（當時我們叫它「貧民區音響」ghetto blasters）正當紅。那時，我們只有收音機和錄音機兩種選擇，後來，CD播放器突然問世，我暗自決定：一定要入手一台。只不過，當時CD播放器實在貴得嚇人（有些人可能還有印象），我知道我暫時還買不起。於是，為了我的夢幻逸品，我花了好幾個月的時間，卯足全力攢下每一分錢。

期待的那天終於來臨。我昂首闊步走進店裡，拿出一疊仔細算過的鈔票，換到了一個很大的白色箱子，裡面搭載了最先進的隨身音響科技。我帶的錢還足夠買一片CD——當時一片超過30美元。不到一個小時，這台CD音響已拆封，端坐在我的房間；我成了當地社區中最先聽到CD的小孩之一。

我不否認，剛買來時的確是開心得不得了。不過，幾個月過後，就像我們買其他東西一樣，CD播放器好像也沒那麼特別了。我還是喜歡它，但感覺沒那麼新鮮了。幾年後，音響分離式喇叭的底座和機身相連的部分脫落了，於是再也無法隨身攜帶。前幾次搬家時，我在一個箱子裡找到了那台我曾經愛不釋手的音響殘骸。後來，它再也無法正常運作，最後被我丟掉了。

這是人生的常態。我們買來取悅自己的東西，沒多久就讓我們無感，於是我們又急著另尋新歡，希望再次感受那種擁有新東西的喜悅。然而，衣服穿久了會漸漸磨損；新車終有老舊報廢的一天；房子住久了也需花大錢整修。

然而，也不是所有事情都如此。儘管脫離了上帝的世界正不斷在走下坡，耶穌已為我們保留了不會朽壞的基業，等我們來繼承，那就是我們將與一位永恆不朽的上帝共度永生。祂最大的樂趣，就是給予我們獎賞——是那我們自己無法賺得、也不配得到的獎賞。

上帝保密的事

弟兄們，論到時候、日期，不用寫信給你們，因為你們自己明明曉得，主的日子來到，好像夜間的賊一樣。帖撒羅尼迦前書5:1-2

「是！牧師，沒錯！我們不知道是哪天，也不知道確切的時刻，可是，耶穌連哪一年要回來都不告訴我們！」菲爾抗議道，同時觀察著我的表情，想知道我有沒有被他說服——可惜沒有！於是，他目光回到他的筆記上，上面潦草的畫了一個圖表，試圖讓我相信，耶穌歸來的時間可以用《聖經》裡的幾個章節推算出來。

「菲爾，」我說，「對於耶穌要回來這件事，我和你一樣興奮。我也巴不得能夠把祂的歸期寫在行事曆上！可是，上帝只告訴我們祂快要回來了，我相信祂這樣做一定是有祂的考量。要是大家都知道耶穌要回來的確切時間，搞不好就會把重要的決定拖到最後一刻再做。因此，對我們來說，重要的不是知道祂何時回來，而是好好認識即將回來的祂，因為要與某人深交是需要時間的。」新約教導我們，耶穌的來到，有如小偷半夜闖進家裡，其意思不是指祂會偷偷摸摸的來，而是指祂會在我們預料不到的情況下突然出現。耶穌這樣教導我們，「你們都知道家主若知道賊什麼時候來，就必警醒，不容賊挖透房屋，這是你們所知道的。你們也要預備，因為你們想不到的時候，人子就來了。」

（路加福音12:39-40）

事實上，使徒們也曾詢問耶穌，祂的王國何時會來臨。耶穌的回答是：「父憑著自己的權柄所定的時候、日期，不是你們可以知道的。但聖靈降臨在你們身上，你們就必得著能力，並要在耶路撒冷、猶太全地，和撒馬利亞，直到地極，作我的見證。」（使徒行傳1:7-8）

換句話說，上帝沒有要我們找出祂哪一天要回來，祂是要我們在等待的同時，將福音傳遍天下。光是這個工作就夠我們忙了，不會還有多餘的時間去煩惱那些上帝沒向我們揭露的事。

黯淡的小藍點

我未見城內有殿，因主上帝——全能者和羔羊為城的殿。那城內又不用日月光照，因有上帝的榮耀光照，又有羔羊為城的燈。列國要在城的光裡行走；地上的君王必將自己的榮耀歸與那城。啟示錄21：22-24

1990年2月14號，航海家1號結束了將近23年在太空的探測任務，即將告別我們的太陽系。在天文學家卡爾·薩根（Carl Sagan）的建議下，美國太空總署從它所在位置離地球37億英哩（相當於60億公里）處，拍下了最後一張相片。在這張以「黯淡藍點」為名的相片中，地球看起來有如太陽光束中一個微小的藍色亮點，大小還不及一個畫素。這影像極富震撼力，使我們驚覺到原來地球在這浩瀚的宇宙中，竟顯得如此微不足道。

卡爾·薩根不是基督徒。在一場對康乃爾大學師生發表的著名演講中，他將這張照片呈現給台下聽眾看。他說：「在宇宙的大劇場中，地球只是其中一個小小的舞台……不管我們怎樣虛張聲勢、自命不凡，幻想自己在宇宙中擁有特殊的地位，這黯淡的小藍點已說明了一切。」（卡爾·薩根著，《暗淡藍點：探尋人類的太空家園》，原文第6-7頁）

在現代無神論者眼裡，人類的出現只是一場意外，是物理和化學變化偶然產生的結果，而非特意創造出來的。因此，當我們人生遇到困境，生活的考驗把我們壓得喘不過氣時，若像〈詩篇〉作者那樣，動不動就向上天求救是沒有意義的，反正也沒人在聽。我們處於邊緣，孤立無援，對整個宇宙無關緊要。

然而《聖經》卻不是這樣看待我們的。依照《聖經》的說法，我們不僅不孤單，還是宇宙的焦點。耶穌不僅要帶我們回到祂父親的家（約翰福音14：3），還要我們和祂在天上一起生活，並與祂共同掌權一千年後，將祂王國的統治中樞移至地球。地球的確是唯一墮落的星球，上帝的創造物中，就屬它最不配得到上帝的垂青，卻還是受到上帝的另眼相待。祂不僅親身來到這星球，成為我們當中的一分子，最後還要在此永遠定居。的確，就一台用人手製造出的相機來看，地球真的就只是一個淡藍色的小點。但對天父和祂兒子來說，絕非如此。這塊土地已經擄獲了那位造出全宇宙的上帝的心。

祂本來的形象

過了六天，耶穌帶著彼得、雅各，和雅各的兄弟約翰，暗暗地上了高山，就在他們面前變了形象，臉面明亮如日頭，衣裳潔白如光。忽然，有摩西、以利亞向他們顯現，同耶穌說話。馬太福音17：1–3

耶穌在〈馬太福音〉16章中說了一句令人費解的話，不知讓多少讀者看得一頭霧水：「我實在告訴你們，站在這裡的，有人在沒嘗死味以前必看見人子降臨在祂的國裡。」（馬太福音16：28）這怎麼可能是真的呢？那些門徒明明已經去世近兩千年了，可是耶穌還沒有來。不過，我們要記住，《聖經》經文切分出章和節是在中世紀晚期，因此，儘管第28節看來已經是16章的最後一節，但這只是人為的區分，《聖經》作者的原意是要我們繼續往下看到第17章，才會看到整件事的結局。而17章描述了耶穌在山頂改變了形象——這是在祂復活並重返人世後才發生的事，的確有幾位門徒親眼目睹了；他們是彼得、雅各以及約翰。這些人看到耶穌恢復祂原本榮美的形象，跟著祂一起出現的還有兩位信徒，一位是復活的摩西，另一位則是之前被上帝接去的以利亞。

這是《聖經》第二次記載天上有聲音傳來，宣布耶穌是上帝的兒子：「這是我的愛子，我所喜悅的，你們要聽祂！」（馬太福音17：5）道成肉身的耶穌看起來與平凡人無異，讓人很容易就忘了祂就是當初那位創造世界的主。仇視耶穌的人一定也是因為看到祂的外表，不相信祂真的是那唯一的上帝。然而，當祂突然顯露出神的榮光時，彷彿所有的燈光都同時點亮了，這世界的墮落景況當下無所遁形：祂的出現讓我們登時意識到，墮落後的人類原來衰敗到這種地步；門徒們因為身心無法承受如此重大的刺激，嚇到動彈不得，以致耶穌還要加以慰撫：「起來，不要害怕！」（7節）

我們很快就會見到神子以祂本來的形象出現在這世上。到時候，世人會有兩種反應：有些人會嚇得大叫，要岩石倒下來遮住自己，免得被發現；其他人則是會興高采烈的慶祝耶穌終於來了。基督徒的責任是要讓全世界認識耶穌，如此一來，當祂出現在東方的天空時，每個人都會興奮地認出祂來，而不是嚇得躲起來。

從棒棒糖談人生的無奈

人若死了豈能再活呢？我只要在我一切爭戰的日子，等我被釋放的時候來到。祢呼叫，我便回答；祢手所做的，祢必羨慕。約伯記14：14-15

——個涼爽的夏日早晨，我走在加州范朵拉市（Ventura）的人行道上。這時，我看到一根半融化的棒棒糖，躺在人行道上。我把它撿起來，仔細察看，不禁納悶：它怎麼只融化一半就停止了。我猜可能是因為，它是在下午陽光炙熱的時候掉落地面，然而，在地面水泥的高溫將它完全融化前，太陽就下山了，氣溫降低，於是它就沒有再融化。

我往山的方向望過去，看到太陽正從東方快速升起，沒多久，人行道的溫度會再次升高，那根棒棒糖是在劫難逃了。這時，我突然覺得有點感慨，覺得自己和那根棒棒糖也沒差多少。

逐漸邁向中年後，我的身體開始像棒棒糖般的分崩離析，出現了老化的跡象；我的視力變差了，身體以前不痛的地方，現在開始會痛；我也變得容易疲倦，更曾一度被某種怪病纏身，它差點要了我的命。

當我的身體惡化到某一程度時，突然停住了，各種狀況穩定了下來。於是，我開始習慣目前的狀態（如棒棒糖的半融化狀態），繼續高高興興的過日子。然而，我已經痛苦的領悟到，沒多久太陽將會再度升起，老年來到；屆時我只能任其擺佈，直到整個痛苦的過程劃上句點。

不過，儘管我不會成為世上唯一不死的人，但在那終點之後，我和棒棒糖的命運就有極大差別。糖果只會融化，消失無蹤。螞蟻把殘留的糖漿清光光後，就沒人會再在意它。但我們是有人關心的；如約伯所說，那位創造主「渴望」我們，祂不忍心讓我們被死神的魔爪攫走。

於是我們等待。一開始先是等著死亡找上我們，但我們心中並不擔心懼怕，因為我們知道，死後不久，上帝就會把我們召回；祂心心念念的，就是要讓我們進到祂永恆的國度。在那國度，我們的光——上帝將成為我們生命的泉源，直到永遠。

被撇下的

萬軍之耶和華說：「那日臨近，勢如燒著的火爐，凡狂傲的和行惡的必如碎秸，在那日必被燒盡，根本枝條一無存留。但向你們敬畏我名的人必有公義的日頭出現，其光線有醫治之能。你們必出來跳躍如圈裡的肥犢。」瑪拉基書4:1-2

1990年代時，一波以「被耶穌秘密接上天」為題的小說《末日迷蹤》（Left Behind）系列出版後，立即引起轟動，暢銷數百萬本。這套書其實是將一個誕生於19世紀中期的理論老調重彈；然而，此理論對於之前1800百年間、各世代的基督徒來說，實在是與他們對此信仰的理解差距甚遠。英文書名之所以叫Left Behind（被撇下的意思），是因為書中提出一個理論，說耶穌基督將為祂的教會秘密的來到世上，把祂的信徒從這個星球撤離。在那之後，將會有一個最後七年的災難期，屆時那些沒被耶穌帶走的，得要面對恐怖的反基督攻擊，不過，那時他們還會有最後一次的悔改機會。

這種「撇下論」是在基督教思想的晚期才進入基督教的神學理論；它完全缺乏《聖經》依據，要是《聖經》作者看到我們竟然能夠從他們寫的內容中硬拗出這種謬論，大概會嚇得瞠目結舌！不過，確實有一種另類的「撇下論」是受到《聖經》支持的，而且我還非常期待看到它的實現。

瑪拉基提到進入上帝國度的人，將遇到那位救主；祂的榮光「有醫治之能」，而他們將「跳躍如圈裡的肥犢」。此情此景描述的是一個新的開始，象徵的是我們進到祂國度後，生命有了全新的可能性——我們將獲得充分的成長潛力，有如強壯的牛犢一般。

也就是說，我們出死入生後，有樣東西已經被我們留在墳墓裡了，那就是因叛離上帝所造成的病弱體質。我們如果把〈創世記〉讀過一遍，就會傷心的看到罪在人身上造成的影響：我們的壽命變得越來越短。當人類不再與生命泉源緊密相連後，疾病便纏上了我們；我們的心靈受到自私和罪的扭曲，學習和成長的能力嚴重退化。

正如耶穌將祂被埋葬時所穿的衣服留在墓穴裡一樣，到那天，我們將會遠離罪所造成的可怕後果。我們的缺陷將成為過去，我們將自由的在基督的學校中，向那位有著無限寬廣心靈的上帝學習，直到永遠。過去的生命被撇下後，我們終於可以恢復成上帝最初所造之人的樣式。

一大步

我認得一個在基督裡的人，他前十四年被提到第三層天上去；（或在身內，我不知道；或在身外，我也不知道；只有上帝知道。）我認得這人；（或在身內、或在身外，我都不知道，只有上帝知道。）他被提到樂園裡，聽見隱祕的言語，是人不可說的。哥林多後書12：2-4

在1969年人類首度登陸了月球。當時尼爾·阿姆斯壯（Neil Armstrong）所發表的感言，如今已是家喻戶曉；他說「個人的一小步，卻是人類的一大步。」的那時代，我們剛剛踏上另一個星體，脫離了地球引力對我們的羈絆，很多人都覺得，人類已經把自己從地球中解放出來，朝著我們屬於宇宙的未來，邁出了搖搖晃晃的第一步。

然而，即使大家一開始欣喜若狂，後來卻不得不默默接受，要真正在太空中來來往往幾乎是不可能的事。因為，即使是到鄰近的星系，都要花費好幾個世代的時間；況且，無論是誰只要長期生活在太空船，勢必難逃宇宙輻射無情的摧殘，以及其他在太空中生活帶來的負面影響。既然長距離太空旅行不太可能，我們不得不把希望寄託在「蟲洞」身上。所謂蟲洞，指的是彎曲的時空，它最大的好處是能提供我們穿越宇宙的捷徑。

換句話說，人類想要去另一個星系旅行，大概是不太可能——除非，我們認識那位使日月星辰各安其位的造物主。天使

們不知是用什麼方法，能夠在幾分鐘內穿越浩瀚的宇宙。我們可以試著朗讀〈但以理書〉第9章的描述：加百列在但以理開始禱告時，才啟程去他那兒，當他禱告結束時，天使剛好抵達。把他的禱詞複誦過一遍，你就會發現，天使這趟花不到幾分鐘。可見，宇宙再大，也不會超出創造主的管轄範圍；畢竟，宇宙也是祂所造。

保羅得到特別的恩寵，得以提早一窺天堂的樣貌。他描述這段經歷時，為了避免有吹牛的嫌疑，用的是第三人稱。不過，他的確是見到天堂了！這個經歷如此真實，以致他無法分辨自己是真的親身前往，還是在異象中看到。不管是哪一種，可以確定的是，是上帝穿越無垠宇宙，把他帶過去的。

我得承認，我一直都有點嫉妒阿姆斯壯。不過，不論天堂在哪裡，我們都可以篤定的說：「耶穌就在那裡為我們預備地方。」等祂回來以後，我們就可以脫離地球的羈絆，我們將親眼目睹阿姆斯壯難以想像的世界。

值得等待

弟兄們哪，你們要忍耐，直到主來。看哪，農夫忍耐等候地裡寶貴的出產，直到得了秋雨春雨。你們也當忍耐，堅固你們的心，因為主來的日子近了。雅各書5：7-8

我天生是個急性子。如果班機時間是中午，我會在早上九點就到達機場，在登機門前面走來走去，等著航空公司的員工把門打開，讓我登機。如果要開車去某地，我中途很少會停下來休息，只想儘快抵達目的地。如果要開會，我會在會議開始前一小時就先抵達會場。

所以你就可以猜到，我在等待基督復臨時，會是怎樣的心情。既然我知道這是真的，而且很快就要發生，我會希望它現在就立刻發生。我在這墮落的星球已經體驗夠了，也仔細讀過《聖經》裡的種種應許，確信自己已經做好準備，可以啟程了！其實，就這個角度來看，所有的基督徒都是急性子；我們都渴望能夠面對面見到耶穌，與祂重聚，再也不分離，我們都希望這事越快發生越好。

然而，儘管雅各也說主來的日子「近了」，但仍要我們學會耐心等待——就像農夫等待收成那樣有耐心。預表救贖計畫的聖殿儀式，正好呼應了完整的一年：從年頭到年尾，春耕到秋收。先是春天的節期，伴隨著早雨，最後以秋天的節期收尾。上帝的救贖計畫中，每個環節都有其深意：隨著耶穌道成肉身，祂開始了在地上的事工，最後在十字架上為我們犧牲生命，接著又復活，於是，教會誕生了。在長長的夏季過去後，我們接收到了最後的警告，接著審判就來了；最後，耶穌將會把帳幕設在我們當中，永遠與我們同住。上帝安排的計劃已涵蓋所有的可能性了。

因此，雅各說：「要忍耐。」耶穌即將復臨，一切的等待都是值得的。

站著望天

當他往上去，他們定睛望天的時候，忽然有兩個人身穿白衣，站在旁邊，說：「加利利人哪，你們為什麼站著望天呢？這離開你們被接升天的耶穌，你們見祂怎樣往天上去，祂還要怎樣來。」使徒行傳1：10-11

把《聖經》的預言繪製成表格，是件很有趣的事。橫跨數個世紀的〈但以理書〉預言真是準確的驚人，你可以按歷史的順序一一驗證，那種發現的狂喜是難以用言語形容的。我就是透過這種方式被說服，最後信了基督教。不論是尼布甲尼撒夢中之大金像，或是〈但以理書〉第7章中，從海面浮現的四個獸，或者是〈但以理書〉第8、9章中，對歷史事件發生時間神準的預測，都是人類有文字以來，最真實可信的文字記錄之一，證明了《聖經》的寫作確實是上帝在引導，不容置疑。

就是因為這些預言如此引人入勝，我發現自己很容易一頭鑽進去，捨不得放下書本，去做耶穌交待給我們的工作。然而，儘管我們不該忽略讀經、默想的重要性，但基督徒主要的任務並不是把預言中的每個細節搞得一清二楚，而是將福音帶進這個垂死的世界。

耶穌儘管已從雲中消失，門徒們還是捨不得離開山頂，渴望能再看祂一眼；畢竟，祂的生命及事工徹底翻轉了他們的人生。如果是你我，一定也會和他們一樣；儘管耶穌答應祂一定會再來，但想到即將失去祂，就算只是暫時的，一樣會叫人難以承受。

這時，天使出現在門徒們的眼前。也許這些天使當中，有些當年曾在耶穌誕生時，向牧羊人顯現，歡欣鼓舞地宣告祂來到這世上。這次天使是來宣布救贖計畫的下一階段：教會要開始動工了！「你們怎麼還站在這裡望著天空看？」他們問道，「祂已經告訴你們：祂會再來的。所以快快下山，回到你們的世界吧！他們正在等著你們呢！告訴他們你們所聽到的吧！」

沒錯，我們要隨時懷抱著耶穌再來的盼望，這無庸懷疑；不過，在等待的同時，不要老望著天空，想著耶穌到底什麼時候來？因為有太多工作等著我們完成，時間寶貴。

傳福音是個大工程，一旦投入，不知不覺地時間就過去了；然後，有一天我們就會突然聽到耶穌自己的聲音，告訴我們祂來了！這一刻，我們終能停下手邊的工作，望著天空。

何時會派上用場？

凡你手所當做的事要盡力去做；因為在你所必去的陰間沒有工作，沒有謀算，沒有知識，也沒有智慧。傳道書9：10

「**我**只知道一件事：就是我一無所知。」相傳這句話是出自希臘哲學家蘇格拉底之口，儘管蘇格拉底並未留下任何著作，而在柏拉圖對他的描述中，也沒記載他說過這句話，不過，這確實像是他會說的話。總之，這句話強調我們學到的越多，越明白自己的無知。孔子也曾說過類似的話：「知之為知之，不知為不知，是知也。」

我常思考，人類為何對知識如此渴望。畢竟，很多人終其一生不斷把知識往腦袋塞，然而，他們的生命一旦消失，這些知識對他們而言就沒意義了。以我自己來說，書本就對我有無可抗拒的吸引力；晚上是我的閱讀時間，桌上至少堆著十到十五本書，書頁間突出一張張便利貼，用來標示我覺得有意思的內容。我越讀書，就越渴望知識；我們家地下室已經堆了幾千本書，估計到我人生旅途走完前，至少還會再增加幾千本。

你有沒有想過，所謂的終身學習，到底目的為何？如果是年輕人，尚可說他學習是有意義的，因為這些他學到的知識，在接下來的數十寒暑都會派上用場。但如果你已經七老八十，還繼續閱讀或是學習新事物，為的又是什麼？何時會派上用場？

〈傳道書〉的作者也是長吁短嘆，細數人生的虛空。說真的，不論我們做過什麼、有何成就、學會什麼，最終都會隨時間而逝。幾世代過去，我們此生所有的成就早就沒人記得了；就算還有人記得你這個人，你做過什麼對他們早已無關痛癢。

所以，到底學習的目的何在？〈傳道書〉的作者自己回答：「上帝……將永生安置在世人心裡。」（傳道書3：11）此生也許在墳墓就劃下句點，但我們現在培養的品格，將成為跳板，讓我們順利銜接永生。等到耶穌來的那天，把我們從沉睡中喚起，我們便展開永恆的新生命，而那才是真實人生該有的樣子。

被上帝喚起

你們不要把這事看作希奇。時候要到，凡在墳墓裡的，都要聽見祂的聲音，就出來：
行善的，復活得生；作惡的，復活定罪。約翰福音5：28-29

現代人很難理解宇宙是怎麼誕生——如何從無到有。但〈創世記〉其實講得很清楚，所以對於我們的老祖宗來說，存在的奧秘用兩句話就可以解釋：「諸天藉耶和華的命而造，萬象藉祂口中的氣而成。」（詩篇33：6）也就是說，上帝說要創造宇宙，宇宙就出現了。

將來，把我們從冰冷的死亡沉睡狀態帶回來的，也會是同一個聲音。每一個曾經在這世上活過的人，有一天都會聽到耶穌基督的聲音，因此活過來。當年向我們的鼻孔吹入生命氣息的造物主，將來也會再次讓我們從沉睡中甦醒，迎接那整個宇宙歷史上最光榮盛大的一刻。

儘管不是每個人都會在他的人生旅程中，回應天使在啟示錄14：7的呼籲——「應當敬拜那創造天、地、海和眾水泉源的！」也不是每個人都把耶穌當作是生命的主，然而我們每個人終將被祂召喚，從墳墓裡復活。有些人會領受永生，有些人

復活後會被定罪。從死亡的沉睡中甦醒後，每個人都會清楚明白——創造主就是那一位！即使是那些原本否認祂是主的人，身體細胞仍會不由自主的對上帝的召喚產生反應，畢竟它們就是祂造的。於是，祂的力量對我們的主權，就會完全顯現出來；每個人將屈膝敬拜，承認耶穌基督是主。

儘管如此，不是每個被喚起的人都會去天國。有些人儘管也是百分之百被上帝所造，他們的身體會對上帝的呼喚產生反應，但他們的心卻拒絕了祂。這些人復活後，將會被定罪。既然他們不愛上帝，就不會有機會和祂一起生活；上帝將於最後的審判後，永遠地將這些人消滅，終結他們與神隔絕的不堪處境。

我們的當務之急，是要讓世人從我們身上看到上帝真正的品格，願意現在就回應祂的呼召，得以重生，才不會等到末日點名時，才發現為時已晚。

情願失去永生

為我弟兄，我骨肉之親，就是自己被咒詛，與基督分離，我也願意。羅馬書9：3

早期的凱爾特（Celtic）教會——即西元664年惠特比宗教會議（Synod of Whitby）之前的教會，她和以羅馬為中心的教會組織完全不同。她是靠著是一群愛主的創會教士，獨立發展出來的。他們視《聖經》為信仰核心，為她繪製精美的插圖。德瑞克・威爾遜（Derek Wilson）曾為查理曼大帝（Charlemagne）作傳，他在書中說：「凱爾特的教會不同於自羅馬教會體系而出的教會，她是地方自發形成的，體現了那『一次交付聖徒的真道』（faith once given）。」（德瑞克・威爾遜著，《查理曼》，原文第18頁）

她與羅馬帝國管轄的歐陸，隔著海洋，孤懸一方，卻將福音宣揚到帝國各角落。其最大的特點之一，是她的組織架構。由於羅馬帝國自康士坦丁大帝開始，就獨尊基督教，因此，隨著西羅馬帝國滅亡後，帝國統治重心漸漸轉移到東邊的君士坦丁堡，造成的權力真空狀態漸由教會填補。過去帝國的行政單位，也逐漸由教士掌控，變成了所謂的教區。直到今日，有些比較傳統的教會還延續這種作法，把他們的教區依照羅馬帝國的行政單位來劃分。

凱爾特教會則不是這樣。他們對鞏固各地的統治權力沒什麼興趣，寧願到處建立簡樸的修道院。他們沒有主教，只有負責管理修道院群落的修道院院長。凱爾特教會沒有建造一座座宏偉的教堂及教區中心，而是砌起一棟棟簡單的石頭小屋，居住其中的僧侶們致力於《聖經》的抄寫以及教學工作。

他們自願犧牲自己，過著刻苦的生活，這是他們事工的基本精神。組織不是他們所關心的，人才是！他們不在意世俗的成就，只在意宣揚基督的國度。直到今日，歐洲的地圖上仍遍布著他們的當年建造的修道院，從不列顛群島一路延伸到義大利半島。於是，他們得以在歐陸教會的信仰發生偏差時，傳承《聖經》的純正信仰。今天我們能夠領受這樣的信仰，真要感謝這些凱爾特基督徒。

而純正的信仰反映於以利他為出發點的福音工作。保羅把同胞的得救看得比自己得救更重要；如果能夠讓某人得到永生，他甚至願意拿自己的永生去換。這自然也是耶穌基督對福音的心意，祂為了讓你可以在祂的國度有分，就連天上的尊榮都可以不要。

片刻不離

有高大的牆，有十二個門，門上有十二位天使，門上又寫著以色列十二個支派的名字。東邊有三門，北邊有三門，南邊有三門，西邊有三門。城牆有十二根基，根基上有羔羊十二使徒的名字。啟示錄21：12-14

我們今日有部分的基督教派已不再重視舊約，視它為過渡時期的產物，並認為它對於進入新約時代的信徒毫無啟發性。然而事實上，不讀舊約是不可能看懂新約的。況且，舊約中關於聖所的儀式和規定是《聖經》最值得研究的主題之一。

聖所中進行的獻祭儀式，幾乎每個細節都有重要象徵意義，能讓我們更認識耶穌；就連各支派紮營的位置，也有其深意。依照〈民數記〉2章的記載，以色列子民在前往迦南地的途中、晚上紮營休息時，築營的順序是有嚴格規定的：會幕要在整個營地中間，利未人則是緊靠著會幕圍成一圈。然後，其他支派的人沿著利未人那一圈的外圍，東、南、西、北四個方位各有三個支派紮營。而上帝臨在的榮光則降臨在會幕的至聖所中住下來。

在上帝永恆的國度來到之前，會幕這樣的位置安排，讓我們得以實際貼近上帝；肉眼可見的會幕提醒了我們，上帝真正的心意，還是要我們有一天完全回到祂身邊，嚐到生命樹的果實。

上帝讓約翰看到新耶路撒冷，是為了讓他明白，會幕所揭示的應許會實現。城中有十二個門，每個上面都寫著十二個支派其中之一的名字，城牆的根基則是寫著十二使徒的名字。這些門沒有關起來，都是敞開的。此城的規劃呈正方形——就跟地上的至聖所一樣。約翰看到的是，上帝的子民終於與創造他們的上帝恢復了曾有的緊密聯繫。

這幅景象極為動人。上帝沒有因為我們的背叛就放棄我們，反而一直想辦法把我們拉近；這樣，等祂和撒但之間的善惡之爭告一段落，祂便可以敞開大門，迎接我們回來。

在這整個過程中，上帝沒有一分一秒不在守護著我們。很快的，等那一天來到，我們就安全了，再也不會受到任何傷害。

因為感動

「諸君，為什麼做這事呢？我們也是人，性情和你們一樣。我們傳福音給你們，是叫你們離棄這些虛妄，歸向那創造天、地、海，和其中萬物的永生上帝。祂在從前的世代，任憑萬國各行其道；然而為自己未嘗不顯出證據來，就如常施恩惠，從天降雨，賞賜豐年，叫你們飲食飽足，滿心喜樂。」使徒行傳14：15-17

如果純粹以「結果」來論及，保羅和巴拿巴在路司得的福音事工，那麼就現代人的角度來看，結果真是慘不忍睹。那裡的人見到一個瘸腿的人奇蹟般的康復了，於是把這歸因成是他們的神顯靈，急忙向保羅和巴拿巴下拜。

不過，保羅可以理解為何他們會這樣做，知道他們其實是太渴望真道，一旦發現蛛絲馬跡，就迫不及待的想要接受。因此，儘管他們的反應非常不恰當，但動機是好的。我們可以仔細看看保羅怎麼回應，這對我們今日的福音工作會有很大的啟發。首先，他傳達了三天使的第一個信息，要他們敬拜「那創造天、地、海和其中萬物的永生上帝」，然後帶到善惡之爭：「祂在從前的世代，任憑萬國各行其道」，但他仍不忘點出，上帝「為自己未嘗不顯出證據來」。他這個結論，可能是傳福音時最需要強調的一點。。

翻遍整卷〈使徒行傳〉，似乎沒有一個人是基於理性考量才信主的；這對現代的基督徒來說，可能有點意外。使徒每次施浸的對象，都是之前已對聖靈有所回應：五旬節那天，彼得是為「虔敬的猶太人」施浸；原名掃羅的保羅在亞拿尼亞被派去與他同工之前，已經碰到了耶穌本人；第一位信主的外邦人哥尼流，《聖經》描述他是位「虔誠人」，而且「他和全家都敬畏上帝」。

讓人選擇信主的不是我們，這超出我們的能力。我們只是要找出那些已經被聖靈感動的人。因此，在跟人分享信仰時，最重要的或許是透過傾聽，判斷上帝是否已經在他身上動工。

每個對基督教信仰有興趣的人，你在主動找上他之前，上帝都已經先觸動了他的心；我們只是拼圖的最後一塊，作用是促使已經受聖靈感動，有意信主的那個人採取行動，成為基督徒。

上帝，求祢開我們的眼，讓我們能夠分辨出，我們身邊哪些人已經覺醒！

#被赦免的*

我知道我的救贖主活著，末了必站立在地上。我這皮肉滅絕之後，我必在肉體之外得見上帝。我自己要見他，親眼要看他，並不像外人。我的心腸在我裡面消滅了！約伯記19：25-27

賈絲汀·薩科（Justine Sacco）曾經是某家知名數位媒體公司的公關部門總監。然而，有天她犯下了極為不堪的錯誤。她在倫敦希斯洛機場等飛機的時候，她透過推特（Twitter），向她的170名追蹤者發表了一個不經大腦、極為沒品的愛滋病笑話。她顯然是要用這個笑話來嘲諷種族主義，卻讓自己顯得像是個種族主義者。發完文後，她就在前往南非的長途飛行中進入甜美的夢鄉，渾然不知網路上已經鬧得天翻地覆。

班機抵達目的地後，她打開手機，發現朋友傳來一則訊息：「我很難過看到這樣的事發生。」她當然是完全一頭霧水。不過，幾分鐘後，她就發現到自己成為推特上第一熱門的主題標籤（hashtag）：#賈斯汀到了沒？（#hasjustinelandedyet）她的推文已經引起巨大騷動，全世界有幾百萬人正等待她的班機降落，摩拳擦掌，要當著全世界的面，痛痛快快的炮轟她。有個人在機場拍到她抵達的照片，把它放上網並昭告天下：他們要修理的人到了！

她的推文是不是真的很沒水準？是！但她是不是活該遭網民們圍剿，包括粗暴的言詞以及死亡威脅？其實不應該！因為這個事件，薩科丟了飯碗，整整一年找不到工作，後來只得向專門管理網路形象的公司求救，試圖敗部復活。

她的故事深刻揭露人性。我們個性中陰險、無情、好報復的那一面常會跑出來，於是，連用滑鼠鍵毀掉一個陌生人這種事都做得出來。我們喜歡對某個在地球另一端的人大加撻伐，儘管我們根本不認識他；反正，網路的匿名環境下，沒人知道你是誰。

另一方面，薩科的故事也對我們的未來有所啟發。我們每個人在短短的生命中，都會面臨很多掙扎，一路走來也會不斷的犯錯。到我們長眠的那一刻，我們的人生已因為罪的效應，變得愚蠢瘋狂。同樣的，也有個人等著我們甦醒過來。這個人對於我們做過什麼事一清二楚，然而因為祂非常愛我們，已經幫我們承擔了所有的罪責。當我們還在沉睡的時候，祂犧牲了自己，為我們換得了全新的生命。在這新生命中，我們過去犯的錯都不算數了，得以抬頭挺胸，向前邁進。

我的心怎能不渴想著祂？

（*編按：在社群網站上常用#符號來標示一個主題，將各篇獨立貼文串連一起。）

眼睛未曾看見

如經上所記：「上帝為愛祂的人所預備的，是眼睛未曾看見，耳朵未曾聽見，人心也未曾想到的。」哥林多前書2：9

在我眼中，世上最令人扼腕的事，莫過於心願未能達成，就離開人世。每天都有幾百萬人是在這樣的情況下，歸於寂滅。有些人本來一直想寫本書，然而他們寶貴的見解，卻未能留下記錄，永遠失傳；有些人的腦海中已經譜出了偉大的交響曲，卻來不及寫下來，更別說交付樂團演奏了。也有些人本來有成為外科醫生、哲學家、教師、工程師的潛力，然而人生有限，很難同時精通兩種以上的領域（除了少數例外），我們很難有機會發現他們真正的潛力。

我認識一些年紀輕輕就與死亡擦肩而過的人。他們告訴我，他們最害怕的不是死亡本身，而是自己的日子不多了。很多事他們一直想要做，例如，成為父母、跟某人說話、拜訪某地，或是達成某個目標，卻沒料到自己的時間居然只剩這麼一點點。想到自己的心願清單中，還有好多都沒實現，心裡充滿了不甘。

然而，身為基督徒，我們有幸明白，當前世上的所有成就，都遠不及未來的新天新地精彩。我們現在所聽到的交響樂，都不能與將來譜寫的相比；世上的任何一本書，它的影響力都比不上將來我們在新天新地讀到的著作。到時候，一本書的寫作時代可以橫跨千萬年，且有上帝同在，賦予源源不絕的靈感。如今我們所規劃的一切，都比不上將來的完美，因為要到那時，這世界才能真正擺脫罪的污染。

因此，我們毋須抱憾以終，因為，等到我們醒來，就會發現，居然有那麼多全新的可能性，等待我們去發掘。如保羅所說，等著我們的，是「眼睛未曾看見，耳朵未曾聽見，人心也未曾想到的。」你有些夢想，上帝會放在你心中，可能不是設定在今生就要實現，而是要等到將來，它們才會真正發光發熱。

正如在傳道書3：11中，哲人也說，上帝「將永生安置在世人心裡。」

「看哪，這是我們的上帝」

到那日，人必說：「看哪，這是我們的上帝；我們素來等候祂，祂必拯救我們。這是耶和華，我們素來等候祂，我們必因祂的救恩歡喜快樂。」以賽亞書25：9

每個人心中最深的渴望之一，就是明白自己到底是誰。小時候，答案很簡單，就是我五歲，叫什麼名字，而爸爸、媽媽的名字是某某某和某某某；我們對自己在這世界上的定位很清楚。等我們長大，選擇從事某種職業，則會用工作頭銜來描述自己，例如：我是牙醫師、木匠、或者是博士生。

但有一天，對於我們自己是誰，我們突然變得不那麼確定了。我們發現，光是我們認識誰，或從事怎樣的工作，其實並不足以定義我們的身分；我們開始渴望明白自己更根本、更有意義的身分。這時，我們不禁懷念起過去，那時我們對於自己是誰，是那麼的篤定。

20世紀那位陰鬱的馬克思主義哲學家尚保羅·沙特（Jean-Paul Sartre）說過，人有所謂的「存在焦慮」。以下他這段話，不知讓多少人心有戚戚焉（**以下僅呈現他的論點，不代表個人立場**）：「我想要離開這裡，到一個真正屬於我的地方去。在那裡，我將自由自在做自己。可是，世上並沒有這樣一個地方；我是多餘的。」（尚**保羅·沙特著，《嘔吐》，原文第122頁**）

你可能沒把人生看得那麼灰暗，不過，我猜你偶而也有類似的感受。我們最常問的問題也許就是：「我是誰？」只不過都是捫心自問，沒有說出來罷了。

儘管我們對自己所扮演的角色——父母、公司員工、老闆、兄弟姊妹、或朋友，多少有些概念，不過，我們還是疑惑：我本身又是誰？我們極欲知道，自己為何會來到世上？不僅想知道自己的功能，也想知道自己在宇宙中的定位。

這些問題，都將在人子「在祂父的榮耀裡同著眾使者」（馬太福音16：27）出現在東方的天空時，頓時消散。那些終生跟隨主，和耶穌早已心意相通的人，一抬起頭就會認出祂來。

當我們見到祂的那一刻，內心最深的渴望，當下就會得到滿足。屆時，我們會突然完全理解自己是誰、歸屬於何處。

「看，這不就是我們的主嗎？」

天父「視」界

對膽怯的人說:「你們要剛強,不要懼怕!看哪,你們的上帝必來報仇,必來施行極大的報應;祂必來拯救你們。那時,瞎子的眼必睜開;聾子的耳必開通。」以賽亞書 35:4-5

據聞貝多芬曾說:「貝多芬能夠作曲,是要感謝上帝,不過,他在世上唯一能做的事也就只有作曲了。」我們都知道,他是如此熱愛音樂,音樂是他的生命;他如果真的曾說出這樣的話,只能解讀為,他是在表達對自己命運的深沉悲痛:因為到最後,他連自己譜寫的曲子都聽不見。關於他為何會喪失聽力,有好幾種理論:有的說是因為疾病;有的歸咎於他小時候常遭父親痛毆;有的則懷疑是因為鉛中毒(他頭髮中驗出含鉛)。

不論原因為何,貝多芬失去聽力這件事,絕對是十九世紀最大的悲劇之一;堪稱史上最偉大作曲家的貝多芬,最後竟然聾了!每次想到他的故事,我往往感到難以釋懷,覺得世界怎麼這麼不公平!

儘管如此,這位偉大的作曲家至少是後來才聾的,因此知道音樂旋律。有些人情況還更嚴重;他們只看得到我們的嘴唇在動,注意到我們聽到音樂時的反應,或是看到我們頭往後一歪,爆出自己聽不見的笑聲。眼睛看不見的人也有類似情形:就算我們試著將夕陽西下的時候,天空中各種層次的色彩描述給他們聽,但他們因為缺乏參考點,無從想像我們有幸得見的景象。

幸好,上帝承諾過,當耶穌再來時,這樣的遺憾將不再有。啟示錄1:7說,屆時「所有人」都將看見祂,那時「瞎子的眼必睜開,聾子的耳必開通」。想像一下那時的情景——有些人這輩子第一次張開耳朵,聽到的就是到耶穌的聲音;第一次睜開眼睛看到的就是耶穌的面容。

即使是表面耳聰目明的我們,如今也只是「彷彿對著鏡子觀看,模糊不清」(哥林多前書13:12)。我想,等到這世上的罪惡都成為過去時,我們應該也會驚訝於自己怎麼突然能看得或聽得那麼清楚!到時候,我們可能也會覺得,如果照天國的標準,自己過去幾乎真可以說是又盲又聾了。

8
Aug

領浸約言第八條：
我接受屬靈恩賜的道理，相信預言之靈乃是餘民教會的明顯特徵之一。

交托給上帝

古實人豈能改變皮膚呢？豹豈能改變斑點呢？若能，你們這習慣行惡的便能行善了。
耶利米書13：23

廿世紀初，西方世界對新時代充滿了憧憬。那時，歐洲各國已經很長一段時間沒有發生戰爭，不再像前幾個世紀那樣戰火頻繁；科學界及機械化生產也出現重大突破，中產階級人數大為增加。政治人物的言論中，滿是對未來的樂觀期待，預期烏托邦的理想即將在本世紀實現。當時的人普遍相信，那些長久以來困擾人類的問題，眼看著就要成為過去。

結果，他們大錯特錯！廿世紀成了人類史上最血腥的時代之一，超過兩億人在戰爭中喪失生命。機械化的結果提升了人類殺戮的本事，科學的思考方式變了調，科學家遵奉惡名昭彰的優生學，用它來滅絕他們想要除去或判定為不良的族群；我們有能力可以大量生產消費性產品，卻也大量興建死亡集中營，系統性地殺害了數以百萬計的人。原子科技還沒來得及用來提供家用能源，就先被用來殺人。

事實證明，人如果順著本性行事，後果將是難以想像。事實證明，罪不只是靈魂沾上一點泥污那麼簡單，而是一個根深蒂固的問題，我們自己無力解決。我們儘管當初的確是依照上帝的形象所造，但和這位創造主脫離關係後，上帝原本給我們的祝福——智慧和創造力，注定會淪為滿足私心、達成邪惡目的之工具。要扭轉罪對我們的控制，就如同想改變天生的膚色一樣困難。

然而，一旦我們把心交到上帝的手中，讓祂掌管，它將會變得不同凡響。我們的心將會褪去包覆其上的那層私欲，轉而以別人的需要為中心。於是，我們的天賦會成為真正的屬靈恩賜，讓人看到上帝無私的愛，因而情不自禁受到吸引，決定轉向祂。比起取，我們將更樂於付出；我們變得不愛殺戮，只願醫治；我們不再鼓吹要對人類的進步有信心，因為那只是空洞的樂觀主義，轉而敬虔的使用自己的屬靈恩賜，讓世人在上帝的國度中，找到希望，不再將希望寄託那在人類的君主或帝國曾嘗試建立、卻從未成功的虛幻烏托邦。

上帝的形象

上帝就照著自己的形象造人，乃是照著祂的形象造男造女。創世記1：27

當代的達爾文主義信徒相信，人類出現在這世上，並不是為了什麼目的，然而，上帝宣告我們是祂依照自己的形象造的。儘管人類和上帝之間有一條不可跨越的界線，創造主和受造物之間也有著明顯的區別，但我們每個人的身上都看得到祂的影子。例如，人的創意是天生的，因為造我們的那位本來就極富創意；人有愛的本能，因為給予我們生命的那位，祂的本質就是愛。

自從人類墮落、產生了罪，上帝的形象在我們身上就變得模糊許多。因為罪的驅使，我們愛自己勝過他人；我們創造發明是為了獲得世俗的名聲，而不是為了彰顯天父上帝的榮耀。不過，藉由操練屬靈恩賜，我們獲得一個寶貴的機會，可以重新學著使用我們的天賦來榮耀上帝。例如，試著回想一下上帝造天地的那幾天。第一天祂只說了「要有光」（創世記1：3），光就出現了。我們畢竟是受造物，不像上帝，連地上的各種元素都會聽祂的

話，但我們還是有某種類似的恩賜。馬太福音5：14中，耶穌教導門徒說：「你們是世上的光。」意思是，藉由各種屬靈恩賜，像是教導、傳道，或敬虔生活，我們可以照亮這被罪的可怕黑暗籠罩的世界。

在創造週，上帝把光和暗分開，並讓地球上充滿各式各樣的植物以及種類多到數不清的動物，為我們的先祖亞當夏娃預備了完美的環境，完美到我們稱之為樂園。

同樣的，人類的屬靈恩賜，如新約中提到的包括「勸化」、「施捨」、「憐憫」等等（羅馬書12：8），它們共同的特點就是皆以他人為中心。儘管我們無法動動口，就變出一片園林，但在等待耶穌復臨的同時，我們可以提供別人一個安樂的庇護所。

因此，屬靈恩賜可以視作是一種在上帝創造的基礎上，再加以創造的能力，於是，世人可以從我們的創造物中，看到其中反映出的上帝形象。

依照聖靈的心意

這一切都是這位聖靈所運行、隨己意分給各人的。哥林多前書12：11

保羅在今天存心節的短短一句話中，就足以推翻近代流行的一種關於恩賜的謬論。許多年前，當時我的信仰尚未成熟，有次應朋友之邀到一個教會參加他們的聚會。那次聚會非常的另類，和我從小熟悉的荷蘭加爾文教派（Calvinist）聚會方式完全不同。那個教派沒有自己的教堂，而是租下一棟商業大樓的店面當作聚會地點；這在今日並不稀奇，但在當年算是很罕見。整個崇拜聚會——也許稱做「節目」還比較適合，完全沒有翻開過《聖經》，也沒有針對《聖經》的內容做講解。

倒是有位男士站到最前面告訴聽眾，每個人都擁有某項特別的屬靈恩賜，但要學會怎麼用它。他說，為了要發揮這項恩賜，你要先讓「腦子淨空」，然後「自然而然的感受它」。聽到這裡，我就覺得不對勁了：也許我沒有固定上教會，但也知道「腦袋淨空，全無防備的暴露在外界的影響下」，是有問題的。

結果，所謂特別的「恩賜」，指的是人會不由自主的狂笑，笑到身體癱軟。我身旁的人，一個接著一個，笑到倒在地上，伴隨著一陣陣格格笑聲，身體不由自主的跟著抽搐；用「有點怪」來形容還太含蓄了！正如廿世紀中期，靈恩運動興起，說方言蔚為風潮，如今「聖笑」（Holy laughter）被視作是「聖靈充滿」的鐵證。

別說新約教會中從未出現過這種恩賜，事實上，《聖經》從未說有哪一種恩賜證明聖靈的同在，是基督徒應具備的，更沒說上帝要給人什麼樣的恩賜，是我們可以自己決定的。《聖經》說的是，聖靈會自己決定祂希望我們每個人擁有怎樣的恩賜，然後「隨己意分給各人」。

想一想，其實這是最好的安排。畢竟上帝比我們更瞭解自己，祂知道我們擔任什麼角色，最能將祂的品格展現給世人看；祂的眼光從不出錯！

呼召做自己

恩賜原有分別,聖靈卻是一位。職事也有分別,主卻是一位。功用也有分別,上帝卻是一位,在眾人裡面運行一切的事。哥林多前書12:4-6

最近幾年,大學校園中開始出現了一個令人不安的現象:學生會要求跟自己意見不同的人閉嘴。當他們聽到別人的想法跟自己差很多時,就覺得受到嚴重冒犯;為此,他們甚至要求要有一個可以庇護或撫平情緒的地方。有時,對於異己的敵意甚至延伸為肢體衝突或暴動。這不禁讓人不寒而慄,進而聯想到喬治·歐威爾(George Orwell)在《1984》這部小說中所描寫的世界。在這想像的世界中,政府為了要確保人民有共同的意識形態,甚至對語言加以管制、改造。

這種趨勢令人憂心。所有專制政權的共同特徵,就是強迫所有人都要有同樣的思想,因為一黨專制的政府為了鞏固自己的權力,通常無法容忍有人跟他們意見不一樣。身為基督徒的我們,更應對這樣的趨勢提高警覺,因為這代表時間到了,要不了多久,這世界就會完全受到那獸的迷惑,所有人都將被他收編。(參閱啟示錄13:3)

為了避免落入從眾心理,基督徒還有另一個特別要注意的地方。我們常會認為某些人格特質特別好,並用是否也具備這樣的人格特質來判斷一個人的屬靈程度;因此,我們的心中會有一個既定的理想基督徒形象。由於廿世紀之後,整個世界越來越崇尚外向性格,教會也深受影響,往往要求自己的弟兄姊妹向卡內基(Dale Carnegie)這類的人物看齊,認為理想的基督徒應該具備領導能力,才是禱告精兵,能主動跟陌生人說話,一點都不害羞;他必須敞開家門,歡迎大家來查經,還要懂得怎麼和小孩相處,並且隨時隨地都能大方分享個人見證等等。

然而,這卻不是《聖經》所描繪的教會該有的樣子。《聖經》從來就沒有說過一個好的教會之信眾必須想法統一、行動一致,相反的,它強調我們儘管都是在同一位聖靈的帶領下敬拜上帝,每個人卻都是獨特的。

上帝從未期望我們在發揮屬靈恩賜時,要先看看那些有名的基督徒是怎麼做的,然後依樣畫葫蘆。祂呼召我們,不是因為我們和別人一樣;祂指派某個任務給你,就是因為你和別人不一樣。

換句話說,上帝呼召你,是要你成為自己該有的樣子。

每扇門都敞開

有高大的牆，有十二個門，門上有十二位天使，門上又寫著以色列十二個支派的名字。東邊有三門，北邊有三門，南邊有三門，西邊有三門。城牆有十二根基，根基上有羔羊十二使徒的名字。啟示錄21：12-14

新耶路撒冷（上帝將永遠與祂子民同住的地方）的十二道大門上，寫著以色列十二支派的名字。這種作法，顯然可以追溯到以色列當年在曠野紮營時期的歷史。當時，各支派以三為單位，分別環繞會幕的東、西、南、北四個方位紮營；而新耶路撒冷城形狀正如當年的至聖所，長、寬、高都相等。

上帝賦予了十二支派和十二使徒類似的使命。十二個支派是要成為外邦人的光，邀請他們也來認識上帝、與祂建立關係（以賽亞書49：6）；而使徒們是要使萬民成為耶穌的門徒（馬太福音28：19）。因此，刻在城中建物——根基和大門之上的這些名字，不僅代表著將和上帝永遠同住的那群人，也代表著肩負傳福音工作的同一群人。

每個以色列支派都有其鮮明的特質。當年在曠野中紮營時，他們都是跟隨著自己支派的旗號（民數記2：2），而雅各也曾細數每個支派的獨特性（創世記49章）。可見，你服事上帝的方式毋須跟別人一模一樣。儘管我們都是構成耶路撒冷城的一部分，每個人卻也都是獨特的；重點是，你要能夠成為城門之一。藉由你的恩賜，幫助別人與上帝建立關係，進而得到拯救。你毋須成為別人的複製品，因為上帝就是要透過你像這樣的人，讓某個人進到祂的國度。儘管人要回到天父那邊，唯有透過耶穌基督，但上帝需要各式各樣的人擔任通道，讓各種人都能有機會接觸到上帝。

如果一個教會的福音工作是完全仰賴某位牧師或傳道人，那就不可能成功。這是因為每個人都只能夠對某些人產生影響力，要是傳道工作完全依賴少數幾個人，那通往天國的大門，就會少了很多。因此，若所有大門都敞開，每個人都盡情發揮恩賜，我們就能看到更多人進入天國，認識耶穌並獲得祂的拯救。

得來個大合唱

正如我們一個身子上有好些肢體，肢體也不都是一樣的用處。我們這許多人，在基督裡成為一身，互相聯絡作肢體，也是如此。羅馬書12：4-5

貝多芬的第九號交響曲肯定是古今中外最耳熟能詳的樂曲之一。著名詩歌《歡樂頌》（Ode to Joy）就是由它改編的，很多人也認為它應名列世上最偉大的音樂作品之一。如果你聽過現場表演，很難不受到感動；它能夠觸及人深層的情感。很多聽眾就算沒受過正規的音樂教育，不懂樂理，還是能憑直覺了解音樂所要傳達的訊息。

不過，要是第九號交響曲是由一人擔當演出，會怎樣呢？事實上，《歡樂頌》這個樂章無法靠一人獨唱。因為如果是獨唱，表演者唱出的旋律，觀眾即使還聽得出是什麼曲子，知道是貝多芬寫的，但聽起來就會有點單薄，且顯得不夠完整，作曲者的意念無法被充分傳達。換句話說，儘管有貝多芬的味道，但不夠原汁原味。

同樣的道理也可以應用到屬靈的恩賜上。保羅將各人的恩賜比做身體不同的部位，強調每個部位都要緊密相連，才會構成一個身體──耶穌的身體。現今流行一種觀念，說基督徒可以獨立從事天國的事工，毋須加入教會組織。然而，這觀念是有問題的；因為，上帝沒有讓任何一位信徒擁有聖靈的全部恩賜，祂的意思是要各人發揮自己的恩賜，產生互補的效果。

的確，個別基督徒也能讓人看到耶穌的部分面貌，不過，他所能呈現的也是太過單薄，有欠完整，等於想用獨唱的方式表演一首合唱交響曲一樣。一個人的聲音無法完整展現基督的全貌，觀眾──這世上的各民、各族、各方、各國，便無福享受上帝本來希望要呈現給他們的壯麗樂章。

事實上，即使是上帝，也都不是一人唱獨角戲。根據《聖經》，三位一體的上帝其位格之間合作無間，每個都擔當不同的角色，為實現祂的旨意而同心合意。身為上帝子民的我們，自然更當如此。當我們貢獻各自的恩賜，通力合作時，基督豐富完整的形象便會浮現，讓見到的人無不動容。

彼此需要

明亮之星，早晨之子啊，你何竟從天墜落？你這攻敗列國的何竟被砍倒在地上？你心裡曾說：「我要升到天上；我要高舉我的寶座在上帝眾星以上；我要坐在聚會的山上，在北方的極處。」以賽亞書14：12-13

基督徒最美好的恩賜之一，就是辨識的能力。它通常指的是「能夠一眼看出神學上的謬誤」，在問題發生前，防患於未然。不過，另一種辨識能力也很有用，那就是：能看出別人比你更適合擔負某項工作。

《聖經》告訴我們，路錫甫儘管貴為遮掩約櫃的基路伯，地位僅次於上帝，後來卻開始不安其位。身為受造物的他，蒙受如此厚待，卻不為此感恩稱謝，反而對於自己沒有與上帝同等而感到不是滋味。他開始覺得，自己比上帝更夠格坐在那寶座上。

從人的嫉妒傾向可看出，每個人多少都有路錫甫的心態。看到別人擁有獨特的恩賜，特別適合在基督的身體中扮演某個角色，但我們卻不是承認他很棒，為他歡欣雀躍，而是欣羨他能得到這樣的機會，挑剔起自己所扮演的角色，忘了每個角色都有其重要性。

這種驕傲的心態，在教會提名委員會的運作期間，往往暴露出它的醜惡面目；我們可以看到眾人爭相搶奪那些看起來似乎高人一等的職位。

然而，如果從企業的角度來看，就會發現這種心態是有問題的。事實上，那些全世界最成功的企業領袖，他們往往並非十項全能、擁有讓一家公司成功運作所需的所有能力，但他們卻是一流的領導人才，因為他們知人善任，能夠看出某人在某方面的能力可能比自己強，便將他招攬到自己的旗下。

使用屬靈天賦，是一種信心的操練。我們得學會相信，教會非常需要我們的恩賜，不用老是羨慕別人。

因此，保羅提醒我們，「眼不能對手說：『我用不著你。』頭也不能對腳說：『我用不著你。』不但如此，身上肢體人以為軟弱的，更是不可少的。」（哥林多前書12：21-22）

真的，不僅是你需要教會，教會也需要你。

已經在你手中

摩西回答說：「他們必不信我，也不聽我的話，必說：『耶和華並沒有向你顯現。』」耶和華對摩西說：「你手裡是什麼？」他說：「是杖。」出埃及記4：1-2

也許是因為消費主義主導了當代西方文化，教會中往往是由「專業」的神職人員來做福音事工，而平信徒袖手旁觀。久而久之，教會中很多人開始覺得，自己大概對於福音工作幫不上什麼忙。他們會這麼認為，可能是因為自己無法在眾人面前自在表達，或沒唸過神學院，而最常見的原因則是，他們覺得自己對基督的認識不夠，沒什麼可以分享給別人的。

然而，就屬靈恩賜而言，上帝不會在一開始的時候，就把你所需的恩賜全部都賦予你，使你感到自在篤定。因為，如果你無論何時都能老神在在、自信滿滿，你可能就會誤以為領人歸主，都是靠自己的能力。然而，那些最善於帶領人信主的基督徒，他們都會告訴你，要是整個過程是由他主導的話，是不可能使任何人得救的。他們相信，某人最終願意信主，靠的是上帝，完全不是傳福音的人可以決定的。

有鑑於此，我們不用等到自認能力夠了才開始行動。何況，傳福音也是在操練信心；這世界與上帝為敵，上帝卻要我們跟世人分享上帝，這實在是不可能的任務。因此，在這種氛圍下，當你看到有人居然接受了耶穌，你便會深刻體認到：這真是上帝的手在做工！你的信心因此更上一層樓，願意相信上帝在掌權，祂確實說到做到。

請相信，上帝要呼召的就是現在的你；祂看的出來，祂給你的恩賜能夠讓你有所發揮，只是你可能還沒使用它，或尚未好好開發。

當年上帝要摩西去見法老時，他也是害怕的不得了，想打退堂鼓。上帝指著他手中那根不起眼的手杖，問他：「你手裡是什麼？」如果當時有旁觀者，說什麼都不會相信摩西單靠那根牧羊人的手杖，就能挑戰埃及法老。然而，上帝能夠點石成金；祂賜給你的恩賜，對你來說已經足夠。因此，你只管去傳，然後準備見證奇蹟。

你「現在」的住處

天國又好比一個人要往外國去，就叫了僕人來，把他的家業交給他們，按著各人的才幹給他們銀子：一個給了五千，一個給了二千，一個給了一千，就往外國去了。馬太福音25：14-15

耶穌準備回到天國時，祂向使徒們承諾：「我去原是為你們預備地方去。」（約翰福音14：2）耶穌這話實在令人受寵若驚，對很多人來說是極為寶貴的應許。因為，世上有些人堅稱，生命只是偶然形成；如果照這論點，人生就沒有意義。然而耶穌這句話讓使徒們可以確信，對上帝來說，他們很重要，重要到祂會在祂的國度中為他們保留住處。

事實上，今天的存心節給了我們一個啟示，就是毋須等到耶穌復臨，我們現在已經在上帝的國度中有了一個清楚的定位。在這關於恩賜的預言中，我們可以看到耶穌被比喻成家中的主人，要到遠方去旅行。臨行前，祂將不同的恩賜分給了僕人。

「僕人」這個詞在《聖經》希臘文原文是「doulos」，其實比較接近「簽下賣身契的奴隸」；這表示我們能夠得到救恩，靠的是耶穌願意用重價將我們贖回（哥林多前書6：20；彼得前書1：18-19），因此，我們心甘情願成為祂的產業。

每個基督的僕人都受託管理祂部分的產業，上帝期望我們拿這些產業去好好投資，讓祂的國度能壯大興盛。儘管有些人分配得多，有些人分配的少，但一定足以讓我們在這世上貢獻自己，服事上帝。也就是說，我們在祂的國度中已經有了自己的位置；耶穌在為你準備天上住處的同時，也在地上安置了你。

我們受託要管理創造主的產業！世上還有比這夠更要緊的事嗎？懷愛倫說：「上帝在這世上指派給我們的工作，正是祂在天上也為我們留了一個位置的明證。」（懷愛倫著，《天路》，原文第327頁）

一般人靠著在世界所成立的政府或企業中獲得高位，為自己的人生賦予意義和價值。然而你我卻有幸在上帝的軍隊中獲得一個職位，得以好好發揮上帝為你量身打造的才幹，這是全世界任何職位都無法相比的。一般人靠長長的頭銜來抬高自己的地位，我們卻有天大的榮幸，有機會讓耶穌在我們的額頭上題上天父上帝的名字（啟示錄14：1）。

不進則退

因為凡有的，還要加給他，叫他有餘；沒有的，連他所有的也要奪過來。 馬太福音25：29

很久以前，我可以算是半個音樂家。我曾接受多年正式的音樂教育，每天練習時間長達三個鐘頭。那時，我的手指已經可以在樂器上來去自如，演奏彷彿成了本能。可惜啊！那已經是古早的事了。後來我的生涯出現一個大轉彎，且每天忙到昏天暗地，30多年都沒再碰那個樂器了。

只有少數幾次，我又坐在它的面前，想要練習一下。然而，它已經不再像以前那樣聽我的話了。我已經失去當年的本能；我聽我自己的演奏，感覺像是戴了手套在彈，叫我好傷心。因為太久沒練習，我已經失去了這方面的天分。

基督賦你的恩賜也是這樣，如果你不練習使用，它就不會進步，最後就消失了。懷愛倫曾提醒我們：「如果一個人習慣四肢不動，很快地，肌肉就會變得沒力。同樣的，基督徒如果不常把上帝賜給我們的能力用出來，不僅無法長成基督的身量，連原本的能力都會消失。」（懷愛倫著，《喜樂的泉源》，原文91–92頁）

剛開始服事耶穌基督的時候，每個人都難免跌跌撞撞、戰戰兢兢。畢竟，如果明白這是多麼龐大的任務，任何人都會自覺能力不足。

不過，只要你願意使用既有的恩賜，你的信心就會增長，越來越相信祂會使用祂賦予你的能力，去完成偉大的事工。你越使用你的恩賜，就越有信心——不是對自己的信心，而是相信上帝的恩典夠用。

《聖經》中關於才幹（恩賜）的那個比喻清楚道出，善用恩賜不只是對你有好處，上帝也要你這樣做；對於初信者來說，使用恩賜正是操練信心的好機會。這個預言同時告訴我們，一直到耶穌回來之前，這些恩賜都是歸你所有——但前提是，你要用它來榮耀上帝。

你是否可以用某種方法榮耀上帝？如果知道方法，卻沒有去做，可以想一想，到底是什麼攔阻了你？

彼此推讓

愛弟兄，要彼此親熱；恭敬人，要彼此推讓。羅馬書12：10

當我們年輕、尚在探索這世界時，就會趁這段時期磨練自己的能力，為將來進入就業市場做好準備。等到我們應徵工作時，也會盡量讓對方相信，自己是最好的選擇，因此會在履歷表上列出自己所有的優點，好讓自己從競爭者中脫穎而出；如果我們開公司，我們會努力說服消費者，讓他們相信選我們就對了！

這樣做並沒什麼不對；為了生計著想，我們的確是應該加強自己的競爭力。不過，要是把這種企業經營的心態帶到教會，就會有問題了——但事實上，這在教會中非常普遍。

的確，對於復臨教會以外的圈子，我們希望自己的信息具有競爭力，別人會認同和接受我們的信仰。我們希望別人能夠瞭解，我們所傳講的信息和別人不一樣，而我們也被賦予將人帶出巴比倫的使命，也就是說，我們會幫助他們瞭解，在這廣大的宗教市場上，餘民教會的信息和其他教會有哪些重要的區別。

因此，這種競爭心態也是健康的。真正有問題的，是將上帝賜予我們的恩賜，拿來當作與教會內其他弟兄姊妹一較高下的工具。我們常常不了解榮耀上帝是最重要的事，反而希望能夠得到某種憑據，足以顯示大家覺得我比別人優秀。我們不甘只是默默承擔領導的責任，還暗自盼望在這教會中，大家會認為某個職位除我以外，不做第二人想。最要不得的是，有時我們看到別人受到肯定、發光發熱時，嫉妒心就開始作祟，覺得自己可以做得比他好。

屬靈的恩賜不是要讓我們拿來互相較量的，而是要讓我們能夠像三位一體的三個位格那樣無私的合作，且是以愛為出發點。保羅的教導直接挑戰了我們的罪性：不只要留一點空間給別人，還要把自己的舞台也讓給他人。

透過教會裡的各種事工，我們不止能操練信心，也能學到謙卑。謙卑——這天國的功課，我們在教會中也可以充分練習。

為耶穌作見證

我就俯伏在他腳前要拜他。他說：「千萬不可！我和你，並你那些為耶穌作見證的弟兄同是作僕人的，你要敬拜上帝。」因為預言中的靈意乃是為耶穌作見證。」啟示錄19：10

〈啟示錄〉19章這段約翰和天使互動的經文，有幾個值得我們注意的地方。首先，我們看到了天使的謙卑，他因約翰向他下拜而震驚，堅持自己並不比約翰更高貴，值得他下拜。因為上帝的天使儘管地位崇高（詩篇8：5說我們比天使微小一點），也還是僕人。

其次，天使的話清楚說明，所謂「為耶穌作見證」，在《聖經》預言裡指的是「預言之靈」（Spirit of Prophecy）。然而，有些《聖經》譯本卻沒完整傳達天使的意思，只把這句話翻成「預言的精義所在，是向人揭示耶穌基督」。這樣講當然沒錯，不過它也在談論預言這種恩賜。

在其後的章節中又提到，約翰差點向天使下拜，這次天使的反應幾乎一模一樣，但有個重要的差別。這次，他不是說「我和你並你那些為耶穌作見證的弟兄」，而是說「和你的弟兄眾先知」（啟示錄22：9）。我們從這兩段話可以歸納出什麼結論呢？那就是先知們之所以為先知，是因為他們有「預言之靈」，也就是從聖靈得到預言的恩賜！

保羅向哥林多教會問候的那段話，同樣支持了「為耶穌基督作見證，是種屬靈恩賜」這種論點。哥林多前書1：6-7中，他說：「正如我為基督作的見證，在你們心裡得以堅固，以致你們在恩賜上沒有一樣不及人的，等候我們的主耶穌基督顯現。」最後，〈啟示錄〉一開始的時候，約翰說自己是要將上帝啟示給他、關於未來的事記錄下來；而他是用「以自己所見，為耶穌基督作見證」來形容「說預言」這件事（啟示錄1：2）。

可見，如果我們仔細查考《聖經》，就會發現在這末世，信徒當中有人擁有先知的恩賜，是意料中的事（更何況，《聖經》幾個論及恩賜的主要章節，都將先知的恩賜列為聖靈的恩賜之一，如：〈羅馬書〉12章、〈哥林多前書〉12章，及〈以弗所書〉4章。）另一方面，我們看到這樣的先知出現，便明白歷史的終點已經近在眼前。

不該是表演

只等真理的聖靈來了，祂要引導你們明白一切的真理；因為祂不是憑自己說的，乃是把祂所聽見的都說出來，並要把將來的事告訴你們。祂要榮耀我，因為祂要將受於我的告訴你們。約翰福音16：13-14

如果一個教會所擁有的聖靈恩賜，是用來炫耀或取悅自己，那肯定有問題。多年前，我參加過一個工作坊（**主題和聖靈的恩賜無關**）。有名講者說到聖靈是如何「祝福了他們的教會」，他這樣形容：「於是，聖靈就降臨在我們身上，那種感覺就像有電流通過全身，整個房間都被祂充滿。我們就沐浴在祂的同在之中，時間長達好幾個鐘頭。」他還提到，當時發生一些超自然現象，像是有人變得全身動彈不得、開始說方言，或情緒失控。

當然，每個人都曾有過和主特別親密的時刻；我們當然可以享受上帝的同在。我自己就有幾次，感覺到上帝近得彷彿伸手可及，不禁開心又感動，幾乎落下淚來。然而我們不要忘記，聖靈給我們的恩賜，是有特定用途的，那就是：榮耀上帝。聖靈的恩賜應該是用在福音工作上；教會因為擁有這些能力，更能有效的將福音廣傳。

這些恩賜要用在傳揚福音上才算是恰當。教會如果只把恩賜當作體驗激情的途徑，就達不到它應有的目的。別忘了，〈使徒行傳〉中，五旬節那天，聖靈的舌頭之所以如火焰般落在門徒的頭頂，是因為當時有「從天下各國來」的人在場（**使徒行傳2：5**），而這個神蹟給了彼得一個公開講道的機會，呼籲群眾接受耶穌為救主：「故此，以色列全家當確實地知道：你們釘在十字架上的這位耶穌，上帝已經立祂為主，為基督了。」（36節）。多達數千人因此受洗成為基督徒。

〈使徒行傳〉告訴我們，上帝施行神蹟，是為了將自己啟示給那些站在天堂門口，等著要進去的人；這些神蹟或者恩賜是向他們發出邀請，歡迎他們進來。為他人著想是上帝的本質，亦是屬靈恩賜的本質；因此，這些恩賜是為了要在外邦人面前榮耀耶穌，為那代表著道路、真理、生命的耶穌，贏得他們的心。如果沒有發揮這樣的用途，就可能只是人在表演，根本不是聖靈的恩賜。

快到家了！

主耶和華若不將奧祕指示祂的僕人——眾先知，就一無所行。阿摩司書3：7

你是上帝心血的結晶。對祂來說，你不是一個宇宙的偶發事件，或臨時創造出來的；祂不是把你當成為了要達到某項目的，不得不處理的一個問題，而是真心真意想要拯救你。

祂不像異教信仰中那些反覆無常的神祇，把人類當作玩物，或是任意破壞宇宙秩序，就為自己開心，無視於這會為人類帶來多大的災難。不！祂不一樣。有這樣一位上帝，我們便毋須惶恐度日，每天都在擔心哪天會突然飛來橫禍，把人類全都消滅；因為，祂一直都知道最後會發生什麼，並且承諾我們：別擔心，最後的結局是好的。

是的，上帝已經把會發生的大事都告訴我們了，因此我們面對未來時，心裡充滿了篤定。今天世上政權的興衰，政局和宗教上的趨勢和走向，以及自然界的種種反常現象，許多《聖經》信息很早就預告過了，因此我們知道，發生這樣的事沒什麼好意外的，所以說到底，這些事也沒什麼好擔心的。

多年前，我住在一個很冷的地方，冬季可長達八個月。有時我晚上開車回家，因高速公路上的風雪太大，造成嚴重的雪盲，連路面的範圍到哪裡都看不清。這種情況最令人頭皮發麻，我只得小心翼翼，慢慢的開。每一英哩的路程都是煎熬，我根本不知道開多遠了，只能一直往前開，直到終於看到右方出現一座無線電塔。於是我知道，再過幾分鐘，我住的城鎮就會在眼前出現，然後，我就會安抵家門。

同樣在我們視線之外的，還有耶穌。祂目前在天父那邊，不過，祂從未離開我們。透過賜下聖靈，祂仍是那位與我們同在的神。因為祂有過親身經歷，知道在這殘缺不全的世界生活是什麼滋味，因此，祂不時會為我們拉開宇宙的布幕，讓我們可以看到未來的地平線上，有座發亮的城。祂賜予先知預言的能力，並在他的耳旁輕聲說了一句話，要他轉告我們，那就是：「再忍耐一下，就快到家了！」

《聖經》最穩當

你們中間若有先知或是做夢的起來，向你顯個神蹟奇事，對你說：『我們去隨從你素來所不認識的別神，事奉它吧！』他所顯的神蹟奇事雖有應驗，你也不可聽那先知或是那做夢之人的話；因為這是耶和華──你們的上帝試驗你們，要知道你們是盡心盡性愛耶和華──你們的上帝不是。申命記13：1-3

我們人類有個弱點，就是很容易被迷惑。多年前，有個朋友曾力邀我參加一個宗教聚會，他說，在那裡可以目睹神蹟奇事發生。「你一定要見識一下！」他大力慫恿我去。

看他如此狂熱，我知道，跟他說什麼他都聽不進去。然而，我知道他說的聚會，也清楚他們所傳講的跟《聖經》完全背道而馳。我把我的顧慮告訴他，可是卻馬上被他否定。

「它一定是從上帝來的！」他很堅持，接著又提出另一件事當作證明。「幾天前有個晚上，在會場有個不認識的人塞給我一張紙條，說上帝特別要他傳話給我。我打開紙條，上面不僅寫著我的名字，還包括一些我個人的私事──是別人不可能知道的那種事！你能解釋這種情況嗎？」

「很簡單啊！」我邊說，邊要他翻開〈申命記〉第13章。「你以為只有上帝看得到你私底下的樣子嗎？有沒有可能是，那些墮落的天使們也一直注意著你？」

事實上，奇蹟未必都出自於上帝之手，在末世尤其如此。我們在〈啟示錄〉13章可以看到，耶穌即將來臨前的那一刻，「行奇事」的其實是那兩隻獸，第二隻甚至還有能力「叫火從天降在地上」；接下來16章也說，「施行奇事，出去到普天下眾王那裡」的不是別人，正是「鬼魔的靈」（第14節）。

如果有人聲稱自己具備預言的恩賜，而他所預言的也真的發生了，我們仍要記住，他是否真有這樣的恩賜，要看他所傳講的是否符合《聖經》的內容，而不只是看預言有否應驗；如果不符合，那他的預言能力就不是聖靈給的，因為《聖經》的內容是聖靈所啟示，不會自相矛盾。要是這些人所做的「事工」不是使人更認識真理，反而是離真理更遠，那我們肯定要跟他們劃清界線。

我那位朋友會被迷惑，是因為他覺得自己看到了超自然現象。也許他真的看到了，只不過背後主導的，是善惡之爭中與上帝敵對的那方。像他這樣的經驗正提醒我們，在世界突然宣告終結的那一刻，若我們要站穩腳跟，唯有倚賴《聖經》。

9%準確率

先知託耶和華的名說話,所說的若不成就,也無效驗,這就是耶和華所未曾吩咐的,
是那先知擅自說的,你不要怕他。申命記18:22

說到預言,現代人最熟知的預言家可能就是十六世紀的諾斯特拉達姆士(Nostradamus)了。諾斯特拉達姆士是法國人,由於家鄉亞維儂(Avignon)爆發瘟疫,他被迫輟學,於是自己開始研究天然藥物,最後成了有名的巫師,並因此得到所謂「先知」的名聲。

他的預言是以四行詩(quatrains)的形式呈現,內容大多都很模稜兩可,因此拿來隨便預測哪個歷史事件,好像都說得通,而他的追隨者最會搞這一套。畢竟,從十六世紀至今長達五百年,其間發生的事件都可以被他們拿來當作例子來說:「你看,他的預言應驗了!」

平心而論,他有些預言中對人或事的描述,真的準到令人起雞皮疙瘩,像是他們最常當作宣傳的那個:諾斯特拉達姆士曾預言,將來會有個名為「Hister」(讀音接近「Hitler」,希特勒)的人出現,他是「德國人的後裔」,長大後會在西歐發動戰爭。

這個預言確實很準。只是,要被稱作是上帝的先知,光是「很準」還不夠。

事實上,諾斯特拉達姆士所提出的449個主要預言中,18個事後證明是大錯特錯。449個預言當中只錯18個,錯誤率也才4%,好像還不錯,不過,如果你把沒有對應到任何歷史事件的預言也算進去,就會再增加390個錯誤例子;最後,把預測錯誤和找不到相關事件的例子加起來,本來看起來很漂亮的準確率,瞬間就降至9%!上帝的先知絕不會如此。上帝提醒我們:「所說的若不成就,也無效驗,這就是耶和華所未曾吩咐的」。上帝賜下預言的恩賜給祂的教會有幾個目的,其中一個是要顯明「有一位在天上的上帝」(但以理書2:28),這位上帝「從起初指明末後的事」(以賽亞書46:10),祂這樣做是為了讓我們相信,人類的未來牢牢掌握在祂的手中,我們可以放心仰賴祂的應許。

既然全知的上帝不會搞錯,只有100%的正確率才算數。如果一位醫師的手術成功率只有9%,你不會放心讓他幫你開刀吧?那麼,你也不該把你永恆的命運交給任何一個預言準確率不到10%的人!

試驗那些靈

先知預言的平安，到話語成就的時候，人便知道他真是耶和華所差來的。耶利米書28：9

多年前，在一場大型聚會上，有個年輕男子在大廳把我攔住，興奮的對我說：「你出現在異象中，一定超開心吧！」我聽得一頭霧水，完全不知道他在說什麼。直到有一天，我收到一位女士的信，才終於恍然大悟。這位女士問了一個很奇特的問題：「上帝有沒有給過你一個異象或異夢，是關於一個男人，他說自己有先知的恩賜？」

答案是沒有！結果，原來是我在大會中碰到那個男士，他聲稱耶穌親自告訴他，祂將幫這位初出茅廬的先知搭線，讓他跟我聯絡上。他和上帝之間的對話，據說是這樣的：「我應該請誰幫忙，好將祢傳給我的信息更快傳開？」結果，他說上帝提到我的名字；我被揀選，被指派要在他即將展開全球佈道事工之際，助他一臂之力。

那位女士會寫信給我，是因為她越來越懷疑，那位「新進先知」所說的會不會是捏造的，於是決定親自驗證一下。如今，十多年過去了，我一直都沒有接獲上帝這樣的指示。顯然，我並沒有被上帝揀選，要幫忙讓那個人的信息更快傳開。

事後證明，那位所謂的先知原來是個騙子。他為了證明上帝確實呼召了他，曾提出神蹟做為證據，後來也證明是捏造的；網路上那些見證他「預言恩賜」的男男女女，也都是他冒名頂替的。

耶穌早已明白警告過我們，當世界接近終了時，會「有好些假先知起來，迷惑多人」（馬太福音24：11）。我們必須心懷謹慎，「試驗那些靈是出於上帝的不是，因為世上有許多假先知已經出來了。」（約翰一書4：1）

如果有人說上帝告訴他一個信息，後來這事卻根本沒發生，那我們可以斷言，這不是上帝說的，因為祂不可能搞錯。儘管我們要小心不要「藐視先知的講論」（帖撒羅尼迦前書5：20），但也不要看到像是神蹟的東西，就馬上相信是從上帝而來，而要仔細查證，千萬不要把我們自己的信仰交到了人、而不是神的手上。

識破假先知

耶和華說：「你們且聽我的話：你們中間若有先知，我——耶和華必在異象中向他顯現，在夢中與他說話。」民數記12：6

我唸大學時，曾經從事過地毯的清潔保養工作，因此到過很多人家裡。有時我碰到的客戶，活像是從《陰陽魔界》（Twilight Zone）這部影集裡走出來的。有次，我在某女士租來的公寓中幫她修理損壞的地毯。正當我努力跟一塊特別頑強的污垢奮戰時，一旁觀看的她突然開口說：「我跟你說，上帝會透過人發出的光圈向我說話，我已經看到你的了！」

接著，她向我描述，我生平曾經發生過哪些事——照她的說法，是從環繞我身體周圍的光圈顏色看出來的；她講的內容非常引人入勝，因為細節部分她幾乎全搞錯了。顯然，上帝沒給她特別的恩賜，也沒要她傳話。

儘管很多現代靈媒自認是上帝賜給他們能力（有些甚至聲稱上帝透過塔羅牌或降神會向他們透露不能公開的秘密），但《聖經》說的很清楚，上帝只會透過兩種方式，向具備此恩賜的人傳達，那就是夢境以及異象；看看〈但以理書〉中的故事，就知道上帝一定是這樣做。

其實仔細想想就會知道，上帝會選擇這兩種方式是有道理的。因為唯有透過夢境和異象，才能完全排除讓第三方聽到的可能。所羅門在第一聖殿的獻殿禱告中，說只有上帝「知道人心」（列王紀上8：39）；這意味著黑暗勢力無法直接窺探人的心思，也就無從對聖靈傳達給心靈的第一手信息動手腳。至於其他所謂預言的工具，像是水晶球或是降神桌等，則是直接暴露在外界環境中，極易受外力介入，令人高度懷疑其預測結果。

不過，這不等於所有的夢境都是從上帝而來。一方面，人的一生受到罪的驅使，喜歡吸收有害的信息，感知能力及屬靈覺察力可能早已嚴重受損。另一方面，有時候夢就是夢，只是人類將短期記憶轉化成長期記憶的過程。

有鑑於此，即使我們做了一個情感澎湃、奧妙難解的夢，或得到這樣的異象，還是得小心和《聖經》裡提到的異象對照，畢竟，只有它才是真理的試金石。

唯有平日熟讀《聖經》，花時間與上帝禱告交通，碰到假先知時，我們才能一眼識破。

上帝想看到的是⋯⋯

耶和華定意拆毀錫安的城牆；祂拉了準繩，不將手收回，定要毀滅。祂使外郭和城牆都悲哀，一同衰敗。錫安的門都陷入地內；主將她的門閂毀壞、折斷。她的君王和首領落在沒有律法的列國中；她的先知不得見耶和華的異象。耶利米哀歌2：8-9

從〈耶利米哀歌〉中我們可以看到，一個悖逆的國家怎樣走向毀滅。當時，耶利米警告上帝的子民，猶大國必將面臨重大災禍。然而，有些人與他作對，指著聖殿，聲稱只要有聖殿在，那種事不可能發生。於是耶利米提醒他們：「你們不要倚靠虛謊的話說：『這些是耶和華的殿，是耶和華的殿，是耶和華的殿。』」（耶利米書7：4）

基督教信仰中的儀文和物品之所以存在，是為了象徵上帝與人之間的救贖關係。如果這樣的意義沒了，就只是徒具形式。上帝說的非常清楚：「你們偷盜、殺害、姦淫、起假誓、向巴力燒香，並隨從素不認識的別神，且來到這稱為我名下的殿，在我面前敬拜⋯⋯」（耶利米書7：9-10）

當人民的心已經遠離上帝，聖殿就失去了意義。例如上帝讓尼布甲尼撒王劫走聖殿器皿，連同被擄的人民一起帶往巴比倫。其實，這就等於讓這些人回到他們的祖先亞伯拉罕的故鄉——迦勒底。當他們

被擄後，人民的先知恩賜也跟著衰退，如耶利米所說：「她的先知不得見耶和華的異象」。（的確，以色列人流落巴比倫後，還是有像但以理和以西結這樣的先知發聲，這兩位同時代的先知著作都收錄於《聖經》，只是上帝不再常態性的透過先知，向人民傳達信息。）

在這末世，上帝仍是只將先知恩賜給予那些願意遵從祂旨意的人。這些人「守上帝誡命、為耶穌作見證」（啟示錄12：17），而且「羔羊無論往哪裡去，他們都跟隨祂。」（啟示錄14：4）。他們整顆心放在祂身上，發現上帝也是一心一意為他們著想；因為他們願意聽從祂的教導，上帝就會在往天國的旅途中，不斷提供他們指引。

上帝願意賜下先知的恩賜，證明祂對我們的愛：祂不會強迫任何人進入祂的國度，但只要祂知道，你有心與祂的羔羊站在錫安山上，一同在天上的聖殿敬拜大君王，祂願意將所有天上的資源都供你使用，源源不絕。

約拿與餘民

約拿卻起來，逃往他施去躲避耶和華；下到約帕，遇見一隻船，要往他施去。他就給了船價，上了船，要與船上的人同往他施去躲避耶和華。約拿書1：3

約拿應該夠聰明，不至於不知道無論他藏到什麼地方，都無法逃離耶和華的視線。那麼，《聖經》所謂「躲避耶和華」指的是什麼？如果你認真讀經，可能知道所謂的「首次提及」原則，也就是《聖經》中的每個概念第一次出現時的情境、用法，可以用來理解它之後出現時所代表的意義，當作參考指標。

《聖經》第一次提到「躲避耶和華」，是在該隱遠離伊甸時。《聖經》說他「離開耶和華的面，去住在伊甸東邊挪得之地」（創世記4：16）。同樣的，該隱不管藏到哪裡，上帝還是找得到他。想理解這段，我們要先思考：上帝曾在伊甸園的大門外設立什麼？

答案是伊甸園的門口，有著早期聖所的雛形；該隱離開了這聖所。十九世紀的蘇格蘭解經家休馬汀（Hugh Martin）曾針對約拿這行為，指出了其中的關鍵：「被逐出聖地或某個神聖的領域，等同於被上帝逐出，不得出現在祂眼前；所謂約拿『躲避』耶和華，應該是這樣解釋。特別是猶太人傳統上相信，屬靈的恩賜只有在屬上帝的領域才能發揮作用，我們就可以理解，約拿為何會想要離開以色列。」（休馬汀著，《約拿》，原文第38頁）這也能解釋，為何約拿後悔以後會兩次提到想回到聖殿（約拿書2章）。

預言的恩賜和傳福音工作之所以會和聖所緊密相連，是因為聖所有上帝的臨在。而在末世，預言的恩賜則是密切受到天上聖所的牽動，在那裡有位大祭司擔任我們的中保。說到這點，不知你是否注意到，餘民教會的基本信條中，最受到攻擊的就是關於天上聖所及預言之靈那幾條；這些都是餘民教會所獨有的。由此觀之，〈約拿書〉是不是隱含了某種預言，值得餘民教會戒慎警惕？

希望我們永遠都不會像約拿一樣躲避上帝，因為，只有當上帝與我們同在，我們才可能完成祂所交付給我們的工作。

天國：幸災樂禍者不宜

你對他們說：「主耶和華說：『我指著我的永生起誓，我斷不喜悅惡人死亡，惟喜悅惡人轉離所行的道而活。以色列家啊，你們轉回，轉回吧！離開惡道。何必死亡呢？』」以西結書33：11

Schadenfreude這個德文字的意思是「邪惡的快感」，英文用這外來語形容「幸災樂禍」的心態。英國詩人拜倫也曾發明一個詞「羅馬假期」（Roman holiday），表達同樣的意思，指的是過去羅馬人會休一天假，特意去競技場觀賞角鬥士的搏命演出，為的是看到他們最後流血而死。

這種心態在上帝的國是不存在的。儘管我們常看到，上帝的兒女在見到惡人自食惡果時，鼓掌叫好；上帝自己在看到類似行為的時候，卻是流著淚警告祂的子民：「我斷不喜悅惡人死亡。」以賽亞也說，上帝要是真的懲罰祂的子民了，那一定是為了做成「非常的工」（以賽亞書28：21）。這都是因為慈愛的上帝眼見兒女不知悔改，喚也喚不回，只得終結他們不堪的生命，但祂心中其實痛苦無比。

同樣的，真正具備預言恩賜的上帝子民，一定是心向自己的人類手足；看到上帝的孩子為所犯的罪付出代價時，會感到心碎。從懷愛倫一生的事工中，我們可以看到這樣的情操。當年，她經常發出呼籲，警告美國各城市即將面臨審判。在1906年舊金山大地震前兩天，她得到一個異象：「我在夜晚時看見一個異象。異象中，我站在一塊突起的地方，看到下方的房舍建築像是蘆葦般的搖晃。高矮大小不同的房子，一個接一個倒塌在地。遊樂場所、戲院、旅館、豪宅全都震個粉碎。許多人的生命就這樣瞬間消逝，受傷的人、被嚇壞的人尖叫聲此起彼落。」（懷愛倫著，《教會證言》卷九，原文第92頁）

然而，那年4月發生大地震後，她並沒有發表一副「我就說吧！」的言論，也沒有幸災樂禍或指控他人，而是請人開車載她到還在悶燒的災區，實地瞭解災情。當時與她同行的人事後回憶，她難過的哭了。可見，真正來自上帝的預言能力，因為是聖靈給予的，所以看得出上帝的心——其實，所有的恩賜都具備這個特質。

一個教會如果屬於那位又真又活的上帝，絕不會有所謂幸災樂禍的心態。

直到結束

我們並有先知更確的預言，如同燈照在暗處。你們在這預言上留意，直等到天發亮、晨星在你們心裡出現的時候，才是好的。彼得後書1：19

我們在末世時，見到有人擁有說預言的恩賜，應該一點都不意外。畢竟，自從上帝展開祂的救贖計畫後，每當有重大事件要發生，祂一定會先通知我們，因為祂曾許諾，採取任何行動前，一定會讓先知們得到消息（阿摩司書3：7）。

而上帝的第一個預言，可以追溯到先祖亞當夏娃被逐出伊甸園時。上帝預告，女人的後裔將會來到世上，打傷蛇的頭（創世記3：15）。後來，儘管祂決定降下洪水消滅世界，讓人類歷史重新歸零，但仍先派了挪亞向世人發出警告。（有些學者甚至發現，挪亞的祖父瑪土撒拉（Methuselah）其意思就是「他死了之後，事情就會發生」，意謂著早在挪亞之前世人就知道將有大事發生。）

此後，耶利米也曾警告同胞，尼布甲尼撒王會從北方來攻打他們，不可掉以輕心；但以理更詳細轉述彌賽亞何時公開傳道，結果事實證明，他的預言精準地驚人。

可見，在善惡之爭這場大戲的每個轉折點，上帝一定都會事先知會祂的子民，身處末世的我們，明白自己將面臨前所未有的浩劫；用但以理的話來說，那時將會有「大艱難，從有國以來直到此時沒有這樣的」（但以理書12：1）。有鑑於過去上帝一向以預言引導我們，這次祂更不可能不吭聲。

耶穌第一次來到世上之前，《聖經》早已充分預告過了，甚至《聖經》作者以外的人，例如西面，都曾接收到來自上帝的啟示，得知耶穌即將降生，因此，在末世見到上帝子民藉著說預言為耶穌作見證，毋須感到吃驚；我們如果熟悉《聖經》，就知道上帝一向如此與我們互動。畢竟，約珥說的很清楚，我們本當預期這樣的事會發生（約珥書2：28）。

透過預言，上帝告訴我們：「我們等下快到家時，風雨會突然變大。來，牽著我的手，一下就過去了！」

當預言成往事

愛是永不止息。先知講道之能終必歸於無有；說方言之能終必停止；知識也終必歸於無有。我們現在所知道的有限，先知所講的也有限；等那完全的來到，這有限的必歸於無有了。 哥林多前書13：8-10

就某個角度來說，預言的恩賜可以說是一把兩刃劍。一方面，這樣的恩賜代表著上帝的心意，祂希望保守我們在往天國的路上，一路平安。弟兄姊妹若有預言恩賜，將有助於我們瞭解，自己是否走在合祂心意的道路上。畢竟，恩賜是聖靈給的，而聖靈是上帝給我們的「憑據」，如保羅在哥林多後書5：5所說：「為此，培植我們的就是上帝，祂又賜給我們聖靈作憑據。」

這裡的「憑據」，保羅用的希臘原文是「arrabon」，意思是「頭期款」。因此，包括預言在內的各種恩賜，都是上帝為了我們美好的未來所付出的訂金。在我們進入天國、與祂永遠同住之前，上帝藉由祂的恩賜，與我們同在。

那麼，雙面刃的另一面又是什麼呢？如果我們沒有犯罪的話，上帝也就不需要透過預言來傳話了。當年在伊甸園，我們和上帝是直接面對面交通的，然而因為犯了罪，背叛上帝，我們和祂之間產生了裂痕，再也無法直接溝通。於是，上帝不再親自來找我們，而是透過先知傳達。這樣的信息，有些被記錄在《聖經》中，得

以永遠流傳。後來，上帝更以人的形式，來到我們當中。既然罪人無法走到至聖所的帳幕後，於是上帝的兒子主動跨到帳幕另一頭，來到我們當中。祂的作為使得第二聖殿比先前的聖殿更加榮耀，如哈該書2：7，9所預言的：「我必震動萬國，萬國的珍寶必都運來（或譯：萬國所羨慕的必來到），我就使這殿滿了榮耀。這是萬軍之耶和華說的。」（7節），「這殿後來的榮耀必大過先前的榮耀，在這地方我必賜平安。這是萬軍之耶和華說的。」（9節）

值得慶幸的是，我們不必永遠仰賴預言的恩賜。保羅指出：「先知講道之能終必歸於無有，……等那完全的來到，這有限的必歸於無有了。」這件事的發生，啟示錄21：3已經做了預告：「我聽見有大聲音從寶座出來說：『看哪，上帝的帳幕在人間！祂要與人同住，他們要做祂的子民，上帝要親自與他們同在，做他們的上帝。』」屆時，我們和全能上帝之間那道既深且廣的裂痕，將消失於無形。

主耶穌，我很感謝祢賜下預言的恩賜，不過我還是期盼祢快來！

先知的掙扎

耶和華啊，祢曾勸導我，我也聽了祢的勸導，祢比我有力量，且勝了我。我終日成為笑話，人人都戲弄我。我每逢講論的時候，就發出哀聲，我喊叫說：「有強暴和毀滅！」因為耶和華的話終日成了我的凌辱、譏刺。我若說：我不再提耶和華，也不再奉祂的名講論，我便心裡覺得似乎有燒著的火閉塞在我骨中，我就含忍不住，不能自禁。耶利米書20：7-9

我碰過一些人，他們很羨慕別人能夠擁有先知的恩賜，有些人甚至聲稱自己就是先知，彷彿多了這個頭銜，可以讓他們在教會走路有風。他們喜歡別人把他當先知，覺得具備這樣的身分似乎就高人一等。然而，如果我們看看《聖經》裡的先知實際過著怎樣的人生，就會發現，他們其實多半都不是自願當先知的。

耶利米剛受到上帝的呼召，要他成為先知時，一開始的反應是抗拒。他說：「主耶和華啊！我不知怎樣說，因為我是年幼的。」（耶利米書1：6）

但上帝卻讓他看到，真正的原因和年輕、沒經驗無關，而是他的恐懼。於是上帝告訴他：「你不要懼怕他們，因為我與你同在，要拯救你。」（8節）摩西起初受召成為先知時，也是同樣的惶恐，費盡口舌想要推辭，表明他不適合這個工作。最後，他甚至說：「主啊，祢願意打發誰，就打發誰去吧！」（出埃及記4：13）而約拿對於履行先知的職責，是如何心不甘情不願（很不幸的，他真的就違抗上帝的命令），讀

過《聖經》的人都耳熟能詳。

如果一個人真的獲得了某個恩賜，他的心裡一定會掙扎，覺得自己能力不足。懷愛倫正是如此看待她的事工。「我從未宣稱自己是位女先知。」她說，（懷愛倫著，《信息選粹》卷一，原文第34頁）對於上帝的呼召，要她將異象所見公諸於世，她覺得超出她能力所及：「連續幾天，我懇切禱告直到深夜，祈求祂將這個重擔挪開，交託給某個更有能力承受的人。」（懷愛倫著，《教會證言》卷一，原文第62頁）

人類歷史中每位被上帝呼召的先知，都知道這職分意味著什麼：你並不會因此受到尊榮，反而還要默默忍受別人的羞辱。會爭取先知職分的人，可能不知道作先知得付出什麼樣的代價，即使他們知道，有這樣的欲望也顯示出他們心態的傲慢；只有謙卑的人，才適合這個職位。畢竟，路錫甫就是因為自恃過高，才會失去天使長的職位，被逐出天庭。

真正的先知恩賜會受到那些了解它意義的人之崇敬，並深深了解自己的不配。

我們有《聖經》

人當以訓誨和法度為標準；他們所說的，若不與此相符，必不得見晨光。以賽亞書8：20

如果你不是已成長於復臨信徒家庭的話，那麼，剛來到復臨教會，發現到懷師母有屬靈恩賜，我想你至少會很興奮吧！她的著作量多得驚人，截至目前全球發行量高達二千萬本！就質來說，書中的內容同樣也是震撼人心。一旦你得知，上帝還曾親口對她說話，那你更容易被她的著作給吸引住，以致連《聖經》都不讀了！畢竟，讀懷愛倫對《聖經》的評註，要比自己投注時間精力，努力挖掘其中的寶貴真理輕鬆多了！

但把懷愛倫的著作當作主要的書，《聖經》當作次要的，絕對是個嚴重的錯誤。這是因為《聖經》裡先知的預言，永遠都比非《聖經》記載的先知具備更高的權威性。我們要用《聖經》來檢驗預言的恩賜，而不是反客為主！關於這一點，《聖經》說得再清楚不過了。

懷愛倫自己也講的很明白。她寫這些書的目的，完全不是為了要取代《聖經》，也不是要與《聖經》平起平坐。「我們這個時代，已經普遍偏離了《聖經》的教導及指引。我們必須回到《聖經》，它是教會的基礎，也是定義我們信仰及責任的唯一標準。」（懷愛倫著，《善惡之爭》，原文第204頁）1890年，她在一封信中寫道：「上帝的話才是絕對的標準；任何見證都無法取代《聖經》裡的話……這些見證都得經過《聖經》的檢驗，裡面所有的論點都要有《聖經》的支持，才足以採信，因為只有它是上帝親口說出的話語。」（懷愛倫致兄妹的信，出自「懷愛倫著作網」）

後來，她又引用今天的存心節做為《善惡之爭》一書的開場白。她這樣解釋：「上帝賜下聖靈的目的，從來都不是——將來也不會是——為了要讓祂凌駕於《聖經》的權威之上。因為，《聖經》裡清楚寫道，上帝的話語是絕對的真理，一切的教導以及經驗，都得通過它的檢驗，才是真實可信的。如使徒約翰所說，一切的靈，你們不可都信，總要試驗那些靈是出於上帝的不是。」（懷愛倫著，《善惡之爭》，原文第7頁）

比起《聖經》，你是不是較常閱讀懷愛倫的著作？我們的確應該珍視懷女士的寶貴洞見，常常閱讀她的書，不要將這樣的寶貝束之高閣。不過也別忘了，我們是屬上帝的，因此要高舉《聖經》。

從果子判斷

你們要防備假先知。他們到你們這裡來，外面披著羊皮，裡面卻是殘暴的狼。憑著他們的果子，就可以認出他們來。荊棘上豈能摘葡萄呢？蒺藜裡豈能摘無花果呢？這樣，凡好樹都結好果子，惟獨壞樹結壞果子。好樹不能結壞果子；壞樹不能結好果子。凡不結好果子的樹就砍下來，丟在火裡。所以，憑著他們的果子就可以認出他們來。馬太福音7：15-20

只有上帝是完美的！即使是先知，也並非完美。翻開《聖經》，歷史上那些數一數二的信心前輩們，也都有不那麼光彩的紀錄。例如，施洗約翰儘管被耶穌稱讚是先知中「最大的」，但也曾因耶穌沒有把他從牢中救出來，而懷疑祂到底是不是彌賽亞。也就是說，他連對自己的預言都懷疑了！彼得是《聖經》裡兩卷書的作者，且曾在五旬節的時候帶領那麼多人信主，卻只有在自己的猶太朋友不在場時，才敢跟外邦人同桌吃飯，保羅還為了他這種兩面人的行為而嚴厲指責他（加拉太書2：11-12）。

可見，先知也會犯錯。因此我們不應拿顯微鏡檢驗他們的一言一行，一旦發現一丁點缺失，就認為他們不夠格（如果他們謊稱自己有預言的恩賜，那他們所說的「異象」自然也是編造，那就另當別論了。）不過，如果他們只是犯了一般基督徒也會犯的錯，那我們沒有必要因此否認他們的先知恩賜。

判斷一個人是否真的是先知，要看他整體的生命素質。如果一定要給一個明確的標準，可以檢視他的事工成果來衡量。耶穌說過，檢驗一個人是否真的具有先知恩賜，方法之一是看看他結出了怎樣的果實；如果他是一棵健康的樹，應該也會結出健康的果實。

那麼，以懷愛倫來說，她是位怎樣的女性呢？認識她的人都說她性情溫柔，品格像耶穌。她從未捲入醜聞或被發現行為不檢（可嘆的是，今天有無數傳道人都跌倒了，落得聲敗名裂）。有個人當年對她批評甚烈，卻也同意這點。在她的葬禮上，他情緒崩潰了。繞棺一周後，他回到位置上，但忍不住又回到棺木前，看來傷心欲絕。

當時在現場的人說他「把手放在棺木邊，看著那張沉睡的臉龐，不禁留下淚來，說：『一位偉大的姊妹離開我們了。』」（史派司著，《復臨評論暨安息日先驅報》，1938年1月13日，原文第10頁）

以弗所書4：8說，恩賜是聖靈賞給人的。因此，獲得此獎賞的，該與聖靈同在、品格肖似耶穌的人。

異象的里程碑

但司提反被聖靈充滿,定睛望天,看見上帝的榮耀,又看見耶穌站在上帝的右邊,就說:「我看見天開了,人子站在上帝的右邊!」使徒行傳7:55-56

〈但以理書〉9章中關於「七十週」的預言,由於預測精準,在眾先知的預言中佔有一席之地。它最重要的意義,就是明顯支持耶穌就是彌賽亞的預言。因此,有些宗教團體甚至禁止他們的成員閱讀這段經文,怕他們讀了就會信耶穌。

除了預言耶穌是彌賽亞以外,〈但以理書〉也提到,上帝為去除其立約子民的罪惡,訂出一明確的時間表:由於以色列人已有490年沒有遵守安息年(註一),他們需要同樣長的時間來彌補這個過失。而當490年接近尾聲的時候,外邦人也會加入他們,擔負起傳揚福音的使命(參馬太福音22:1-10;使徒行傳13:46)。

值得注意的是,上帝不只是透過先知的恩賜,宣告「七十個七」——即上帝去除其子民罪惡所需的時期,已經來臨;在這490年中每個重要里程碑,祂也都透過先知來傳達。以預言的第一部分來說(即七週,相當於49年),這部分講的是耶路撒冷城的重建。這段時間,上帝透過以斯拉和尼希米等先知來光照祂的百姓。等到彌賽亞終於來臨,聖靈是向西面和亞拿兩位先知傳信。西元27年——六十九週結束的那一年,彌賽亞在約旦河受洗,則輪到史上最偉大先知——施洗約翰上場,由他向世人宣告,耶穌就是彌賽亞。

最後,在七十個七劃下句點的西元34年,司提反殉道。他在殉道前,得到了來自天上的信息:他先是細數上帝自古以來是如何一路帶領以色列人,不離不棄;接著在異象中,他看到耶穌站立在天上聖所中。在歷史每個關卡,上帝都透過先知的恩賜提醒我們:祂從沒忘記祂的應許。復臨信徒一向相信,〈但以理書〉8章關於2300日的預言,和〈但以理書〉9章的七十個七息息相關。我們是不是可以預期,上帝會透過先知的預言,告訴我們2300日期滿後展開的人類歷史末期,將在何時結束?針對這點,有幾件事可以參考:1844年的「大失望」過後,聖靈將關於天上聖所的奧秘啟示了希蘭·愛德生(Hiram Edson),而同年12月,懷愛倫第一次看見異象。

其實,如今我們身處於史上時間跨度最長的預言,祂中間派人傳話,再次證明了祂的信實,我們並非「隨從乖巧捏造的虛言」(彼得後書1:16);要是上帝都沒有派先知傳達,我們才應該感到驚訝。

【註一:以色列的被擄時期共70年,剛好補足之前未能遵守的安息年(參歷代志下36:20-21),而由於安息年是七年一次,干犯七十個安息年,相當於490年都沒有守安息年。】

卻沒有愛

我若能說萬人的方言，並天使的話語，卻沒有愛，我就成了鳴的鑼、響的鈸一般。我若有先知講道之能，也明白各樣的奧祕，各樣的知識，而且有全備的信，叫我能夠移山，卻沒有愛，我就算不得什麼。我若將所有的賙濟窮人，又捨己身叫人焚燒，卻沒有愛，仍然與我無益。哥林多前書13：1-3

你可能曾在網路上碰過好辯分子。他們貼出一篇篇憤怒的文章，且每個字都堅持用粗體字，好讓你明白，他們的道理多充足，而你卻是錯得離譜。他們絕對不會少說一句，一定要死纏爛打；當你為了安寧而決定退出爭論，不再理會他們憤怒的言詞，他們就會叫囂道：「看吧！我們贏了！」他們一碰到某人有不同的意見，就用難聽的言詞羞辱對方，好讓他閉嘴。

可悲的是，他們當中有些人（**或許應該說很多人**）都號稱是基督徒，然而，從他們的鍵盤所敲出的訊息，實在很難發現有任何基督的影子。或許他們私底下其實很和善，只是因為隔了網路，不像人與人直接接觸時有具體的對話情境，於是變得不知如何適當表達。這不是沒有可能，但實情往往是：因為在網路世界中，別人不易發現你的真實身分，就變得百無顧忌，可以放膽說出平常絕不敢說的話。

這些人很少（**假如不是從未**）完成傳福音的使命；他們不會為了將罪人帶到基督的面前，放下自己的身段。他們想的是如何讓人站到他這邊，而非如何讓人與上帝和好（**哥林多後書5：18**）；比起讓人折服於十字架，他們更有興趣讓別人屈服於自己。

保羅談論屬靈恩賜的這段話，指出了福音工作的精神。他強調，就算你是全教會最能幹的人，如果你服事的動力，並不是一顆愛上帝、愛人的心，那麼，你就無法成就什麼。耶穌對教會最主要的期望，是要我們向他人展現祂對世人的愛。至於我們技巧多高超、多有才華、多有成就，或多麼正氣凜然，都不是重點。（**當然，要是我們誤解了真理也不行。既然我們要去跟別人分享信仰，就需瞭解《聖經》、辨明真理。**）

當我們走出教會大門履行基督交付的使命時，記得先問自己一個問題：「我有沒有看過兩個人在網路上爭論，最後其中一方舉白旗說：『我覺得你說的很有道理。我可以加入你的教會嗎？』」

你覺得這可能嗎？

聖靈所賜的合一

我為主被囚的勸你們：既然蒙召，行事為人就當與蒙召的恩相稱。凡事謙虛、溫柔、忍耐，用愛心互相寬容，用和平彼此聯絡，竭力保守聖靈所賜合而為一的心。以弗所書4：1-3

在《聖經》中，保羅談到屬靈恩賜主要是在〈羅馬書〉12章、〈哥林多前書〉12章，以及〈以弗所書〉4章。在以上三章中，他都強調一個重點：屬靈恩賜若能正確使用，教會應該會變得更合一，而不是更分裂。不過，他不是一開始就講到耶穌將屬靈恩賜分派給教會，卻是先呼籲以弗所的會眾要「竭力」保持合一。

他用「竭力」兩個字，意味著合一本不是罪人的本能。我們並不是天生就會為了成全別人，而犧牲自己的私欲或喜好，也不容易對別人的見解或能力心服口服。保羅在給羅馬教會的信中，儘管勉勵會眾要將上帝給予的恩賜發揮到極致，但隨即提醒：「愛弟兄，要彼此親熱；恭敬人，要彼此推讓。」（羅馬書12：10）又說：「要彼此同心，不要志氣高大，倒要俯就卑微的人，不要自以為聰明。」（16節）

藉由操練屬靈恩賜，我們可以約略體會到，上帝的三個位格是如何同工。聖父、聖子、聖靈合作無間，全無私心。我們也是一樣；上帝給予我們恩賜時，囑咐我們各人要貢獻出自己的恩賜，彼此合作。沒有人具備所有恩賜，是因為唯有如此，我們才會學著和周圍的人合作，聯合眾人的恩賜，發揮這份禮物應有的效果。而在合作的過程中，我們會練就一種敏感度，懂得判斷何時自己該帶頭，何時該跟從別人的領導。我們還要能夠認出整個教會的目標；這部分需祈求上帝，將祂對教會的心意指示我們，每個人才知道上帝期望自己擔任怎樣的角色。

就這個角度來看，練習使用屬靈恩賜，是在為天國做準備，因為那裡的人都不再有自尊自大的心態。要是我們沒有照著它預設的使用方法，堅持要單打獨鬥，我們便不會明白，當眾信徒彼此連結，構成基督的身體時，世人所看到的基督形象，會更接近真實。這種真實度，是單打獨鬥的信徒完全無法反映的。

為了教會事工

他所賜的，有使徒，有先知，有傳福音的，有牧師和教師，為要成全聖徒，各盡其職，建立基督的身體，直等到我們眾人在真道上同歸於一，認識上帝的兒子，得以長大成人，滿有基督長成的身量……以弗所書4：11-13

廿一世紀的教會——尤其是西方教會，已漸趨商業化。我們會用商業行銷手法為教會活動打廣告。我們會密切注意成長指標，像是出席率、受洗人數，以及什一奉獻的金額。同時，我們太常依賴個人魅力、口才、才華等吸引會眾。牧者也變得有如明星，而會眾彷彿成了觀眾和粉絲，坐在觀眾席上，看著自己支持的隊伍連連得分。

然而，新約《聖經》所描述的教會事工，完全不是以這種方式進行。《聖經》描述的牧養恩賜，性質比較接近教練而非明星球員。使徒、先知、傳福音的人、牧師和教師，在基督身體裡的功能是「為要成全聖徒，各盡其職，建立基督的身體」。要是眾信徒把所有事情都交給領薪水的牧者和同工去做，自己則在一旁袖手旁觀，這個教會是有問題的。

以懷愛倫為例，我們可以仔細觀察她是如何履行先知職分的。她大部分的著作都是針對一般會眾而寫，內容是鼓勵他們忠於宣揚福音的使命。保羅對牧者的定位也是如此；當教會成長茁壯，會眾擔負起各項事工，已經不太需要牧者督導了，牧者就當離開到其他教會，繼續牧養另一批會眾。如果你還在等著牧者靠一己之力改造整個教會，那麼，你還不明白上帝賜給你屬靈恩賜的真正用意。實際參與服事的不該是牧者，而是我們。上帝的意思，是要我們全體總動員。懷愛倫說過：「所有受到聖靈感動的人都受到託付，要將福音傳給萬民；所有獲得基督生命的，上帝都命令他們要盡一己之力，讓其他人也能獲得救贖。」（懷愛倫著，《歷代願望》，原文第822頁）

仔細研讀今天存心節所列的屬靈恩賜清單：這些恩賜是整個教會群體的屬性，為要以基督的榮光照亮世界。

博士的獻禮

他們看見那星，就大大地歡喜；進了房子，看見小孩子和他母親馬利亞，就俯伏拜那小孩子，揭開寶盒，拿黃金、乳香、沒藥為禮物獻給祂。馬太福音2：10-11

上述這兩節經文中最值得注意的地方是，對於耶穌出生這件事，最興奮的好像是外邦人。首先，最先聽到天使報喜的，不是耶路撒冷的達官貴人，而是幾位謙卑的牧羊人，然後則是來自東方的博士（他們不是以色列人）。這些東方博士似乎比領受預言的以色列人更熟悉《聖經》預言的每個細節，可是，他們是從哪裡聽到關於彌賽亞的預言？《聖經》沒明講，但有相當大的可能性是和〈但以理書〉的預言有關。

看到博士們來訪，希律王這邊的反應卻令人扼腕。博士們發現到，這些被揀選、得以與上帝立約的子民，並不清楚這個預言；反而是這些外邦人為了預言的實現而歡欣鼓舞。更糟的是，聽到那位期待已久的王終於來到，這些人卻覺得受到切身的威脅。結果，故事的結局變成，上帝得提早透過夢境，警告他們不要回到希律的宮中。

這故事值得教會深思。我們很多人，一方面沒有好好使用自己的恩賜，胡亂揮霍這份禮物，另一方面，又對外來者懷抱敵意。我們把恩賜當作娛樂或提升自我能力的工具，卻把那些剛來到教會的人（他們因為如獲至寶，通常都滿心火熱）——視作威脅，擔心他們會改變教會的現狀。例如，有時我們會聽到有人用充滿遺憾的口氣說，但願新來的人能夠早點「進入狀況」，也就是說，要他們早點習慣教會的文化。

然而，經過多年的觀察，我發現到那些活力十足的教會，都願意投注大量時間精力去尋找上帝的兒女，邀請他們回到教會這個家中。他們深切體認到，上帝有無數的兒女還流落在外，他們當中很多人其實比我們還忠心事主。

這些人一旦來到我們當中，我們立刻就會想起，屬靈恩賜不是我們的私有財產；上帝把它賜給我們，是為了讓我們有機會回報給耶穌基督。這些新朋友正如從前那幾位博士，因為想把最好的獻給那位為我們付出一切的主，因而對教會的事工充滿了熱忱，全心全意的投入，將自己的恩賜發揮到淋漓盡致。讓我們跟著博士們的腳步來到馬槽，我們便會想起，當初上帝為何要將我們放在現在的教會之中。

9
Sep

領浸約言第九條：
在我心中存有耶穌快來的洪福之望，肯定地下決心預備迎見主，並且幫助別人也作預備迎接祂。

屬靈隱士

耶和華上帝說：「那人獨居不好，我要為他造一個配偶幫助他。」創世記2：18

打從創世之初，人類尚未犯罪時，上帝就已經認為一個人不跟別人建立關係是不好的。祂看到亞當一個人在伊甸園中孤孤單單，覺得他這樣不能算是個完整的人，需要一個好伴侶。可見上帝造人的時候，是把我們設定為社群動物，這個道理始終沒有改變。因此，當我們看到有人與其他人斷絕一切往來，離群索居，就會說他很孤僻、是個獨行俠等，因為我們憑直覺知道這樣是不健康的。很多所謂隱士，後來都出現異常行為，因為這樣的生活方式，造成他們的心理狀態發生變化。

獨來獨往也不符合基督信仰的精神。耶穌在升天之前，沒有呼召信徒彼此獨立，個別服事祂，而是聚集信徒組成教會；五旬節的祝福不是降臨在幾百個分散世界各地的個別信徒上，而是賜給了教會，而當天聽了彼得的講道，決志受洗的數千信徒，不是在領了一個基督徒的牌子後，就被放生到野外去，而是「加給」了教會（使徒行傳2：47）。

合宜的基督信仰只能存在於基督的身體──教會中。唯有在教會，信徒才能讓自己和別人的恩賜彼此互補，相得益彰；也只有在和其他信徒保持連結的情況下，我們才能時時檢視自己所信的和別人有無不同；反之，若脫離了教會，便冒著在信仰上迷失的風險，甚至誤解了福音的基本精神。因為即使遭逢人生的低潮，別人的見證也能堅定我們的信心。

如果是單獨一人，我們無法完整展現基督的品格。這是因為上帝對我們的愛，每個人都只能體會一部分，因此也只能表達出祂一部分的愛。然而，和別人發生聯結時，我們便能看見眾肢體拼成的基督形象；透過這樣的組合，聖靈得以更完整的呈現基督的真貌。於是，我們看到耶穌更豐富的面向──我們自己從未體驗或瞭解的面向。

單獨一人從來就不是件好事。一個屬靈的隱士不可能完成上帝託付我們、那些須在祂復臨前完成的任務。

聚在一起才火熱

又要彼此相顧，激發愛心，勉勵行善。你們不可停止聚會，好像那些停止慣了的人，倒要彼此勸勉，既知道那日子臨近，就更當如此。希伯來書10：24-25

關於德懷特‧萊曼‧慕迪（Dwight L. Moody）這位倡導回歸正統的偉大佈道家，有個大家耳熟能詳的小故事：有次他去拜訪自己教會的兩位教友；他們都好一陣子沒來聚會了。他們的缺席讓教會特別有感受，因為在離開前，兩人都非常活躍。對慕迪的關切，他們的說法是：不去教會沒關係，因為在哪裡都可以敬拜上帝，包括在自己家裡。

聽了他們的話，穆迪沒說什麼，只屈身向前，從壁爐中拿了根火鉗，夾出兩根燃燒中的木柴，放在壁爐的上方。離開了壁爐的木柴，儘管仍持續發出明亮火光，但過了幾分鐘後，那紅色光芒就黯淡無光，最後變成了黑色。於是，兩位教友明白穆迪的意思了：一旦脫離了火堆，很難再保持火熱。

聖靈的火舌降臨，基督的新約教會於焉誕生。這件事發生的前幾天，耶穌曾囑咐他們，要他們走出去，在「耶路撒冷、猶太全地和撒馬利亞，直到地極」作祂的見證——但不是馬上就去！祂說，先「不要離開耶路撒冷，要等候父所應許的」（使徒行傳1：4-8）。也就是說，他們要等到領受聖靈後，才能開始工作。

上帝讓代表祂同在的火焰降臨在教會當中；因此，一個人離開了教會，就很難保持火熱。多年來，我碰過很多人，因為各種原因，堅持不上教會；他們最後幾乎都完全離開了信仰，即使沒有離開，對於基督的聖工也失去了當初的熱情。聖徒之間的相處，有時難免會出現狀況。不過，儘管在一個群體中，人與人之間的互動確實是考驗，但毋須因噎廢食，因為上帝強調大家要聚在一起；祂知道，這乃是信仰保持火熱的關鍵。

平起平坐

我又看見一位大力的天使大聲宣傳說：「有誰配展開那書卷，揭開那七印呢？」在天上、地上、地底下，沒有能展開、能觀看那書卷的。因為沒有配展開、配觀看那書卷的，我就大哭。長老中有一位對我說：「不要哭！看哪，猶大支派中的獅子，大衛的根，祂已得勝，能以展開那書卷、揭開那七印！」啟示錄5：2-5

「我來講講我第一次來這教會時的第一印象。」凱倫說。聽到這話，我心裡已有準備：每次有人心裡有感動，要分享他們的「第一印象」，十之八九都沒好事。要不就是某個人說話得罪她，不然就是教會裡的人見到她，沒有主動讓位給她坐；最糟糕的狀況是，會眾們只顧著跟自己小圈圈裡的人講話，冷落了新朋友。總之，一定是有某種狀況，畢竟，有些人總愛挑剔教會的種種。

沒想到她給了我一個驚喜。「你看那個坐在那裡的男士，」凱倫指向坐在禮拜堂另一側的位置、一位六十出頭的男性。「他在我們這附近是位很有名的醫生，沒有人不認識他，而且他很有錢。」她說完後，回頭看著我，繼續說：「我第一次來到教會時，我發現禱告時，每個人都跪了下來。而我剛好坐在他旁邊；儘管我在這社區中只是個無名小卒，但現在我們兩個卻是完全平等的跪在上帝面前。」

她說的對！在教會中，所有人與人之間的不平等都被弭平了！你可能看過那種鼓勵人努力向上的海報：一個人得意洋洋地站在山頂——代表他完成了自己的夢想。這當然也意味著，一個人在還沒抵達巔峰時，他所處的地位或等級是比較低的。這種邏輯在企業界，或從追求自我成長的角度來看，是說得通的；然而，以上帝王國的角度來看，站在山頂與否，其實並無分別。

想像一個情境：有一個人身處谷底，另一個在半山腰，還有一個在山巔。從世俗的角度來看，三者天差地遠。但如果我們把眼界拉到天國的高度，就會發現一個有趣的現象，就是我們再也看不出三者的分別。每當我們來到教會，就會再次想起，在上帝的兒子身旁，不論你是誰，你所處的高度都微不足道；我們都是罪人，有著同樣的問題，也需要同樣的救贖。

當我們在教會中活出自己的基督徒身分，會明顯感受到，在十字架前，沒有誰比誰更了不起，了不起的只有那位救贖主。整個宇宙中，只有一位真正配得讚美，那絕對不是我們當中的任何人。

我們當中最偉大的

他們來到迦百農。耶穌在屋裡問門徒說：「你們在路上議論的是什麼？」門徒不作聲，因為他們在路上彼此爭論誰為大。耶穌坐下，叫十二個門徒來，說：「若有人願意做首先的，他必作眾人末後的，做眾人的用人。」馬可福音9：33-35

上帝國度的運行方式，完全與世俗的價值觀背道而馳。在商業界，早起的鳥兒有蟲吃，快、狠、準的人才能奪標；奧運的頒獎台有三個位置，高度各不相同，分別是給金、銀、銅牌得主。地球上的遊戲規則是：你如果擊敗了所有的人，就可以享有最高的地位；別人會更尊敬你、你會變得更有錢，擁有更大的權力。

然而，上帝的國度卻完全顛覆了我們的價值觀。使徒們跟著耶穌到各地去傳道時，想到上帝的國度即將來到，他們一定很興奮。就像大多數人一樣，他們不禁開始猜想：誰能獲得最尊榮的位置？比起世上其他人，他們十二個自然是高人一等，畢竟他們可是彌賽亞本人欽點的！那麼，如果就他們這群而言，耶穌重回寶座時，會是誰居大位呢？

「你們剛剛在講什麼？」耶穌問他們。呃……他們突然發現，自己剛才討論的，實在不是耶穌會關心的事，畢竟，祂可是自願棄天上的榮耀不顧，成為我們的一分子。於是他們沉默了，沒人敢回答——因為講出來實在太丟臉了！「我告訴你們，」耶穌接著說，「如果有個人希望自己的地位能比別人高，那他就要成為地位最低的，要當所有人的僕人。」

在基督的國度裡，看重的不是個人成就，不會因為某人表現的比其他人突出，就授予他一枚榮譽徽章或金牌。在那裡，每個人心裡想的不是自己，而是如何讓別人更快樂；天國的運行方式是，上帝全心看顧我們，我們一心榮耀祂。

的確，耶穌再來時會賜下獎賞，但標準不是照著每個人的「身價淨值」或有沒有常常登上雜誌封面，而是他是否願意放下私心，讓自己的生命成為上帝和世人間的媒介，反映出基督的愛。

甘做僕人的上帝

挨到西門·彼得，彼得對他說：「主啊，祢洗我的腳嗎？」耶穌回答說：「我所做的，你如今不知道，後來必明白。」彼得說：「祢永不可洗我的腳！」耶穌說：「我若不洗你，你就與我無分了。」約翰福音13：6-8

所有門徒當中，彼得大概是僅次於猶大，獲得最多負面評價的一位。他性情執拗、衝動，且說話老是不經大腦。拔出劍來，砍掉大祭司僕人耳朵的是彼得，一個理性的人不會做出這種事，大祭司是什麼身分？彼得這種行為可能會讓他吃不完兜著走！他誇口說就算其他門徒全都落跑，自己也絕不會離棄耶穌，之後卻連認識祂都不願承認的，是彼得。看到富有的年輕官長走掉，覺得自己比他高明，說自己願意為了福音，會不顧生計的，還是彼得。

因此，當我們看到彼得拒絕耶穌為他洗腳，很容易會發出論斷：彼得做事又不經大腦了！不過，讓我們把這故事再好好讀一遍，然後自問：「如果今天，耶穌是在你的面前跪下，說要洗你的腳，你能有多自在？」《聖經》中每個被引領到天上寶座前的先知，都會突然意識到自己罪孽深重，實在不配耶穌的救恩，因而痛苦不

堪。所以老實說，如果天上那位大君王堅持要像僕人般的服事你，你是否也會感到侷促不安？畢竟，我們做了什麼值得祂來服事我們？什麼都沒有！但這正是重點所在。

在那位造了我們，現在又跪在我們面前，要洗淨我們腳上泥巴的上帝面前，我們驕傲的本性不禁動搖了！看到祂甘願被羅馬士兵鞭笞，讓我們將釘子敲入祂的手腳中，使祂墜入與天父隔絕的痛苦深淵——全都是因為祂把我們的得救看得比自己的生命還重要。

在基督的教會中，沒有所謂的地位高低，受到尊崇的只有上帝。耶穌洗完腳起身後，祂叮囑我們不要忘記剛才那一幕，要以祂為榜樣。「我給你們做了榜樣，叫你們照著我向你們所做的去做……你們既知道這事，若是去行就有福了。」（約翰福音13：15，17）

天國的鑿子

主乃活石，固然是被人所棄的，卻是被上帝所揀選、所寶貴的。你們來到主面前，也就像活石，被建造成為靈宮，做聖潔的祭司，藉著耶穌基督奉獻上帝所悅納的靈祭。

彼得前書2：4-5

《聖經》中所有對教會的描述中，最生動的大概就是彼得所用的比喻。他把教會的建造比喻成蓋一座「靈宮」：其中，耶穌是這棟建築的房角石，我們則是一塊塊砌於其上的「活石」。他這講法讓人腦海浮現出石匠蓋房子的情景；那是需要高度耐心的工作。他必須一次又一次從一堆石頭中，挑選一塊大小能剛好塞進牆間縫隙的。他會拿起一塊石頭，嘗試各種角度，看看有沒有哪個角度剛好可以嵌入間隙；假如有的話，就會把它塗上水泥，加以黏合固定。聖殿要能完工，每塊石頭都得用上。

不過，不是每塊石頭都能渾然天成和某個縫隙契合。因此，石匠的工具除了用來塗水泥的抹刀，還包括一把鑿子，用來敲掉石頭多餘的部分，才能讓它剛好吻合牆上的空隙。同樣的，我們現在的樣子無法在天國找到合適的位置；儘管如此，自從基督赦免了我們，接納我們進入教會，祂就開始動工，把我們那些粗糙不平的稜角給敲掉，好讓我們能夠嵌入上帝的國度。

說到石頭的加工處理，印加人在全世界大概可以算是數一數二。他們建造了一座座令人驚嘆的天空之城，其中最值得一提的是薩克塞瓦曼（Sacsayhuaman）的廢墟。它是一座石牆建築，由總體積約600立方公尺、形狀大小各異的石頭砌成，每面牆高超過三公尺，極為壯觀。這些石頭當中，沒有任何兩塊是一模一樣；有些較小，還算容易加工，最大的則可重達200噸。儘管石頭間的大小差距懸殊，有些大到令人望而生畏，但印加人卻能使它們緊密接合，叫現代的工程專家都大為嘆服。在牆上很多地方，兩塊石頭之間的間距窄到連一張紙都塞不進去。

在教會生活中，我們勢必得跟其他「活石」接觸。上帝明白這點，因此這位大師會耐心地雕琢我們的品格，直到每塊石頭都能在不失獨特性的前提下，在基督的身體裡緊密契合，看不出任何空隙。儘管罪人不會一開始就「合得來」，但經過上帝鑿子的敲打，我們多餘的稜角被去掉，最後終能緊密接合，有如渾然天成。

試煉臨到時

對那城裡的人傳了福音，使好些人作門徒，就回路司得、以哥念、安提阿去，堅固門徒的心，勸他們恆守所信的道；又說：「我們進入上帝的國，必須經歷許多艱難。」
使徒行傳14：21-22

使徒保羅的一生很難用一兩句話來形容，但肯定稱得上轟轟烈烈。當他在路司得講道時，讓一個天生瘸腿的人奇蹟似的走路了。在場的人興奮不已，結果惹出大麻煩；他們認定自己一定是碰到了神，把保羅和巴拿巴分別當作希耳米（羅馬名為Mercury）和宙斯（羅馬名為Jupiter）來拜。當保羅好不容易把場面控制住，安提阿和以哥念的猶太人卻又來到城中挑撥群眾，結果兩人反被視作敵人，他們用石頭向保羅發動攻擊。

這事發生後，保羅離開了路司得，前往其他地方繼續傳道；我們大概也會預期他這樣做。比較令人意想不到的是，在鄰近的特庇協助鞏固當地教會後，他居然又回到了路司得。這是怎麼一回事？因為，他想為當地的教會打打氣。畢竟，路司得的基督徒儘管親見瘸腿者獲得醫治——這是十足的神蹟，但也見識了民眾的喜怒無常，更眼見他們竟要殺害保羅。

同樣的，儘管上帝已經奇蹟似的改變了我們的生命，但生命中的重重考驗很容易就蓋過那些快樂時光，使我們的基督徒生活艱辛得幾乎難以承受。廿一世紀的我們，並沒有比路司得的信徒更堅強；碰到試煉時，一樣會忘記信仰帶來的喜樂，一樣想打退堂鼓。

例如，在教會中碰到某些事，可能讓我們想一走了之。但請看看保羅，他最在意的是路司得的信徒會不會因此不敢信耶穌，對他自己的人身安全反而沒那麼放在心上。他明白自己被石頭攻擊這件事，很多剛信主的人看在眼裡，很容易心生畏懼，因為他們得繼續在這位偉大使徒險遭謀殺的地方實踐他們的信仰。考慮到他們的心情，保羅儘管心裡可能也很害怕，卻還是回去鼓勵他們。

碰到壞事時——壞事肯定有，畢竟這世界正陷入一場屬靈戰爭——我們要想想，這有沒有可能是因為，墮落天使們想要逼迫你離開某個需要你的地方？若會眾中有人為你打氣，而你也願意繼續待在教會，或許就會因此成全某種事工。

帳篷的中心位置

我的上帝，我的上帝！為甚麼離棄我？為甚麼遠離不救我？不聽我唉哼的言語？我的上帝啊，我白日呼求，祢不應允；夜間呼求，並不住聲。但祢是聖潔的，是用以色列的讚美為寶座的。詩篇22：1-3

上述存心節是「遇極苦時之祈禱」（The heart cry of the psalmist），它是整本《聖經》中最著名的章節之一，因為它預示了耶穌被釘在十字架、感覺不到天父的同在時，最黑暗的一刻。祂所經歷的痛苦，我們不可能明白，因為我們從未與上帝有像聖父與聖子那樣親密的連結。不過，我們仍然會對大衛這段話，感到心有戚戚焉。畢竟，每位基督徒一定都遲早會經歷「死蔭的幽谷」（詩篇23：4）——也就是完全聽不見上帝的聲音，也感覺不到祂存在的時刻。

既然如此，我們就要注意大衛接下來的話：「但祢是聖潔的，是用以色列的讚美為寶座的。」我們可以從這段話得到幾項啟示。首先，不論感覺多麼黑暗無助，我們仍要開口讚美上帝，因為，這樣做可以馬上把我們帶到祂的身邊。不論是歌唱讚美或禱告稱謝，都能夠使我們不再灰心喪志——快速又有效。學保羅和西拉那樣，半夜時在腓立比的監獄裡唱起讚美詩歌（使徒行傳16：25），立刻就能從懷疑和失望的牢籠中脫身。如果我們能做到這點，就是展現了和但以理那三位朋友同樣的決心；他們告訴巴比倫王，就算要因此被丟進火爐，他們還是只敬拜上帝；結果，耶穌就來到火焰裡與他們同在。可見，我們敬拜讚美上帝的時候，就是與祂最靠近的時候。

第二點值得我們注意的地方，是〈詩篇〉作者沒有說上帝是用我的讚美為寶座，而是說祂用以色列的讚美為寶座，可見大衛是以一個團體的立場講話。同樣的，以色列人當年在曠野時，上帝沒有讓象徵祂同在的榮光停駐在亞倫或摩西的帳篷裡，而是選擇來到帳篷的中心位置，讓十二個支派環繞著祂。

當上帝的子民聚在一起敬拜祂，奇妙的事情就會發生。因此，儘管每個基督徒每天都應空下一段時間，單獨敬拜那位天上的君王，但如果從不和整個教會一起敬拜，我們的基督徒生活便會少了一塊，顯得不夠完整。在團體敬拜中，上帝的子民們得以一同發現希望。

團體行動

保羅、巴拿巴與他們大大地紛爭辯論;眾門徒就定規,叫保羅、巴拿巴和本會中幾個人,為所辯論的,上耶路撒冷去見使徒和長老。使徒行傳15:2

「**我**沒有必要加入教會!」賽門說,「我要擔任上帝的秘密特使,從教會體制外創造改變。」幾個禮拜來,他一直都排斥加入教會,現在更打定主意,要靠自己一個人的力量來影響這世界。

不幸的是,和賽門有同樣想法的不在少數。很多人都說自己是有信仰的,只是沒有屬於某個特定的宗教派別,即使把福音傳給他們,他們還是不認為信耶穌代表他們必須成為教會的一分子。或許,這要歸咎於西方歷史曾有幾百年是政教合一,導致很多濫權行為,讓人不再信任宗教組織;也可以解釋成這一代的年輕人對於任何終身的許諾都存有戒心,畢竟,這群人當中,也有很多對於互許終身這件事持保留態度。

那麼,基督徒究竟可不可以單打獨鬥?先不論有些人的確別無選擇,因為他住的地方附近只有他一位基督徒,但只要環境許可,新約說的很清楚:基督徒不應該單打獨鬥!耶穌是向一群門徒發出呼籲,要他們去令萬民做祂的門徒;後來祂也對門徒們說,要他們在耶路撒冷等待聖靈的降臨。五旬節後,儘管他們都出去到各地傳福音,但一旦對某件事情的作法有不同意見時——例如,該如何處理想加入教會的外邦人——教會成員就會從各地返回,聚在一起商議。

在新約中,保羅是個要角,也許可算是使徒當中最有影響力的那一位;至少,新約大部分的書信都出自他的手。但即使是像他這樣,由耶穌親自賦予重任的重量級使徒,碰到大家有不同意見時,仍服從整個教會的決定:當大家對於他對外邦人所傳講的福音內容有意見時,他便動身前往耶路撒冷,和教會更多人討論。

基督徒如果脫離了教會,將面臨信仰走入死胡同的危險,或有可能做出不智的決定。同時,因為一個人不可能具備所有的恩賜,單一基督徒無法將那永遠的福音傳給各國、各族、各方、各民,這工作是上帝要我們以團體合作的方式完成的。

宗教組織

都恆心遵守使徒的教訓，彼此交接，擘餅，祈禱。使徒行傳2：42

歐洲的中古時期——即所謂的黑暗時代——是個政教合一的時代，這造成一些弊病，例如對宗教組織的不信任一直延續至今。很多人儘管不想和宗教組織打交道，但仍自稱是有信仰的，並非無神論者。他們同意世上有一位上帝，甚至也相信《聖經》，只是不希望屬於任何教派。

既然不要組織性宗教團體，另一項選擇當然就是非組織性宗教活動。多年來，我在大型聚會碰過很多人告訴我，比起「教會組織」，他們比較喜歡參加這種非組織性的聚會。每當我指出，這種數千人的大型聚會，絕對需要一個組織來籌畫，還要動員數百人義務幫忙，彼此密切合作，他們的反應多半是一愣。此外，在活動前的會議期間，還需要籌備誰來做指引、接待、辦理報到、擔任舞台監督、統籌禱告，還有各式各樣的工作。

凡仔細讀過《聖經》的人都知道，傳福音向來需要團隊，因為耶穌要我們這樣做。伴隨五旬節的那場奇蹟，教會誕生了，新信徒持續與使徒們聚會。他們並沒有回到各自原本的生活，而是一起讀經、禱告、分享餐飲。他們不是一群組織鬆散的信徒，剛好在五旬節那天信主，便而自然而然形成了一個信徒的社群。

當然，當時基督徒生活在羅馬人統治的世界，這些統治者到了第一世紀後半期，漸漸把基督徒看作是對他們政權的威脅。

在這種時局下，基督徒形成一個社群變得至關重要；畢竟，人受到周遭社會環境孤立時，需要一個夠大的支持系統。這樣的社群在兩千年後的今日不但不減其重要性，反而會因為《聖經》中記載末日將發生的狀況一一應驗成為現實，因此建立一個全球性的基督徒網路刻不容緩。

依照《聖經》的教導，基督信仰需要在教會這樣的社群中才能落實。因此，與其為了所謂宗教組織的黑暗面搖頭嘆息，還不如問自己：「如何才能讓我們的組織免於這些弊端？」

內心剛硬

弟兄們，你們要謹慎，免得你們中間或有人存著不信的惡心，把永生上帝離棄了。總要趁著還有今日，天天彼此相勸，免得你們中間有人被罪迷惑，心裡就剛硬了。希伯來書3：12-13

我用鍵盤輸入今天的日期時，不禁心裡頓了一下。20年前這個日期就只是一個普通的日子，沒有任何特別之處。但從2001年起，911這個數字已經變成了一種象徵。因為在這一天，恐怖分子讓飛機衝撞雙子星大樓、五角大廈，以及賓州的一塊田野，奪去了數千人的生命。儘管歷史上發生過許多恐怖的集體謀殺事件，但像911這樣對全世界最強大國家的本土公然發動攻擊，在西方世界仍屬罕見。它扭轉了國際政治的規則，讓我們醒悟到，我們身處的世界已經變了。

事件發生後，一些以前無法接受的作法，例如，公共場所的大規模監視設備、機場安檢的人工搜身等，我們也只得學會習慣。此一事件也對教會的出席率產生影響：剛發生事件的時候，教會的長椅突然坐得滿滿的，出現多年未見的盛況，對《聖經》預言有興趣的人數暴增。福音中心也是湧入人群，因為大家隱約覺得，這些攻擊事件可能不同於一般的戰爭行為。

911在很多方面都是一個歷史的轉折點。那天之前，世人很難想像〈啟示錄〉所描繪的景象會在短時間內發生。然而，911之後，大家的認知變了，明白到世局有可能在一夜之間就天翻地覆。

然而，事情發生後僅僅幾個禮拜，大部分的新面孔就消失了。隨著大家逐漸適應新的生活模式後，注意力又回到了每天的例行事務上，當初因恐懼來到教會的人，不久就失去了持續來教會的動機。

這些人沒留下來實在很可惜，因為教會最重要的功能之一，就是確保我們明白罪惡世界中的痛苦，絕對不是常態；如〈希伯來書〉的作者所說，我們要「天天彼此相勸」，好讓我們的心不致變得剛硬。一個高舉《聖經》的教會，信徒之間會彼此相勸，因為無論面對亂世或太平世界，福音永遠都是一樣有力。

奴役和十分之一

你要以財物和一切初熟的土產尊榮耶和華，這樣，你的倉房必充滿有餘；你的酒榨有新酒盈溢。箴言3：9-10

有人說，金錢是生命的具體呈現。他們會這樣說是因為，為了獲取金錢，我們必須投注寶貴的歲月，完成某些事情或工作；為了它，我們得拿有限人生的一大部分來換。如果以每人一生平均花在工作上的時間來算，一個人一輩子當中，有十萬個鐘頭是拿來換錢的。

不僅如此。政府接著又會從那十萬個鐘頭中，以稅金為由抽掉一部分。我們繳的稅會用在別人認定、所謂符合公共利益的用途上。換句話說，除了你的老闆以外，你還得為其他人工作，而且超出你的掌握之外，因為你自己說不定一點好處都得不到。

對基督徒來說，當一生的時間中有這麼高的比例都送給別人時，蒙受損失的不只是我們自己。這是因為，我們相信，我們的生命是上帝創造及維繫的，祂還付出了重價，將我們贖回，我們的生命的所有權其實都屬於祂。正如保羅在哥林多前書6：19-20所說：「豈不知你們的身子就是聖靈的殿嗎？這聖靈是從上帝而來，住在你們裡頭的；並且你們不是自己的人，因為你們是重價買來的。所以，要在你們的身子上榮耀上帝。」

生活在這罪惡世界的我們，就某個角度來說，這輩子是在做他人的奴僕，為別人工作。不過，每當我們將初熟的果子歸還給上帝，我們就完全扭轉了做奴僕的意義；我們本來是拿自己的時間跟某人換取金錢，現在，儘管表面上我們還是受雇於某人，但實質上是在為上帝工作。

上帝起初創造世界時，罪還沒有出現，我們的先祖亞當夏娃可以每天自由從事各樣活動，來展現上帝的無盡美善。他們不是哪個人的屬下，而是直接對上帝負責，因此可以整天盡情使用他們的恩賜，來彰顯祂的榮耀。儘管現在那個回天家的時刻尚未來臨，但我們仍可以藉由繳納什一，將每天頭十分之一的時間保留給上帝；一方面宣示，我們並不認同這世界的墮落現狀，同時也提醒自己，把我們的時光完全獻給上帝的那一天很快就要來臨。

被愁苦刺透

貪財是萬惡之根。有人貪戀錢財，就被引誘離了真道，用許多愁苦把自己刺透了。

提摩太前書6：10

生於西元1905年的阿麗薩‧羅森鮑姆（Alisa Rosenbaum），從小即展現過人天賦；她十歲時已開始寫小說；十六歲那年，她進入聖彼得堡國立大學（Petrograd State University）主修歷史。1917年，她目睹了俄國革命，她父親的藥局也被共產黨查封。那件事過後，她對於共產黨違反人性的意識形態，產生極大反感，因為他們可以為了所謂「人民的利益」犧牲人的尊嚴——甚至生命。

1926年她獲准前往美國，從此再也沒有回到俄國。她將自己原來的名字改為艾茵‧蘭德（Ayn Rand），並成立了一個反共色彩鮮明的哲學派別——客觀主義（Objectivism），將個人對自我利益的追求視為終極理想。不過，和共產黨相同的一點是，她也不相信有上帝的存在。她寫過幾本頗具影響力的書籍，例如《源頭》（The Fountainhead）和《阿特拉斯聳聳肩》（Atlas Shrugged）等，強調個人有絕對的自主權，不受他人干預，反對為了團體犧牲個人利益；這些著作至今仍對全世界數以百萬計的政府決策者有一定的影響力。多

年來，艾茵‧蘭德一直擁有相當數量的信徒。她去世後，別人在她的棺木邊豎起了一座六呎高（約相當於1.8公尺）的花圈，形狀是一個錢的符號，因為她相信，金錢是個人利益最終極的象徵。

保羅寫給提摩太的那段話，預言了艾茵‧蘭德的結局。她拒絕像共產黨那樣，將國家利益看做至高無上，主張以個人利益取代，結果卻「用許多愁苦把自己刺透了」。她晚年時不僅身無分文，而且開始做出自己終生撻伐的行為，例如，她甚至想要限制追隨者能夠讀哪些書。

我們每個人一定都有崇拜的對象。生活在西方世界的我們，儘管因為擁有自由而創造出前所未有的生活水準，但若因此崇拜有形事物，注定要痛苦心碎。我們或許還不至於崇拜木石雕出的偶像，但向錢看齊仍是個很大的誘惑。的確，上帝從未說過錢甚至是財富有什麼不對（事實上祂的一些追隨者像亞伯拉罕和約伯，都是有錢人），但要注意的是，如果過度熱衷於獲取利益，以它取代對上帝的追求，勢必造成種種不幸的後果。

穩賺不賠

嗐，你們這些富足人哪，應當哭泣、號咷，因為將有苦難臨到你們身上。你們的財物壞了，衣服也被蟲子咬了。你們的金銀都長了鏽，那鏽要證明你們的不是，又要吃你們的肉，如同火燒。你們在這末世只知積攢錢財！雅各書5：1-3

理論上，錢這個東西不過是一種交易的媒介。古時，有人發現用錢來換取木柴，要比拿雞蛋來換方便多了。畢竟，要是樵夫不要你的雞蛋怎麼辦？那你是不是要先拿雞蛋去換某樣他要的東西，再回來跟他交易？錢就不一樣了，它隨時隨地都可以換取東西。

今天，我們稱之為「錢」的東西，只是一種支付的憑據，理論上，應該能夠兌換到某個真正等值的東西才有意義。過去，錢的價值曾經有黃金來支持，但後來錢已不能再兌換到什麼實體物質，它的價值便產生波動。如今，連鈔票都漸漸被淘汰；有些國家已經逐漸不發行紙鈔了。到最後，我們稱為「錢」的東西，可能只剩一堆電腦雲端上的「0」與「1」。

以美國來說，2000年的一塊錢，價值比起1900年只剩下1/20（1900年可以用一塊錢買到的東西，如今要用20元才能買到）。換句話說，貨幣的價值在過去一百多年來，一直在貶值。因為現在不再以黃金儲備做為依據，貨幣的價值就變得不穩定。

事實上，我們努力工作換取的各種物質，它們的價值都受到種種因素的影響，像是通貨膨脹、天災、戰爭、市場泡沫，還有許多造成我們金錢損失的危險因素，這些都不是我們所能控制的。我們在世上所擁有的物質以及銀行存款可以一夕間就貶值，我們一生的心血就這樣白費了。

為了未雨綢繆，存一點錢當然是明智的作法，不過同時也別忘了，錢財的價值是非常不可靠的——只有一個例外。如果你是拿上帝交給你的資源投資在福音工作上，那麼獲得的利潤將無可限量，而且穩賺不賠。你為天國搶救的每個人，永遠都不會貶值。真要說的話，等到將來基督與我們同在天國永恆的時空中，我想那些你有幸介紹他們認識耶穌的男男女女，他們的價值只會越來越寶貴。

這項投資是世上絕無僅有、永遠穩賺不賠的投資。

默默行善

你們要小心，不可將善事行在人的面前，故意叫他們看見，若是這樣，就不能得你們天父的賞賜了。所以，你施捨的時候，不可在你面前吹號，像那假冒為善的人在會堂裡和街道上所行的，故意要得人的榮耀。我實在告訴你們，他們已經得了他們的賞賜。你施捨的時候，不要叫左手知道右手所做的，要叫你施捨的事行在暗中，你父在暗中察看，必然報答你。馬太福音6：1-4

在 上帝的國度中，你為何付出，和你付出了什麼同等重要。耶穌指出，為了上帝而給予，和為了自己的名聲而給予，完全是兩回事。如果你主要的目的是讓人看見你有多慷慨，那麼你一旦得到了別人的掌聲，獲頒一塊感謝牌匾，或為了表達對你的敬意，讓某棟建築物以你的名字命名，那你就得到了足夠的報償。畢竟你是為了自己的好處才行善，也如願得到肯定，你的目的就已達到。

為了愛而給予則完全不是這樣。試想，有位男士買了個禮物送給朋友，因為他自己下個月要搬家，而朋友剛好有部卡車，他希望朋友可以幫忙載物。一旦朋友發現他真正的動機，這禮物就變質了；以卡車載物變成是在還他人情。這個朋友除了搬家那天會來幫忙以外，就不會再得到其他的東西，兩人的友情也不會因此變得更深厚（事實上，朋友可能還會覺得自己被利用而心生怨恨。）

同樣的，想藉由送上帝禮物來巴結祂完全沒有意義。首先，整個世界本來就是祂的；再者，上帝已經透過十字架給了你最大的禮物。送給上帝禮物，不是為了要讓祂更愛你，而是因為我們愛祂；若不是基於這樣的動機，那就稱不上是禮物了。

再者，為了得到教會中其他弟兄姊妹的肯定而給予，也不是真正的愛。如果你企圖透過撒錢來贏得他人的尊敬，上帝大概會讓你如願，但原因是同情你，因為你所能得到的報償也不過如此；畢竟這仍是驕傲的心態在作祟，是上帝不喜悅的。但一個人如果默默的將自己所擁有的獻給上帝，祂一定會看重這份禮物；因為祂知道，人會這樣做只有一個原因，就是因為他愛祂，渴望看到祂的國度來臨。

耶穌說：「當你施捨別人時，不要叫左手知道右手所做的。」

誠心有多大

就說：「我實在告訴你們，這窮寡婦所投的比眾人還多；因為眾人都是自己有餘，拿出來投在捐項裡，但這寡婦是自己不足，把她一切養生的都投上了。」路加福音21：3-4

如果從古至今人類的思考方式都沒太大的改變（我想應該是差不多），〈路加福音〉這段故事中的有錢人在聖殿投入他的捐款時，大家的目光一定都會被吸引過去，彼此交頭接耳：「哇，你有沒有看到那個人這星期投進奉獻箱多少錢？要是我也能給那麼多，該有多好！」

富人捐錢支持慈善，總會受到眾人的推崇肯定。我們會把建築物以富人家族的姓氏命名，或頒給他們匾額。那些有能力捐助大筆金錢或大批物資的人，有時基金會也會用他們的名字命名。不過，儘管大多數的人看到富人捐獻會大表嘆服，耶穌卻沒把它當一回事。後來，一位貧窮的寡婦出現，向奉獻箱裡丟了一點錢，耶穌卻眼睛一亮說：「哇，你們剛剛有沒有看到？」

看到什麼？一個窮人朝捐獻盤裡丟了幾枚銅板？這有什麼好看？這麼一點點錢能夠做什麼？不要說蓋一家醫院，就連籌設一個供餐站都不夠，實在是有捐等於沒捐。可是，為何耶穌會這麼看重一、兩塊錢？

因為，這區區幾枚銅板是那位窮寡婦的所有財產。有錢的人儘管常常捐很多，但他們並沒有奉獻出自己所有，寡婦卻是毫無保留。她能有這樣的心，讓上帝很欣慰，因為，祂看到神的品格反映在她身上；耶穌基督祂自己就是付出了所有。祂遠離天堂，來到人間，不僅不再被天使的讚美聲環繞，反而受到祂親自賦予生命的世人拒絕、嘲笑。最後，祂甚至放棄了自己的生命——徹徹底底的付出了一切——只為了要拯救罪人。「你們當以基督耶穌的心為心。」保羅提醒我們，「祂本有上帝的形象，不以自己與上帝同等為強奪的，反倒虛己，取了奴僕的形象，成為人的樣式……」（腓立比書2：5-7）

讓上帝微笑稱許的不是一張支票上面有幾位數，而是給出那張支票的人有多大誠心。

樂意給予的上帝

你們要給人，就必有給你們的，並且用十足的升斗，連搖帶按、上尖下流地倒在你們懷裡；因為你們用什麼量器量給人，也必用什麼量器量給你們。」路加福音6：38

那塊廣告看板的位置很不尋常。我在華盛頓州一條穿過工業區的道路上方看到它，這裡平常很少人經過。我心想：掛在這裡誰會看到啊？（完全忘記我自己才剛看到的事實。）牌子上寫的是：「努力成為你羨慕的有錢怪叔叔／阿姨！」

這張看板是一系列以鼓勵民眾儲蓄（廣告用的詞是「把小豬餵飽」，意指把錢存進小豬撲滿為老年生活作準備）為訴求的廣告之一。儲蓄當然是好事；一個背負龐大債務的世代，到老年時發現他們在銀行裡一點存款也沒有，會是件很悲哀的事。

儲蓄是有效保障財務穩定的方法之一，然而《聖經》卻提出了另一個違反一般人直覺的方法：施予！「你若願意做完全人，可去變賣你所有的，分給窮人，就必有財寶在天上；你還要來跟從我。」耶穌這樣告訴年輕的官長（馬太福音19：21）。

給予或許不會為你帶來驚人財富，但確實能夠提供保障，因為歷代志下16：9說：「耶和華的眼目遍察全地，要顯大能幫助向祂心存誠實的人。」當我們以給予代替索取，成為我們新的生活方式時，上帝會很開心，因為我們這樣就很像祂了。祂是樂於給予的上帝，先是創造這世界，成為我們美妙絕倫的家園，後來更為了確保我們得到救贖，甘心犧牲自己的獨生子耶穌。儘管我們的叛變帶來了痛苦與折磨，但祂仍想讓我們重返伊甸園，將當初我們因跟隨墮落天使丟棄的一切，重新再交給我們。祂「樂意的靈」（詩篇51：12）賜給我們救贖，又持續供應我們。

為退休後的生活預留老本是明智的作法，我們應該盡量往這方向努力。不過，在此同時，也要把握這僅此一次的人生，好好享受為別人奉獻的滋味，正如所有人也都是耶穌救贖的對象。如果我們真心為了別人好而給予，我們會發現，上帝也會讓我們過得穩穩當當。

慷慨與寬容

那僕人出來，遇見他的一個同伴欠他十兩銀子，便揪著他，掐住他的喉嚨，說：「你把所欠的還我！」馬太福音18：28

在基督身體（教會）裡的生活，可以當作是為將來天國的生活做準備。畢竟將來要跟我們在天國共度永生的，正是教會裡的那群人。如果我們連在問題充斥的現今世界都能學會與他人好好相處，那在天國裡相處融洽的可能性就會大增。

在教會這個教室中，我們學到的主要課程之一，就是慷慨的真諦。所謂慷慨，並不只是指奉獻金錢；我們學會在金錢方面慷慨後，還得練習在對人的態度上變得慷慨。

例如，我們要對時間慷慨，也就是願意聽候別人的差遣。因為這不太符合人的天性，需要刻意培養耐心才做得到。對自己的才能以及恩賜慷慨，意思是你得學會在別人主導一件事，但他的方法你並不認同時，你仍然毫無保留的貢獻一己之力。

最後還有一種，是對機會慷慨，也就是讓某個人有機會參與某項工作，即使心知他可能不會做得很完美，其他更有經驗的人可以做得更有效率，但你仍願意給他機會學習成長。

換句話說，加入教會就是在學習與一群像家人般的「弟兄姊妹」生活。他們跟你沒有血緣關係，不過，你們同樣因耶穌的寶血領受赦免與救贖——因此，教會生活能提供最寶貴的一課，也許就是：毫無保留的寬恕別人。

身為牧師，我發現到，大部分人離開教會的原因，都和自覺受到其他教友不當對待有關。也許是堂董會的決定不如他的意，也許是某人說了句話刺耳的話，傳到他的耳中，也有可能是人家沒邀請他擔任一個他自覺非他莫屬（或受到呼召）的職位。

其實，這種事情我們每個人都會碰到。與其就此離開教會，不如好好利用這次機會，練習像上帝對我們那樣，以慷慨無私的態度回應。若能做到這點，就真的學到耶穌品格的精髓了，因此更能深刻體會祂的愛。

路加福音6：31和馬太福音7：12都提到，我們希望別人怎麼對待我們，我們就要怎樣對待別人，因為這是「律法和先知的道理」。

向大比大看齊

彼得就起身和他們同去；到了，便有人領他上樓。眾寡婦都站在彼得旁邊哭，拿多加與她們同在時所做的裡衣外衣給他看。使徒行傳9：39

有「大比大」（另一個名字是多加）這樣的教友，是所有牧師夢寐以求的。她對教會以及整個鄰里都是不可或缺；她一離世，整個教會都亂了套，還特別派人去央求彼得趕回他們這邊來，處理這緊急狀況（使徒行傳9：3）。等到彼得回來，她去世的那個房間已經成了展覽間，見證著她的種種天分以及對別人的貢獻。

幾乎每個教會都有一位大比大型的人物：只要教會有事，他／她一定二話不說，答應幫忙。如果教會的大掃除是排在一大早，他大概不僅會第一個到現場，還會幫忙組織大家、分配工作；他會將教會的草坪修剪的整整齊齊；週間的時候，他會把禮拜堂清掃乾淨；每當有活動沒人自願當召集人，這位「大比大」一定義不容辭。

看到這樣的人，我不禁會想：要是明天我離開人世，無法繼續參與教會，我截至目前為止的貢獻，會足以讓人覺得我的離去對他們是種損失嗎？自從接受這個信仰，我的人生是否都以基督的國度為中心？還是，我多多少少還是為自己而活？我的人生目標是要成就福音，還是我自己的夢想？以大比大而言，這些問題的答案顯然是：她確實是為耶穌而活。

這故事也引發我去思考另一件事：為何教會的事務好像最後都落在少數幾個人的肩膀上，而我們其他人好像也覺得這樣理所當然？我們怎麼會讓幾個人擔負了所有的工作，以致一旦沒了他們，我們就手足無措？教會是不是不該只仰賴特定的幾個人，以致他們有一、兩個過世後，教會好像就無法運作了？

當然，約帕的教會是否符合上述情況，我們不得而知。也有可能是他們所有的教友其實都很活耀，而大比大剛好又是其中特別能幹的。我們真正應該思考的是：要是我們每個人都能像大比大，那會發生什麼事？也許，教會將再度成為世人眼中，那「攪亂天下」的一群人了！（使徒行傳17：6）

付出所有

耶穌說：「讓小孩子到我這裡來，不要禁止他們；因為在天國的，正是這樣的人。」
馬太福音19：14

耶穌曾不只一次提到，世界上所有的人當中，兒童最接近天國子民應有的樣子。同時，兒童在許多方面也比一般的大人更像耶穌：知道自己的不足、誠實、容易信賴和原諒別人等等。此外，你或許也會覺得小孩子比我們大人慷慨。

我女兒八歲的時候，有天早上，我看到她走進房間，拿起一疊一元紙鈔，數了起來。我立刻疑雲大起；像她這麼小的孩子，怎麼會得到這樣一筆錢？我問她這錢是在哪裡撿到的？原來這是她靠著幫鄰居把買來的東西提回家賺來的。「爸爸，我幫他們把東西提到家門口，他們就會給我一元喔！」她說。

我的心中不禁湧現為父的驕傲：這孩子不但想到一個辦法賺進更多零用錢，也懂得自食其力了。她總共存了22元美金（約台幣660元）。我問她打算怎麼用這筆錢，她說要用來買玩具。

「不過，妳應該記得要留一部分給耶穌吧？」我問。

「爸爸，我記得！要給耶穌十分之一。」她答道，然後問我那相當於多少，我說：2元2角（約台幣66元）。「耶穌會拿這2元2角去做什麼？」她又問。

「祂會派牧師和宣教士到全世界各地，告訴那裡的人，祂有多愛他們。」我解釋道。

這話題突然引起了她的興趣。「那他們也會給他們《聖經》嗎？」她問。我告訴她，我想他們的確常常給他們《聖經》。

「好吧！」她彷彿下了個很大的決心，雙手捧著整疊鈔票，伸到我面前，「這些全部都給你。」

我知道大人和小孩不同；我們有租金、各種帳單以及房貸要繳。不過，扣除家用不算，老實講，你有哪次把剩下的錢全都給出去呢？小孩卻從不擔心錢不夠用，因此不會覺得將自己所擁有的——甚至自己本身——都交給上帝，有何不可。

唯一的主

一個人不能事奉兩個主，不是惡這個、愛那個，就是重這個、輕那個。你們不能又事奉上帝，又事奉瑪門。馬太福音6：24

基督教義和金錢之間的關係一直都有點尷尬。十六世紀時，教會的斂財行為引發清教徒革命；我們這個時代則有以宗教之名圖利的人，將媒體事工視作金雞母，冀望靠著販賣虛幻的希望大賺一筆。其實世人有無數的機會認清耶穌的話語是真理：你如果拜金，就不可能拜上帝。

然而，過去兩千年來那些重大醜聞，使基督教機構募款時，變得很難開口。社會大眾一聽到我們要跟他們募款，馬上就起了戒心（**他們會這樣當然完全可以理解。**）於是，教會財務——如果又加上性醜聞——更容易讓撒但攻城掠地，使基督的事工蒙上污名。

有鑑於此，敬虔的基督徒需要在財務方面採取比別人更嚴格的標準，避免有任何不當的金錢往來。我們要記住，就算你自己為人坦盪，但身為基督徒，我們仍不免被過去所牽累；大眾還是會以有色眼光看我們。一旦別人知道你是基督徒，看待你的方式就不一樣；他們會對你的言行舉止採用高標準衡量。回想一下，你是不是常聽到有人不滿地咕噥道：「他還說自己是個基督徒呢！」然後當下便意識到，世界看我們和看別人是不一樣的。因此，儘管每個人都想要賺錢，但別人對於你的動機，會採用另一套更嚴格的標準。

這樣公平嗎？也許不公平！不過，這世界從來也沒有對基督徒公平過。面對更嚴格的檢視，正好可提醒我們，我們存在這世上的目的，不是為了要累積財富；因為等到耶穌再來後，任何財富都帶不走。

我們處理金錢時需加倍謹慎，一方面是為了避免引起誤會，另一方面也是清楚的宣告：基督徒重視的事物和其他人完全不一樣。

如此，旁觀者將會發現，我們在意的不是那些有形的事物。我們一心想得到的，是天國這顆寶貴的珍珠。

不可或缺

但如今肢體是多的，身子卻是一個。眼不能對手說：「我用不著你；」頭也不能對腳說：「我用不著你。」不但如此，身上肢體人以為軟弱的，更是不可少的。哥林多前書 12：20-22

你剛受洗加入基督教會時，想到自己竟然和那些赫赫有名的人物有同樣的身分，或許會覺得有點壓力。在教會中，你和最早期的那十二位使徒，以及自西元一世紀至今的那些重量級信徒一樣，都是教會的一分子；身為教會一員的你在耶穌眼裡，和那些名留青史的男男女女、或是為了福音犧牲生命的人，都是同樣的寶貴。你也和他們一樣，同樣承擔著傳揚福音的使命。

這時，我們很自然會問：「可是，我能有什麼貢獻？」在那些著名基督徒的光環下，我們即便有貢獻，似乎也微不足道。我們覺得自己好像剛學會走路的小孩，媽媽要我們到廚房來幫忙，說有個「重要任務」要交給我們。這樣說是為了讓小孩子覺得好像自己也能有所貢獻，但事實上，別人只是隨便塞給他一點事做，以免他礙手礙腳。

然而，保羅卻說，在教會這團隊中，沒有人是擔任「媽咪特助」這種角色。相反的，不論你在教會中扮演什麼角色，都不該認為別人是可有可無。奉差遣來到這世界的我們，不是一個鬆散組織的信徒群，而是基督完整的身體。如果只看單一成員，每個人再努力能做的也都有限；但當我們成為一個團隊，我們就足以擔任基督在世上的代表，將祂完整的呈現出來。從另一個角度看，坦白說，人類所能做的跟天使相比，肯定是微不足道；他們比我們強太多了。

但我們從《聖經》的描述中，卻看不出哪裡顯示「天使認為人類在善惡之爭中是不重要的」。

我們在參與服事時，要記住：上帝呼召你，不是要你努力成為別人；祂呼召你是基於你的特質。你在基督的家中，有著獨一無二的角色——只有你能擔任的角色。

在祂眼中，你對祂的教會是不可或缺的。

我能付出的

他們因有貪心，要用捏造的言語在你們身上取利。他們的刑罰，自古以來並不遲延；他們的滅亡也必速速來到。彼得後書2：3

每當我產生一種錯覺，以為現代教會面臨的問題比以前的教會多時，只要讀讀新約就會立刻發現：很多事都是古今皆然。新約很大一部分都是書信，寫信的目的是為了討論教會中發生的問題——例如今天的主題，彼得寫給信徒們的第二封信。

彼得寫這封信是在警告聽眾，假教師和假先知自古就有，不是到了新約時代才出現，並指出他們會這樣做是因為受到貪念的驅使。這些人把教會當作獵物，參與其中是為了牟取個人的利益。彼得所謂的利益，可能包括權力、地位等，但就今日而言，這利益通常跟錢有關。

如果我們發現自己動了想靠教會賺錢的念頭，就應當想想彼得的警告。儘管和個別的弟兄姊妹私下做生意並無不妥，但如果是把教會通訊錄當作「潛在客戶名單」，那就不太不堪了！所謂的受貪念驅使，如自己捏造教義，或謀取特定職位，也都屬於這類行為。

多年前，我碰過一位男士，他曾涉入一場多層次傳銷的騙局。他的上線鼓勵他從教會中拉人進來，於是他「盡心盡力」的打電話給教會通訊錄裡的每個人。結果他這種作法毀了他和所有人的關係；這件事發生後，大家對於他的任何行為，都會懷疑其真正動機。每次他跟人聯絡，對方都會暗想：他究竟是為了教會的事，還是只是想開發更多潛在客戶？別人開始懷疑他加入教會的真正動機。到頭來，他沒爭取到什麼新客戶，卻失去了別人的信任，並招來了眾人的敵意。他的行為已經阻礙他融入教會的生活，其他人甚至會懷疑，他是真的有心傳揚福音，還是只是為了要結交潛在客戶？

要測試自己的動機是否純正，一個簡單的方式是捫心自問：我在教會的一舉一動，其出發點主要是為了牟取私利，還是使人獲益？

你的潛在能力

摩西對耶和華說：「主啊，我素日不是能言的人，就是從你對僕人說話以後，也是這樣。我本是拙口笨舌的。」耶和華對他說：「誰造人的口呢？誰使人口啞、耳聾、目明、眼瞎呢？豈不是我——耶和華嗎？現在去吧，我必賜你口才，指教你所當說的話。」出埃及記4：10-12

摩西對於要到法老的宮廷擔任上帝的代言人，感到躊躇不前。我們大部分人都能理解他的感受。事實上，這樣一份工作要是有人自認可以勝任愉快（是否有人會想：「上帝，祢怎麼會考慮這麼久？我不就是當然人選嗎？」），我們恐怕還會有點懷疑；畢竟，如此自傲應該不適合當屬靈領袖的。

摩西的故事正好能幫助那些自認能力不足，無法為上帝的國度效力的人。儘管我們跟耶穌走得越近，越清楚自己的不足，就像是強光照射下，所有的瑕疵無所遁形；但摩西的故事讓我們看到，只要我們參與教會的服事，上帝就有辦法增強我們的信心。

當摩西得知上帝不僅要他傳話，還要他當著許多位高權重之人面前講話時，他嚇壞了：「上帝，你聽見我跟祢說的話嗎？你大概找不到比我更不適合的人選了！」

現在，留心聽上帝是怎麼回答摩西的，因為你也當這樣看待你的呼召。「創造你的不就是我嗎？」祂反問道。上帝當然清楚我們的短處，不過，祂也提醒我們一件很重要的事：我們是祂創造的。今天我們會有這些弱點，是因為我們任性而為，與祂斷了關係；一旦我們憑著信心，選擇再次回到祂的保守下，遵行祂的指示，祂可以再造一個超棒的你。

《聖經》應許我們，在基督裡我們是「新造的人」（哥林多後書5：17）。祂能夠修復我們因為罪而遭受扭曲的特質，讓我們恢回復祂本來創造我們的樣子。我們一旦將自己交託在上帝的手中，將有能力做到以往做不到的事。不過，若想發現上帝計畫用你來幫祂做什麼事，你得先憑著信心展開服事。

上帝儘管已經賦予你新的能力，可以用在服事上，但你如果沒有使用，就無法發現自己有何不同；惟有常常使用，才會讓它日漸增長。

很多人因為覺得自己不能為上帝的國度成就什麼，因此連試都不試。他們忘了自己的主人正是那位創造主，就先認定自己能力不足。然而，你如果沒有嘗試過，怎麼知道自己不能做到？說不定，你踏出第一步後，會對上帝等著要透過你成就的事大感驚奇呢！

傾其所有

又有撒冷王麥基洗德帶著餅和酒出來迎接；他是至高上帝的祭司。他為亞伯蘭祝福，說：「願天地的主、至高的上帝賜福於亞伯蘭！至高的上帝把敵人交在你手裡，是應當稱頌的！」亞伯蘭就把所得的拿出十分之一來，給麥基洗德。創世記14：18-20

亞伯拉罕和麥基洗德見面並交換禮物的故事，是《聖經》中最短卻最引人入勝的。儘管我們相信麥基洗德是其他人，而非耶穌（Christophany，指道成肉身前的耶穌），但種種跡象顯示，這個人確實是預表（或象徵）耶穌基督。其中最有力的證據之一，就是他送給亞伯拉罕的禮物：餅和酒。

這兩件禮物，正好在聖餐禮中分別代表了耶穌的身體和寶血。身為祭司——代表至高上帝的麥基洗德，將這兩件物品贈送給上帝的一位朋友，應該不是巧合。事實上，亞伯拉罕來到應許之地，以及後來他的子孫從埃及逃離，這兩段旅程都預示著，上帝的子民有朝一日將離開（屬靈意義上的）巴比倫和埃及，前往屬天的迦南及新耶路撒冷。我們之所以能夠得到這樣的救贖，完全是因為基督在髑髏地獻上了自己的生命。

瞭解這些後，亞伯拉罕的什一奉獻就顯得特別有意義；它代表的是發自內心的感恩。餅和酒象徵著上帝為了救我們所願意付出的，那就是一切！而我們的回應，則是從收入中拿出十分之一獻給上帝。這並不代表我們可以靠這筆錢來換取救贖。（你可以注意到，什一奉獻是在麥基洗德送餅和酒給亞伯拉罕之後才有的。）這個饋贈只是為了表達感激，他的這個動作代表的是：「我這個人，以及我所擁有的一切，全部都歸祢。」

這兩人間的互動，顯示我們和上帝之間的關係不是某種法律行為，而是很親密的關係；上帝與人為對方完全獻出了自己（參閱保羅在〈以弗所書〉中的描述），就如同丈夫和妻子為對方捨己，不分彼此。耶穌的心完全向著我們，因此願意永遠成為血肉之軀，還要在新天新地中永遠與我們一起生活；我們的心完全屬於耶穌，因此成了亞伯拉罕的後裔（加拉太書3：29），冠上「基督徒」的名，認為我們此生所擁有的一切，全都屬於祂。

上帝想要的

有一個人，名叫亞拿尼亞，同他的妻子撒非喇賣了田產，把價銀私自留下幾分，他的妻子也知道，其餘的幾分拿來放在使徒腳前。彼得說：「亞拿尼亞！為什麼撒但充滿了你的心，叫你欺哄聖靈，把田地的價銀私自留下幾分呢？田地還沒有賣，不是你自己的嗎？既賣了，價銀不是你作主嗎？你怎麼心裡起這意念呢？你不是欺哄人，是欺哄上帝了！」使徒行傳5：1-4

亞拿尼亞和撒非喇的故事，可能是〈使徒行傳〉中最讓人不安的一段了。他們在眾人面前謊報自己奉獻的金額，因此受到嚴懲而當場倒斃。多年來我聽到一種說法，有人認為這對夫妻所犯的罪，是將賣地的收益自己留了一部分起來，沒有把自己擁有的一切全都交給上帝，這在上帝眼中是嚴重的罪行。

但從上下文來看，它並不是這個意思。彼得問：「既賣了，價銀不是你作主嗎？」換句話說，他們並沒有義務要將賣田地的錢拿出來給教會，而是可以照自己的意思花用。

彼得的話說明了教會裡奉獻的本質。有些宗教團體為了籌措財源，會依照教友收入或是教會所需資金，規定成員要捐出一定比例的金額；這不像是自發性的捐獻，像是在繳會費。然而，彼得向這一對不誠實的夫妻所說的話明白地揭示：上帝認為奉獻必須是出於自願。儘管瑪拉基書3：8提道，不繳納十分之一是在奪取上帝的供物，但一個人要繳不繳，仍由他自己作主。上帝不會勉強人；甘心樂意的給予，遠比哭喪著臉拿出來要有意義。

哥林多後書9：7中，保羅也提醒我們：「各人要隨本心所酌定的，不要作難，不要勉強，因為捐得樂意的人是上帝所喜愛的。」

所以，亞拿尼亞和撒非喇究竟犯了什麼罪？他們的問題在於他們給這筆錢是為了贏得個人名聲，而且還用說謊的方式，想讓會眾以為他們很高尚。這筆錢不是為了表達對上帝的感謝，也不是為了推動教會的事工；他們心裡想的其實是個人的好處。也許這好處不是金錢上的，但仍是以個人利益為出發點。此外，他們也意圖要偷取別人所擁有的東西；大家捐錢是為了湊成一筆公積金，用來支付所有信徒的生活所需。兩人這種作法，使眾人以為他們把所有一切都捐出了，因此可以仰賴公積金過活，但事實上，這筆錢中很高的比例都是被他們暗槓了！

亞拿尼亞和撒非喇的故事給了我們一個很大的啟發：上帝不需要我們的錢，祂在乎的是我們的心。

當我們同在一起

我為他們祈求，不為世人祈求，卻為祢所賜給我的人祈求，因他們本是祢的。凡是我的，都是祢的；祢的也是我的，並且我因他們得了榮耀。從今以後，我不在世上，他們卻在世上，我往祢那裡去。聖父啊，求祢因祢所賜給我的名保守他們，叫他們合而為一像我們一樣。約翰福音17：9-11

服從教會的意願及決定，不是件容易的事。畢竟，大部分人都比較相信自己的感覺和判斷，而不容易接受別人的。追求個人自主性的人，多半喜歡自己開創新局，照著自己的想法來規劃福音事工。

多年前，我參加過一個營隊（儘管我本不愛參加這類活動），其中有個活動叫做「思考實驗」。帶隊的人要大家想像自己將在索諾拉沙漠（Sonoran Desert）獨自生活幾週，然後給我們一長串物品清單，要我們從中挑選幾樣你覺得可以幫助你生存的東西。每個人的清單列完後，我們又被分成小組，透過討論的方式，每個人發表己見，最後結合眾人的想法，擬出新的清單。兩種清單完成後，由一位野外求生專家針對清單內容進行評估。

看完後他表示，如果照著各自所列清單，我們這房間裡大部分的人都會陣亡，但如果是照著團體清單，那生存的可能性就會大增。

這個課程所要傳達的信息很清楚：大部分人光靠自己是無法足智多謀的，需要大家集思廣益。在團體中，我們可以吸收各種觀點，體驗不同的思考方式，分享彼此的才幹，因此，對於問題該怎麼解決，每個人都會發現很多原本沒想到的辦法。教會的運作也是一樣；個別去傳福音也許可以達到某些效果，不過，如果是基督的整個身體一起做工，那可是聯合了聖靈的一切恩賜，突然間，可以做到的事就會多很多。

從今天的存心節我們可以看到，基督是為整個教會祈求；其重點之一，就是讓我們保持合一；彼此之間、和基督之間都能像耶穌和祂父親之間那樣的合一。一起同工有時實屬不易，因此除非是明顯的背離了《聖經》的教導，我們為了保持基督身體的合一，有時得接受某個自己不太贊成的決定。儘管如此，我們終將發現，聖靈所賜給我們的恩賜，是在與祂為其他信徒挑定的恩賜搭配使用下，最能發揮到極致。

受到裝備

摩西對耶和華說：「主啊，我素日不是能言的人，就是從祢對僕人說話以後，也是這樣。我本是拙口笨舌的。」耶和華對他說：「誰造人的口呢？誰使人口啞、耳聾、目明、眼瞎呢？豈不是我——耶和華嗎？現在去吧，我必賜你口才，指教你所當說的話。」摩西說：「主啊，祢願意打發誰，就打發誰去吧！」出埃及記4：10-13

我常覺得，如果要用一個詞來形容我向公眾傳道的生涯，那就是「硬著頭皮」。別人總以為，如果你經常站在講台上面，應該不會對這件事感到不自在，然而，這完全不能應用在我身上。我是個內向到極點的人，向來害怕在一群人面前講話。

每次有人邀請我在媒體上露臉或接受採訪，我第一個反應就是想到某人比我更適合。所以，我很能體會摩西要去跟法老王談判的心裡掙扎。「上帝，拜託，派別人去吧！我口才不好，到時候一定會把事情搞砸！」他希望上帝能改變心意。

你可能也和我一樣，懂得摩西的心情。研究指出，世界上大約有1/3的人是屬於內向性格；他們喜歡獨處勝於面對一群人；比起上台演講或做報告，他們寧願與書和文字為伴。

可是，上帝對摩西的回話，對我們來說，就頗負挑戰性了：「你的嘴巴不就是我造的嗎？」祂問道。「你儘管去見法老，我會讓你順利過關——你應該相信

吧？」我們因為知道故事結局，因此能夠看出，儘管摩西一直不願前往，但上帝利用他在曠野四十年悉心鍛鍊他，就是為了這一刻。

只要你拿出信心，有一天，你也會像今日看摩西一樣，回頭看自己。你的呼召和摩西並無本質上的不同，同樣是要去跟全世界分享福音，讓所有聽到並接受的人得自由。

等到那一天，你站在榮耀的天庭，回顧自己的一生時，你將發現，正如上帝對摩西，祂也充分使用了你生命中的每一個經歷，讓你今天得以站在這裡。

憑著信心，走出去吧！不要懷疑，創造你的是上帝，祂一定有祂的計畫。你的恩賜都是量身訂做的，專屬於你，而祂呼召的就是這樣的你，正如那句古老諺語所說的：「上帝呼召誰，祂就裝備誰。」

這不只是一句諺語，更是一個應許，那召你們的本是信實的，祂必成就這事（帖撒羅尼迦前書5：24）。

榮耀歸指揮

這樣，你們不再作外人和客旅，是與聖徒同國，是上帝家裡的人了；並且被建造在使徒和先知的根基上，有基督耶穌自己為房角石，各房靠祂聯絡得合式，漸漸成為主的聖殿，你們也靠祂同被建造，成為上帝藉著聖靈居住的所在。以弗所書2：19-22

耶穌回到天國時，有件事特別值得我們注意：祂並沒有指派任何一位信徒來擔任祂在世上的代表，而是留下了十二位使徒（猶大已由其他人取代）。於是，在這十二個人的基礎上，世界第一個教會誕生了；藉由她，耶穌繼續與世人同在。這代表在聖靈的帶領下，這群由各種不同的人組成的基督徒，將讓世人看到耶穌的樣式。

沒有任何人可以完全代表耶穌，因為人不可能具備祂所有的特質。不過保羅指出，如果弟兄姊妹能夠合作無間，教會就能成為上帝居住的所在。聚集無數信徒的教會，比任何個別信徒更接近那位具備無限面向的上帝。

如果我們不跟教會一起同工，我們所傳達的上帝形象，難免會帶有個人色彩。一個人所形成的「教會」（假如它也能稱做是教會的話），反映的是個人的形象而不是上帝的形象。它容易讓別人看見某個人的

樣子，而不是基督的美善品格。我的意思不是說世上沒有品格像基督的人，我確實見過很多基督徒，他們的為人充滿基督的馨香之氣。只是，一群人集結他們的恩賜和影響力，更能全面的勾勒出耶穌的樣貌，這是單一基督徒再努力也無法企及的。

我們可以用獨奏和整個管弦樂團的演奏來比喻。一個人可以演奏出極為美妙的樂章，不過，他的樂迷們很快就會認出其個人風格，因為每個人演奏時都會帶入他自己的個性。如果是一個樂團就不同了；很多樂器和諧交融時，聽起來要比獨奏更飽滿、氣勢更宏偉，且反映出的不是個別演奏家或歌唱家的風格，而是樂團指揮的個人特色。

我們的任務，是要讓世人注意到那位指揮。當我們跟隨耶穌的引導，把握祂回來前的最後日子，每個人都貢獻一己之力，一齊照亮世界，這目標就不遠了。

你整個人

西門看見使徒按手，便有聖靈賜下，就拿錢給使徒，說：「把這權柄也給我，叫我手按著誰，誰就可以受聖靈。」彼得說：「你的銀子和你一同滅亡吧！因你想上帝的恩賜是可以用錢買的。」使徒行傳8：18-20

看到做過巫師的西門這樣的行為，我們往往會想大加撻伐，心想：「天哪，他怎麼會有這種想法！聖靈的恩賜是可以買的嗎？」乍看之下，他這樣做顯然是錯得離譜，但我們或許先別沾沾自喜，覺得自己比較屬靈，和他屬於不同等級的基督徒，而是應該檢視我們自己的信念。

西門看到別人具有聖靈的恩賜會有這種反應，是因為他根據自己成為基督徒前的經驗，認為天下沒有白吃的午餐；也就是說，他認為世上沒有什麼是不能用錢買到的，連人都可以被收買。我們身處的世界何嘗不是如此；有錢能使鬼推磨，每樣東西都有個價碼。廿一世紀的我們，如果想請別人幫忙，對方拒絕了，我們就會將酬勞加碼，心知只要給得夠多，大部分人遲早會投降。

我們也會像西門一樣，把這種世俗的經驗帶到教會。我們也許不會想掏腰包購買聖靈的恩賜（**反正也不知道要去哪裡才能買到**），也不會送紅包給教會提名委員會，但我們在面對信仰時，仍不免存有這種討價還價的心態。

多數人是在別人看不到的情況下，直接找上帝商量，我們會用這樣的形式禱告：「主啊，要是祢……，我就會……」或是「幫我度過這一關／完成這項工作，我就會多幫忙教會的事／奉獻多一點。」從上帝的角度來看，這樣的討價還價實在荒謬：我們這些凡人能給的，哪一樣是祂自己沒有的？

藉由什一奉獻，我們這種觀念可以充分矯正過來。它提醒我們，我們所有的一切全都是上帝所給予的；祂要我們拿出一小部分，是為了讓我們清楚看見，我們和這位創造主之間，是一種不對等的合作關係；我們得救所需的一切都是祂單方面提供的——是祂，而不是我們自己買來或贏得的。我們無法藉著給上帝一些東西，來確保我們能夠得到祂的祝福；祂祝福我們，純粹是因為祂愛我們。

上帝要的不是我們所擁有的東西，祂只想要我們的心。其實說到底，祂並不要你從擁有的東西中拿出一些給祂，祂真正想要的，是你整個人。

AUTHENTIC

我們得以更明白基督的心，與祂有更親密的關係。

10
Oct

領浸約言第十條：
我信任教會的組織，願意獻納我的
十分之一與樂意捐，以及個人的努
力來維持教會。

其光線有醫治之能

耶穌走遍加利利，在各會堂裡教訓人，傳天國的福音，醫治百姓各樣的病症。
馬太福音4：23

我們很難想像，當耶穌來到人世，見到這殘缺不全的世界時，心中是何等傷痛！當時祂就踩在我們的土地上，近距離見證了人類的苦難。祂看到人的雙眼本應看到祂創造的美妙世界，如今卻黯淡無光；雙耳本可以聽到大自然的天籟之聲，身體也本能在涼爽夜晚感受到祂的接近，但如今不再有任何反應；雙腿原本是要讓人背負另一個人翻越山頭，發現種種美景，如今卻瘸了廢了。祂親手創造的人類並不快樂，也不平安，而且飽受悲傷、痛苦和焦慮。

由《聖經》我們可以看出，耶穌當年在世時，祂把時間主要花在兩方面：教導和醫治。根據有些研究《聖經》的人估計，耶穌花在醫治上的時間可能比教導還多。若是如此，就可以看出基督的品格，以及祂對我們懷著的是怎樣一顆心。

上帝一進到城裡，原本處處瀰漫著悲慘氛圍的人間，便有了陽光照進來：那些令醫師束手無策的案例，奇蹟般的康復了；家中有人病入膏肓，家人原已準備和所愛的人道別，卻因耶穌的來到，他們的命運突然來了一個大轉彎。

就連已經死亡的人，祂都能讓他活過來。不過，祂並沒有醫治所有人，或是讓所有人都活過來。因為，祂在那短短的傳道生涯所做的，只是將祂最終要為我們所做的，兌現了一部份。撒迦利亞書14：4寫道，耶穌要等到最終的審判結束，拿回屬於祂的獎賞，才會再次踏上這土地，這個動作意味著祂已經永遠在這世界做王掌權（註一），如撒迦利亞書14：9所說：耶和華必做全地的王。屆時，撒但再也不能聲稱自己擁有這世界或人類，他已經全盤皆輸。到此，上帝的醫治工作才算劃上句點。撒但既已被除滅，人類又可以重新活出上帝原本要我們享有的生命。

瑪拉基書4：2如此形容那時將發生的事：「但向你們敬畏我名的人，必有公義的日頭出現，其光線有醫治之能。你們必出來，跳躍如圈裡的肥犢。」

【註一：「踏」在《聖經》中常用來象徵具有擁有權，例如「你起來，縱橫走遍這地，因為我必把這地賜給你。」（創世記13：17）】

一同受到醫治

我所揀選的禁食不是要鬆開凶惡的繩，解下軛上的索，使被欺壓的得自由，折斷一切的軛嗎？不是要把你的餅分給飢餓的人，將飄流的窮人接到你家中，見赤身的給他衣服遮體，顧恤自己的骨肉而不掩藏嗎？以賽亞書58：6-7

今天的存心節中，以賽亞的信息是針對一群看似虔誠的人；他們總是恭敬地獻祭，遵守各種儀式規定，但在上帝的眼中，他們的獻祭和禁食徒具形式。

我得承認，看到以賽亞這段話，我知道自己有罪了。我們會對周遭的苦難視而不見，是因為這樣比較不會造成我們的麻煩和困擾。要是我們承認這樣的問題是存在的，並想辦法去處理它，往往要犧牲自己的舒適，也可能會有風險。前一陣子，我去義大利的鄉間旅行。一天我剛買了一瓶水，從一家店裡走出來，這時一名年輕男子走到我面前，問我可不可以把那瓶水給他。我等下一整天都要在山裡工作，到時候會有14個小時沒有地方可以買水。那瓶水我才剛買，如果給了他，我得重新回到店裡排隊，才能再買一罐。因此，我沒有多想，便直接拒絕了他。

但當我看著他離開，心裡出現了一個微小聲音，提醒我〈以賽亞書〉58章中所說的。「你現在可以不費任何功夫，就讓這年輕人見到耶穌是什麼樣子。」那聲音如此說。於是我悔改了，將水遞給他。

因為我明白，他在街上討生活不知有多辛苦，我這一點小小的不便，相形之下根本不算什麼。

大部分人都會帶著各式各樣的問題，來到上帝面前請求醫治。我們本該如此；希伯來書4：16鼓勵我們坦然無懼地來到上帝的寶座前，向祂陳述我們的需要。但也別忘了，我們通常都很會開口要求，卻忘了別人在禱告時，上帝的回應可能是要我們去幫此人。

幫助和受助似乎是一體兩面。當我們願意接受上帝的託付去醫治別人，我們的生命也會得到醫治。當我們參與教會事工，上帝會藉此改變我們的生命，因為，這時我們注意力不再放在自己身上，而是想著別人的需要；少了我們的干擾，上帝就可以好好在我們身上動工。所以，在今天存心節後緊接著的經文就提到，「你的光就必發現如早晨的光；你所得的醫治要速速發明。你的公義必在你前面行；耶和華的榮光必做你的後盾。」（以賽亞書58：8）

你的聲音，祂聽見了

有一個女人，患了十二年的血漏，在好些醫生手裡受了許多的苦，又花盡了她所有的、一點也不見好，病勢反倒更重了。她聽見耶穌的事，就從後頭來，雜在眾人中間，摸耶穌的衣裳……馬可福音5：25-27

那時，耶穌身旁密密麻麻擠了一堆人。旁邊一個女人見到這種情況，心裡很著急，不知怎樣才能挨到祂旁邊。類似的情景，我常在那種連續幾天的佈道會看到：佈道會結束時，通常都有一堆人有話要跟我說。大部分的人是要告訴我，他們碰過和我剛剛分享的類似狀況，有些則是要告訴我，他們對《聖經》的某段章節有著精彩的見解，甚至有些人會跟我提到他們最近做的夢。這些人在跟我講話時，我常看到後面有一個人，他只是害羞地躲在一旁。顯然他碰到了什麼問題，需要我幫忙或解答，但不好意思打斷別人的話。

回到耶穌的時代，那位久病纏身的女人也面臨同樣的難題，她非常渴望能夠和耶穌互動，可是祂身邊的人擠得水泄不通。於是，她心想：哪怕我只能摸到祂的衣服也好！因此，她努力往前擠，終於，她與耶穌的距離夠近了，她趕快趁著沒人擋住耶穌時把手伸過去，很快的摸了祂的衣服一下。

整篇故事最精彩的部分大概就是——耶穌感覺到了！「誰摸我的衣裳？」祂問道（馬可福音5：30），周遭好奇的群眾不知有多少人推擠碰撞過祂，但此刻，這平凡女子憑著信心，默默在心中祈求祂幫忙，耶穌就可以感覺到，她不同於其他人；她來找祂，不是出於好奇心，而是真正需要祂。

這故事帶給身處苦難的人無窮希望。全世界有七十億人，但當你把最深層的需要帶到基督面前時，祂馬上可以從無數人當中，聽見你的聲音。因為，如果你懷著對祂的信心，為自己的不完全而迫切禱告，祂立刻就能覺察到；痛苦逃不過祂的眼睛，信心也是！

儘管不是每個人都能像故事裡的女人那樣立即痊癒，或每個像她一樣的人終會得到醫治。上帝已經看到你在這破碎世界所受的苦難，你一開口祈求醫治，祂就聽到了；這種事祂一定注意到。故事中耶穌為了那個女人，要群眾先等一等；時至今日，出自信心的懇求傳入祂耳中時，我想祂仍會放下手邊的事，注意聽你說話。

等到地球一切都更新的那天，你一定會發現，你的呼求祂不是沒有聽到——因著你的信心，就像那婦人一樣，你將得醫治。

請參閱說明書

又說：「你若留意聽耶和華——你上帝的話，又行我眼中看為正的事，留心聽我的誡命，守我一切的律例，我就不將所加與埃及人的疾病加在你身上，因為我耶和華是醫治你的。」出埃及記15：26

好友告訴我，他發現有個地方在賣折疊式戶外躺椅，價格非常便宜。「一張才十塊錢喔！」他好不得意地跟我說。等我看到椅子，就知道它為什麼那麼便宜了：它是設計給小孩用的；不知為何，我朋友竟沒有注意到這點。買來那週，我們在營火邊把椅子擺開，他在那張新椅子上坐下，還不到十分鐘，椅子的椅腳就因無法承受他的體重，變得越來越彎，最後只剩原來一半的高度。

可惜我那位朋友並不覺得好笑。「這什麼垃圾啊！」他憤怒地叫道，對這個（他所謂）粗製濫造的椅子感到相當惱火**（其實，就算這個椅子是為大人設計的，他也應該要想想為什麼會這麼便宜。）**「我要他們退錢！」後來，當然人家沒答應退他錢，因為他沒有照著原本的設計使用；這把椅子本來就不是設計給他這種體重的成人坐的。

同樣的道理也適用於人的身體。日復一日，我們粗暴的對待我們的身體這台機器，沒有依照上帝原本的設計來使用它。我們常常處於睡眠不足的狀態、從加工的垃圾食物獲取熱量，還攝取刺激性食物；它們雖然短時間內可以讓我們感到亢奮，卻對身體造成了傷害，終究是得不償失。最後，身體受不了、垮掉了，我們就把矛頭指向上帝，責怪那位創造主為何要讓我們生病。

不過我們發現，上帝針對怎樣才能活得更健康充實，其實早已提供了我們方法。以色列人離開埃及時，上帝教導了他們如何避免得到當時在埃及肆虐的種種疾病；那就是與創造主和諧共處。上帝告訴他們，如果他們行祂眼中看為正的事，那祂就不將加諸於埃及人的疾病加在他們身上；祂的意思很簡單，就是要我們注意造我們的那位所提供的「使用手冊」。從今天起，如果我們依照上帝原來的設計使用這台神奇的生物機器——人體，那麼，你就不會看到它因負荷過重而垮掉。舉世皆知，那些照《聖經》指示生活的人，平均壽命比一般美國人長壽10年，而且是健康的活著，這不是沒有原因的**（丹‧布特納著，《國家地理雜誌》〈長壽的祕訣〉，2005年11月號）**。

借來的身體

豈不知你們的身子就是聖靈的殿嗎？這聖靈是從上帝而來，住在你們裡頭的。並且你們不是自己的人……哥林多前書6：19

我第一次跟我太太約會時，還是一個窮大學生，自己沒有車。但我又想留給她很好的第一印象，於是跑去找一位朋友，他有一台很棒的跑車。

我隨口問他可不可以借我，覺得他把愛車交到我手上的機率微乎其微，沒想到他居然答應了。

你大概猜得到，我對那台車自然是呵護備至。我不僅開車的時候很小心，約會結束後還帶它去汽車美容，好讓它回到主人手上時，比原來的狀況更好——通常，當某樣東西不屬於你時，你會特別愛惜。

根據《聖經》的教導，基督徒的身體也不是他自己的。因此，保羅告訴哥林多的信徒，我們在成為基督徒時，已經放棄了身體的所有權，讓它成了聖靈的殿，因此不可有淫亂的行為。他宣布：「你已經不再為自己所有。」

我們來到基督面前，便是把自己獻給了上帝的國度，如同天使所組成的天軍一樣，樂意聽祂的差遣。我們會利用在這世上的時間，盡心盡力榮耀祂的名，將祂的品格展現給世人看，並邀請其他人加入基督的大家庭。由於我們對這為我們服務的身體，只有使用權，沒有擁有權，因此我們有責任要讓它保持最佳狀態；這樣，我們為主做工時才不會心有餘而力不足，身體的「服務年限」也才可以久一點。

不過，照顧身體也不只是為了能為上帝所用。上帝也知道，假如我們與祂同心，和諧共處，我們的生活也會精彩豐富得多。今日世界上很多疾病，都是不良的生活習慣造成，得病的人失去了很多生命的喜悅，他們不得不在病痛折磨中度過許多歲月。

車子的主人看到愛車回來時狀況那麼好，彷彿剛出廠，不禁喜出望外，很高興把車借給了我。我們也應該下定決心，小心使用我們的身體，讓它到了還給耶穌的那一刻，仍能大致保持完好如初；祂必會露出欣慰的笑容。

你的價碼

因為你們是重價買來的。所以，要在你們的身子上榮耀上帝。哥林多前書6：20

人常常會錯估自己擁有的東西真正的價值。在我多年服事的過程中，碰過有些人非常慷慨，他們奉獻出像是房子和車子這樣貴重的禮物。不過，當這些東西後來賣出的價格遠低於他們所預期時，他們通常都很失望。

例如，有位女士捐贈的汽車就是這樣。隨著這個買主發現車子有這個毛病、那個買主發現別的毛病後，車子的價值直直落。後來，我們確定它不可能通過排放標準了，最終只得把它開到一個標準沒有設限的州賣掉；售價約只有她當初預估的⅓。

我告訴她這個消息時，她一臉失望。「它何止值這個價錢啊！」她為愛車抱屈。可惜，就算我們自己把某樣東西視若珍寶，它的價值仍取決於別人願意花多少錢買它。就算我堅持自己那輛後門可以打開的老爺車值兩萬美金（約台幣60萬元），但如果沒有買主願意出一萬五千元以上，那它就只有這個價值！

現在，我們可以問自己：「上帝為了確保你得救，願意付出多高的代價？」如果你知道答案，就會明白，在祂眼中，你有多寶貴了！保羅提醒我們，我們是用「重價」買來的，也就是耶穌在髑髏地所付出的價格。在上帝眼中，天國不能沒有你；祂為了救你，甚至甘願以自己獨生子的性命來換。

很多人低估了自己的價值，於是沒有好好對待自己。他們不知自己真正的身價，任意糟蹋自己唯一的身體。「上帝為你付出了天價，我們應當以全副身心來榮耀祂。」保羅這樣提醒我們。

於是我們發現，自己並不是一輛生鏽的老舊車子，被孤伶伶的棄置在長滿蜘蛛網的車庫裡。相反的，你是上帝夢寐以求的高性能車款，祂傾其所有也要將你入手。明白這點，你對待自己的方式應該會有所不同。

豐盛的生命

盜賊來，無非要偷竊、殺害、毀壞；我來了，是要叫羊得生命，並且得的更豐盛。
約翰福音10：10

短短一句話，耶穌就把善惡之爭的本質說的清清楚楚，讓我們看清善惡兩方在這世上各有差異。儘管有多數的人至今仍相信，人世間每天上演的死亡和破壞都是出自上帝，但事實上，人類苦難的始作俑者是撒但。他並不是不小心對人類造成傷害；耶穌指出，撒但來到這世上就是為了要從事偷竊、殺害、毀壞的勾當。

耶穌和他成為強烈對比；祂來到世上，是要將上帝的真貌顯現給我們看。在約翰福音14：9中，耶穌說：「人看見了我，就是看見了父。」那麼，上帝為何要因我們而來到世上？因為祂「要叫羊得生命，並且得的更豐盛」。

那位造成毀壞的，和那位創造的，兩者之間涇渭分明。我們在這世上受苦，並不是因為上帝有意要讓世人生病、受苦，真正的罪魁禍首是撒但；他對上帝的創造動了手腳，意圖使人以為上帝居心不良，居然造出這種東西。要是我們把這一切都怪罪上帝，那我們便是在質疑祂的品格，犯了和夏娃一樣的錯誤；撒但就是哄騙夏娃，使她相信，關於那棵樹的事，上帝並沒有對她說實話。

這樣做造成一個不幸的後果，就是當我們聽信了喜愛毀滅的撒但，斷定上帝應該為我們自己造成的苦難負責，我們就更沒有機會享受到上帝想要賞賜給我們的豐盛生命。這樣，我們無法從生命的源頭得到充分供應，卻又拒絕接受祂的幫助，就等於是連唯一獲救的機會都沒了。

今天的存心節中，耶穌的話是帶有應許的：祂來到世上，不僅是為了確保我們最終能夠得救，也是為了讓我們得以經歷更豐盛美好的生命；儘管我們還在等待祂回來，帶來新天新地，並將我們恢復成最初創造的樣子，祂要我們現在就能享受到這樣的生命：天國生活的好處，我們已經可以體驗一部分。

因此，我們現在就可以展開新的生活，彷彿已經置身於上帝的國度；等到將來，我們回到耶穌身邊，永遠享有這樣的生命。那時，我們不只有永生，且因為有耶穌同在，這樣的人生會更充實、更有滋味。

我們所有人的共業

耶穌過去的時候，看見一個人生來是瞎眼的。門徒問耶穌說：「拉比，這人生來是瞎眼的，是誰犯了罪？是這人呢？是他父母呢？」耶穌回答說：「也不是這人犯了罪，也不是他父母犯了罪，是要在他身上顯出上帝的作為來。約翰福音9：1-3

在耶穌的年代，祂得要跟門徒解釋，一個人之所以生病不是因他個人的罪。其實，人性一直都沒有什麼改變，即使在今天，看到某個人碰到狀況時，我們還是會習慣性的歸因於他一定是做錯了什麼。多年前，我的一位好友被診斷出罹患一種極為危險的癌症，他為此接受了截肢，但最後仍不敵病魔，撒手人寰。他剛得病沒多久，一位好管閒事又自以為是的教友跑到他家，質問他：「你是不是吃了起司（乳酪）？」

他這種推論實在很荒謬。每天都有一堆人在吃起司，也沒因此得到致命疾病。這位不速之客就像那些門徒一樣，相信人會生病一定是自己的錯。由於我朋友的為人實在太無可挑剔，那人只有硬坳，說他會生病是因為他偶而會吃點起司。你可以想像到，我朋友的太太當下聽到這種話，不由得怒火中燒，想把這好事的傢伙轟出家門。

看到有人遭遇不幸時，最忌諱的就是說他是自找的。因為，這樣說沒有任何意義；大部分遭逢苦難的人，在一開始會經歷一個悲傷的階段，這時他自己就會想為苦難找出原因，你還告訴他（通常出於無知），這一定是因為他做錯了某事，只會加重他的痛苦。

「拉比，這人生來是瞎眼的，是誰犯了罪？是這人呢，是他父母呢？」門徒們問道。當然，所有苦難都是罪造成的，沒錯，不過不是某個人的罪，而是所有人的罪。罪和叛變傷害了所有人類；我們所有人都脫離了創造主，因此變得殘缺不全。因此，若真要怪誰，我們和當事者同樣難辭其咎。受苦是我們所有人都該負責，而不是只有受苦的人；即使是最良善的人，仍會生病死亡。

看到別人受苦，最有建設性的作法是學習耶穌，利用這個機會，一方面讓世人看見，上帝希望我們恢復健康、沒有缺陷；另一方面，也要盡力分擔受苦者的擔子，讓他感覺好受些。

不是現在

為這事,我三次求過主,叫這刺離開我。祂對我說:「我的恩典夠你用的,因為我的能力是在人的軟弱上顯得完全。」所以,我更喜歡誇自己的軟弱,好叫基督的能力覆庇我。哥林多後書12:8-9

世上最不公平的事,大概就是人類必有一死了。照理說,基督徒應該能夠理解這沒什麼不公平的,因為罪的代價就是死;我們是罪有應得。不過,當我們真正看到死亡,或與死亡近距離接觸時,仍會覺得這真的非常不公平。想想看:我們用盡一生,努力達成種種目標,加強鍛鍊自己的能力,拓展自己的知識,最後居然什麼都帶不進墳墓。

而最令人難受的時刻,就是你禱告了半天,最後對方還是離開了人世。過去廿多年來,我見證過很多禱告帶來的神蹟:腫瘤消失了,畸形獲得矯治,還曾有人奇蹟似的從昏迷中甦醒。然而,我也見過一些人的禱告似乎沒有得到回應。我生平第一個舉行抹油禱告的人,也是我第一次主持葬禮的人;儘管我們為他禱告,卻沒有得到我們所希望的結果。

每當你禱告,請求上帝醫治。卻沒有即時得到想要的回應時,很容易懷疑自己的禱告方式或內容是不是有錯,甚至認為自己出了什麼問題。我自己就是如此;當我禱告沒得到回應,也常常會問上帝,我和祂之間的關係是不是出了什麼問題,以致祂不回應我。

關於禱告,有一點很重要,那就是上帝的答案有時是——祂預定的時刻還沒到。祂曾保證一定會醫治我們——所有的信徒都會在復活的那一刻完全恢復健康——但祂沒說是現在。我們不是很確定保羅得的是什麼病(有些人猜可能是和他的視力有關),不過我們可以看到,他為他的病禱告了三次,求上帝醫治他,卻沒能如願。

如果連保羅這樣的信心巨人禱告都未必會得到回應,我們就毋須每次禱告碰壁,就假設自己一定哪裡不對。與其擔心自己的信仰生活是不是出了問題,還不如學習像保羅那樣,繼續信賴上帝,相信祂會這樣做,一定是在考量整個善惡之爭的情勢下,認為在這個時機點成就我們所求的事並不妥當。

何況,即使我們終其一生都沒有康復,別忘了上帝的大能夠我們用,靠著祂我們一定有力量完成這場賽事,抵達終點線。屆時我們必將煥然一新,再也沒有任何病痛或缺陷。

悔恨製造業

酒能使人褻慢，濃酒使人喧嚷；凡因酒錯誤的，就無智慧。 箴言20：1

很少事物能就像酒一樣，造成那麼多死亡和毀滅。光是在美國，扣除生產及加護病房的病患不算，其他高達40%的病人，都是因為與酒精相關症狀而住進醫院。每年，酒精讓全體人類總共減少了約250萬年壽命（「關於酒精：你不可不知」，美國國家酒精與毒品濫用防治中心）。只要隨便問一個警察，星期六晚上他們接到的電話中有多少通是和喝酒造成的意外有關，就可以體會到為何〈箴言〉的作者要給讀者這樣一個當頭棒喝。

大部分的人都曾因為製酒工業受害；有些家庭因此破碎，有些則是失去所愛的親朋好友。以我來說，體會最深的一次，是有一天我得知自己的好友在車禍中喪生；他是家中的獨子。我去探望他的父母。一開始，大家都有點尷尬，不知道該講什麼，後來，朋友的父親示意我跟他一起走出去，於是我們來到他們家前面的街道上。我想他應該是有事想要找我商量，結果我猜的沒錯：他希望我能夠為他兒子抬棺。

從那時起，我就認定，基督徒絕對要戒絕酒精。那位伯父想說什麼，卻說不出口，勉強用沙啞的聲音吐出了幾個字。他整個世界在一夕間全毀了；不堪如此巨大的打擊，他和太太不久後便分開了。我最後一次聽到他的消息，竟是他自己也染上了酒癮，借酒澆愁。

我曾聽過有些基督徒幫酒說話，認為偶爾小酌無妨。的確，有些人的確頂多喝個一兩杯。不過，如果想到我們的一生是要服事上帝的，而祂是那麼愛世上的人，一心想要醫治他們，那麼，酒這種東西怎麼能夠成為我們生命的一部分？身為基督徒，我們怎麼能夠成為這悔恨製造業的幫凶？

耶穌來到這世上，是要讓我們活得豐盛。酒這東西除了讓人亢奮一下（但之後得忍受宿醉帶來的不適，往往還得承受貪杯所造成的悔恨），還有哪方面會使人生命更豐盛？我們花在買酒上的錢，難道能夠讓這世界復原嗎？

酒如毒蛇

終久是咬你如蛇，刺你如毒蛇。你眼必看見異怪的事，你心必發出乖謬的話。
箴言23：32－33

那些認為喝酒沒什麼大不了的人，在拿起酒杯前或許應該想想看，為何很多賭場願意提供賭客免費的酒精飲料？那是因為酒精除了對生理造成影響，還會使人的警戒心降低；大腦本來有個機制，會在我們即將進行冒險行為時，向我們發出警告，但酒精會使大腦跳過這個機制。一個人晚上來到賭場，幾杯酒精飲料下肚後，平常清醒時不敢下的賭注，就能全豁出去了。

酒也會導致其他危險行為。人在清醒時，可能知道一夜情會引發的種種後果，但在酒精的催化下，他就變得很難抗拒誘惑。因此，心懷不軌的男人通常都會買酒給女伴喝，為的就是讓對方不再堅守自己的道德尺度。

反對飲酒的理由不勝枚舉，最有說服力的其中之一是，酒精容易使人犯罪（就算只喝一點點）。我們身處的這個世界，誘惑之多恐怕前所未見，即使是最平凡無奇的商品，打廣告時都會訴諸於性吸引力。在這種情況下，那怕是在清醒時，都已經不容易專心於屬天的事務上了，如果還受到酒精引起的化學變化影響，我們就更難保持頭腦清醒了。

「要保持警覺！」幾千年前，智者這樣勸我們，「這是一條不歸路，一旦走上，別想全身而退。」看來無害的酒精飲料，最後卻會像毒蛇一樣反咬你一口，你的心會受到嚴重的污染，口中吐出不倫不類的話。

數千年來，歷史上層出不窮的悲劇已經證實，〈箴言〉的作者所言不虛。失去理性、耽溺於一夜情，造成了多少人不小心懷孕或罹患性病？開車的人頭昏腦脹就爬上駕駛座，害多少人得因此忍受不必要的肉體折磨？多少婚姻受到重創，都是因為在酒精的作用下，我們心靈的門戶洞開，遭到墮落天使侵入，以致我們吐出了本來不該說的話？

清醒的思考及判斷能力是聖靈的聲音，極為寶貴，為了一杯酒而賠上它，未免也太不值得！

好東西要懂得珍惜

善人從他心裡所存的善就發出善來；惡人從他心裡所存的惡就發出惡來。馬太福音12：35

說到電腦，老實說，我是很晚才下定決心接受它。我一直都覺得，自己從大學時代就開始使用的打字機已經很好了，為什麼還要電腦？不過，我太太終究說服了我。她說，電腦不會像打字機一樣，你都已經打到頁尾了，突然發現一個錯誤，又得把整張紙從打字機上撕下來丟掉，換一張紙重頭來過，感覺實在很懊惱！

她說的對極了（我可以斬釘截鐵的說！），我們買的第一台電腦真是上帝的禮物。從此以後，我準備文稿的時間不僅少了一半，而且幾乎所參與的每一場服事，它都可以幫我們記錄。不過，我後來還是遇到了一個問題，就是在經年累月的使用下，它運作得越來越慢。後來，電腦的作業系統開始出現狀況，有時會出現所謂的「當機畫面」（blue screen of death）。

為何會這樣？部分原因是，我常隨便安裝一些軟體，有些會和電腦的作業系統產生衝突。久而久之，作業系統開始出現重大功能異常。

對於要吃進肚子裡的食物，很多人都會很小心，為的是能夠更健康，降低生病的機會。然而，比較少人會對自己的頭腦也這樣費心呵護——儘管它絕對是我們最重要的器官。每天，我們都不經意的將各式各樣、彼此衝突的資訊放進腦袋中，看到它因此產生矛盾的想法，甚至是邪惡的念頭時，卻又納悶它怎會如此。我們感嘆自己老是為誘惑所苦，想不透這些念頭是從哪來的。其實這是因為我們的大腦處理資訊的能力，超乎我們想像；它將經由感官接收的所有訊息儲存起來。不好的想法不會無中生有，而是從我們獲取的訊息中組合產生的。

今天的存心節中，耶穌指出了一個簡單但深刻的道理：你在心裡存放什麼，它就會回饋給你什麼。你讓不道德的東西進到自己心裡，它就會產生同樣的東西。因此，我們應當特別小心：珍惜好東西，只讓大腦接觸優質訊息。那麼，即使當你桌上的筆電必須退休時，你的大腦——全世界最高階的電腦，仍能運轉順暢，繼續為你效勞。

免得他們忘記

利慕伊勒啊，君王喝酒，君王喝酒不相宜，王子說「濃酒在哪裡」也不相宜；恐怕喝了就忘記律例，顛倒一切困苦人的是非。箴言31：4-5

許多年以前，我曾收過一張停車罰單；我本來以為自己一定可以成功讓法院將它撤銷。當時的情況是，妻子在我出遠門時突然要生了，還好我媽媽在家，於是開車送她去醫院。她把我太太放下後，就把車停在路邊──在一個「禁止停車」標示的正下方；那個標示有點被樹枝給遮住了。

我在法院等待傳喚的時候，聽到另一個申訴者跟法官說話的內容。這人是一位老師，他承認自己的確是違規，不過請求法官網開一面，他是因為要等學生從圖書館出來，所以才會逾時停車。結果，法官決定撤回他的案子。太好了！我心想，這法官很仁慈、很有同情心，要是他會放過這個人，想必會更同情一個太太即將臨盆的人。

輪到我去見法官時，我採用了和那位老師一樣的策略。「我知道在那裡停車是違法的，」我向他陳情，「可是，那時是因為我太太要生了，而我剛好出遠門。我

媽媽開車帶她到醫院，匆忙間沒注意到那裡不可以停車。」聽我說完後，法官看了我一會，然後宣布：「維持原裁罰。」我簡直不敢相信我的耳朵，我的情況要比那位老師緊急多了，卻被判定必須支付全額罰款！

我承認，依規定是不該停在那裡，但我還是無法認同那位法官當天的判決。我不禁懷疑：他當時真的清醒嗎？

身為基督徒，我們要公平公正對待每一個人。〈箴言〉的作者要利慕伊勒遠離酒精，因為不要讓任何事物影響了他判決的公正性，或使他失去了對於遭遇困厄者的憐憫。我們既然將和基督一同做王、做祭司，我們對自己、對其他人都有責任要盡量做到保持清醒，特別是《聖經》還說，這世界已醉倒於巴比倫淫亂憤怒的酒，我們在這方面就更責無旁貸！堅持保持清醒，是為了讓世人在看到我們時會相信，耶穌對祂自己的描述一點也不假。

《聖經》走在時代尖端

上帝說：「看哪，我將遍地上一切結種子的菜蔬和一切樹上所結有核的果子全賜給你們作食物。」創世記1：29

學術圈中有為數不少的人——從哲學家到科學家都有，將《聖經》視為老掉牙的神話故事。身為美國著名的學者，同時也是諷刺作家的亨利·路易斯·孟肯（H. L. Mencken）就曾這樣描述宗教：「無知的人老是會相信一些根本不是事實的東西。假如我們只因為有太多無腦的人對它深信不疑，當作是寶貝，再加上太多騙子靠著它招搖撞騙，就認可了這些虛假的信念，把它們當作是有效論述。這樣做等於是對正義的背叛，不僅是懦弱，而且罪無可逭。」（亨利·路易斯·孟肯著，《反攻：評約瑟夫·威利斯的〈這是上帝的話嗎？〉》，1926年5月，原文第124頁）

這種情緒瀰漫在我們的世代之中。不妨找篇和宗教信仰有關的新聞，讀讀下面的討論串，你會發現，只要你敢有一、兩個字提到信仰，其他人就會露出陰森的獠牙，準備朝你撲過來。

在這些討論串中，《聖經》被譏嘲為神話，內容是「關於一位天上的朋友」，而人類的理性則一如法國大革命——被視作是神聖不可侵犯，幾乎具備上帝的地位。

然而你會發現，他們的嘲笑，其實很少是直接針對《聖經》章節。那些批評的人根本沒幾個真的讀過《聖經》，至少沒有整本好好讀過。他們抨擊所謂「《聖經》內容」，可能是從自稱是基督徒的人那邊聽來的——這些人的見解有時的確可笑。

然而，《聖經》本身已通過了時間的考驗。例如，當今醫學界已有共識，飲食如果以蔬果為主，有助於降低很多西方國家常見疾病發生的機會，或改善其症狀；這些疾病往往是由生活習慣所導致。知名網站「線上醫師」（WebMD）有篇文章，就是專門探討多吃蔬果的優點。它寫道：「比起吃很多肉的人，如果一個人三餐主要以水果、蔬菜、堅果類、豆類、全穀類，以及黃豆之類的肉類代替品為主（或只吃這些東西），他出現心臟病、高膽固醇、高血壓以及第二型糖尿病的機率將會降低。」（「常吃蔬果有益心臟健康」，線上醫生網站）

上述內容，我們會認為它代表著先進的觀念，是因為我們知道，這是那些實驗室的專家講的。然而，多少世代以來，凡是仔細讀過《聖經》的人，其實都知道這個道理。

作者的夢魘

我要稱謝祢，因我受造，奇妙可畏；祢的作為奇妙，這是我心深知道的。我在暗中受造，在地的深處被聯絡，那時，我的形體並不向祢隱藏。詩篇139：13-14

對一名作者來說，最挫折的事可能就是自己的作品落入一位越俎代庖的編輯手中。一本書要出版，一位好的編輯會是重要的推手，因為不論作者如何優秀，他寫的東西還是會有很多錯誤。作者自己看了覺得很清楚的觀念，讀者卻可能不易理解，這時就得仰賴編輯的功力，將原稿修改的清晰易懂。

不過，如果編輯撈過界，喜歡在別人的文章中融入自己的觀點、加上自己的補充，或者是把作者覺得是重點的部分給刪掉，只因他自己覺得那段沒麼重要，對作者來說，就會造成困擾。如果編輯所託非人，那麼最後印出的成品，也許無法完全表達出作者原來想呈現的效果。

那麼，我們應該可以想像到，上帝看到自己一手打造的世界，被我們的罪孽和叛變搞成這副德性，心裡會有多難過了！祂原本想要傳達的意念，如今只看得出模糊的輪廓。儘管在這世上，我們仍能清楚看出這位大匠的手筆，但祂的傑作顯然已經遭到破壞：本來是依上帝形象所造的人類，如今苦於疾病和退化；雪上加霜的是，墮落的撒但自己「更動」了上帝的設計，宣稱他擁有這個世界，且成功說服了人類，使他們相信，自己的苦難上帝要負責。

「祂是怎樣的上帝，會讓祂自己的子民得到癌症？」這種話常在網路上出現。不信的人提出這樣的問題，是要證明基督教信仰的不可信。會說出這種話的人其實很可憐，因為他並不瞭解事情的真相，以為世界向來都是我們今天看到的這個樣子。

不過，儘管我們的身體已不如當初那樣完美，人體的設計依然令人讚嘆不已。醫生常說，一個人要康復，靠的不是醫生們，他們只能製造啟動人體自癒系統的有利條件。

而當我們和基督建立連結後，即便祂還沒有回來，我們的身體已經能夠重現祂部分的原設計。雖然罪在人體上造成了缺陷，我們仍將發現，我們的受造確實是奇妙可畏。

久坐和抽煙一樣危險

耶和華上帝將那人安置在伊甸園，使他修理，看守。創世記2：15

歐美國家向來以久坐的生活方式為人所詬病。根據美國疾病控制與預防中心（Centers for Disease Control and Prevention）統計，儘管大家都知道體能活動有助於降低得到多種疾病——像是心臟病、中風、第二型糖尿病，甚至憂鬱症的機會，然而，所有成人當中，只有⅕有達到醫生建議的運動量（〈關於體能活動〉，美國疾病控制與預防中心）。

儘管比起純粹靠體力謀生，坐辦公室少了些辛苦和危險，但身體因此付出巨大代價，也是不爭的事實。醫學界經常呼籲大家，要常常站起來動一動。現在甚至可以買到電子智能手環，它像手錶一樣戴在手腕上，每隔一段時間就會震動並發生響聲，鼓勵我們起來走動一下。

你可以看到，上帝創造人類之後，就派了勞動的工作給他。儘管上帝也賦予了亞當夏娃思考創造的能力，但祂並沒有一開始就把他們放在教室或辦公室裡面，而是把他們安排在一座花園工作，要他們負責維護照管它；他們不是四肢不動，而是要穿梭在園林當中。這可以證明，上帝造人時原先的設計在是要我們多動。

根據一項哈佛大學2012年的研究，久坐的生活型態（有些人稱之為稱「愛坐病」），每年在全世界直接造成了約500萬人死亡。缺乏體能活動對健康的危害如此之大，如今專家甚至認為，它對健康的危害不亞於抽菸！（柯瑞·奎利諾著，〈坐式生活潛藏危機〉，Inquirer.net）它也和高血壓、肥胖、高血糖一樣列在致病危險因子。

事實上，經常從事體能活動不僅對「身體」有好處，也有益於我們的「心智」。根據一項加拿大英屬哥倫比亞大學的研究，研究者發現，規律從事有氧運動，可以讓大腦掌管語言及學習的區域體積變大（海蒂·嘉德曼著，〈規律運動能夠改變大腦，增進記憶〉，哈佛健康網站）。由於上帝是透過大腦與我們溝通，這項研究結果讓我們更有理由要經常活動身體。經常運動的人思考較清晰，而清晰的頭腦是我們寶貴的資產，因為墮落的天使為了要迷惑我們，每天可是卯足了勁！我們是不是要考慮把電視遙控器給收起來並暫時離線，花一小時到外頭去動一動——並且與上帝見面呢？

來自井裡的禮物

看哪！上帝是我的拯救；我要倚靠祂，並不懼怕。因為主耶和華是我的力量，是我的詩歌，祂也成了我的拯救。所以，你們必從救恩的泉源歡然取水。以賽亞書12：2-3

人即使幾個禮拜不吃東西，還是可以存活（確切時間視個人身高體重以及身體狀況而定），但如果缺少水分，則只能撐幾天。因為水對於人的生存是如此重要，上帝才會以此來比喻我們和祂保持關係，乃是我們生存之所繫。正如你的身體沒有水就無法存活，你的心靈如果切斷了和上帝之間的連繫，終究也是會枯乾。

我們可以看到，在《聖經》一開始記述創造時，水就登場了——地是空虛混沌，淵面黑暗，上帝的靈運行在水面上。（創世記1：2），而在整本《聖經》的結尾，又再次提到了水，這次是上帝邀請「乾渴的人」來「無償地接受生命之水」（啟示錄22：17）。整本《聖經》中水一再被當作生命的象徵：從以西結書34：26所說的「福如甘霖而降」，到約翰福音4：13中，耶穌向撒瑪利亞女人發出邀請，要她試試喝過便永遠不渴的水。而上帝的選民將會「如從耶和華那裡降下的露水，又如甘霖降在草上」被安排到各國中，跟周圍的人分享救贖的好消息，讓他們有機會得到新生命（彌迦書5：7）。

《聖經》用水來象徵生命，總數達幾百次之多，因為用它來做比喻，我們便很容易明白，上帝對我們的屬靈健康有多重要。同樣的，水對身體健康也很重要。人的身體大部分由水所組成，如果我們沒有補充足夠的水分，身體的運作就會開始失常。水對於大腦的運作、人體的新陳代謝、保持健康的體重、肌肉的運作、排除多餘的廢物、以及維護皮膚的正常色澤都不可或缺；換句話說，身體的任何部位如果要發揮功能，幾乎都少不了它。

事實上，水對於大腦的正常運作極為關鍵，研究發現，汽車駕駛如果處於脫水的狀態，肇事的機率是補充足夠水分者的兩倍——也就是，和酒駕或使用毒品後開車差不多。（見Mercola.com網站，研究顯示：**駕駛處於脫水狀態時，肇事機率較高**）這意味著，喝足夠的水，很可能和遠離酒精及其他有毒物質一樣重要。

想要活出上帝賜給我們的豐盛生命，其中一個關鍵是為我們的身體補充那源自伊甸園四條河的最佳飲料——水。

陽光的供應

他又領我到耶和華殿的內院。誰知，在耶和華的殿門口、廊子和祭壇中間，約有二十五個人背向耶和華的殿，面向東方拜日頭。以西結書8：16

從古時美索不達米亞的蘇美人，到美洲的印加人、阿茲堤克人以及馬雅人，幾乎所有的異教信仰中，都可以看到太陽崇拜。人之所以會對那處於太陽系中心的太陽產生崇拜心理，是因為有它存在，地球上的生命才得以存活，因此很多文化將它視作生命的泉源。如果不是太陽，農作物就不會生長，地球上的生命也就無法存活。

就是因為對太陽的崇拜如此普遍，而以色列人又沒能將應許之地的異教信仰徹底根除，他們就不免受到引誘，跟從迦南地的居民，拜起了太陽。從〈以西結書〉的記載，我們可以看出，以色列人最後下場悲慘、被巴比倫人擄走，和太陽崇拜脫不了關係：每天旭日東昇時，上帝自己的子民竟朝著它拜了起來。

儘管科學家說人的身體是由古老的星塵所構成（認為星塵是宇宙大爆炸的產物），基督徒並不把太陽視為生命的起源。我們崇拜的是創造太陽的那一位，祂將太陽放在天空中，用來「做記號」、「定節令」（創世記1：14）。

儘管基督徒並不崇拜太陽，我們也知道太陽對於生命不可或缺。我們的生命不是太陽給的，但我們的生存、成長的確要靠它。懷愛倫提醒我們：「新鮮的空氣、充足的陽光、節制的生活、足夠的休息、運動、健康的飲食、水分的補充，以及對上帝的信任——這些才是健康的真正要素。」（懷愛倫著，《健康之源》，原文第127頁）她說，當我們身體不適或心情抑鬱的時候，曬曬太陽是一種自然的治療方式：「很多病弱的人，其實也許只需呼吸新鮮空氣、走出戶外曬曬太陽，情形就會改善，而這些都不需要花錢。」（同上，原文第246頁）

異教信仰無法讓我們的視野超越肉眼可見的太陽，發現生命及醫治最終極的起源。這起源——如瑪拉基書4：2描述，就是那「公義的日頭」，它一旦出現，「其光線有醫治之能」。儘管我們不拜偶像，但仍應感謝上帝，讓我們每天都能接觸到有益健康的陽光。這樣一份生命的禮物，是我們應當感恩稱謝的。

自制力

聖靈所結的果子,就是仁愛、喜樂、和平、忍耐、恩慈、良善、信實、溫柔、節制。
這樣的事沒有律法禁止。加拉太書5:22-23

當我們說一個人很有自制力時,你會想到什麼?派對的生活?有趣的人?這些你大概都不會想到吧!說到奉行《聖經》所說的「節制」原則,大家腦海通常都會浮現沉悶、呆板等負面聯想。然而最新的研究卻顯示完全不是這麼一回事;事實上,自制力強的人通常比較開心,甚至比大部分的人更懂得享受生活。

原因何在?心理學家傑瑞米·迪恩(Jeremy Dean)這樣解釋:「懂得自制的人不會為了要不要大啖高熱量食物、看沒營養的實境節目,或有外遇而苦苦掙扎,他們會比較快樂,以上是部分的原因。其他原因還包括:他們在學校的成績較好、工作收入較多、身心較健康等等。」(傑瑞米·迪恩著,〈為何要自制?10項新研究發現出人意表的答案〉,PsyBlog網站)

換句話說,力行節制原則,最終會讓人得到想要的結果。大部分人都想立刻滿足自身的需要,這樣做的結果是──他們所得到的快樂無法持久。如果想做什麼就做什麼,興奮感很快就會消退,變得比原先更不滿足,人往往又會渴望追求更大的刺激。但那些堅持依照理性行事的人,儘管得先克制自己的慾望、延遲享樂,但這樣做所帶來的好處,卻可以持續一生,例如:擁有健康的身體、完成有意義的事等等。

基督徒的生活,是以克制己身,以換取之後的滿足為導向。以信心為主題的〈希伯來書〉11章說到,上帝的子民因為渴慕即將來臨的天國,願意放棄自己今生的私慾。摩西就是一例。他放棄了在埃及安逸的生活,選擇和上帝的子民在曠野中受苦,因為他知道他這樣做,最後所得到的獎賞,會使一切都值得。

保羅說,節制是聖靈所結的果子之一。如果一個人懂得暫時放棄眼前的享受,以換取更長、更精彩的人生,他比較有機會享受到耶穌所應許的豐盛生命。當然,偶爾小小享樂一下無妨,但就長遠而言,還是要養成自制習慣,才能活得健康、長久。如今研究也顯示,自制不但使你更健康,還能使你心靈更滿足。

生命的氣息

看這一切，誰不知道是耶和華的手做成的呢？凡活物的生命和人類的氣息，都在祂手中。約伯記12：9-10

人類的故事起源於一口氣，這口氣是上帝吹的；祂先是「用地上的塵土造人」，然後「將生氣吹在他鼻孔裡」。（創世記2：7）如果你曾經潛水潛太深，就會知道那種突然發慌，急著想要浮出水面的感覺；這時，你就能夠體會身體有多需要氧氣了。等你游到看見陽光的深度，你會感覺胸口彷彿有烈火燃燒，不禁拼命的猛蹬雙腿，加速衝到水面換氣。生存的本能會驅使你用盡全身力量，想辦法呼吸到空氣。

但比較難體會的是，我們的身體同樣迫切渴求吸入乾淨的空氣。當我們在空氣品質不佳的室內活動時，儘管你的身體不會告訴你「我快嗆死了！」但骯髒且成分複雜的空氣仍會對健康造成危害。

日復一日，年復一年，越來越多的人每天都在日光燈照明的辦公室中，呼吸著暖氣或冷氣系統送出來的空氣，埋頭苦幹。下班後，隨即坐上車子的駕駛座，回到有空調的家中，整個晚上繼續吸著室內的空氣。而家中因為有著數不清的化學物質以及塑膠製品，室內空氣品質尤其不好。

我們以前比較會擔心戶外的空氣品質，但如今在很多地方，室內的生活和工作環境受到污染的程度，有時比戶外還嚴重。

畢竟，我們居住的環境常常受到殺蟲劑、阻燃劑、黴菌（還有很多其他物質）的污染；儘管還不確定原因為何，但值得注意的是，有過敏症狀的人數，在全球各地似乎都有上升的趨勢。

因此，儘管我們不是真的快要淹死，卻似乎減少了自己接觸新鮮空氣的機會。懷愛倫說過，「空氣如果不夠新鮮，就無法提供足夠的氧氣給血液，血液於是在缺氧的情況下流向腦部及身體⋯⋯生活在密閉、通風不佳的環境中，空氣都是污濁、缺乏流通，身體健康將因此受害。」（懷愛倫著，《論健康佈道》，原文第274頁）

對很多人來說，想要過的更健康、更滿足，也許只要打開窗戶、走出戶外就能做得到。

小寐片刻

你們清晨早起，夜晚安歇，吃勞碌得來的飯，本是枉然；惟有耶和華所親愛的，必叫他安然睡覺。詩篇127：2

我大概從8歲起，似乎就不曾一覺到天亮過。我每天都要花上約兩、三個鐘頭才能睡著，即使睡著了，也很少是等鬧鐘響了才醒過來，會造成今天這種情形，可能是因為小時睡眠習慣不佳。我小時候住在北半球一個高緯度的城市，那裡到了夏天時，幾乎整個晚上天空都還是亮的，因此明明好幾個小時前就該睡覺了，我卻還在看書。

此外，由於我經常搭飛機跑來跑去，因此也常睡不夠。為了要配合班機時刻，我很難維持正常的作息時間，再加上必須經常轉換時區，睡眠習慣因此大亂。不過，也不能全怪工作繁忙和常搭飛機；老實講，會造成今天的情況，還有一個原因，就是我天生是杞人憂天的性格，如果當天的問題沒有解決，我就無法安心闔上眼。

對於我這種生活方式，《聖經》用的形容詞是「枉然」。上帝並不希望我們為了「吃勞碌得來的飯」而熬夜，然而，大部分人都睡眠不足，其睡眠時間少於人體所需。根據一項研究顯示，近⅓的人都沒有睡飽（美國疾病控制與預防中心新聞稿，〈美國成年人當中，高達⅓都睡眠不足〉）。會造成這種情況，不是心裡焦慮愁煩，就是種種3C產品發出的藍光，使我們的大腦誤以為現在還是早上，其實早就該上床休息了。

哈佛大學的研究指出，睡眠不足會導致疾病，也會影響我們思考判斷的能力（〈睡眠不足會造成什麼後果？〉，哈佛醫學院網站。）或許我們不要把睡眠視為佔掉工作的時間；上帝既然把它當作禮物送給我們，我們就要學會享受它。畢竟一個禮拜中就有一天訂為休息日，可見上帝認為休息對我們來說，是一個不可或缺的福分。

如果我們願意早點收工、堅持每天在固定時間就寢，試著發現睡眠的寶貴，感謝上帝賜下「休息」這份禮物，我們就會發現，睡眠確實是上帝給祂「所親愛的」之人的祝福。

今晚就來試試吧！把電腦、手機等3C產品全部關機，早早上床就寢──這樣做，可以得到上帝的祝福。

信賴生喜樂

但願使人有盼望的上帝，因信將諸般的喜樂、平安充滿你們的心，使你們藉著聖靈的能力大有盼望！羅馬書15：13

與上帝之間的互信關係破滅，是人類所有問題的根源。儘管驕傲使人犯罪，但最初在伊甸園會發生那件事，追根究底，還是因為我們沒有完全信賴上帝。那條蛇用了一個高明的伎倆，成功誘使夏娃懷疑上帝說過的話。他說：「不見得吧！你們不會死。」從那時開始，我們便很容易聽信撒但的謊言，再也無法像起初那樣信賴上帝。

對上帝失去信任的人類，被逐出了伊甸園，人與上帝之間的關係也產生了巨大的裂口。在那之後，我們便聽從墮落天使們的話，不相信上帝所說的。我們決定自己走自己的路，不再遵循祂的帶領。除此以外，我們還相信了撒但的謊言，以為我們今日所遭受的苦難，都是上帝造成的。明明是人類的錯，我們卻認為是上帝做的，因此對祂老是抱著懷疑的心。

我曾經拜訪過一位名叫雷伊的教友。他有一個悲慘的童年，家人總是對他說謊、貶低他。他打從出娘胎，面對的全都是些不可信賴的人，結果，他變得很難信賴別人——包括上帝。長大成人後，他飽受焦慮折磨，經常疑神疑鬼，擔心受怕。最後，內心的壓力終於使他的身體不堪負荷，健康亮起了紅燈。

最後，他決定要相信上帝，學習不管在什麼情況下，都選擇相信祂的應許。於是，他的生活發生了顯著的改變：壓力指數下降了，而且就像使徒保羅所說的——他發現到，因著信他真的得到「諸般的喜樂、平安」。隨著他對人生的態度逐漸轉為正向，人也慢慢健康起來。

基督徒的生命中，有很大的比重是在學習重新信賴上帝，即使在你感覺祂似乎已經忘記自己的應許時，仍然繼續相信祂。信與不信，都操之在你我手中。然而，如果你瞭解到真的有一位上帝，並且你的一生都在祂的保守中，你就可以放下心中的重擔，專心於眼前的生活，不再為未來擔心。

在基督裡，你的未來有祂掌管；今生的煩惱，你大可以一笑置之。反正，一百萬年後，它們早已灰飛煙滅。

復興之時

所以，你們當悔改歸正，使你們的罪得以塗抹，這樣，那安舒的日子就必從主面前來到；主也必差遣所預定給你們的基督（耶穌）降臨。天必留祂，等到萬物復興的時候，就是上帝從創世以來、藉著聖先知的口所說的。使徒行傳3：19-21

一般來說，即使是年輕人或小孩，都知道這世界不完美。即使你很幸運，出生時健健康康，迎接你的卻是一個殘缺不全的世界，活在這世界的你，必定會受到負面影響，或早或晚，你會看到問題引爆。

於是，我們會嚮往一個更美好的世界。我自己就常緬懷年輕時代，那時生了病總是很快就康復，生活也比較單純。不過，其實人心懷念的不是童年，而是我們和上帝之間的信任破滅前的美好世界。因為，人來到這世上時，仍帶著對伊甸園的記憶。如傳道書3：11所說，上帝「將永生安置在世人心裡」。

因著這份記憶，我們才看得出何謂不美好；畢竟，我們所生活的這世界並不完美，無法提供一個可靠的參考點，來顯出我們的缺陷。

是的，我們記得自己年輕時體力充沛，且沒有那麼多的痛苦煩惱；不過，年輕時代也並非真正的參考點，因為這無法解釋，為何我們連偶發的逆境，都會覺得「不該是這樣的」。根本的原因只能是，我們對上帝原本的計畫仍有記憶，知道祂的本意並非如此，所以會抗拒現狀。我們知道當年，以及將來的世界都比現在的好。

彼得最具代表性的一次講道，是關於耶穌來到這世上的目的。他明白指出：耶穌再來的那天，即「萬物復興的時候」。屆時，人類的這場叛變已成過去，所有的患難憂愁也是。我們將重返伊甸園。眼前所遭受的疼痛不適，以及其他更棘手的問題，日日都在提醒我們，有一天這些都要過去。根據〈馬太福音〉24章的描述，這世界即將終結時，全球各地都會有災難發生；痛苦及疾病的存在，正代表著世界即將擺脫目前的殘缺樣貌，徹底改頭換面。全球各地都傳出地震、飢荒，以及戰爭，這些都是一個即將崩壞的系統必定經歷的陣痛。

同樣的，我們可以把自己的疾病看成是身體正在經歷「末世的徵兆」。很快的，一切都將更新，回歸起初的美好。

現代巫術

情慾的事都是顯而易見的，就如姦淫、污穢、邪蕩、拜偶像、邪術、仇恨、爭競、忌恨、惱怒、結黨、紛爭、異端、嫉妒、醉酒、荒宴等類。我從前告訴你們，現在又告訴你們，行這樣事的人必不能承受上帝的國。加拉太書5：19-21

保羅這張「情慾的事」的清單讓人看了很不自在，因為我們每個人都能對其中某一項對號入座。也許你沒有犯下像那種明顯引人注意的罪，像是污穢或姦淫，不過，那麼爭競、惱怒、紛爭呢？如果有人一輩子完全沒有犯過以上清單中的任何一項，那簡直是不可思議！

可是，很抱歉，只要犯過任何一項，就喪失了進天國的資格。幸好，這不代表我們沒救了；因為不論你犯的是那一項，耶穌都有辦法解決。不管你的問題是其中哪幾個（或以上皆是），只要肯悔改，祂都願意赦免你。

雖然（很不幸的）我們對於保羅這張清單上的項目都不陌生，但其中有一項可能對現代人來說，會比較奇特一點，那就是「邪術」；較早期的英譯本《聖經》會用 witchcraft（巫術）這個字。「邪術」或「巫術」這兩個詞，對現代基督徒來說，完全是屬於異教信仰的東西，和我們的信仰八竿子打不著；我們大概沒有在教會碰過誰會行邪術或巫術。

但不要馬上斷定：邪術不干我的事！

事實上，「邪術」這個字在希臘原文中，保羅用的是pharmakeia這個字，它是pharmacy（製藥）的字根。所以，保羅所謂的「邪術」，指的是嗑藥，而嗑藥絕對是我們這個時代的問題。

這些會改變精神狀態的藥物，扭曲了我們對現實世界的正常感知、阻礙我們做出正確的道德判斷、摧毀了家人間的關係，更對我們與上帝建立關係的能力，有著毀滅性的影響。嗑藥就像飲酒，都會讓我們對罪失去敏感度。一旦無法與耶穌基督建立關係，當然也就別想要進入上帝的國了。

這聽起來滿令人沮喪的。不過，值得高興的是，嗑藥的人，上帝仍然願意原諒他。想要擺脫藥癮的人，只要來到十字架前，上帝都願意赦免他、憐憫他，更將擺脫藥物綑綁的力量賦予他。對耶穌來說，嗑藥也只是罪的眾多枷鎖之一，祂的目標是要將撒但套在我們身上的全部枷鎖都除去，一個不留，因為，祂誠心盼望我們能夠活出豐盛的生命——那是祂為我們預備的豐盛生命。

宣告勝利

感謝上帝，使我們藉著我們的主耶穌基督得勝！哥林多前書15：57

每當我們做了一件會讓自己感到舒服愉悅的事，就會啟動大腦的回饋機制——即使那種舒服愉悅的感受只是一時的。例如，酒精、毒品，甚至糖都會啟動所謂的「獎賞迴路」（reward circuitry），使身體釋放出一種讓人感到快樂的化學物質，即「多巴胺」。身體攝取這些物質後，會釋出濃度遠遠超出平常水準的多巴胺，進到腦中掌管情感以及動機的區域。

當興奮的感覺退卻後，大腦就會告訴我們：再來一次！同時它也適應了新的多巴胺濃度；儘管這濃度可能比正常值高出十倍之多，大腦卻會認定，這才是正常水準。如果我們再繼續攝取這些促使多巴胺分泌的物質，久而久之，大腦將會減少多巴胺受體的數量。這會產生一個結果，就是你得再增加攝取量，才能夠達到之前的顛峰經驗。

可見，一旦對物質或藥物上癮，要戒除是很難的。由於過去的濫用，身體已經對它產生了依賴。只要有過戒煙經驗的人都可以告訴你，每當大腦覺得需要它，叫你去抽，你卻不從，之後就有你受的了！

還好，針對上癮這個問題，《聖經》提供的方法要比「強忍」有力多了。戒掉壞習慣靠的是人的意志，而要靠意志抵抗大腦的索求，往往吃力不討好。而上帝卻不是叫你努力戒掉惡習；祂是直接把戰勝壞習慣當作一件禮物，送給你。上帝不是要你靠自己的努力，歷經萬難，最後終於回到合宜的生活方式，而是乾脆宣布：這個問題已經解決了！你不是「戒煙中」，而是「已戒煙」，因為祂說了算。

上帝沒要我們努力戰勝癮頭，祂是要我們到祂那邊「領取」勝利這份禮物。你可以告訴自己，因為這件事交給耶穌了，我就已經算是戒煙／酒／毒成功！你要做的只是憑著信心，接受這份禮物，並時時提醒自己，上帝說這份禮物是我的，就是我的，毋須終生處於「戒癮」的過程，老想著自己永遠都無法完全擺脫它。

從你領受這份禮物那天起，你將永遠保持自由之身，因為上帝的醫治具有奇蹟般的力量，任何化學物質都是它的手下敗將。

向罪而死

這樣，你們向罪也當看自己是死的；向上帝在基督耶穌裡，卻當看自己是活的。所以，不要容罪在你們必死的身上做王，使你們順從身子的私慾。羅馬書6：11-12

多年來，我曾經一對一的輔導超過1200個想戒煙的人。大部分人一旦明白到，與其靠自己的意志戒煙，遠不如直接跟上帝領取「成功戒煙」這份禮物，從此以後重擔就解除了。簡單說，就是相信上帝能夠賜你自由這份禮物。我們只需相信，上帝言出必行，然後我們可以像個收到生日禮物的五歲小孩，迫不及待的把外包裝打開──小孩通常都不會懷疑禮物是不是給他的。

我們要做的，就是毫不遲疑的伸手把禮物接過來，並以五歲小孩的心態，把禮物的包裝拆開，謝謝祂幫你戒了煙、酒（或任何其他壞習慣都可以）。想想看，你如果相信祂的應許，會過上怎樣的生活？之後就那樣生活。

的確，墮落天使還是可能來引誘你，要你懷疑上帝的話。畢竟，打從伊甸時代，他們就善於挑撥我們與上帝之間的關係。撒但曾問夏娃：「不見得吧！你們不會死。」而他自然也不會放過你（「你

才沒有戰勝它。」、「你這酒鬼／老煙槍／毒蟲！」、「你做不到的啦！」）

這時，保羅的話就派上用場了：你如果相信上帝的話是真實的，就可以認定自己真的是「向罪死了」。

要提醒自己：我可以拒絕！上帝說我已經戰勝它了！事實上，會做那件事的我，根本就已經死了。必要的話，試著想像一個已經死去的人，正在做著和過去的你同樣的事（抽煙、大啖垃圾食物，或是喝啤酒）。當然，人既然死了，就絕不可能再做這些事。

靠著上帝的恩典，你會像已死過一次的人，對這些東西再也不動心。當試探來臨時（這恐怕是難免的），你要做的就是宣布：「我已經向這個死了，謝謝上帝讓我打贏這一仗！」只要時時刻刻懷著感恩的心，接受上帝這份禮物（必要的話，可以大聲說出來對上帝的感謝），不出幾天，你就會驚奇的發現，自己真的已經走上新生之路。

你真的不需要它！

總要披戴主耶穌基督，不要為肉體安排，去放縱私慾。羅馬書13：14

「我想我還是在冰箱上放一包煙吧！這樣可以提醒自己：我已經戰勝了它！」布萊克告訴過我，他想要宣布自己已經戰勝煙癮，也明白宣布得勝和努力戒煙不同，他要做的是相信自己經「向罪死」（羅馬書6：11）。

是否要在冰箱上留一包煙，他自己得做出選擇。不過，如果他真的這樣做了，戒菸失敗的機率將會大增。如果你真的相信上帝有再造之能，祂說你不會再抽煙，你就真的不會再抽，自然就毋須保留任何和舊習有關的東西。因為，不抽煙的人不需要香菸；不喝酒的人，酒就對他沒有用處，換到其他任何事物也是一樣；曾經控制你的那樣東西，只能控制過去的你。

所謂的信心，就是以行動證明，我把上帝的應許當真，就算有時主觀的感覺未必是這樣，也不去懷疑。如果你願意相信，上帝已經根除了你的壞習慣，使你完全擺脫了它的控制，那麼，就拿出信心，當下將你的周遭環境中凡是和這個習慣扯上關係的事物都徹底移除。用保羅的話講

就是：既然我們有信心，就「不要為肉體安排，去放縱私慾」。

我將保羅的話跟布萊克分享，告訴他：「布萊克，你要想想，如果上帝的應許是真的，你會怎麼做？既然不抽煙，留著它幹嘛？這東西不該在你家。」他聽了我的話，默默將香菸遞給我，讓我拿去丟掉。從此以後，他沒再抽過一根煙。

不論你的壞習慣是什麼，你真的都可以大方宣布：「我已經戰勝了它！」不過，條件是你要認真看待上帝的應許，相信自己已經可以過著沒有「它」的生活。

如果你有個壞習慣，一直沒辦法擺脫，何不就趁今天，接受上帝賜下的勝利？你要相信，靠著上帝的再造之能，那個沉迷於惡習的老我已死，祂已經讓它遠離你的生命，再也不能傷害你。

我們和上帝之間的關係最美好的地方是，儘管基督還沒回來，在心態上我們卻可以當作祂已經回來般，過起天上的生活。

不潔的事物

耶穌對他們說：「你們也是這樣不明白嗎？豈不曉得凡從外面進入的，不能污穢人，因為不是入他的心，乃是入他的肚腹，又落到茅廁裡（這是說，各樣的食物都是潔淨的）。」馬可福音7：18–19

多年來，我常聽到有人拿耶穌這幾句短短的話當作證明，說今天已經沒有所謂不潔淨的肉類這一回事了！他們會指著馬可說的「各樣的食物都是潔淨的」這句話來告訴你，上帝對於吃豬肉和貝類的態度已經改變了。

不過，這樣的解釋，拿到《聖經》其他地方就說不通了。例如，使徒行傳10：14描述，彼得在異象中，看到一塊很大的布從天而降，上面放滿了不潔淨的動物，隨即有個聲音傳來，要他把它們都吃掉。但彼得不願意，說：「主啊，這是不可的！凡俗物和不潔淨的物，我從來沒有吃過。」（使徒行傳10：14）要是耶穌已經針對培根解禁，彼得還有什麼好抗議的？

我們可以看到，存心節開頭那段〈馬可福音〉的經文中，並沒有特別提到吃肉。這是因為當時的主題和肉無關。我們回到同一章的2、5節，其實講的是法利賽人看到門徒們吃麵包前沒有先洗手。馬可針對這部分說明如下：「原來法利賽人和猶太人都拘守古人的遺傳，若不仔細洗手就不吃飯……」（馬可福音7：3）

可見，當時討論的主題並不是豬排，而是法利賽人洗手的傳統；至於豬或是蝦子，當時在場的人是連想都沒想過要把它們當作食物。耶穌的意思只是，本來簡單的事，我們卻總是要加上一堆人為的規矩，把它變成一種負擔。

祂這段話我們當注意聽。儘管我們不會在愛宴開動前先舉行洗手儀式，不過我們的確有種傾向，就是會監視別人吃什麼東西；如果他沒照規矩，我們就會懷疑他不夠屬靈。我就曾親耳聽到有人當著大家面前，質問某人為何要吃某樣東西，例如，為何同時吃蔬菜和水果？或是盤子裡怎麼有片起司？

會這樣質疑別人的人，自己在屬靈方面的問題，往往比他質疑的對象更大。耶穌在同一章20節說：「從人裡面出來的，那才能污穢人。」

願上帝賜給我們每個人像祂一般慈悲的胸懷，且能通情達理，不管別人的閒事。

你生氣了嗎？

耶和華對該隱說：「你為什麼發怒呢？你為什麼變了臉色呢？你若行得好，豈不蒙悅納？你若行得不好，罪就伏在門前。它必戀慕你，你卻要制伏它。」該隱與他兄弟亞伯說話；二人正在田間。該隱起來打他兄弟亞伯，把他殺了。創世記4：6-8

「牧師，你有看到那些人為愛宴帶了什麼東西來嗎？」莎拉生氣的質問。我在教會地下室的廚房附近被她攔住。「他們帶魚耶！」

「是喔，那他們還滿慷慨的啊！妳不覺得嗎？」我溫和的回應。她口中的「他們」是才剛加入我們教會的新教友，聽說愛宴吃素，於是決定準備魚；因為有些人覺得魚不算是肉，但莎拉完全沒有被說服。「我們絕不能坐視不管！」她很堅持。

「我不覺得有這個必要！」我回答道。「妳絕對有權選擇不吃，但不該針對這件事多說什麼。」但她並沒有退讓的意思，仍然堅持吃魚是大罪，於是，我給她看路加福音24：42-43，裡面寫到耶穌在復活後，有吃過魚。結果她氣鼓鼓的走掉了，去找一個比較能理解她想法的人，大概是覺得我這人無藥可救，一點原則都沒有。

我常常無法理解，為什麼有些人看到別人的行為，會覺得自己受到了冒犯？別人午餐吃什麼，你有什麼好生氣呢？我真不明白。要是有樣東西你不吃，別人卻對你強迫灌食，你生氣我還可以理解，但我現在說的是在別人絲毫不影響你的情況下所發生的。

這其實是說不通的！唯一的解釋，就是那個生氣的人本身有問題。該隱沒有憑著信心獻上祭物，於是上帝拒絕接受；他為這件事感到很生氣。不過，他並不只是對上帝生氣，還遷怒於他弟弟亞伯，把他給殺了。亞伯喪命不是因為他做錯了什麼，而是因為該隱自己的心理出了狀況。

也許，當我們發現到別人做了某件事情，儘管和自己無關，我們卻覺得被冒犯了，就應該檢視一下自己的屬靈狀態。我的觀察是，那些總覺得別人冒犯他的人，往往是因為自己的屬靈健康出問題，心裡才會感到不適，卻不自覺的把自己的不舒服怪罪於他人。其實，我們每個人要面對的問題已經夠多了，實在沒這個閒工夫去當糾察隊。

何況，為了別人違反健康原則而發火，累積的悶氣對自己健康所造成的傷害，遠遠超出別人亂吃對你所造成的傷害。

把肚子當偶像來拜

因為有許多人行事是基督十字架的仇敵。我屢次告訴你們,現在又流淚地告訴你們:他們的結局就是沉淪,他們的上帝就是自己的肚腹。他們以自己的羞辱為榮耀,專以地上的事為念。腓立比書3:18-19

說到假神,大部分基督徒所想到的,都是古時那些木石雕像;異教徒不去拜那位創造主,卻把這些雕像當作神來拜。至於這個時代的偶像,我們大概會想到金錢或財富(也可能是偶像明星或是流行文化的象徵),大概很少人會想到肚腹也可以成為一種偶像。然而,保羅在這裡說得很明白,它確實也是偶像之一。

保羅在今天存心節中告訴腓立比教會,他很難過看到有些人沒有走在上帝的旨意中,於是走向毀滅之途。他說,這些人是「以自己的羞辱為榮耀」,也就是說,他們似乎情願放縱肉慾,認為唯有背叛上帝,才能得到自由。他們飲食無度,永不饜足,簡直就是把自己的食慾當作上帝。對這些人來說,生命的意義在於滿足自己的生物本能,完全不管後果會是如何;他們腦袋所想的,盡是如何再次體驗腎上腺素飆升的快感。

這類「肚腹信徒」很容易從外觀判斷出來。不過,有些人同樣是把自己的肚皮當神崇拜,卻是以極端的節制來展現。我們吸收健康的相關信息,落實在生活中,感謝上帝教導我們這些,讓我們可以健健康康——這當然很好,不過如果太過於計較吃進去的每一樣東西,活像遵行健康信息的人才能拿到天堂的門票,就有點太過頭了!

我就碰過這樣的人。他們面色蠟黃,眼神空洞,奉行節制,認為只要沒有完全遵照健康飲食的原則,就是犯罪。如果雞蛋並非健康首選,那就絕對不碰。如果甜食一般來說對身體不好,那就絕對、絕對、絕對不能吃,連一口都不可以!

我認識一個媽媽,她兒子最近離開了教會,在他宣布離開前幾週,她曾看見他在吃一根棒棒糖(不是一包糖,只是一根棒棒糖!)。「難怪他會迷失!」她傷心的做出結論。

我想跟她說,才不是這個原因!健康信息的確是上帝針對我們的飲食所賜下的指導原則,但我們必須謹記,我們和上帝之間的關係,是建立於「拯救者——被拯救者」的基礎上,這才是根本!

只有基督的寶血才能維繫這段關係,要是我們以為可以經由其它的管道,回到上帝那裡去,我們就是把它當作偶像了!

上帝的櫥窗

航海的和海中所有的，海島和其上的居民，都當向耶和華唱新歌，從地極讚美祂。曠野和其中的城邑，並基達人居住的村莊，都當揚聲；西拉的居民當歡呼，在山頂上吶喊。他們當將榮耀歸給耶和華，在海島中傳揚祂的頌讚。以賽亞書42：10-12

啟示錄14：7中，記載了上帝餘民對這世界發出的最後呼籲：「應當敬畏上帝，將榮耀歸給祂……」。的確，上帝剛創造世界的時候，不論是動植物或人類本身，都清楚的反映了祂的榮耀。懷愛倫說：「世上每樣東西初造時都是完美的，都能反映出上帝的心意。」（懷愛倫著，《天路》，原文第18頁）

然而，如今罪已經轄制了人類，我們失去了初造時的美善，人類再也無法完美反映上帝的形象。我們的思想與行為，不但無法自然地彰顯出上帝的榮耀，相反的，我們面臨了種種問題——而且還為此向上帝發怒。當我們生病時，就責問上帝為何讓我們生病，而不會想到是自己當初的背叛造成今日的處境而感到難過。不過，一旦我們來到基督面前，看待自己處境時就能有不同的眼光。我們明白自己有機會可以用生命來榮耀上帝了；我們的思想行動、所作所為，全都是可以拿來使用的工具，讓人看見上帝就是這麼的美好！這工具當然也包含我們的肉體，畢竟這身體已被上帝買下，以耶穌基督的寶血贖回。

此生我們不免有生老病死。不過，儘管我們的身體不再完美，只要把它交給上帝供祂驅策，祂還是有能力透過它讓人看到祂的美善。而且，照著祂的話去做，我們可以在不完美中力求完美：儘管我們難免生病，但我們可以降低生病的機率。有了祂，我們的身體可以更健康，未來可以更有希望，生命也可以更豐盛。

我們的生命，可以用來榮耀耶穌，用來讚美祂。你可以讓世人看見，上帝想要為人類做的事；這樣做也等於是宣揚那即將來臨的天國。因此，保持身心健康不只是為了自己，也是為了讓周遭的人發現，世上真的有一位上帝；祂一直熱烈參與人類的生活，一心只想給我們最好的。

11
Nov

領浸約言第十一條：
我接受新約《聖經》中全身入水之浸禮教訓，願意這樣受浸，作為向大眾表示對基督的信仰，並相信自己的罪過已蒙赦免。

領浸約言第十二條：
我既然知道並瞭解基督復臨安息日會所教導的基本《聖經》原則，願意立志靠著上帝的恩典，使我的生活能與這些原則符合。

哪個耶穌？

假如有人來另傳一個耶穌，不是我們所傳過的；或者你們另受一個靈，不是你們所受過的；或者另得一個福音，不是你們所得過的；你們容讓他也就罷了。哥林多後書11：4

「教義擋在人和耶穌中間，阻礙人接近祂！」講師邊說邊指向黑板上一個簡單的插圖。圖中畫著一個火柴人跪在地上，大概是在禱告，在他前方，有著堆積如山的磚頭，上面寫著「教義」。離這堆磚頭很遠的地方，立著一個十字架。

「你可以把教義一字不漏的教給他們，」他做了結論，「只不過，他們需要的其實是耶穌。」

問題是：「哪個耶穌呢？」我心想。是「新時代運動」（New Age movement，又譯新紀元運動）的耶穌嗎？當祂只是一位宇宙導師，來到世上是為了教導我們如何像祂一樣地悟道？伊斯蘭教所描繪的耶穌只是一位先知，也沒有死在十字架上；歷史課本裡的耶穌，則是學術界所認定的祂；他們儘管也肯定耶穌對於人類歷史有著深遠的影響，卻認為關於祂的事蹟多半是被信徒誇大了。甚至還有個「飛碟會」（flying saucer movement），認為耶穌是「超人類」（super being）的後代，他們最初是由外星人帶到地球上，最後在此落地生根。

我們要如何區分新約《聖經》的耶穌和其他版本的耶穌？答案很簡單！透過祂的教訓。「教義」這個字眼，到了廿一世紀好像已經被負面解讀，千禧世代尤其如此。有些研究指出，他們聲稱希望教會能夠變得更像個「家」而不是一所「學校」；世界各地的基督徒也在討論，教義上的差異使得基督徒無法團結。

然而，保羅確實曾為了哥林多的信徒不能判斷教義的真假而責備過他們。他說：「有個人跑過來，告訴你基督其實應該是這樣那樣，你居然也就信了！」要看出這些人所講的是不是真正的耶穌，唯有將他們所說的和《聖經》的教導相比。

說到底，教義即教導。事實上，沒有所謂的教義，我們根本無法向別人傳揚十字架的救恩。因為，要讓人體會十字架的意義，得先向他們解釋關於人、罪、救贖等諸多「教義」。

耶穌警告過我們，人類歷史即將終結時，會有許多假先知還有假基督出現（馬太福音24：24）。在這段等待耶穌的時期，唯一能讓我們站穩腳跟的，就是《聖經》這塊磐石。記住，耶穌曾說《聖經》是「給我作見證的」（約翰福音5：39）。

令人讚嘆的教義

污鬼叫那人抽了一陣瘋，大聲喊叫，就出來了。眾人都驚訝，以致彼此對問說：「這是什麼事？是個新道理啊！祂用權柄吩咐污鬼，連污鬼也聽從了他。」馬可福音1：26-27

如果你讀《聖經》讀得很勤，就不會相信現在很多人的道聽塗說，認為「耶穌本人的言行和《聖經》裡描述的教義，有很大的落差」。儘管現代教會常嚷嚷著：「我們要少談教義，多談耶穌！」但在以上經文中，我們卻看到群眾為了耶穌言行所闡明的「教義」驚嘆不已。

所謂教義，其實就是關於某個主題的一系列闡釋及規定。耶穌的確向世界頒佈了一套來自天上的課程。反對耶穌的人當然也有自己的教義，事實上為數還不少。除了《聖經》講明的部分，他們自己還要信徒遵守許多人為規定。這些規定其實是基於人的傳統，用意是在《聖經》教導外再加上一層銅牆鐵壁，確保信徒完全沒有違反誡命的可能性。但這些規定缺乏生命力，遵守了也不會帶來什麼改變，因此不但無法激發人對上帝的愛，反而有如安眠藥般的效果，使廣大信徒不知不覺陷入屬靈的昏睡狀態。

因為他們的教導缺乏來自上帝的能力，那個被污靈附身的人儘管也坐在會堂裡聽，卻沒有覺得不對勁。然而，等到神的兒子打開《聖經》，開始向群眾講解其中內容後，墜落天使們立刻嚇得大聲尖叫，聲音透過那個被污靈附身的人之口傳了出來。因為，他們知道耶穌所講的道理，將使他們再也沒有容身之地。耶穌僅僅斥責了一聲，他們就被迫要離開。

會眾們都驚呆了，「這是我們沒有聽過的道理！」他們聽過耶穌講解的那些《聖經》章節，但從未見識過這些經文背後的力量。

因為耶穌，《聖經》的教導不再只是理論，而是可以應用在生活上的真理。這樣的真理可以改變人心，振聾發聵，使人從罪中清醒過來，看見上帝眼中所看到的世界。

這些人會說教義阻礙人接近神，應該是指部分所謂的宗教學者，熱中於建構缺乏生命力的神學理論。這些人對於《聖經》的內容儘管熟悉，卻不明白上帝如何能夠改變人的生命。因此，教義本身不是問題，對教義的錯誤解讀才是！如果是耶穌闡釋的教義，則帶有能力，足以破壞墜落天使們的計謀。因為，教義所揭示的真理，使得撒但的愚民政策再也無法得逞。

信仰當如跳傘

因為時候要到，人必厭煩純正的道理，耳朵發癢，就隨從自己的情慾，增添好些師傅，並且掩耳不聽真道，偏向荒渺的言語。提摩太後書4：3-4

世上有些事情，如果不是親身經歷，就無法真正瞭解，基督教就是其中之一。想要真正瞭解基督信仰，唯有親身實踐它。光是對所有教義都表示認同，是沒有用的，因為教義必須落實在每日的生活上才有意義。

就像是跳傘，只要知道摩擦力、物體的質量，以及其他幾個物理測量值，就會發現降落傘可以讓物體墜落的速度維持在安全範圍，使它不致摔個稀巴爛。不過，光是口頭宣稱：「我相信降落傘可以讓我安然抵達地面。」恐怕沒什麼說服力！要證明你真的相信，你還得帶著降落傘從飛機跳下去。

同樣的，光是宣稱自己相信耶穌復活是事實還不夠，這只是一句空話，除非祂的復活改變了你的生命；因為，如果你知道耶穌戰勝了死亡，且祂的身分就是上帝，只是以人的樣式存在，這應該對你選擇如何度過每一天有著重大影響。如果你真的相信祂，你會想知道祂說過的每一句話、給過的每一個忠告、發出的每一個命令；你會相信祂要你這樣做，一定是因為這樣對你最好。

保羅曾警告，在末世時很多人都願意簽署「我相信耶穌基督」的文件，也會有很多人同意《聖經》是上帝的話語，甚至推崇它為西方文明的基石，應當受到敬仰。不過，儘管講得斬釘截鐵，他們仍舊不肯繫上降落傘跳下去——讓《聖經》決定自己的一生。

復臨信徒一向認為，所謂信基督，不光是對所有教導表示同意，因為，如雅各書2：19所言：「你信上帝只有一位，你信的不錯！鬼魔也信，卻是戰驚。」

相信上帝的存在是一回事，是否願意照著你所信的，讓上帝再造的大能使你徹底改頭換面，又是另一回事。你既然相信祂，是否願意照祂的話去做？這些才是基督徒和撒但之間最根本的差異。

眼中的樑木

為什麼看見你弟兄眼中有刺，卻不想自己眼中有樑木呢？你自己眼中有樑木，怎能對你弟兄說：「容我去掉你眼中的刺」呢？你這假冒為善的人！先去掉自己眼中的樑木，然後才能看得清楚，去掉你弟兄眼中的刺。馬太福音7：3-5

「如果看到有人在教會聚會時打毛線，你會有什麼感覺？」一位女士問了這個問題後看著我，想知道我的答案。可惜，我早已學會對這種「你會有什麼感覺」的問句提高警覺。通常問牧師這種問題，是想讓他掉入陷阱。顯然她覺得某人不該在教會打毛線，希望我也支持她的看法，贊同她出來處理這件事；然而，我可不想被人說成我去批評一位我根本不認識的女士。就我所知，她所謂冒犯了聖所的那一位，個性比較容易緊張，可能有焦慮症方面的問題；打毛線這種單純重複的動作可以讓她感到平靜。

「我還滿高興她有來教會！」我答道。

「我覺得她這樣做是錯的。」那位提問的女士失望的說。

她的問題揭露出一個有趣的事，就是問問題者本身的狀態。許多人發生爭執的時候，都喜歡找牧師來幫他們評評理。他們會問牧師一些問題，問的方式會讓牧師覺得，好像很難說他們是錯的，藉此把牧師拉近他們的陣線。不過，就以上的案例來說，問問題的那位女士表面上很注意在教會要保持行為合宜，但我知道，她自己其實也有可議之處。她很愛喝咖啡，還曾有人聽到她跟年輕教友說，喝咖啡對身體無害；另外，她也常任意批評教會的信仰，而且還會喝酒。事實上，要是她屬於我所牧養的教會，關於她種種負面行為，就已經足以使我基於職責，不得不免除她在教會的職務了！

復臨信徒宣誓，自己願意照著《聖經》的教訓過生活，不過有些人好像會把這解讀成他們也擔負起糾察隊的工作，注意別人有沒有犯規。其實，我們每個人都有一堆問題，早已自顧不暇，哪有功夫去監督別人？照理說，我們自己的眼中有「樑木」，怎麼還會注意到別人眼裡的「小刺」？但罪就是能扭曲我們的認知，使我們被驕傲蒙蔽，看不到自己的問題。今天存心節中，耶穌用樑木及刺所做的比喻應能提醒我們，依照《聖經》過生活，其中重要原則之一是：嚴以律己，寬以待人。

骨中有火在燒

我若說：我不再提耶和華，也不再奉祂的名講論，我便心裡覺得似乎有燒著的火閉塞在我骨中，我就含忍不住，不能自禁。耶利米書20：9

依照《聖經》的指示過生活，是一個很大的挑戰。耶利米受上帝之託，要向悖逆的以色列子民發出最後的警告，卻被逮住關了一晚。第二天早上，他覺得實在很想放棄，生活如此艱難，又老是遭到同胞的拒絕及嘲笑，他覺得自己真是個失敗的先知。

「我受夠了！」他心想。「我不想再說什麼。幹嘛自討苦吃？反正這些人也不會聽我的！」

可是他發現要他保持沉默，他做不到。他發現如果不再講論耶和華的話，「我便心裡覺得似乎有燒著的火閉塞在我骨中，我就含忍不住，不能自禁。」對這位先知來說，耶和華的話早已徹底滲透他的心思意念，要是憋住不講，他會感到很痛苦。實情是繼續傳講固然很難，可是閉嘴更難。

當我們依照《聖經》指示生活時，也會有同樣的感受。基督徒如果每天都讓自己沉浸在上帝的話語中，久而久之，會自然行出《聖經》的教導。儘管過著紀律的生活會遭到世人嘲笑、儘管妥協一下，好像可以省掉自己一些麻煩，但是，當《聖經》已經滲透我們的心思意念時，會發現不去選擇正確的道路，反而變得很難。

打個比方，這有點像是下定決心要運動。一開始，想到要那麼早起床穿上運動鞋出門，就覺得不如放棄算了，但堅持三週後，不去運動反而會覺得渾身不對勁；因為，運動已經成為你生命中不可或缺的一部分，只要一天沒去，身體就會有感覺。

將《聖經》視作人生的指導原則，一開始是需要刻意為之。每當面臨是非對錯的十字路口時，你都得停下來，仔細查考《聖經》才能決定要怎麼做。但隨著你每天和上帝的交通，天國的氛圍漸漸滲入了你的身心，「做對的事」成了你的本質，你很自然就往正確的道路前進。

這時若你面臨一個得做出很大犧牲的情況，你會直覺的想要逃避，但在你骨內卻感覺到有熊熊烈火在燃燒。

於是，你終究還是會選擇留在窄路上，與基督繼續走下去。

令人信賴

我們眾人既然敞著臉得以看見主的榮光，好像從鏡子裡返照，就變成主的形狀，榮上加榮，如同從主的靈變成的。哥林多後書3：18

很久很久以前，有兩個人到外地旅行，卻不小心走錯路，來到一個人跡罕至的地方。當時已是深夜，他們走了一段路，終於發現一棟不起眼的小屋，於是決定試試運氣，看能不能在那借宿一晚。結果，一位老礦工來開門了。讓兩人高興不已的是，他不但願意撥出一個小房間給他們睡，還準備了熱騰騰的餐點，大家共度了一個愉快的夜晚。

儘管如此，到了睡前兩人突然緊張起來，因為他們身上帶了不少錢。兩人都覺得應該要輪流守夜，確保錢不會被人偷走。到了半夜，第一個輪值的人，發現門縫下有光透出，於是決定去看看這老人不睡覺在做什麼。他躡手躡腳的從床上爬起來，把門打開一點點，從門縫望出去。結果，他看到老人坐在廚房的桌子旁讀《聖經》。

他輕輕的把門關上，把同伴搖醒。他說：「我想我們今晚可以睡個好覺了，這裡不會有危險。」

是什麼使旅人對這位老人產生信賴？

如果老礦工讀的是《花花公子》或是達爾文的《人類的由來》（The Descent of Man），他還會有同樣的反應嗎？

然而，很不幸的是，今日的世界經常嘲笑神職人員，甚至將他們妖魔化，於是大眾對於信奉《聖經》的人已經失去了信賴。但過去不是這樣的。以前的時代，大部分人都還認同《聖經》所教導的道德準則，也明白當一個人想藉由研讀《聖經》多認識耶穌，代表他很有心，希望自己能夠反映上帝的品格。

也許別人不信賴我們，多少是我們自找的。畢竟，在廿世紀後半葉，神職人員爆發出好幾件眾所矚目的醜聞，撼動了宗教界，也瓦解了大眾對基督徒的信賴，因此我們的信仰很容易受到別人的譏諷。

不過，要是我們認真活出《聖經》的教導呢？如果我們在人前的一舉一動，都是出於信仰，也許就能重新讓世人有機會看見基督，並挽回他們對我們的信賴，讓他們相信：身邊有遵從《聖經》的基督徒在，就沒什麼好擔心的！

「你有沒有注意聽？」

可見，信道是從聽道來的，聽道是從基督的話來的。羅馬書10：17

我並沒有特別喜歡聽有聲書。不過，愛書如命的我，的確希望能在短短一生中，盡量多看幾本書，於是想到用聽的方式，也許可以累積更多知識。不過，實際試過後發現沒有用。我在聽的時候，很容易恍神，心思漫無目的亂飄，可能20分鐘後才會回神，想起有個東西還在播放，然而我已經落了一大段內容。

不過，如果是一篇精彩的講道，能夠驅使我回去仔細查考《聖經》，那麼即使是用聽的，我也還是能夠保持專心。保羅告訴眾門徒，傳福音的工作刻不容緩，並特別強調，基督徒必須透過傳講，將福音分享給周遭的人。羅馬書10：14說：「未曾聽見祂，怎能信祂呢？沒有傳道的，怎能聽見呢？」

在第17節他又說：「可見，信道是從聽道來的，聽道是從基督的話來的。」有些人看到這段話會做出結論──基督徒只需多聽《聖經》的內容，就會在屬靈上成長；多聽幾場講道，多讀幾段經文，就會變得更像基督。

的確，閱讀會改變一個人。很多研究都指出，閱讀能夠使大腦細胞重新連結，促使腦中特定區域的體積變大，使人變聰明。事實上，大腦有些區域其實是無法判斷某件事是親身經歷的，還是從閱讀中得知。因此，讀經的重要性自不待言。

儘管如此，對基督徒而言，真正重要的不是累積對《聖經》的知識，而是把《聖經》的教導活出來，這才是上帝所關心的。

所以，保羅所謂「信道是從聽道來的」，其實就像我們小時候每次犯錯時，爸媽常對我們說：「你有沒有注意聽？」他們的意思其實是──我們有沒有照著他們的話去做？

瞭解《聖經》最有效的方法是看看它怎麼說，然後在生活中加以驗證。透過一次次的經驗，我們會發現，上帝說的話都是真的，於是，我們與祂的距離變得更近，對祂的信心也就更堅定了！

「這些骸骨能復活嗎？」

祂又對我說：「你向這些骸骨發預言說：枯乾的骸骨啊，要聽耶和華的話！主耶和華對這些骸骨如此說：『我必使氣息進入你們裡面，你們就要活了。我必給你們加上筋，使你們長肉，又將皮遮蔽你們，使氣息進入你們裡面，你們就要活了，你們便知道我是耶和華。』」以西結書37：4-6

以西結這位先知在異象中被上帝帶到一座山谷裡，這山谷遍地都是人的骨骸。這些人都死去已久，骨頭早已變乾（用以西結自己的話講，是「極其枯乾」），散落在整個山谷。這時，上帝問他：「以西結，我問你，你覺得這些人還有可能活過來嗎？」

怎麼可能！如果有個人臨床上被認定死亡，幾分鐘內還有機會搶救；如果心跳剛停止幾秒，也還有機會用電擊的方式挽回，但如果是連身體都已經腐爛了、骨頭被陽光曬到泛白呢？那肯定是沒有希望了！

當然，如果上帝在他們身上施予再造之能，那又另當別論了！上帝正是要以西結向這些骷髏講道，將耶和華的話語施加在他們身上。其實，當初宇宙會誕生，靠的就是上帝的話，而在基督復臨時，讓已死的人重新活過來的，仍是祂的呼喚。

在這兩個事件之間，上帝的話語將使罪人重生，將他們從靈性的死亡中喚醒。即使你的屬靈狀態長久以來處於低潮，或對自己的信仰生活有很深的無力感，上帝的話語都能向你吹入生命氣息。

同樣的道理，對教會似乎也適用。廿世紀早期，基督教主流教會開始大幅減少關於《聖經》內容的講道。這樣做的目的是希望藉由淡化《聖經》中那些基督教獨有的教導，讓教會顯得更具包容性，減緩信徒的流失。然而，這樣做卻引起了反效果——那些以緩慢速度衰微的教會，人數持續流失，最後不得不關門。

然而，那些堅持傳講《聖經》的教會在大環境漸趨世俗化時，仍持續成長。學者大衛·米拉德·哈斯喬（David Millard Haskell）曾針對加拿大的教會做過一項研究，文中寫到：「如果你想知道，遵從何種信仰體系的基督教教會，比較能夠吸引信徒，根據調查結果來看，保守派神學顯然最得人心。」（凱特·蕭努特著，《今日基督教》〈主流教會尚有可取之處〉，2017年5月14日）

奉行保守派神學的教會，通常都會積極傳福音，宣揚上帝的話。他們的成功證實了以西結早就說過的——上帝的話語帶有創造的能力，依靠這種力量而活，屬靈生命必然興旺。

「枯乾的骸骨啊，要聽耶和華的話！」

在見證者環繞之下

我們既有這許多的見證人，如同雲彩圍著我們，就當放下各樣的重擔，脫去容易纏累我們的罪，存心忍耐，奔那擺在我們前頭的路程，仰望為我們信心創始成終的耶穌。祂因那擺在前面的喜樂，就輕看羞辱，忍受了十字架的苦難，便坐在上帝寶座的右邊。希伯來書12：1-2

早在美國獨立運動發生前，身為開國元老之一的約翰·亞當斯（John Adams）已隱約感覺有大事要發生了，人類歷史即將寫下嶄新的一頁！於是，他要太太艾碧蓋兒幫他把與別人往來的信件都保留起來，放在一個1776年6月購買的紙夾裡面。因為他知道後世子孫會想知道裡面寫了些什麼。

不只是他，美國其他的開國元老也都是這樣做。他們憑直覺看出美國的這場革命，不只會影響自己的後世子孫，更將對全世界產生深遠影響。的確，美國爭取的方式，在整個革命運動史是個異數；它不像法國大革命，在推翻帝制後，隨即將攻擊對象轉為自己的人民；在制訂憲法、形成聯邦時，儘管各個派系都為自己的利益激烈交鋒，但仍透過民主討論程序，沒有發生流血衝突。

我們從《聖經》中也可以看出，有大事要發生了！因此，根據《聖經》原則塑造我們的品格，有很多充分的理由，但最重要的自然是──《聖經》能使我們與此書作者更親密。不過，另一個理由也不該被忽略，就是現今上演的「餘民運動」中的主角正是我們，天上的見證人，無論是過去或未來的，都在看我們的表現。在不久的將來，在我們之前的信徒會打開天上的書卷，檢視我們此刻的言行，在我們之後世代的信徒們（如果還有「之後」的話）也是；畢竟，他們在我們必須停工休息時，得要接續我們未完的事工。

可惜的是，教會中卻總是充滿著人與人之間的紛爭。我們看新約書信就知道了；保羅寫給一世紀信徒的信，多半都是在處理他們之間發生的問題。

至於廿一世紀的我們，是否願意讓上帝的靈來帶領我們呢？我們對於教會紛爭的處理方式，以及我們自己如何生活，便說明了一切。未來的世代回頭看我們時，是否會相信我們真的在上帝的帶領下發動一場革命，那就要看我們的表現了！

值得冒險

天國又好像買賣人尋找好珠子，遇見一顆重價的珠子，就去變賣他一切所有的，買了這顆珠子。馬太福音13：45-46

在「預言之聲」（Voice of Prophecy）電台的圖書室內，藏有一本很特別的書——甚至可說是世間罕有。儘管它沒有美麗的皮革書皮，印刷品質也很粗糙，紙張更不具備「珍藏版」的品質，卻可能比那些精美無比的《聖經》更有價值。那些精美的《聖經》是在無人禁止的情況下，從高速印刷機中一本接著一本、源源不絕印出來的。

但馬思威（Arthur S. Maxwell）的這本著作——《聖經與你》（Your Bible and You），是在保加利亞於蘇聯共產黨統治年代，由人一字一字在打字機上敲出來的。

當時，忠心的教友在打字機內放入七張紙，每張背後再放一張複寫紙，然後在夜色的掩護之下，來到一個特別安排、可以躲過共產黨耳目的小房間內，一次一個按鍵（以確保字可以透過複寫紙，印到下面的紙張），辛辛苦苦把稿子繕打出來。

他們辛苦的成果，就是一本531頁的書。打完這樣一本，至少得花上幾百個（如果不是幾千）小時，要是被發現的話，就會被逮捕（甚至下場更悲慘）。儘管如此，他們的胸中燃燒著熾熱的福音之火，使他們無畏共產黨的恐嚇，傳承印書的工作；同樣的，也有人會為了取得一本，甘願冒險。

然而，他們印的還只是一本有關《聖經》的書，而不是《聖經》本身。

和這些保加利亞的信徒比起來，我們大概家裡都有好幾本《聖經》。你到二手書店去看，架上必定有好幾十（百）本《聖經》，大部分都是全新的。現在我們想讀《聖經》，只需打開手機、平板或筆記型電腦；然而，我們這一代基督徒，卻是有史以來最不重視《聖經》的一代。儘管我們想讀《聖經》沒人會阻止，不用擔心有人會在半夜來敲門，但我們也沒有好好去讀它。

也許我們應該問自己：「那些信仰上的前輩，為何會願意冒這樣大的危險，只求能夠得到一本《聖經》？我們卻寧願為了看電視，就把它拋在一旁？」他們不僅僅是照著經上的教導去做，還把能夠讀到《聖經》視作是無比的福分，即使要為此付出生命的代價，他們也要為後世子孫保留這樣的特權。

再造

上帝啊，求祢為我造清潔的心，使我裡面重新有正直的靈。詩篇51：10

你過去許下的新年新希望，有哪一個真的做到？大部分的人在面臨一些較根本的問題時，都無法做出真正的改變。幾十年累積的壞習慣要克服，實在難如登天；譬如，儘管我們也認真讀過很多教人處理情緒問題的書，但仍不免被生氣和焦慮所困。

偶爾我們也會成功。例如，我們立志要開始運動，結果真的做到了；決心要減重，結果成功了。不過，如果是比較深層的問題，因為牽涉到我們的罪性，光靠意志力是徒勞無功的。想想大衛，他犯下可怕的罪行，先是與別人的太太發生關係，還設計讓身為受害者的丈夫死在戰場上。他知道自己不該這樣做，受到先知拿單質問時，他感到無比悔恨；今天的存心節〈詩篇〉51篇，就是他在哀傷痛悔中寫成。

他對上帝的求告會如此迫切，不是沒有原因。他知道，如果希望自己能夠改變，非得靠上帝親自插手；如果上帝不幫他，他還會再做出同樣的事情。他這種痛苦，與他相差很多世紀的保羅也曾經體驗過：「我覺得肢體中另有個律和我心中的律交戰，把我擄去，叫我附從那肢體中犯罪的律。我真是苦啊！誰能救我脫離這取死的身體呢？」（羅馬書7：23-24）

針對大衛和保羅的狀況，神學家可能會用「人性敗壞論」（the doctrine of depravity）來解釋；由於人心已經嚴重被罪玷污，無法靠自己改變它，就像豹沒有辦法改變自己的班點一樣（耶利米書13：23）。

然而，大衛的祈求意味著他仍有極大的希望：他請上帝為他「造」一顆清潔的心。「造」這個字，他用的希伯來文是「bara」，而在「起初神創造天地」中的「創造」，用的也是「bara」這個字。起初上帝如何造出天地？答案是——透過祂的話語。

上帝的話有創造之能；如果憑它而活，我們每天都會經歷再造，漸漸具有基督的形象。因此，〈詩篇〉的作者才會說：「我將祢的話藏在心裡，免得我得罪祢。」（詩篇119：11）

大帳棚教會

使我們不再作小孩子，中了人的詭計和欺騙的法術，被一切異教之風搖動，飄來飄去，就隨從各樣的異端……以弗所書4：14

近來很流行談論所謂的「大帳棚教會」。「大帳棚」（Big Tent）這個詞會讓人聯想到過去為了復興基督教信仰，周遊各地的傳道人會在村落旁架設帳棚，讓即使信仰不同的村民，晚上都能聚集到帳棚中，尋求更深刻的生命經驗。「大帳棚」傳達出一種美好包容的形象，目的是要讓更多不同的人都能進教會。

有類似理念的還包括所謂的「寬容派神學」（generous orthodoxy）。他們的主張是，儘管基本教義必須堅守（例如，救贖計畫的基本精神、基督的神性等等），但過去個別教派為自己教會所訂出的教義（有時可能是為了保護自己免受外界影響），不妨先放寬，讓更多的觀點都能融入。

這個想法聽起來好像還不錯，就某個角度來說，也符合《聖經》原則。耶穌一向願意開放心胸，去愛各式各樣的人，與他們互動；我們在擴大自己的圈子、接觸更多人們這方面，確實還有需要學習的地方。教會的門應該向每個人敞開，不論對方是誰，背景為何，我們都應該歡迎他，讓他感到溫馨自在。每一次的崇拜聚會，都應該像「大帳棚」般，視為一次外展的佈道機會。

的確，如果只是一些細節上的不同，沒有必要提出異議。不是每場仗都值得打，在上帝的餘民教會中，每個人都有相當的空間，可以斟酌自己的行為尺度，或對《聖經》有不同的解讀。

然而，儘管周遭的世界為了求取更大的包容性，不惜放棄《聖經》的教導，但身為末世的餘民教會，我們切不可忘記自己有著獨特的使命——傳揚三天使的信息，這是絕對不能妥協的！

復臨信徒是照著《聖經》的準則生活，這是我們所堅持的，不會做出任何讓步。我們知道自己在末世有著獨特的使命——堅守基督信仰真理，呼籲上帝的子民記取大巴比倫傾覆的教訓，不要重蹈覆轍。儘管在這末世中，教會界一片妥協之聲，我們仍要忠實呈現耶穌最清晰、最撼動人心的真貌。

是的，我們的帳棚要夠大，但仍要立基於《聖經》的教導上，否則失去了底線，也稱不上是大帳棚了。

同心合意

他們同心合意將自己的能力、權柄給那獸。他們與羔羊爭戰，羔羊必勝過他們，因為羔羊是萬主之主、萬王之王。同著羔羊的，就是蒙召、被選、有忠心的，也必得勝。

啟示錄17：13-14

〈啟示錄〉17章中，針對十角的這段預言，令人感到不安。許多人認為，它代表在末日臨近時，那政教合一、始於康士坦丁大帝統治下的羅馬帝國又將捲土重來。然而，我們可以注意到，〈啟示錄〉13章中十角獸頭上的冠冕，在17章中並沒有出現。這意味著，政教合一這次可能已經不是以君主政體的型式出現，而是由某種「大王」般的政權取而代之。

我們今日的世界，顯然符合以上的描述。從廿世紀初期以來，尤其在第一次世界大戰結束後，君主多已成為有名無實的虛位元首；稱霸幾大洲的帝國，也只能在歷史課本中見證了。

然而，戰後誕生的新興國家，至今似乎仍無法擺脫動盪的狀態，碰到像是移民或歐盟的問題時，常顯得猶豫不決（至少在本書寫作時仍是這樣）；戰爭這隻醜惡的怪獸，始終蠢蠢欲動。在這種局勢下，不難想像，主權國家有可能放棄自己的原則，向那在中古時期曾經把他們團結在一起的勢力靠攏，那就是——教皇。

身為復臨信徒的我們，應該要特別留意的是，〈啟示錄〉說他們會「同心合意」。即使他們彼此之間目前存在一些差異，但不久將找到共同的立場，並在獸的權柄下團結起來；他們將會整合彼此的信仰體系，發現大家共同的基礎點。

有鑑於此，對於《聖經》中清楚明白的教導，餘民陣營怎能不堅持立場？畢竟到了世界末了，只會有兩個陣營。〈啟示錄〉14章說，上帝的末世子民也將同心合意，額上寫著天父的名，站立在錫安山上。使他們團結在一起的，是帶領他們的羔羊，也是他們受託要帶給這世界的最後信息。

對於復臨信徒，《聖經》的理解是關鍵；我們就是因為對它有共同的理解，才會凝聚在一起。如果不是因為基督在《聖經》中對很多事都有清楚的教導，基督復臨安息日會就不會成立了！因此，儘管在小事上各教會可以有自己的立場，但如果牽涉到耶穌和祂的教導，以及我們的使命，復臨信徒除了同心合意，沒有其他選擇。

一次交付聖徒的真道

親愛的弟兄啊，我想盡心寫信給你們，論我們同得救恩的時候，就不得不寫信勸你們，要為從前一次交付聖徒的真道竭力地爭辯。猶大書3

廿一世紀關於教會本質的論述，至少可以分為兩派。一派主張，對信徒的教導以及對《聖經》的理解，必須因應時代潮流做出調整。他們以進化的角度來看教會生活，認為時代既然在進步，我們對《聖經》的理解也應該跟上時代的腳步。對於支持這派的基督徒而言，人類的文化傳統很重要，因為傳統正是時代的產物，每個時代照理講都會有屬於自己的智慧，這些智慧也應融入教義中，以因應大環境的需要。

另一派則相信，一開始傳承的信仰，會比後世添加的觀念與想法來得有權威。〈猶大書〉的作者就是抱持這樣的立場，他警告說：「有些人偷著進來……是不虔誠的，將我們上帝的恩變作放縱情慾的機會，並且不認獨一的主宰——我們主耶穌基督。」（猶大書4）他指出，世上存在著一股黑暗勢力，試圖要改變基督信仰的核心，將它最重要的幾個觀念抽離。我們不能向世人傳揚這種福音，因為它已經遭到了扭曲；我們應當做的是「為從前一次交付聖徒的真道竭力地爭辯」。

換句話說，基督教有些基本教義是永遠不會改變的；自有教會開始就持守著，它們也將永遠保持原貌。這些教義將古今的信徒凝聚起來，而非只讓現代的教會團結。今日基督徒所相信的，和一世紀時，耶穌要門徒到世界各地傳福音的年代、當時基督徒所信的，並沒有太大的差別。儘管我們要將《聖經》的教導應用到不同時代、不同的文化環境，但教導的精義並不會隨著周遭的世界而改變。

教會的面貌不應該改變，正如耶穌的面貌也不曾改變。希伯來書13：8提醒我們，「耶穌基督昨日、今日、一直到永遠，都是一樣的。」

萬事亨通

這律法書不可離開你的口，總要晝夜思想，好使你謹守遵行這書上所寫的一切話。如此，你的道路就可以亨通，凡事順利。我豈沒有吩咐你嗎？你當剛強壯膽！不要懼怕，也不要驚惶；因為你無論往哪裡去，耶和華——你的上帝必與你同在。約書亞記1：8-9

美國成立聯邦體系時，尚有幾個派系激烈角力的議題，其中包括一個允許聯邦政府承擔各州負債的法案，以及這新生國家的首都該設在何處。儘管這些聽起來都是小問題，但有時仍引發各派激辯，火爆程度大有使剛成立的聯邦一分為二的危機。國債和首都位置的問題後來當然獲得解決，但還有另外一個問題相較於前兩個問題要嚴重得多，卻一直尷尬的延宕著，那就是——黑奴。

其實，早在1790年就有很多支持廢奴的聲音，包括一些貴格會的國會代表以及「賓州廢奴協會」（Pennsylvania Abolition Society）；後者的請願聲明還是由鼎鼎大名的班傑明·富蘭克林（Benjamin Franklin）所提出。有些州的憲法也明訂蓄奴是違法的。

可悲的是，接下來的70年間，這個議題卻遭到擱置，無人聞問，直到內戰爆發，美國社會才不得不重新面對。這70年間，國會議員儘管知道蓄奴明顯與獨立宣言的精神——人皆生而平等相牴觸，個人自由應受到保障，然而許多人明白，如果想在1790年就來處理這塊燙手山芋，得冒著讓聯邦解體的危險；有些州已經表明，如果要提廢奴，那他們就要退出聯邦。於

是，國會修改憲法，規定20年內，也就是到1808年前，都不得禁止黑奴的買賣。基於現實考量，議員們決定就照1787年的法案，不再更改。這時針對廢奴問題，出現了兩派聲音，一派援引獨立宣言，主張應廢除奴隸制度，另一派則基於現實考量，認為應該緩一緩。曾著書討論這個議題的約瑟夫·埃利斯（Joseph J. Ellis）表示：「如何選擇，端看你是把1776年還是1789年的決議，當作是建國初期大家達成的共識。」（約瑟夫·埃利斯著，《那一代：可敬的開國元勛》，原文第88頁）結果考量現實的一派佔了上風。他們的妥協背叛了建立一個全世界最自由國家的理想，留下的禍患一直持續至今。

身為基督徒的我們可以從廢奴的歷史獲得很大的啟示。有時針對某一議題，教會內部會出現不同的聲音（從初代教會就一直如此），這時要如何決定？是要把政治考量放第一，還是要堅守教會的基石——《聖經》的教導？一個決定若是出於政治考量，勢必要犧牲某些原則，其產生的後果，往往要用很長的時間收拾殘局。反之，堅持依照《聖經》原則行事，「你的道路就可以亨通」。

回家的路

當下，耶穌從加利利來到約旦河，見了約翰，要受他的洗。約翰想要攔住祂，說：「我當受祢的洗，祢反倒上我這裡來嗎？」耶穌回答說：「你暫且許我，因為我們理當這樣盡諸般的義。」於是約翰許了祂。馬太福音3：13-15

想想看，若你明知耶穌祂是上帝的兒子，祂卻來到你面前要你為祂施洗，這是何等揪心！你曾呼籲罪人都來受洗以宣示自己悔改，可是，若這人正是「上帝的羔羊，除去世人罪孽的」（約翰福音1：29）——本是無罪的人，為何還要接受洗禮？

針對兩人的這段互動，懷愛倫是這樣描述的：「耶穌來到約翰面前要求施洗時，約翰可以感受到，此人的品格極為純潔，是他從未見過的。祂全身上下散發一種聖潔的氣息，令人敬畏之心不禁油然而生。」（懷愛倫著，《歷代願望》，原文第110頁）

於是約翰拒絕了。「我做不到！」他說，並堅持應該是耶穌為他施洗才像話。其實後來彼得在耶穌要為他洗腳時，也是同樣的反應：約翰福音13：8記載，彼得對耶穌說：「祢永不可洗我的腳！」

他們的反應非常合理，只要是人都會這樣，包括我，想到耶穌是誰，而我又是什麼德行，我一定也會和他們一樣。本來

配得永生的是祂，該死的是我；然而，耶穌卻承受殘酷的十字架之刑而死，我卻因為祂所承受的羞辱，得到永生。

然而，耶穌這樣回覆約翰：「約翰，照著我的話做，因為我們理當這樣盡諸般的義。」

耶穌要求受洗，不是因為祂有此需要，而是因為世人有此需要。祂來到世上，是要成為「末後的亞當」（哥林多前書15：45），也就是全人類的新領袖。祂以一個父親的心，親自為年幼的孩子示範一項新技能；因為祂知道我們的心早已被罪蒙蔽，如果沒人指點，我們找不到回家的路。對於當年的叛變所造成的苦果，我們自己找不到出路；於是，祂主動來到世上，帶領我們回到天家——正如當年用雲柱引導以色列人來到應許之地。

耶穌把腳伸進約旦河的那一刻，不只是為了接受約翰的施洗，也是要我們照著做。耶穌說，「我知道你迷失了，來，看著我，這樣做，你就可以回到家。」

開始傳道的第一天

眾百姓都受了洗，耶穌也受了洗。正禱告的時候，天就開了，聖靈降臨在祂身上，形狀彷彿鴿子；又有聲音從天上來，說：「祢是我的愛子，我喜悅祢。」耶穌開頭傳道，年紀約有三十歲。依人看來，祂是約瑟的兒子……路加福音3：21-23

幾世紀以來，基督徒一直有個困惑：為何耶穌在受洗前，好像都沒有做什麼事？有些人認為，這可能是因為在祂尚未成熟前，別人不會接受祂的教導；當時的人認為，男性在30歲前還不夠成熟，無法參與公眾事務。這個推測不無道理；耶穌如果滿了30歲才出來，別人可能會比較尊敬祂。有些人則是無法接受耶穌早年的事蹟這麼少，於是發想了一些故事來填補祂童年的那段空白；例如小耶穌曾讓那位將來要釘在十字架上的強盜死而復生、把黏土做的小鳥變成活生生的鳥兒等等。

不過，耶穌為何沒有早早開始祂的事工，《聖經》其實有提供清楚的解釋。原因就是——時候未到。在耶穌之前許多個世紀，先知但以理早在異象中得知耶穌展開事工的時間點。當時，天使加百列這樣說：「你當知道，當明白，從出令重新建造耶路撒冷，直到有受膏君的時候，必有七個七和六十二個七。」（但以理書9：25）。重建耶路撒冷是西元前457年的事，發出這條命令的是波斯帝國的亞達薛西王，從那往後推69週（換句話說，根據預言這段時期的長度會是483天）是西元27年——正好是耶穌受洗那一年。

對耶穌時代的信徒而言，只要勤讀《聖經》，應該可理解——受膏君已經來到！祂身為神子的身分再清楚不過了；在耶穌受洗時，天父甚至明白的告訴圍觀的眾人，祂是自己的兒子，宣告期盼已久的那一刻終於來到。

我們可以看到，耶穌受洗之後隨即展開祂公開傳道的生涯。其實說起來，你也已經受到呼召，要展開傳道的事工；每一位信徒都有使命，要將福音傳到地極。因此，受洗的意義不只是告訴所有人，我選擇要進到上帝的國，也代表你要開始向周遭的人傳講耶穌。

別忘了，你受洗後從水中出來時，天父也露出了笑容，同樣會說：「這是我的愛子（女），我所喜悅的。」洗禮的結束並不代表終點，而是有一項重任要交給你。去吧！跟全世界分享你所認識的上帝！因為祂希望讓全世界看看祂的孩子。

耶穌贏了！

當時，耶穌被聖靈引到曠野，受魔鬼的試探。祂禁食四十晝夜，後來就餓了。馬太福音 4：1-2

儘管受洗後，耶穌正式展開了公開傳道的工作，然而祂從約旦河上岸後的第一件事卻是去曠野，在那裡待了40天。祂這樣做的用意，有可能是要在開始向群眾傳道前，先花一些時間「為自己即將走上的苦路預作準備」。（懷愛倫著，《歷代願望》，原文第114頁）撒但趁著耶穌獨自過著克己的生活時，來到祂身邊，想讓祂放棄自己的使命。

耶穌度過的那40天，只能用折磨來形容；讀經的人應該都能夠看出這段日子的重要性。在哥林多前書10：1-2中，保羅用「受洗」來比喻以色列人當年過紅海的歷程。他說：「我們的祖宗從前都在雲下，都從海中經過，都在雲裡、海裡受洗歸了摩西……」值得注意的是，他也點出了教會的磐石——耶穌，當時就一直跟在他們身邊。

耶穌不只是在雲裡與以色列同在，那段和他們一起待在曠野的經歷，也預告了祂將來的事工內容。我們可以看到，經歷了紅海的「洗禮」後，亞伯拉罕的子孫們在曠野裡漂流了40年。至此，耶穌和以色列人之間的呼應就很清楚了：以色列這個國家預表了基督。當年，基督藉由雲柱、火柱，和以色列人一同離開埃及；後來祂來到約旦河受洗；最後，祂進到曠野，待了40天。上帝也曾告訴先知何西阿：「以色列年幼的時候，我愛他，就從埃及召出我的兒子來。」（何西阿書11：1）

不過，儘管兩者間有清楚的對應關係，他們卻也有一項重要差異。以色列人之所以會在曠野漂流，是因為無法勝過試探；如希伯來書3：19所說：「這樣看來，他們不能進入安息是因為不信的緣故了。」和他們呈鮮明對比的耶穌，則是憑著「經上記著說」一句話，拆穿了撒但的每一個謊言。

這信息很明顯：身為人子的耶穌，在我們失足的地方，完完全全地通過考驗。祂和我們走過同樣的路，也碰到試探，但我們投降，祂卻得勝了；祂經歷過像我們這樣的人生，卻沒有犯罪。今天當我們受洗時，就是在向世界宣告，我們相信耶穌已經取得勝利，應許之地將歸我們所有。

這不是靠著我們自己的成就，而是耶穌的功勞。

自甘卑微

「大馬士革的河亞罷拿和法珥法豈不比以色列的一切水更好嗎？我在那裡沐浴不得潔淨嗎？」於是氣憤憤地轉身去了。他的僕人進前來，對他說：「我父啊，先知若吩咐你做一件大事，你豈不做嗎？何況說你去沐浴而得潔淨呢？」列王紀下5：12-13

乃縵真是受夠了！以利沙這先知，叫人去請他來，他不來，而派來的使者竟然信誓旦旦說會治好他的痲瘋，卻只要他在約旦河的水中浸上七次。這傷了他的自尊心！他不禁火大而斷然拒絕。他氣忿忿的說，比起自己家鄉的河，以利沙指定的那條不起眼的小溪算什麼！

這位將軍的故事會被收錄在《聖經》裡，自然是為了提醒我們。乃縵的痲瘋象徵著我們的罪，因為我們每個人和上帝之間的信任破滅後，都像是得到了傳染病，注定要在羞恥中死去。不過，我們和乃縵的共通之處，不只是患了（靈性上的）痲瘋病，而是我們也和這位敘利亞大將軍一樣，有一顆驕傲的心，不願相信唯有順服的人，才能進到上帝的國度。我們的罪讓我們將自尊心看得比什麼都重要，以為要解決自己的痛苦煩惱，最好的方式是滿足我們自以為是的心，而不是徹底擊碎它。

「叫我在那條髒兮兮的小溪裡面浸七次？作夢！以利沙應該畢恭畢敬地親自來找我，然後在我身上揮一揮，這樣才對！」

現在，讓我們快轉到幾世紀後，那位天軍統帥受洗的一幕。祂來到那條「髒兮兮的小溪」，不顧施洗約翰的反對，堅持要謙卑的接受洗禮——儘管祂根本沒有驕傲的問題。

耶穌受洗的這條河，它的名字有著很深的涵義：「約旦」（Jordan）的意思是「下降」，因為它在流入死海前，是一路蜿蜒往地勢低的地方流。但真正「下降」的，是為了我們離開天上寶座，來到人世的那一位。

祂貴為創造主，卻全沒把自尊當一回事，甘願將我們所有的污穢都算做是自己的。在我們被洗淨前，祂願意一次又一次，讓自己變得越來越卑微，最後甚至甘於在十字架上受死。

面對這樣全然無私的愛，我們那可鄙的驕傲心態，應該沒有容身之處。看到無罪的神子反而比乃縵更願意踏入約旦河，我們是否也願意放下自己的驕傲，不再自尊自大了？耶穌的這個舉動使我們再也無法說自己無罪，只得承認，自己也需要踏進那「髒兮兮的小溪」。

起跑線

彼得說：「祢永不可洗我的腳！」耶穌說：「我若不洗你，你就與我無分了。」西門彼得說：「主啊，不但我的腳，連手和頭也要洗！」耶穌說：「凡洗過澡的人，只要把腳一洗，全身就乾淨了。你們是乾淨的，然而不都是乾淨的。」約翰福音13：8-10

我曾經碰過一位男士，他已經定期赴會超過20年，卻一直沒有受洗成為教會的一分子。每次我只要帶到這個話題，不管是用多委婉的方式，他總是突然變得很煩躁，急著轉移話題。我忍不住猜想（我承認這很可恥），他是不是曾經犯過什麼可怕的罪，卻一直沒跟上帝認罪，以致他始終無法下定決心跟從基督。畢竟，要是對罪仍有留戀，是很難悔改的。

我後來才發現原來完全不是那麼一回事！他對於罪非但不留戀，而且憎惡之極；因為他知道，就是因為我們的罪，耶穌才要承受那麼可怕的痛苦。因此，他害怕自己在受洗時說要悔改，之後卻又再犯罪。對他來說，受洗是件極為神聖慎重的事，他不想讓如此聖潔的儀式淪為笑柄。

當他讀到上帝為彼得洗腳的故事，心中的結終於打開了。我對他說：「菲爾事，我們一起來看一下彼得的故事。聽到耶穌要幫他洗腳，彼得的反應就像約翰聽說耶穌要他為祂施洗的反應一樣，都是惶恐萬分。因此起初他拒絕了，後來耶穌說，要是他不幫祂洗腳的話，就沒機會進天國了，結果他的反應又變成另一個極端，要耶穌幫他把全身都洗一洗。」

菲爾眨了眨眼抬起頭來，看著我。「我希望你能瞭解，」我解釋道，「彼得後來受洗並追隨耶穌，然而受洗並不代表一個人已經抵達終點線，他只是站上了起跑線。彼得在受洗後還是犯過很多錯，甚至還在耶穌受審的那晚，拒絕承認自己認識祂。因此，我可以向你保證，你受洗以後一定也會犯錯——在耶穌還沒有回來前，很抱歉，這樣的事每個人都無法豁免。我們雖不喜歡，但有時就是會發生。耶穌為彼得洗腳是要讓這位固執的漁夫放心：不管是他受洗之前或之後犯的罪，祂都有辦法處理。我們毋須一跌倒，就以為又得重頭來過。」

「更何況，」我做了個結論，「當我們不小心又犯了罪，我們還有耶穌基督這位義者，祂是我們和天父之間的中保。」

（約翰一書2：1）

上帝不曾忘記

你們受洗歸入基督的都是披戴基督了。並不分猶太人、希臘人，自主的、為奴的，或男或女，因為你們在基督耶穌裡都成為一了。你們既屬乎基督，就是亞伯拉罕的後裔，是照著應許承受產業的了。加拉太書3：27-29

因上帝的一個承諾，亞伯拉罕拋下了迦勒底的安適生活，舉家遷往陌生的土地，迎向不可知的未來。「將來，你的子孫會多得不得了，」上帝如此說，「就像海邊的沙粒和天上的星星那麼多！」

然而，如〈希伯來書〉的作者所說，亞伯拉罕就像許多其他的信心巨人，至死都未能看到上帝的應許實現（希伯來書11：39-40）。他的妻子去世時，他還得買一塊地來埋葬她，因為應許之地還不是他的，到他自己去世時，儘管有了子孫，但也沒有多到數不清。

那麼，上帝是不是離棄他了？完全沒有！祂的每一個應許，都和磐石一樣亙古不變，值得我們全然信賴。事實上，在亞伯拉罕死後這悠長的幾千年間，上帝一直在為他增添後裔，如今人數仍在幾百萬、幾千萬的增加當中。

每個受洗的人，都會得到上帝賜下的應許——祂已赦免你的罪，耶穌的再來，就是為你而來。另一方面，藉由我們的受洗，上帝也是在履行祂向亞伯拉罕這位朋友所做的承諾（參雅各書2：23）。因為受洗就是「披戴基督」，而「披戴基督」的人，就成了「亞伯拉罕的後裔」，將會「照著應許承受產業」。

你就是上帝應許的守護者。當亞伯拉罕凝視著水中的沙粒，或夜空深處閃爍的光芒，想到上帝的應許，心裡大概不免納罕著，所謂的「後裔」到底在哪裡？其實，上帝指的就是「你」。儘管你受洗的時候，好像只有坐在教會長凳上的那些人在觀禮，但其實整個天國都在見證這一幕，天使們都發出歡呼聲，因為，上帝又再次證明了祂的信實。

啟示錄7：9中約翰說：「此後，我觀看，見有許多的人，沒有人能數過來……」他在異象中窺見了未來，於是發現到上帝的應許實現了，亞伯拉罕的後裔真的多到數不清！說到這點，我不禁想知道，約翰的眼睛掃過這人山人海時，是否也看見了你？

等你回到天家，別忘了去跟亞伯拉罕自我介紹一下，畢竟，你可是他的「近親」呢！

受洗歸入教會

於是領受他話的人就受了洗。那一天，門徒約添了三千人⋯⋯使徒行傳2：41

從初代教會的紀錄中可看出，受洗歸入基督的人，同時也受洗歸入了祂的教會。近年來流行一種主張，說是我們應該只要讓人受洗「歸入基督」，而不該讓他歸入特定教會；受洗的人可以自由表達他們的信仰。既然現在的氛圍是，當一個人用「跨宗派」（**不屬於特定基督教宗派**）來形容自己時，旁邊的人就肅然起敬，很多人因此會覺得我們應該只讓人受洗歸入一個抽象的「基督身體」。

我想，這有點像是讓信徒受洗後，歸入信仰的「雲端」。也就是說，他們被放上了屬靈網際網路的某處，而不屬於任何一個大家庭（**教會**）。

然而，初代教會的作法並不是這樣。五旬節那天受洗的三千人，是「加入門徒的行列」，也就是加入教會。個別信徒不是處於信仰的真空地帶，彼此獨立，而是要發揮各自的專長，合作達成傳揚福音的使命。

耶穌就這點跟門徒交代的很清楚。一個人受洗成為門徒後，也要擔負起教導別人的責任——凡我所吩咐你們的，都教訓他們遵守。我就常與你們同在，直到世界的末了。」（**馬太福音**28：：20）如果人一受洗，我們就把他「放生」，他自然不會留下來承擔這樣的工作。

假如有人告訴你，他已經「受洗」成為某個宗教的信徒，一個合理的推斷是，這代表他認同它的教義。

基督信仰在這方面和其他宗教並無不同；同意受洗代表我們接受耶穌的教導，而祂的教導其中有一條是，我們是教會的一員。如同約翰福音17：18所說：「祢怎樣差我到世上，我也照樣差他們到世上。」

反映耶穌的形象，是每一位基督徒的使命。不過我們和耶穌有一個明顯的不同：耶穌是獨一無二的，能夠完美反映上帝的形象，而你我做不到這一點。然而，當我們形成一個教會，就足以代表祂的形象，讓祂能夠藉由我們，在這墮落世界中，與世人同在。

耶穌在約翰福音17：20-21說：「我不但為這些人祈求，也為那些因他們的話信我的人祈求，使他們都合而為一。正如祢父在我裡面，我在祢裡面，使他們也在我們裡面，叫世人可以信祢差了我來。」

不只是你個人的事

凡在人面前認我的，我在我天上的父面前也必認他……馬太福音10：32

「不能就你我兩人私下舉行浸禮嗎？」彼得看著我，期待我可以給他肯定的答案。

我完全能理解彼得的掙扎。「彼得，我可以理解你希望保有隱私。的確，我們可以不用找來一堆人在場，不過還是必須有人見證。因為受洗不是一個個人私下進行的儀式；設立這個儀式的目的是要向世人宣告，你相信耶穌為了你的罪而死，也相信祂已經從死裡復活，而且現在仍活著。此外，你也是宣告，你相信上帝已在基督裡埋葬了你犯罪的舊我，讓你在祂裡面重生。」

以彼得的情形來說，他不希望公開受洗，是因為覺得這是一種個人內心的決定。但有些人不願當眾受洗，則是不希望自己的基督徒身分曝光。在有些國家，如果你說自己是基督徒，是會被判死刑的；這種情況下，受洗是應該保密，但在信仰自由的西方國家，並沒有理由這樣做。

多年前，我曾經開車載著一位年輕小姐來到一座濱海的美麗花園。我們一起散步到一座小湖旁，湖中棲息了許多天鵝。這時，我單膝下跪，問她願不願意嫁給我。讓我鬆了一口氣的是，她的反應很開心，甚至喜極而泣。她迫不及待要開始籌畫婚禮，寄帖子給大家，讓全世界都分享我們的喜悅。

現在試著想像我潑了她一頭冷水，我說：「我很高興我們能結婚，但我不想讓朋友知道我為了一個女生低聲下氣地跪到膝蓋發軟。我想，我們還是去市政廳登記一下就好了，之後也不要告訴別人。」

任何頭腦正常的女生，大概都不會接受這種求婚方式吧？同樣的，成為基督徒也不是個人行為，因為，基督教本質上就是一個把焦點放在別人身上、關心他人需要的宗教。我們所說的每一句話、所行的每一件事，都是為了拯救迷失在罪中的世人；耶穌來到世上，是為了要「尋找、拯救失喪的人」（路加福音19：10）；隨著我們與耶穌心意日漸相通，這也會成為我們的使命。

打從成為基督徒的那一刻起，我們就要告訴外頭的世界，上帝為我們做了什麼；一旦踏出浸禮池，我們就踏出了第一步。

死亡、埋葬，與復活

豈不知我們這受洗歸入基督耶穌的人，是受洗歸入祂的死嗎？所以，我們藉著洗禮歸入死，和祂一同埋葬，原是叫我們一舉一動有新生的樣式，像基督藉著父的榮耀從死裡復活一樣。我們若在祂死的形狀上與祂聯合，也要在祂復活的形狀上與祂聯合；因為知道我們的舊人和祂同釘十字架，使罪身滅絕，叫我們不再做罪的奴僕……羅馬書6：3-6

位年輕士兵被徵召到遠方去打仗。日子一天天過去，他漸漸開始擔心：他不在時，女朋友會不會變心。等到快退伍了，他寫了封信給女友，信中寫道：「我很快就可以回家了！」接著告訴她：「到時候，我坐的火車會經過妳家院子前面。如果妳還想跟我在一起，請在老橡樹上綁上一條黃絲帶，我看到它，就知道妳仍然愛我，那我就會在那裡下車。如果沒看到黃絲帶，我也能夠理解；若是那樣，我就會繼續坐到下一個城鎮。」

這個故事因一首流行歌傳唱至今。故事的結局是，火車經過士兵的女友家前面時，他屏氣凝神往窗外一看，結果發現整棵老橡樹都掛滿了黃絲帶。現在我們來假設：如果士兵的女友讀了信，沒有照著他的指示做，這時會發生什麼事。「現在在打仗耶，」，她心想，「黃絲帶？太貴了！我剛好有些黑色布料，就將就一下吧！至於要搬一個樓梯、爬到樹上去綁絲帶，實在太麻煩也太危險了，我乾脆把它綁在籬笆上算了。」

你覺得故事的結局會是怎樣？士兵應該就會隨著奔馳的火車，一去不回頭。

上帝會選擇某個具體物件來象徵屬靈事物，一定有其深意，是為了表達特定的信息。因此幾千年來，祂在這方面一向不容妥協。該隱把犧牲的羊羔任意換成其他祭品，於是祭物便失去了上帝本來賦予的意義——靠耶穌基督所成就的救贖。同樣的，聖殿的設計與建造必須嚴格遵照上帝的指示，不允許任何個人發揮創意，因為每個細節都揭示了耶穌的事。幾世紀以來，我們已經說服自己，洗禮的形式並不是那麼重要（一直到西元1200多年時，受洗的方式幾乎完全沒更動過），我們發明了很多種不符《聖經》教導的洗禮型式，包括灑水禮、倒水禮等等。這些洗禮都無法彰顯上帝本來想要傳達的概念。保羅說過，洗禮代表著死亡、埋葬，然後復活。

要傳達出這樣的意涵，唯有全身浸入水中。上帝的心意是要藉洗禮，罪人踏入水中，再將救贖的故事講一遍，讓世人可以一次又一次看到上帝為世人付出怎樣的代價，成就了什麼事。因此，我們每個人其實都是一條黃絲帶，祂把我們掛在生命樹上，讓看到我們受洗的人馬上都能意會，上帝想要對他們傳達的信息。

何必猶豫？

二人正往前走，到了有水的地方，太監說：「看哪，這裡有水，我受洗有什麼妨礙呢？」腓利說：「你若是一心相信，就可以。」他回答說：「我信耶穌基督是上帝的兒子。」使徒行傳8：36-37

最近剛離婚的馬修問我，他可不可在某天晚上受洗？那天剛好是他可以行使兒子監護權的日子。「我希望他能看到我受洗。」他解釋道。

那天晚上，馬修和他五歲的兒子依約前來。一看到我，這小男孩就馬上跑到我面前。「你是牧師嗎？」他好奇的問道。我點點頭。「我爹比今天晚上要受洗了，」他露出燦爛的笑容，「我也是！」

儘管他年紀還太小，無法完全理解受洗的意涵，但我知道，當一個人要做對的事情，千萬不要阻止他；我們應該鼓勵人往正確的方向走。於是，我決定對他的決定表達支持。「太棒了！」我用強調的語氣說。「那我們學爹比，趕快來上《聖經》課，這樣你就可以受洗了。」

聽到我的話，他一臉失望。「不要，我現在就要受洗。」他還沒讀過《聖經》，不知道跟隨基督是什麼意思，不宜貿然受洗。儘管如此，我當然還是很小心，不想讓他覺得被潑了一頭冷水。

「你聽我說喔！我知道爹比受洗的時候，你希望跟他一起在水裡。」他點點頭。「我猜你一定也想穿上像那樣的袍子。」他又點點頭。「所以，今晚我要你幫我一個忙：你爹比受洗的時候，你就在水裡扶著他。等你受洗的時候，就換他扶你。」

聽到我的提議，他開心的不得了！其實他只是擔心自己會錯過這麼一件特別的事。儘管我們只給他大人的浸禮袍，但他還是高高興興穿上，跟著父親爬進了池裡。馬修從水裡站起來時，小男孩笑的好開心。當他和父親準備要爬出池子時，他突然把小小的手臂伸向空中，把自己按進水中，為自己「施浸」。

儘管他以後才會受洗，但我知道，上帝和天使們看到他的熱誠，一定都不禁露出笑容。畢竟，看到孩子，耶穌就不禁感嘆，天國的子民就該是這個樣子（馬太福音19：14）。這五歲男孩讓人想起那位衣索比亞太監（此人可說是百年難得一見）；兩千年前，他也是說：「看哪，這裡有水！我受洗有什麼妨礙呢？」

我們也應該像他那樣，深深為耶穌所吸引。

黎明前的黑暗

掃羅從地上起來，睜開眼睛，竟不能看見什麼。有人拉他的手，領他進了大馬士革；三日不能看見，也不吃也不喝。使徒行傳9：8-9

我想，你一定像我一樣好奇，想知道掃羅在看不見的那三天，心情有著怎麼樣的轉折；那段時間他完全禁食，等待著上帝的下一個動作。發現自己這輩子居然都站在公平正義的對立面，想必他心裡極為難受。

大數的掃羅本來是一位有為青年，有著清楚的人生目標，要捍衛祖先傳承的信仰，制止日益壯大的異端；這些人威脅了現有的秩序。他當然是代表正義的一方，甚至連大祭司都簽發搜索令，授權他去逮捕這群「顛覆分子」來。

然而，就在他往大馬士革的路上，一切都變了。那位上帝，他一心一意想要維護的上帝，突然阻擋了他的去路，並針對他整個善惡觀發出質疑。把他攔下的，正是對亞伯拉罕說話的那一位上帝；祂告訴掃羅：他是在和祂作對，而不是在幫祂。

保羅這樣的經歷，我們每個人都曾有過。在信主的過程中，聖靈會輕聲提醒我們（有時也可能是大聲呼喊），讓我們明白，因為罪，我們對世界的認知其實已經扭曲的很厲害。祂粉碎了我們的自以為是，讓我們看清自己是如何的愚昧無知。祂完全顛覆我們內心那套來自墮落世界的價值觀，於是我們得以真正認識上帝，明白自己跟祂的差距。這過程也許是一瞬間，也可能長達幾週、幾個月，甚至幾年。

當我們沉入水中，接受洗禮，會有那麼一刻，整個世界都安靜下來了。這時，你的眼睛通常都是閉著的，周遭世界的聲光都消失了；你彷彿就像保羅一樣，進入了完全的黑暗。我曾見過幾個即將受洗的人，要求牧師讓他在水中多待一會兒，利用這個時間好好想一想，什麼即將成為過去？為了耶穌，自己將捨棄什麼？等他準備好了，就會跟牧師打個手勢，請他把自己拉上來，回到這個世界。

每個信徒都曾經在「往大馬士革的路上」碰到上帝攔住去路；從此，老我就被埋葬在水做的墳墓裡，成了過去。站在對立面的保羅最後成了使徒保羅，同樣的事或許現在也發生在你的身上。

一去不返

於是耶穌對門徒說：「若有人要跟從我，就當捨己，背起他的十字架來跟從我。因為凡要救自己生命的，必喪掉生命；凡為我喪掉生命的，必得著生命。」馬太福音16：24-25

量子物理學的出現，讓人深刻體認到，我們對於宇宙所知何其有限。廿世紀初期時，物理學家就已經發現，比原子更小的粒子在微觀世界的行為，無法用古典力學來解釋。例如，著名的「雙縫實驗」（Double-Slit light），其結果似乎意味著粒子可以同時存在於兩個不同的地方。更令人難以想像的是，一個粒子出現的位置，居然是由你的觀測行為所決定的。

因為這樣的發現，有些理論學家開始研究宇宙是否不只一個，而是有無數的「平行宇宙」（parallel universes）同時存在，而在每一個宇宙中，都存在著事件的某種可能發展？這也就是所謂的「多重宇宙」（multiverse）理論。假設你回拒了一個在巴黎的工作機會，根據此理論，也許，在某個宇宙中，你卻是接受了那份工作。這個理論在物理學家中引發了激烈的辯論，很多科幻電影也由此得到靈感。不過，《聖經》講得很清楚：沒這回事！在這整個宇宙間，你只有一個「版本」，沒有所謂你在各個宇宙做出不同選擇這種事。

我們目前對宇宙的瞭解還十分有限，這點無庸置疑。不過，藉由洗禮這個儀式，我們可以瞭解到，上帝對於所謂的「多重宇宙」」這樣的觀念，大概會有什麼想法。我們一旦接受了基督，在浸禮池中進出過一次後，舊的我就已死亡、埋葬了。我不會仍在另一個世界活著，繼續拒絕耶穌，過著罪惡的生活。

如果一件事的所有可能性都同時實現（只是在不同的世界實現），那麼選擇就沒意義了。然而，《聖經》告訴我們，一旦你選擇了祂，上帝將不再追究你的過犯，你必定會得到救贖。基督要給你救贖這份禮物，你如果收下了，這決定便具有永恆的效力；你就此成為上帝家中的一員，最終會回到天國去。從前的老我已經一去不返，在基督裡，一個全新的你從此展開新人生。

這不是理論，而是千真萬確的事實。

愛的傳遞

主知道法利賽人聽見祂收門徒，施洗，比約翰還多，（其實不是耶穌親自施洗，乃是祂的門徒施洗）祂就離了猶太，又往加利利去。約翰福音4:1-3

耶穌從未親自幫人施洗，而是全交由門徒代勞；這件事頗耐人尋味。儘管〈約翰福音〉3章寫得很清楚，耶穌確實有為人施洗，但是，祂似乎只是呼籲他們受洗，實際的儀式仍然是由門徒們舉行。

針對這點，《聖經》並沒有說明原因。不過基於對人性的瞭解，我們不難猜出其中緣由。也許耶穌考慮到，如果有些基督徒是由祂施洗，而有些不是，可能會使教會裡產生階級，變成由耶穌受洗的高人一等，由一般人受洗的低人一階。畢竟，基督教過去兩千年的歷史足以證明，這樣的顧慮絕非空穴來風。

另一個可能性是，耶穌不自己施洗是因為，如果眾人看到上帝的兒子親自為人施洗，可能會產生誤解，以為這個動作本身帶有某種來自上帝的能力，然而它其實只是一種象徵。

同樣的，兩千年來，有些人的確相信，罪人得救是因為受洗這個動作本身，而不把它當成一種儀式，用來宣示自己已接受基督，受到祂的更新。因此，要是耶穌自己也施洗，那些在耶穌回到天上後才由一般門徒施洗的人，可能會覺得自己受的洗沒有那麼寶貴。

可以確定的是，耶穌把為新信徒施洗這件事，交給門徒來做，點出了洗禮的本質——這個儀式完全是為人設立的。一方面，它是由一個被赦免的罪人為另一個罪人施洗；整個教會透過這個儀式，傳達出福音的真諦。另一方面，選擇回到耶穌身邊不單單是個人的決定，而是牽涉到整個教會。當我們進到浸禮池中，也就融入了教會，成為它的一分子。

洗禮象徵著愛的傳遞。自己獲得了赦免，因此也邀請別人一同來信祂，成為門徒的一員。的確，真正能夠把人帶到十字架前的是耶穌，不過，你也被賦予了一個無上的特權——邀請並歡迎其他罪人加入這大家庭。耶穌不只要讓你同享住在天國的喜樂，還讓你參與它的成長茁壯。

第一代信徒

耶穌說：「我實實在在地告訴你：人若不是從水和聖靈生的，就不能進上帝的國。」
約翰福音3：5

法利賽人對於施洗約翰所講的道，感到實在難以接受。儘管那些稅吏（以及其他社會邊緣人）聽了約翰的講道後，都願意認罪悔改，高高興興走入水中受洗，路加福音7：30卻說：「但法利賽人和律法師沒有受過約翰的洗，竟為自己廢棄了上帝的旨意。」他們最難以忍受的是，約翰居然把他們和稅吏相比——這也太荒謬了吧！

在耶穌的時代，稅吏因為是替侵略者羅馬人工作，社會大眾普遍認為他們是背棄了亞伯拉罕、以撒，以及雅各所留下的足以為傲的傳統。他們為了錢，不惜犧牲了以色列的民族尊嚴，實在不配進天國。與他們有強烈對比的是法利賽人；他們堅定地守護國家民族的光榮傳統，總是張大眼睛、豎起耳朵，注意周圍的人有沒有任何不符祖訓的行為，但這樣的行為腐化了以色列人，影響他們推翻羅馬、建立自己國家的復興大業。因此，稅吏和法利賽人這兩個族群簡直是天差地遠，法利賽人自己也這樣相信。

然而，在一個寧靜的夜晚，耶穌對尼哥德慕（尼哥底母）講的一番話，卻指出了我們之間實在沒差別。以天國的標準來看，人與人之間的差距即便有，也是微不足道。沒有人可以靠著與亞伯拉罕有血緣關係而保送天國；要回到天家，唯有透過悔改，並因此得到一顆新心

多年來，我碰過很多復臨教徒，這些人從他們的祖輩起就是復臨教友，他們往往覺得有這樣的背景，教會其他人應對他們另眼相待。「我是第五代的復臨信徒。」他們會這樣告訴我，語氣中帶著自豪。老實說，我也對復臨教會所發掘的眾多寶藏相當動心，常常心想，要是我也是個「第五代的復臨信徒」，該有多好！

不過，耶穌說過，每位信徒都是第一代信徒。浸禮池的意義清楚顯明，我們在上帝的眼裡沒有高下之分，一樣是虧缺了上帝的榮耀。因此，不論你的父母或祖父母輩是不是教徒，每個人都要進到浸禮池一回。不論是誰想進天國，條件都是一樣的；我們都需要耶穌，真正認識亞伯拉罕、最能和他沾親帶故的，其實也只有祂，而亞伯拉罕之後這許許多多世紀以來，祂一直都在那裡。

「看哪，他正在禱告！」

主對他說：「起來！往直街去，在猶大的家裡，訪問一個大數人，名叫掃羅。他正禱告，又看見了一個人，名叫亞拿尼亞，進來按手在他身上，叫他能看見。」使徒行傳 9：11-12

大數人掃羅在信耶穌前，是一名法利賽人（使徒行傳26：5）。法利賽人以喜歡在公開場合禱告、吹噓自己而為人所周知。路加福音18：11-12中，耶穌那篇著名比喻中的法利賽人，是這樣禱告的：「上帝啊，我感謝祢，我不像別人勒索、不義、姦淫，也不像這個稅吏。我一個禮拜禁食兩次，凡我所得的都捐上十分之一。」如此狂妄自大的禱告方式，無法得到天國悅納。

然而，掃羅在往大馬士革的路上碰到耶穌後，他禱告的內容完全不一樣了，以至上帝還特別向亞拿尼亞提起他：「你去找掃羅，他現在正專心禱告。」這位先前堪稱法利賽人表率的掃羅，現在卻像個稅吏般，帶著一顆謙卑、痛悔的心禱告，急切的想要尋求一位救主。

我曾看過很多教會，他們的會眾似乎有種觀念，就是一個人在決志受洗前，必須已經固定來教會幾個月（甚至是幾年！）。有些會眾認為，受洗加入教會應該是件慎重的事，所以應花較長的時間，然而，這種觀念和新約時代的作法相矛盾；當時幾乎所有的人都是認識耶穌沒多久，就決定受洗了。

上帝並沒有針對保羅該對教會做出什麼貢獻給出一些例子，好讓亞拿尼亞明白他是可以受洗了。儘管每位基督徒都應該參與教會活動，但上帝不是對亞拿尼亞說：「看哪，他每次唱詩歌都唱得很大聲，在論壇上常發言，而且還負責接待。」從今天的存心節可以看出，讓上帝眼睛一亮的，是掃羅學會謙卑的禱告——他真的悔改了。

的確，受洗的人應該先對教會的基本立場有所瞭解，且能認同，也必須知道所謂加入教會所代表的涵義。

不過，我們不要抱著一個期望，好像一個人非要表現的像耶穌比喻中的那個法利賽人，才能讓他加入這個大家庭。我們尋找的是如稅吏的人們——明白自己需要耶穌，把指望都放在祂身上的男男女女。

而掃羅這段大馬士革奇遇記，讓我們看到，一個人確實可以在短時間內，就經歷徹頭徹尾的改變。

AUTHENTIC

我們得以更明白基督的心，與祂有更親密的關係。

12
Dec

領浸約言第十三條：
我相信基督復臨安息日會是餘民教
會，並希望被接受為教友。

直到我們見祂的面

在天上的眾軍騎著白馬，穿著細麻衣，又白又潔，跟隨祂。有利劍從祂口中出來，可以擊殺列國。祂必用鐵杖轄管他們，並要踹全能上帝烈怒的酒醡。在祂衣服和大腿上有名寫著說：「萬王之王，萬主之主。」啟示錄19：14－16

1944年，小野田寬郎（Hiroo Onada）少尉和一小群日本士兵奉命為日本皇軍攻下一個菲律賓小島。然而，當他抵達時，卻發現那裡已經被盟軍佔領了，他們不可能完成任務。儘管如此，他仍堅守職責，將部隊帶到叢林中，突襲盟軍的設施。他們在夜色掩護下偷走盟軍的補給，破壞他們的基礎設施。

時序進入1945年，有一天，小野的部下在叢林的地面撿到一些傳單，上面寫著，戰爭已經結束了，叫他們不要再躲，趕快出來。於是屬下勸小野：「長官，看來我們可以回家了，戰爭已經結束了！」

然而，小野曾經立下誓約——除非指揮官有令，否則他永遠都不可以投降。「這一定是他們的詭計！」他毫不動搖，也命令屬下要繼續奮戰。就這樣，將近30年過去，他始終沒有鬆懈的意思。直到有一天，一位來到島上露營的大學生發現了他，於是回到日本，向小野的指揮官報告這件事（他現在在一家書店任職）。大學生告訴這位長官：「你還有部下在海外作戰！」於是，小野終於在1974年放下了槍，成了二戰史上堅持作戰最久的人之一。儘管他還不清楚戰爭已經結束，但有件事他卻是明明白白：除非指揮官有令，否則你不能夠放下武器。

當這世界的歷史即將進入終章，很多人都會勸誘我們，要我們停止為真理而戰。他們會說：「這場戰事早已結束，現在我們應當把各自的教義放一邊，互相妥協，基督徒才能團結起來。」這話乍聽之下很有道理，畢竟我們是應該團結，不是嗎？

沒錯！但那是在堅守真理的前提下。叢林地面上的傳單是在欺騙我們，讓我們誤以為戰爭已經結束。耶穌真正回來的時候，祂會帶著一把利劍出現；這劍就是上帝的話語。眼前，我們仍須奮力抵抗虛假的教義，捍衛上帝的真理，直到天國的主人歸來。這世界依然需要有一群人，在指揮官沒下令之前都會堅持作戰到最後一分鐘。

跟隨羔羊

我又觀看,見羔羊站在錫安山,同祂又有十四萬四千人,都有祂的名和祂父的名寫在額上。啟示錄14:1

在末後的日子裡,上帝子民關注的焦點是耶穌。〈啟示錄〉中,約翰在異象中,看到錫安山時,他第一眼看到的是上帝的羔羊——耶穌,其他人是因為祂的關係才跟過來的。他們來到那裡,是為了與祂在一起。

因為《聖經》是向人啟示耶穌,所以它才會像一把雙刃的利劍。其鋒利程度,「甚至魂與靈、骨節與骨髓,都能刺入、剖開,連心中的思念和主意都能辨明。」(希伯來書4:12)它也像火,一把燒盡我們心中的罪;像一把大錘,徹底擊碎我們的驕傲與無知(耶利米書23:29)。如果一個人讀經的目的不是為了尋求耶穌,那它就只是一本書、一本古代詩集,或是某個古代文明的聖徒傳記(noble saga)之類。

教會因為是基督的新娘,「上帝對她另眼相待。她受看重的程度,是其他世上的事物無法比擬的。教會上演著祂的恩典;祂樂於讓世人在這裡看到,祂是如何施展大能,為罪人們換上一顆新心。」教會嫁給了基督,被賦予了責任,要讓全世界都來認識祂,「上帝的教會有如山頂上的一座城」(懷愛倫著,《使徒行述》,原文第12頁)少了耶穌,教會就如同其他社團組織,變成間由一群人組成的慈善機構。

正因如此,我們墮落後痛失的不只是伊甸園,更是與基督的親密關係。即使是伊甸園,它的真正價值也不在它的美麗豐饒,而在於它具體揭示了上帝的面貌,吸引我們到祂身邊。

很多人所謂的信仰生活,就是信奉某個宗教機構的教義或理念,或是純粹從學術的角度看待《聖經》,把這樣的研究成果看成是神聖的真理。別誤會,教會當然很重要,它是基督自己建立的,自然是信仰生活不可少的一部分;而《聖經》是上帝的話語,能夠滋養我們的心靈,其重要性不在話下。儘管如此,如果一個人的信仰生活中只有《聖經》和教會,卻忽略了和創造主上帝之間的關係,就是嚴重的失焦;這樣反倒成為是你自己想要站在錫安山上。然而,想要找到生命之道的人,只能倚靠「寶座中的羔羊」,祂「必牧養他們,領他們到生命水的泉源」(啟示錄7:17)。

站在錫安山上

耶和華啊，誰能寄居祢的帳幕？誰能住在祢的聖山？就是行為正直、做事公義、心裡說實話的人。詩篇15：1-2

〈啟示錄〉中寫道，上帝的末世子民和祂一同站在錫安山上。在描述要傳達給萬民的最後信息前，〈啟示錄〉先點出，這些人具備以下的特質：他們的額頭上寫著天父上帝的名（**品格**）；他們是由世上贖出來的（**領受了救恩禮物**）；不論耶穌到哪裡去，他們都緊緊跟隨；他們是童身（**拒絕接受假神**）；他們說話誠實無欺（**啟示錄14：1-5**）。

這段話和〈詩篇〉15篇的描述如出一轍。這一篇非常值得我們好好默想，因為它指出了上帝子民在末世時該有的樣貌。那就是，正如上帝，他們把別人的幸福快樂看得比什麼都重要；他們說的話句句可靠，因為上帝的品格鐫刻在他們的心板上。原文如下——「他不以舌頭讒謗人，不惡待朋友，也不隨夥毀謗鄰里（3節）；他發了誓，雖然自己吃虧也不更改（4節）；他不放債取利，不受賄賂以害無辜（5節）。」

他們的內心完全潔淨，因此恨惡罪孽，渴慕公義。他們也希望能與其他愛主的人同行，如詩篇15：4所說：「他眼中藐視匪類，卻尊重那敬畏耶和華的人。」

這些人會具備這樣的特質，原因只有一個：天父的名字寫在他們的額頭上。在這些人的心目中，像上帝那樣的品格，是他們畢生所追求，於是，漸漸的他們的品格也被塑造成和祂一樣。

這種轉變不是靠自己辛苦的修行，而是因為經常和耶穌親密互動，祂便一點一滴的改變了他們。

這正是哥林多後書3：18所描述的情況：「我們眾人既然敞著臉得以看見主的榮光，好像從鏡子裡返照，就變成主的形狀，榮上加榮，如同從主的靈變成的。」

想到競賽的終點是錫安山，一路還有基督的恩典，提供你源源不絕的力量，誰會不渴望進入這場決賽呢？

古代的餘民

有一日，那人和他妻子夏娃同房，夏娃就懷孕，生了該隱，便說：「耶和華使我得了一個男子。」創世記4：1

從上帝展開祂的救贖計畫起，「餘民教會」就出現了。有些人看到《聖經》中論及餘民的幾個重要段落是出現在〈啟示錄〉，就以為所謂餘民指的是在人類歷史即將終結時出現的一群人。然而，事實並非如此。我們來看看亞當夏娃被逐出伊甸園之後，緊接著發生了什麼事，就會明白這一點。

人類最早的祖先儘管因背叛上帝，而自食苦果，被逐出了伊甸園，但上帝仍然讓他們在離開時，心中懷抱著希望。祂向他們許諾：「女人的後裔將會到這世上，將蛇的頭給打傷。」（參創世記3：15）這位人類的救主不會是空降部隊，而將是這「女人」的後世子孫之，這世上有一群人，始終相信祂會再來，這位救主將會是他們的後裔。

由該隱的出生，可以看出亞當夏娃是如何緊抓住這個希望。夏娃說「上帝給了我一個兒子」，這句話聽起來好像只是單純的感謝上帝讓她得子，其實希伯來原文中，這句話的含意還深刻許多。它本來的意思是：「我生了一個兒子，祂將是我們的主。」（弗蘭西斯·尼科爾主編，《基督復臨安息日會聖經注釋》卷一，原文第238頁）上帝說過將會賜下一位救主，言猶在耳，所以亞當夏娃才會相信，在他們被逐出後，人類所產生的第一個後代，就會是上帝所許諾的那一位。就這個意義而言，他們可算是人類最早的餘民教會（儘管當時全世界也只有他們兩個人），可以說他們不只活在彌賽亞將至的希望中，更把所有的希望都寄託在祂身上。

可惜，事實證明，這第一個出生的孩子不是救世主，卻是蛇的後裔。他成了全世界第一個殺人犯，〈啟示錄〉13章所描述的「拜獸者」所具備的特質，他一個都不少——他的信仰是以自己的想法與利益為出發點，更欺壓忠心跟隨上帝的亞伯，甚至取了他的性命。

所有人類都只屬於兩大陣營其中之一，一群人跟隨羔羊的腳步，祂往哪裡去，他們就往那裡去（啟示錄14：4），另一群人則是受到了獸的迷惑，於是跟從了牠（啟示錄13：3）。一旦我們加入上帝的餘民教會，我們便是加入了一個從創世初期延續至今的龐大隊伍；這群人始終堅信彌賽亞就快來了！

結論不要下的太早！

有一天，上帝的眾子來侍立在耶和華面前，撒但也來在其中。耶和華問撒但說：「你從哪裡來？」撒但回答說：「我從地上走來走去，往返而來。」約伯記1：6–7

撒但會出現在天庭，應該不是什麼奇怪的事。畢竟，在伊甸園的時候，人類已經把上帝所賜「治理全地」的權力拱手讓給撒但，因此撒但才會自認他是這世界順理成章的統治者。

約伯記1：6中寫道，上帝問他：「你從哪裡來？」「我去人類的世界走了一趟。」撒但答道（以經上的意思來說）。

這可不是像散步一趟那麼單純，因為，在《聖經》時代，「腳」象徵著所有權。因此，撒但等於是當著全宇宙的面，宣告這世界是屬於他的；依照上帝形象所造的人類，已經選擇了他，而不是上帝。

「結論別下的太早！」上帝答道。「你並沒有擁有一切——你有看到我的僕人約伯嗎？世上沒人像他那麼正直，品格沒有一點瑕疵。他敬畏上帝，和任何不好的事都劃清界線。」（約伯記1：8，作者以口語解釋其經文內容）也就是說，世上仍有一些人是效忠於上帝。儘管他們可能只是少數——即所謂的餘民，但他們是用自己的生命證明，這世界雖然犯了罪，背叛了上帝，但仍是歸祂所有。

儘管〈約伯記〉這卷書的完成時間不詳，但似乎是寫於族長時代。自古以來，學者的看法是，它是歷史最早的《聖經》書卷，故事是關於一位古代的餘民。他對於上帝忠貞不移，即使撒但處心積慮想要讓他背叛上帝，他終究沒有動搖。因此，這故事告訴我們，餘民的使命之一，在於當撒但堅稱這世界屬於他的時候，可以讓上帝指著我們，告訴他：「不，這世界仍然屬於我。你看，這些人的罪已經受到了我兒子——祂也是人類的一員——祂的寶血覆蓋，他們真心希望能夠將這世界恢復成遭到你破壞之前的樣貌。」

撒但也許能夠對上帝的餘民發動全面攻擊（啟示錄12：17），正如他向約伯所做的，但這並不能讓這些人對他俯首稱臣，他們還是堅持為上帝做見證，直到最後一刻。最後，耶穌終必回到這裡，拿回屬於祂的世界。

挪亞的績效

正當那日，挪亞和他三個兒子閃、含、雅弗，並挪亞的妻子和三個兒婦，都進入方舟。創世記7：13

在古代的那場大洪水發生時，當時地球上有多少人口，我們無法得知。有些人根據〈創世記〉裡的記載，推斷可能多達十億。

那麼，又有多少人回應了挪亞悔改的呼籲？多年來，他一直向大眾發出警告，但大部分人都當作是耳邊風。絕大多數的人仍執迷不悟，始終不願接受上帝的恩典。結果，挪亞努力了幾十年，最後進到方舟裡的人類只有挪亞的近親。換一種方式來說，挪亞只成功的說服了自己的孩子受洗。

如果挪亞是我們這時代的傳道人，我們可能會考慮叫他不要再做下去了，因為績效實在不怎麼樣。「我們投注太多成本了！根本沒什麼效果嘛！不能再這樣繼續下去了！」我們可能會這樣說。

然而，挪亞的故事給了我們一個重要的觀念：是不是餘民，和「績效數字」無關。即便我們傳福音沒有太多人接受，也不代表我們就毋須繼續背負這個使命；就算沒有任何人願意聽，我們仍得繼續傳揚

三天使的信息。幸運的是，實際上的情況並非如此；近年來，聽到福音願意回應的人數呈現歷史新高。不過，哪怕真的沒人理會，我們仍有義務。

《聖經》中並沒有說，假如我們傳福音沒有吸引很多人來教會，我們就是白做了。事實上，挪亞如果沒有宣傳上帝的話，他就犯罪了。因為，我們不只是為上帝完成某項工作，祂更要我們成為祂的代理人，在末日將近時，呼籲墮落的世人，快快離開大巴比倫。

因為有這群餘民的存在，在我們回顧整個人類歷史時，沒人能夠聲稱，世人並不清楚真相，因為沒人告訴他們；不會有人抗議說根本沒人給他機會。畢竟，救恩的門開得夠久了，上帝並不願意任何人沉淪（彼得後書3：9）。

因為這群人，當耶穌再度來到世上拿回本屬於祂的一切並進行審判時，可以確定，在整部人類歷史中，都持續不斷地有人在曠野中呼喊：「預備主的道。」（馬太福音3：3）

無論祂往哪裡去

這些人未曾沾染婦女，他們原是童身。羔羊無論往哪裡去，他們都跟隨祂。他們是從人間買來的，做初熟的果子歸於上帝和羔羊。啟示錄14：4

上帝末世子民最明顯的特徵，或許就是「羔羊無論往哪裡去，他們都跟隨祂」。他們的心與基督緊緊相繫，終至心意相通。他們不願再背叛上帝，只願祂的「旨意行在地上」（馬太福音6：10）；因為他們相信這比「憑我自己的心意行在地上」明智得多。

他們決定追隨先祖亞伯拉罕的腳步。亞伯拉罕來自當時世上最富有的城市之一，卻放棄了舒適與享樂，自願過著像遊牧民族般的簡單生活。因為，他真正渴望的是，有朝一日能夠住在「那座有根基的城，就是上帝所經營、所建造的」（希伯來書11：10）。

亞伯拉罕的家鄉位於迦勒底的吾珥，在古時的美索不達米亞地區它是個人人稱羨的繁華城市。英國考古學家倫納德‧伍利（Sir Leonard Woolley）於1922年進行吾珥的挖掘工作，他驚奇地發現當地有兩層樓的房子，裡面有自己的浴室，更有精密複雜的集水設備，吾珥居民有錢的程度超乎他想像。這主要是因為它離波斯灣的幾個主要貿易通道都很近。住在吾珥的人真是什麼都不缺。

然而，當亞伯拉罕受到上帝的召喚，他清楚知道，吾珥再好，也比不上在基督裡無窮無盡的寶藏。要是他離不開吾珥這個環境，他就無法深度經歷上帝的大能。他必須要和這環境切割，到一個新的地方。於是，他成了一名「希伯來人」；這個詞代表的意義是「從河的另一邊被呼召到這一邊的人」。

上帝把他放在交通樞紐做見證，讓世人可以在基督來到之前，先藉由聖殿的儀式和規則認識祂。祂要亞伯蘭的子孫從這世界分別出來，但不要他們與外界隔絕，因為，祂希望全世界的人能夠像他們一樣，跟隨羔羊耶穌。

身為亞伯拉罕子孫的我們，也是這樣——身處這世界，卻又不屬於它。我們是「屬上帝的子民」（彼得前書2：9），從世界被分別出來，但並沒有形成某種菁英階層或遺世獨立的族群。我們只是如同亞伯拉罕，放棄了屬世的心態，一心只願跟從羔羊，不論祂往哪裡去；同時持續敞開大門，邀請各國、各族、各方、各民來加入我們的行列。

他不可能會信的！

尼布甲尼撒王曉諭住在全地各方、各國、各族的人說：「願你們大享平安！我樂意將至高的上帝向我所行的神蹟奇事宣揚出來。他的神蹟何其大，他的奇事何其盛！他的國是永遠的；他的權柄存到萬代！」但以理書4：1-3

餘民教會的組成分子會讓人大大地跌破眼鏡！我們可能會以為，她的成員應該都是接近完人的聖徒們，因為他們幾乎沒犯過什麼罪，上帝才會視他們為屬祂的聖徒。然而，如果我們查考《聖經》，便會知道實情並非如此，上帝的餘民只是一群被赦免、「從人間買來」的罪人（啟示錄14：4）。

甚至連巴比倫的國王——他統治的國家在《聖經》中象徵上帝國度的反對勢力——後來居然也信主了。回頭看看上帝自己的子民：多年來，祂一直竭力與他們同工，希望讓以色列成為外邦人的一盞明燈，讓他們能夠看到上帝純全的品格。然而，隨著時間過去，上帝的子民卻漸漸迷上了巴比倫邪淫的酒，最後甚至學外邦人的樣式，將孩子當作祭品，獻給全身燒得滾燙的偶像摩洛（耶利米書32：35）。

既然他們不打算接受上帝的安排，上帝便讓他們回到老家——以俘虜的身分。他們被巴比倫人擄至迦勒底，即亞伯拉罕的家鄉，這是上帝有意的安排；當他們回到那裡，上帝讓他們看到在祂沒有難成的

事：就連巴比倫王本人居然也成了至高上帝的僕人。

事情還不只如此！關於尼布甲尼撒王的故事，是以他高唱摩西的歌和羔羊的歌結束的。他是這樣讚頌上帝：「祂的權柄是永有的；祂的國存到萬代……我尼布甲尼撒讚美、尊崇、恭敬天上的王，因為祂所做的全都誠實，祂所行的也都公平……」（但以理書4：34、37）。

我們可以把他這段話，和啟示錄15：3-4中那些人所唱的摩西的歌和羔羊的歌比較：「祢的作為大哉！奇哉！萬世之王啊，祢的道途義哉！誠哉！主啊，誰敢不敬畏祢，不將榮耀歸於祢的名呢？因為獨有祢是聖的。萬民都要來在祢面前敬拜，因祢公義的作為已經顯出來了。」

試著想像一下：巴比倫的國王站在上帝的選民當中，在上帝審判時，和但以理書7：14的天使一起做出同樣的宣告。而你也身處其中，唱著摩西的歌和羔羊的歌。

覺得不可思議嗎？別懷疑，看看巴比倫的國王就知道了！

兩組名字

弟兄們，我不願意你們不知道這奧祕，恐怕你們自以為聰明，就是：以色列人有幾分是硬心的，等到外邦人的數目添滿了，於是以色列全家都要得救。如經上所記：「必有一位救主從錫安出來，要消除雅各家的一切罪惡。」羅馬書11：25-26

仔細閱讀《聖經》及懷愛倫的「預言之靈」（The Spirit of Prophecy）叢書，你會發現兩者之間存在著奧妙的關係。〈啟示錄〉中描述，上帝的末世子民站在錫安山上；這座山一向與上帝子民的身分有著直接關係。古時以色列就是在錫安山的聖殿敬拜上帝，它是全能上帝的聖山。

〈啟示錄〉12章中描述的那位生產的婦人，象徵著等待彌賽亞的上帝子民，末世餘民則是接續了她的角色。新約教會則是古時教會——耶穌來到世上前之教會的延續。在耶穌親自創立的教會中，身為外邦人的我們有如野生橄欖樹，經「嫁接」的方式被接在原本的樹上（羅馬書11：24），成了上帝的子民；靠著對基督的信仰，被認可為亞伯拉罕的後裔（加拉太書3：29）。

不過我們應當注意，保羅在〈羅馬書〉11章說我們是嫁接到以色列的。這是因為上帝本來希望以色列能夠向萬國作見證，使他們都能成為祂的立約子民，然而以色列卻沒有謹記這個使命（以賽亞書49：6；60：3）。於是，在〈但以理書〉9章的預言於西元34年實現後，上帝便藉由新約教會直接走向外邦人，實現了祂自古以來的應許。

保羅的意思是，在「外邦人的數目添滿」前，有些以色列人的心會一直保持剛硬。懷愛倫意味深長的指出，猶太人會在基督復臨前回轉，並興起一股運動：「這些猶太人當中，會有很多人被吸引回到上帝的光中。當他們開口宣揚：『上帝的律法是萬古不移的』，將產生莫大的影響力。」她寫道，「這些重拾信仰的以色列人將會加入我們的行列，一同修直主的道路。」（懷愛倫著，《佈道論》，原文第578頁）

因此，我們遵守上的誡命的原因雖不勝枚舉，不過，其中一個可能的原因是：以色列本來要成為我們的光，然而今日變成我們要先成為他們的光。這意味著我們必須和其他教會做出區別，這樣，這些亞伯拉罕的子孫在看到我們的時候，便知道上帝對他們的祖先（現在也是我們的）所說的應許已經實現了。

畢竟，別忘了，耶路撒冷的城牆和城牆的根基上，可是同時寫著以色列十二個支派以及新約教會十二名使徒的名字。

與古代先知同聲

末後的日子，耶和華殿的山必堅立，超乎諸山，高舉過於萬嶺；萬民都要流歸這山。必有許多國的民前往，說：「來吧！我們登耶和華的山，奔雅各上帝的殿。主必將祂的道教訓我們；我們也要行祂的路，因為訓誨必出於錫安；耶和華的言語必出於耶路撒冷。」以賽亞書2：2-3

有時候，因為我們會把焦點集中在末世預言上，所以很容易忽略了〈啟示錄〉所揭示的神聖計畫，其實是世紀努力累積的成果。末世餘民是這歷史的一部分，要為一則個起源於伊甸園的預言、一個持續到如今的工作寫下最終一章。

餘民教會有著獨特的使命，包括呼籲世人「敬拜那創造天地海和眾水泉源的」，而這信息會由「守上帝誡命和耶穌真道」（啟示錄14：12）的這群人，向世人展現它真正的涵義，確保「各國、各族、各方、各民」都不致錯失機會（6節）。

餘民教會的構想並非上帝臨時起意，也不是因看到中古黑暗時期教會的作為而感到震驚才想出這個因應對策。換句話說，她不是專門針對末世、真道受到蒙蔽所特別開出的處方。餘民教會自遠古便已存在，儘管在歷史的長河中曾以不同面貌出現，但她從未消失，目標也始終如一，那就是讓這世界做好準備，迎接「世上的國成了我主和主基督的國，祂要做王，直到永永遠遠」（啟示錄11：15）的那一刻，因為這一刻必然會來臨。

在將近二千八百年前、約翰在拔摩島的八百多年前，以賽亞就已經描述過餘民教會的工作。他預言道，「到了末世會有人發出呼籲，要全世界各地的人都來到主的聖山，主將在那裡對我們頒佈祂的訓誨。」我們將這和啟示錄14：6中對照後發現：後者描寫末世時那些和耶穌站立在錫安山上的人，將向「各國、各族、各方、各民」發出緊急呼籲，要世人都注意他們的信息。

餘民教會早已存在，你是在晚期才加入它；然而，一旦成為她的一員，你就是和古代先知站在同一陣線。這群人從古至今就在全世界各地高聲傳揚──上帝的國是公義的，這個世界屬於基督，應該由祂掌權。

「從一本」

祂從一本造出萬族的人，住在全地上，並且預先定準他們的年限和所住的疆界，要叫他們尋求上帝，或者可以揣摩而得，其實祂離我們各人不遠。使徒行傳17：26-27

「**復**臨運動」所展現的各種面向中，最令人印象深刻的，就是它跨越國界、種族的特質。它不只是宣揚一般在末世特別強調的《聖經》信息，它還反映了「各國、各族、各方、各民」已對上帝向這世界所發出的最後呼籲做出了回應（啟示錄14：6）。在這地球上的各個角落，幾乎都找得到復臨信徒，忠心地擔負起上帝特別賦予這運動的使命。

從每五年召開一次的全球總會代表大會（General Conference Session）就能看出這一點。我明白，對於出席這個會議的人來說，很多人的心思完全被即將討論的事項所佔據，而有些議題也的確很重要，值得我們各自提出不同的看法。不過，不要因為太過專心於教會事務，以致錯失了眼前上演的一幕，因為它正是《聖經》所預言將發生的景象。這一幕始於來自全球各地的代表湧入機場，並在接下來幾天當中所做的事，這些背景殊異的人將超越語言文化的隔閡，發現使他們凝聚的共同點——深愛基督，渴望見到祂回到這世上。

這樣的交流使人學會謙卑。我們很容易將耶穌套進自己文化的框架，然而祂既不屬於東方，也不屬於西方；祂不是歐洲人、非洲人、亞洲人或美洲人。耶穌真正的身分是「人子」——全體人類的領袖。祂毋須符合每個不同文化的期待；反之，祂要我們融入天國的文化，學習用祂的眼光看世界。

耶穌曾向天父禱告，求祂幫助信徒們，讓他們都能合而為一（約翰福音17：21）。餘民教會的信徒彼此之間會因目標、夢想、及愛而緊緊相繫，卻又不失各自的獨特性。她的成員來自各個國家，彼此之間可以在很多方面都不同，然而他們都是來自同一個祖先。這樣的一群人，遠遠比任一特定民族或文化的人，更能顯現出耶穌完整的樣貌。

就在耶穌即將回來、讓世人親眼見到最完整的祂之前，餘民教會正代表著世人所能呈現的、空前完整、接近真實的耶穌形象。

我們和他們

我又聽見從天上有聲音說：「我的民哪，你們要從那城出來，免得與她一同有罪，受她所受的災殃⋯⋯」啟示錄18：4

人類天生就會把世界上的人分為「我們」和「他們」。近代史上，我們不只一次看到特定族群被極度妖魔化，簡直不把對方視為人類！二次世界大戰前，納粹偷偷讓反猶太宣傳滲入國家教科書中，把猶太人（以及其他特定族群）描述的有如禽獸一般，於是一般人漸漸相信我們得拿出方法對付「這群人」。同樣的情況多年後也在盧安達上演；胡圖族人在展開對圖西族人的殺戮之前，媒體對特定圖西族人的報導，讓胡圖族人得以聲稱圖西族人根本不算是人，藉以合理化這場大屠殺。

基督復臨安息日會的信徒當然還不至於去鼓吹種族屠殺，不過，我們仍能從這些歷史悲劇學到重要教訓。畢竟，人很容易待在教會的舒適圈內，永遠不和持不同信仰觀的人互動、交朋友。於是，我們有時也會出現將其他人已失去人性來看待，說起他們時，彷彿他們不是上帝的兒女，我們才是。

我們知道世界上最後會有一場善與惡的決戰。因此，當我們看到〈啟示錄〉13章所描述的那隻融合多種動物特徵的獸時，應該覺得害怕，因為它代表了以新教徒為主的美國將與羅馬教廷聯手，帶來人類歷史上最大的危機；這確實是件很可怕的事。由於這些因素，我們很自然會覺得，躲在教會的牆內（只和復臨信徒交朋友），與外面的世界保持距離比較安全。

然而這樣做是不對的！因為如果我們不再和別人交朋友，就等於是忘了他們和我們一樣，也是上帝的子女；既沒有比我們高尚，也沒有比我們邪惡。這樣做也是辜負了上帝交付給教會的使命——為祂贏得全世界。別人在為佈道成果做簡報時，我們總是高高興興的在台下說「阿們」，卻忘了自己也曾立下誓約，要邀請人來教會——不論其國籍、種族、語言，共同參與我們的敬拜

身為餘民教會，為了照亮這黑暗世界，我們有責任傳達這個最後呼籲，並邀請上帝的子民站出來。復臨教會既然具備預言的恩賜，就不該把自己重重保護起來，而應該去認識別人，真心表達我們的愛——且能真正「看別人比自己強」、「顧別人的事」（腓立比書2：3-4）。

尼尼微悔改時

這信息傳到尼尼微王的耳中，他就下了寶座，脫下朝服，披上麻布，坐在灰中。約拿書3：6

不難想像，先知在面臨上帝賦予的任務時，有時會想逃避。因為任務往往很艱鉅，而訴求的對象又常常對你愛理不理。挪亞就是一例：他大聲疾呼了很多年，卻沒有真正讓多少人回轉。要是換作我們，傳了幾十年卻看不到什麼具體的成果，大概心裡也不是滋味。

餘民教會有著向全世界發出預言的獨特使命。儘管未必每位教友都具備預言的恩賜，但整個教會卻是被賦予了這項任務；因為世人都必須聽到三天使的信息，才能有機會與上帝和好。這使命是如此艱鉅，令我們當中很多人都忍不住想要打退堂鼓。

在舊約先知當中，約拿被賦予的任務算是獨一無二。上帝特別要他離開以色列，到一個外邦國家去傳講上帝。然而，只要是以色列人都知道，尼尼微人是出了名的邪惡。他們不僅是異教徒，且性情殘暴好戰，會對俘虜做出令人髮指的行為。尼尼微大城真的很可怕，如約拿書1：2所描述的，又「大」又「邪惡」。

約拿巴不得能夠躲在家裡不要出來——多數人也和他一樣。我們都有種傾向，會為自己建造一個堡壘，心想只要待在裡面，就不用面對自己的黑暗面或修正自己。在這種情況下，我們的認知很容易會產生扭曲，以為只有自己是上帝的兒女，世上所有的問題都是「外頭那些人」造成的。

上帝瞭解人性。因此，祂會把我們轟出安樂窩，到外面去和「各國、各族、各方、各民」打交道。如果我們忠心遵循祂的託付，我們會得到很大的收穫。我們將發現，很多人其實都心急如焚的想找到回家的路，他們對於聖靈的回應，往往比我們還要熱切。

聽了約拿的話，尼尼微人決然悔悟。於是，約拿不得不面對自己的黑暗面，故事走到最後變成他要悔改。結果身為上帝先知的約拿，比起尼尼微王，有更多需要被上帝改變的地方。上帝派遣你走入人群，是為了要你向他們分享福音。不過這對你也是一個機會，因為在面對真實世界時，你可以從自己的作法和感受，看清真正的自己；你將發現，自己確實很需要上帝。藉著這個機會，上帝讓你變得與祂更親近了！

趁著白日

你要大聲喊叫，不可止息；揚起聲來，好像吹角。向我百姓說明他們的過犯；向雅各家說明他們的罪惡。以賽亞書58：1

餘民教會的任務，記載於啟示錄14：6－12，描述三天使向世人大聲疾呼。他們要向古時的先知一樣「大聲呼喊」，讓誤入歧途的上帝子民能夠回轉。剩下的時間不多了！在耶穌回來前，每個人都必須有機會聽到他們的警告。

墮落天使自然不樂見謊言被拆穿，因此處心積慮的要讓世人繼續被獸迷惑（參啟示錄13：3），最好他們都喝了大巴比倫的酒爛醉如泥，察覺不到自己因為受騙造成了致命後果。要是世人發現了真相，他們就沒戲唱了。

爭奪我們的心靈和理智的決戰場，必和教會及國家的結盟有關。獸能得到宗教上的權勢，主要是因為牠把持了政權。復臨教徒在看新聞時，和別人關心的點不一樣；我們會特別注意，局勢的發展是否會威脅到我們的任務，使我們無法自由的為上帝傳話。對上帝的子民來說，各國政府的新聞、媒體的討論都不是重點；我們的焦點放在基督的死敵在詭計未得逞的情況下，會如何使盡渾身解數，想辦法將餘民

教會消音，阻止我們散播上帝的真理。

當我們看到各國議會通過某項重要法案時，不要光看到它在社會經濟層面造成的影響（儘管它們看起來好像很重要），要思考這對信仰自由是否會造成影響。我們也要懷抱信心，相信上帝一定會在想不到的地方安排祂的僕人，捍衛我們自由表達的權力。「上帝的仇敵將使喚那些臣服於他的人，要他們提出一些惡質的法案；這些法案一旦通過，上帝在地上的工作將變得滯礙難行，」懷愛倫說，「但天使會讓敬畏上帝的政治人物，對他們的提議提出有力反駁。有幾位這樣的人在，黑暗的權勢便無法太囂張。而反對真理的那一方一旦被控制住，第三位天使的信息便得以傳開，發揮它警告的功能。」（懷愛倫著，《善惡之爭》，原文第610頁）

願上帝賜給我們屬靈的眼光，能夠用天上的角度來看待世界上正在發生的大事，也願祂保守我們，讓我們能夠有勇氣，趁著太陽還沒下山前，努力做工。

敬畏與人有益

敬畏耶和華是智慧的開端；凡遵行祂命令的是聰明人。耶和華是永遠當讚美的！
詩篇111：10

天使信息中的第一句話，就是要世人「敬畏上帝，把榮耀歸給祂」（啟示錄14：7）。廿一世紀的人，不愛聽「要敬畏上帝」這種話。我們喜歡告訴別人「要愛上帝」，至於要他們「敬畏」祂？好像有點開不了口。

然而，《聖經》卻多次提及我們要敬畏上帝，而且把這視作對我們有益。因為，敬畏上帝的人會得到生命；「敬畏耶和華就是生命的泉源，可以使人離開死亡的網羅。」（箴14：27）相反的，不敬畏上帝勢必遭遇災殃，「那沒有更變、不敬畏上帝的人……上帝必聽見而苦待他。」（詩篇55：19）

如果敬畏上帝是好事，那我們是不是也該「害怕」上帝呢？我們這個世代的人通常會很直覺地摒除這種觀念。

然而，懷愛倫說得很清楚，上帝有時的確希望我們有點怕祂，這樣我們才會注意祂的話：「一個人若對上帝保持應有的畏懼，把祂的警告當真，便會懂得向祂求救。這樣，他就得以走在義路上，得到平安。可惜今天很多人不懂得害怕，自然也不會謙卑地來到上帝面前，認罪悔改。要知道，上帝提出這麼多嚴厲的警告，做出如此可怕的宣判，祂是認真的，不是隨便講講的。」（懷愛倫著，《復臨評論暨安息日先驅報》〈拒絕真光將招致禍患〉，1890年10月21日，原文第642頁）保羅也曾說過，「主是可畏的。」（哥林多後書5：11）

那上帝希望我們驚恐度日嗎？不！祂不希望我們在回到基督身邊後依然如此。因為，如約翰一書4：18所說：「愛既完全，就把懼怕除去。」

馬丁路德曾用一個比喻來分辨非理性的恐懼和對上帝的敬畏。前者是出於一種任人宰割的心態，就像囚犯心知難逃酷刑折磨；後者則是出於孝心，像是孩子對父親的敬畏。filial（孝順）這個字起源於拉丁文的「兒子和女兒」，一個人基於孝心而對天父感到害怕，不是因為擔心被祂毀滅，而是怕自己沒能榮耀祂的名，或是自己的言行有辱祂的名。

所謂敬畏上帝，就是以兒女的身分回到天父的家，並用生命捍衛祂的名譽。

為自己加冕

希律在所定的日子，穿上朝服，坐在位上，對他們講論一番。百姓喊著說：「這是上帝的聲音，不是人的聲音！」希律不歸榮耀給上帝，所以主的使者立刻罰他，他被蟲所咬，氣就絕了。使徒行傳12：21-23

如果你把希律的悲慘遭遇仔細檢視一番，會意外發現他整個經歷和路錫甫如出一轍，我簡直有點懷疑他是不是預表了撒但。路錫甫是被火徹底燒盡（啟示錄18：8），而希律是被蟲子給吃了。而不論是火還是蟲，都被耶穌用來形容毀滅惡者的手段。例如，馬可福音9：48形容地獄「在那裡，蟲是不死的，火是不滅的。」

也許我們可以拿希律的例子，來深入瞭解路錫甫的叛變。希律會遭受毀滅，是因為他「不歸榮耀給上帝」。和這呈強烈對比的是在啟示錄4：9-11中，天上的二十四位長老取下自己的冠冕，俯伏在上帝寶座面前，承認祂這位創造主擁有統治宇宙的權柄；這些動作所表達的是，他們將榮耀歸給祂。

路錫甫則剛好相反。他為自己打造冠冕，聲稱自己的地位和上帝一樣崇高，而不是隸屬於祂管轄。直到今日，他都還要世人敬拜他，且正一步一步將人類推向〈啟示錄〉13章所描述的光景；屆時，獸將會強迫每個人都要拜他，不從者就得死；他這樣做等於是自取滅亡。

儘管如此，那群將和羔羊一同站上錫安山的忠心信徒會四處奔走，向世人發出緊急呼籲，勸他們要「敬畏上帝，將榮耀歸給祂」（啟示錄14：7）。他們呼籲，世人要回歸上帝的管轄，像天上的活物一樣，將我們為自己加封的冠冕取下，承認世上只有一位上帝；也就是說，不要自己造神來拜，並且應該來到全宇宙唯一真實的上帝面前敬拜讚美祂。

身為餘民的我們更應該明白，那位真正的君王，從來都不虛張聲勢，反而願意遷就渺小卑微的我們，以羔羊般的柔和謙卑，贏得我們的心。

敞開的門

你要寫信給非拉鐵非教會的使者,說:「那聖潔、真實、拿著大衛的鑰匙、開了就沒有人能關、關了就沒有人能開的,說:『我知道你的行為,你略有一點力量,也曾遵守我的道,沒有棄絕我的名。看哪,我在你面前給你一個敞開的門,是無人能關的。』」啟示錄3:7-8

儘管在1844年經歷了「大失望」的打擊,早期的復臨信徒依然相信,基督很快就會回來。之前,由於耶穌沒有在原先預言的日子出現,他們遭到眾人無情的攻擊嘲諷,有些人因此動搖了,開始認為這事之所以發生,是因為聖靈已經離開這個世界,人類已經墮落到無可救藥了。他們斷言,天上施恩典的門一定已經關了,「耶穌也已經不再在上帝面前,為人類擔任中保。」(懷愛倫著,《善惡之爭》,原文第429頁)

換句話說,這些人認為現在才想要認罪悔改、與上帝和好,為時已晚;上帝赦免罪人的大限已過。不過,後來他們終於明白,〈但以理書〉中2300日的預言並不是指基督復臨,於是就改變了想法。原來,2300日指的是基督的事工中心,會從滿2300日的那一天起,由天上的聖所轉移到「至聖所」。因此,救恩的門並沒有關閉,只是上帝已經展開審判,世界的歷史已經進入了但以理書8:17所說的「末後」時期。

碰到有人嘲笑我們的信仰,我們的直覺反應是覺得這些人無藥可救,不值得我們花功夫在他們身上。然而這樣的態度有礙福音工作的推展。十九世紀的歷史教訓告訴我們,有些復臨信徒因為被嘲笑,於是動搖信念,覺得反正恩典的門已關閉,這些人也得不到救贖了,何必再傳?

基於前車之鑑,身為餘民教會的我們應該只告訴大家,審判已於1844年開始,但不要預測它何時結束。恩典之門何時關閉不是我們要操心的事,等到災禍臨到,我們就會知道時間到了;我們只須需保持忠心,等待耶穌回來。懷愛倫說:「上帝並沒有告訴我們,審判的結束是什麼時候,也就是,何時祂將不再施恩赦罪。這事那全能者既然不打算讓地上的人知道,我們就不要試圖探究,只管專心守望,耐心等待,把握在世的分分秒秒,努力挽救即將滅亡的靈魂。」(懷愛倫著,《信息選粹》卷一,原文第191頁)

要等到掌管大衛鑰匙的那位說可以了,我們才能收工。願我們片刻不離自己的崗位,直到耶穌宣佈完工!

「我們」的力量

我向耶和華——我的上帝祈禱、認罪，說：「主啊，大而可畏的上帝，向愛主、守主誡命的人守約施慈愛。我們犯罪作孽，行惡叛逆，偏離祢的誡命典章……」但以理書 9:4-5

若仔細讀但以理的禱詞，你會發現一個令人不解的地方：他把自己也算進於那些背叛上帝以致耶路撒冷遭到擄掠的犯罪當中。但以理被尼布甲尼撒王擄去時還不到二十歲，且根據《聖經》的描述，他的品格純潔無暇，如果要說他曾親身參與那些導致聖殿荒蕪的可憎行為，大概沒有人會相信。然而，儘管但以理一向守安息日，也不曾把嬰孩放在摩洛炙熱的手臂上，他卻說「我們」犯罪作孽。

但以理會這樣禱告，是因為他願意和同胞共同扛起責任，與他們一起認罪。餘民教會應以他為榜樣；我們的重要任務之一是要警告這世界：「巴比倫大城傾倒了！」，而上帝的子民自然已被呼召離開巴比倫。於是，我們一不小心就會落入一種「我是上帝的選民，你是巴比倫人」的心態。然而，對外宣揚信息時，這種心態就會造成問題。別忘了！我們是要宣揚祂的名（即品格），而不是我們教會的名；我們要把注意力的焦點導向羔羊耶穌，而

非我們自己。要是聽眾覺得我們自以為高人一等，他們可能立刻就會下結論——又是一個有大頭症的教派！這樣的結果是我們說什麼都不願見到的。

也許，當我們向一般大眾提起像「巴比倫的罪孽」這樣的話題時，可以效法但以理的作法，因為我們也都有同樣的問題——每個人都犯了罪，虧缺了上帝的榮耀。儘管我們可能沒有犯下一個墮落教會的罪行，特別是中古時期那些教會的血淋淋罪行，但在但以理看來，我們自己實在也是罪人。

「這是我們基督徒的歷史，我們的確做出了這些事。」我們可以這樣告訴別人，「現在，我們該為這些行為，在上帝面前認罪悔改，並且在祂拯救世人的計畫中，擔負好自己的角色。」

在上帝的救世大業中，「我們」和「他們」一樣都是罪人，只是一個人向著另一群人伸出手來，帶著他們一起找到出口。

應當敬拜

祢，惟獨祢是耶和華！祢造了天和天上的天，並天上的萬象，地和地上的萬物，海和海中所有的；這一切都是祢所保存的。天軍也都敬拜祢。尼希米記9：6

得過許多文學獎項的作家大衛‧福斯特‧華萊士（David Foster Wallace）曾說過，每個人都有膜拜的對象。他在〈這是水〉（This Is Water）這篇散文中說：「世上其實沒有真正的無神論，只有膜拜對象的不同。我們之所以會選擇某位神或某種帶著靈性的實體來膜拜——不管祂是耶穌基督、阿拉、耶和華、威卡教的大地之母（Wiccan Mother Goddess）、四聖諦（the Four Noble Truths），或是某一套神聖不可侵犯的道德法則——最大的差別在於除了祂以外，其他的神祇都會把你榨乾。」

華萊士說隨便選擇哪個古老的神祇來拜都行，這當然是大錯特錯（而且還會導致可怕的後果），不過有一點他倒是講對了，就是人類的確有一種自然的渴望，想要找一個對象來崇拜，這是天性，你不可能抗拒它。

至於他說大部分的膜拜對象都會把人榨乾，則是說對了一半。應該說除了上帝以外，膜拜任何對象（清單上除了耶和華以外的那些神祇），終將把你榨乾。因為，崇拜這些對象，即偶像崇拜，是一種會害死人的罪行，它們會讓你把心思都放在不該追求的事物上；你一旦把它們視作人生價值所在，最後它們一定會毀滅你。

例如，如果你將錢財和物質享受視若神明，你就會陷入永遠都達不到目標的循環中，因為你的「神」會一直要你去賺更多；假如你把青春和美貌當作一切（很多人確實如此），那麼在無情歲月的摧殘下，終有一天你會發現，你的「神」已經拋棄你了。

餘民教會的任務，是要大聲疾呼，勸世人都來敬拜創造天地的主，提醒所有人，只有一個對象是可以崇拜的：「應當敬拜那創造天地海和眾水泉源的！」（啟示錄14：7）餘民教會將安息日看得極為重要，不僅是因為它是宇宙運行的法則，必須要遵守，也因為世人都把不該當作神的對象當作是上帝，最後將自取滅亡。

安息日的存在，讓我們有機會和賜我們生命的那一位產生深度的連結，滿足我們心靈中那只有祂能夠填補的空缺。我們的呼籲是出於愛，希望讓世人明白，人類被騙了；我們把情感放錯了地方，最後還會因此而滅亡。

一張古老的照片

那光是真光，照亮一切生在世上的人。約翰福音1：9

1939年1月5日，官方正式宣佈，愛蜜莉亞·艾爾哈特（Amelia Earhart）已死亡。艾爾哈特所駕駛的飛機於1937年飛越太平洋上空時，與地面失去聯繫，沒人知道她和領航員佛萊得·努南（Fred Noonan）的下落。之後將近一個世紀的時間，她究竟發生了什麼事，一直是個謎。

到了2017年，突然有人找到一張古老的照片。照片裡，愛蜜莉亞和努南坐在碼頭邊；看來，他們並沒有墜機身亡。這似乎證實了當地人的說法；他們多年來一直堅稱，他們看到飛機墜落，但愛蜜莉亞和努南沒死，卻被日本兵俘虜。可惜，這張照片最終仍未能協助世人找到愛蜜莉亞。

同樣的，廿世紀從頭到尾，一直都有人想要尋找「真正的耶穌」。很多人懷疑，認為在迷信及虛構故事的掩蓋下，耶穌已經失去了祂本來面目。而中世紀時教會所犯下的罪行，更增加了社會大眾對教會組織的不信任。

身為復臨信徒的我們，明白他們說的是真的：自從康士坦丁之後，政教合一，已讓基督教偏離了常軌，很多假教義被加強於這個信仰之上，於是耶穌的真面貌變得模糊。

不過，想像一下，如果有一張忠實呈現耶穌樣貌的古老肖像，於末世突然出現在世人的面前，會發生什麼事？如果想要一窺耶穌真貌，毋須辛苦鑽研歷史檔案，而是在自己的周遭就可以發現呢？要是眼前就有一群人，即使到廿一世紀的今天，他們的生活方式以及對《聖經》的教導，與新約裡面所描述的教會該有的樣子依然分毫不差，世人看到會有什麼反應？要是世上有個教會大聲向全世界呼籲——大巴比倫已經傾覆，應當快快回轉，「敬拜那創造天地海和眾水泉源的」（啟示錄14：7），會產生怎樣的影響？

不論愛蜜莉亞·艾爾哈特最後到底發生了什麼事，可以確定的是，她已經離開了人世。然而，耶穌的墳是空的，祂仍好端端的活著，且熱切盼望全世界都知道這件事。因此，祂要我們成為世界的燈，把祂的樣式映照給世人看。

戰爭的結束

龍向婦人發怒，去與她其餘的兒女爭戰，這兒女就是那守上帝誡命、為耶穌作見證的。那時龍就站在海邊的沙上。啟示錄12：17

全世界大概沒有什麼事比戰爭更可怕了！在戰爭中，我們可以看到所有人類可能經歷的災禍──謀殺、飢荒、瘟疫、貪婪、赤裸裸的仇恨等等──全都一起出現。撒但的邪惡本質、毀滅能耐，在戰爭中一覽無遺。從〈啟示錄〉中，我們也可以看出，宇宙間的所有災禍，都源於天上興起的一場戰爭，這戰火後來也延燒到了全世界。

撒但在成功讓始祖亞當夏娃落入圈套後，便宣稱這地球是他的領土。然而讓他惱火的是，人類儘管上了當，他們中間還是有人繼續對創造他們的上帝效忠。這些人依然相信，女人的後裔有朝一日將來到世上，擊碎古蛇撒但的頭。

隨著耶穌基督降生，成為人類的一分子，他們的盼望成真了。祂將他們的罪帶到十字架上洗淨，自己又成功戰勝死亡的權柄。

根據《聖經》的記載，耶穌回到天上後，撒但因為和上帝的決戰慘敗，心有不甘，於是遷怒於人類。中世紀時，他使教會成了統治政權的一部分，意圖讓她偏離上帝所賦予的使命，使人類對上帝的品格產生誤解。他又使上帝的忠心子民像動物般被獵殺，或是因「犯下」擁有《聖經》這樣的「罪行」而被處死。

儘管如此，一直到今天，上帝還是擁有一群「守上帝誡命、為耶穌作見證」的子民。於是，撒但的怒氣便傾洩在他們身上。對於那些聽慣「成功神學」的人來說，看到這些堅守真理、對基督忠心到底的人，雖然已經成為上帝的兒女，還是得面對那麼多的試煉，難免感到意外。

身為上帝餘民的他們，體會到這場戰爭和過去信仰前輩所經歷的那些戰爭一樣慘烈。因為他們拆穿了撒但的謊言，撒但便把攻擊目標轉向了他們。

然而，艱難困苦雖是必然，但毋須灰心；因為，撒但的落敗也是必然。戰爭雖然是由他所發起，但結束這場戰爭的，將會是那位與我們同在的君王。

因為，祂比我們任何人都痛惡戰爭，愛好和平。

邪門歪道

於是有大鷹的兩個翅膀賜給婦人，叫她能飛到曠野，到自己的地方，躲避那蛇；她在那裡被養活一載二載半載。啟示錄12：14

上帝的子民要被迫躲藏的時間，和〈啟示錄〉13章中那個獸在西羅馬帝國掌權的時間一樣長──1260天，也可以換算成42個月或者是「一載，二載，半載」。這段時間正好對應了從西元538年羅馬教皇開始掌權，到1798年拿破崙的一位將軍廢除教皇統治的這段時間。

我們因此可以預期，1798年後，經上的那名婦人可能從曠野出來了。果然，十九世紀初，威廉·米勒耳（William Miller）開始傳講基督將復臨；不久，復臨運動興起。這些時間點都與〈啟示錄〉的預言完全吻合。

我們因此也可以推斷，十九世紀時會突然出現各種各樣的「宗教／哲學派別」並非偶然。宇宙間的黑暗勢力當然不樂見末世餘民運動興起，於是試圖漁目混珠，推出一堆新派別進入信仰界，與之匹敵。

如果我們仔細研究這些新興派別，會發現一件耐人尋味的事。「達爾文主義」（Darwinism）提供了一種不承認有造物主存在的世界觀；摩門教稱自己的教堂為聖殿，並聲稱他們的領導人是先知，於是改變了自古以來對於聖所的觀念；「耶和華見證人」（Jehovah's Witnesses，又稱Russellism）

則是否認了耶穌基督的神性；「基督教神秘主義」（Spiritualism）針對死亡這個議題，提出了和《聖經》不同的說法；馬克思主義聲稱，依照他們的方法，將可打造出一個人間天堂；「基督科學教會」（Christian Science）對於如何保持健康，提出了自己的一套理論。

這十九世紀出現的新興派別清單，還可以繼續列下去。如果你把他們主要的主張全部集結就會發現，它們看起來和基督復臨安息日教會的28條基本信仰頗有雷同之處。這大概不會是巧合；畢竟《聖經》承諾過，末世時餘民教會將「有大權柄」，因此讓全地發光（啟示錄18：1）。

在這末世，上帝要全世界都清楚聽見祂最後的信息。餘民教會被賦予了啟示錄18：1所說的「大權柄」，她要擔負這個工作。撒但因為明白末世餘民運動將對自己產生威脅，於是他似乎向信仰界傾銷了大量的假派別，急欲淹沒他們的聲音。

儘管如此，我們若明白上帝在這最後的大對決中，賜給了餘民教會多大的力量和權柄（以致撒但驚慌失措），那我們便會無所畏懼，勇往直前。

珍惜你所擁有的自由

地卻幫助婦人，開口吞了從龍口吐出來的水。啟示錄12：16

宗教改革為全歐洲帶來了新希望。亨利八世脫離羅馬，成立英國國教，激勵了很多信靠《聖經》的基督徒；他們開始希望，自己也能獲得信仰上的自由。然而，到了十七世紀，世人卻發現——英國國教成立後，政教合一的情形並沒有比過去好多少。表面上十七世紀的英國人可以自由決定自己的信仰，但在實際崇拜時，他們仍須遵守《公禱書》（The Book of Common Prayer）所訂定的規範及原則。

不認同英國教的人，包括著名的政治哲學家約翰‧洛克（John Locke），逐逃往荷蘭，希望在那裡能夠找到信仰自由。在荷蘭，他們碰到了為躲避宗教裁判所而逃到這裡的猶太學者，並因此有機會接觸到一些古老的典籍，且學會讀希伯來古文。在《聖經》中，他們注意到上帝對於以色列人要求一個王的這件事並不喜悅，可從祂要先知撒母耳向以色列百姓傳達的警告中（撒母耳記上8章）看出，上帝認為立王將會使祂子民的自由受到限制。於是，這些異議人士得出了一個結論：我們既已擺脫了羅馬教皇的管轄，何不徹底的擺脫任何除了基督以外的王？

於是，這些受迫害的人開始往美洲遷移；他們相信《聖經》的應許——地將會開口拯救婦人（見今天存心節）。抵達後，他們由異議人士的著作得到了養分和靈感，起草了《美國獨立宣言》以及一份更重要的文件《美國憲法》。這兩份文件反對由人來擔任君主，且針對幾種主要型式的自由做出了保障——信仰自由當然也是其中之一。

美國因此可說是實實在在的、以基督教立國的國家；她的起源可追溯至宗教改革。這也是為何懷愛倫會將美國憲法稱做是一份「新教徒文件」（參懷愛倫著，《教會證言》卷五，原文第451頁）。而就復臨教徒來說，不論你的國籍為何，我們都應捍衛美國開國元勛們所提出的種種自由。復臨運動之所以有機會出現，是因為美國人受憲法保障，可以享有宗教和信仰上的自由。一旦我們無法自由發言、表達不同意見、或用自己認同的方式崇拜，那麼，要繼續履行我們的使命，就會變得備加艱辛。

因此我們應珍惜目前所擁有的自由；在面對那股將上帝給世人的最後呼籲消音的邪惡勢力時，務必與之周旋到底。

曠野的人聲

有人聲喊著說：「在曠野預備耶和華的路，在沙漠地修平我們上帝的道！」以賽亞書40：3

古代的波斯人，會用一種特別的方式修築道路，以確保它會呈一直線。首先，兩個人會分別站在道路預定的起點和終點，朝著對方的方向大喊。這時，第三個人聆聽他們的聲音後作出回應然後聽聲辨位，找出他們兩個的中間點站定。然後，第四個人會在他們中間走動，同時聆聽三個人的喊聲，以判斷哪些樹木會擋在路中間，需要砍掉，然後在它們上面做記號。等到樹木砍下移除後，中間就會出現一條筆直的驚人道路。

有些歷史學家相信，以賽亞所謂的「修平我們上帝的道」，指的就是古代這種修路技術，他用它來比喻施洗約翰將來的工作——隨著修路工人的喊聲，一條筆直的道路慢慢成形。約翰的任務是向全世界宣告彌賽亞已經來到世上。馬太福音11：4中，耶穌曾表示，約翰就是返回的以利亞（先知瑪拉基曾預言以利亞返回）：「你們若肯領受，這人就是那應當來的以利亞。」（馬太福音11：14）

在這聖誕佳節，世人想起約翰曾為主預備道路，迎接祂來到世上，心中不禁湧現對約翰的敬愛與感激。約翰的任務確實很重要；上帝一定要讓全世界知道，彌賽亞要來了！而約翰的先知工作圓滿劃上句點，是在耶穌在約旦河受洗時。那時，天上傳來聲音說：「這是我的愛子，我所喜悅的。」（馬太福音3：17）

不過，在曠野中呼喊的約翰，並不是以利亞最後一次回到世上；這位先知的工作還沒有完成。以利亞當年為了逃避耶洗別的追殺，曾經躲藏1260天；1260是個重要的數字，因為這正好也是屬靈意義上的耶洗別，她追殺〈啟示錄〉12章的婦人、令她到曠野避難的時間長度（啟示錄2：20）。這段時期過去後，以利亞再度公開活動，並在迦密山上和假神對決。以利亞不只藉著約翰的事工回到世上，也藉著我們的工作再次返回。

這是因為門徒曾詢問為何文士們說以利亞要先來，而耶穌回答道：「以利亞固然先來，並要復興萬事。」（馬太福音17：11），祂的意思是指以利亞會再次出現在世上。而在中古黑暗時代末了，婦人（餘民）將從曠野的躲藏處出來，開始為基督修直道路——餘民的角色正如同以利亞和約翰，要藉著我們的口，讓世人找到那條通往基督王國的筆直道路。

身處亞略巴古

保羅站在亞略・巴古當中，說：「眾位雅典人哪，我看你們凡事很敬畏鬼神。我遊行的時候，觀看你們所敬拜的，遇見一座壇，上面寫著『未識之神』。你們所不認識而敬拜的，我現在告訴你們。創造宇宙和其中萬物的上帝，既是天地的主，就不住人手所造的殿⋯⋯」使徒行傳17：22-24

拿保羅在雅典講道的這段故事當作聖誕節的主題，好像有點不應景。不過如果深入探討，就會發現它跟聖誕節還蠻有關係的。

每年到了這個時節，世界各地的復臨信徒都會為了是否要舉辦聖誕紀念活動而僵持不下。畢竟，12月25日並不是基督真正誕生的日子，而是羅馬帝國在基督教化的過程中，從古代異教的日曆中挑出來的。

既然聖誕節起源於異教信仰，有些人選擇完全不過這個節日，有些人甚至連看到別人過聖誕時心裡不舒服。我曾經見過復臨信徒（**當然他是出自好意**），為了自己的弟兄姊妹承認這個節日，在眾人面前指責他，質疑他對上帝的忠誠度。

那麼，我們是否要因為聖誕節的起源不純正就不要過？答案是──個人自己決定！《聖經》沒有命令我們要紀念基督誕生的日子，但也沒有禁止我們慶祝這一天。如果你拒絕慶祝所謂聖誕節，覺得這樣才能榮耀上帝，沒問題，這樣做完全符合《聖經》──不過，如果你如果趁這一天，採取一些行動，同樣也是完全符合《聖經》原則。

我們可以看到，只要能讓更多人認識那位創造天地的獨一真神，即使因此必須涉足異教的殿宇，保羅也願意（**亞略巴古又稱戰神山議事會，山下有個供奉希臘戰神阿瑞斯的神廟**）。他也曾引用非基督徒詩人的詩句來當作講道時的佐證。畢竟，每年就只有這麼一天，全世界都願意──說得更精確點，自認有義務──聆聽我們講有關基督的事情。大家都在討論這個話題，那麼，餘民們要保持緘默嗎？

想想，我們有「先知確切的話語」（**彼得後書1：19**），告訴我們這都是真的：舊約中有許多地方都預言了彌賽亞的第一次降世。而在聖誕節的時候，我們剛好有一群聽眾，願意聽我們說這些預言是關於什麼、其預測的結果又是如何分毫不差。一旦他們相信上帝曾來到世上，我們就可以在這個基礎上，再告訴他們耶穌其實還要再來，還有些預言是針對復臨這件事。

再強調一次：如果慶祝聖誕節讓你很不舒服，就不要這樣做。但看到有人願意利用這個時節，站到亞略巴古中，將耶穌介紹給世人認識，請試著諒解而非苛責。

讓其他人得生命

你們知道我們主耶穌基督的恩典：祂本來富足，卻為你們成了貧窮，叫你們因祂的貧窮，可以成為富足。哥林多後書8：9

我和太太剛移民美國時，發現到大部分的美國人12月26日都要上班，感到很驚訝。因為，在我們的故鄉加拿大（大英國協的成員之一），12月26日是「節禮日」（Boxing Day），也是放假的。儘管如此，身為荷蘭移民的後代，小時候我並不知道節禮日是幹什麼的。以前我父親會開玩笑說，節禮日就是──有錢人家的小孩把用來裝聖誕禮物的盒子送給他們的家僮玩。

儘管那只是玩笑話，不過節禮日的起源的確沒幾個人知道。大部分歷史學家的看法是，它起源於古時的英國，當時的貴族階級會在這一天讓僕傭們休假，並且送他們一個禮物，謝謝他們一年來的辛勞──甚至連聖誕節都要全天工作，服侍主人一家還有他們的客人。另一種說法則是，節禮日起源自「聖司提反日」（Feast of Saint Stephen），社會大眾會在這一天為窮人特別奉獻。

在有些地方，例如我最近碰巧造訪的一間軍事學院，他們慶祝節禮日的方式是上司和下屬角色互換──服侍人的變成被人服侍的，被人服侍的變成服侍人的。

如果這就是節禮日的意義，那麼，餘民教會的人每天都在過節禮日。啟示錄14：4寫道：「羔羊無論往哪裡去，他們都跟隨祂」，這也包括像祂一樣，願意為罪人付出所有，只求他能進入天國。而耶穌不是一年中只有一天自願變貧窮，好讓他人變得富足；祂的犧牲，為我們換得的是天國的永久居留權。

懷愛倫寫道：「基督受了我們應得的待遇，而我們則受了祂應得的待遇。儘管祂從未犯過罪，卻代替我們，因罪被處死，讓不配稱做是義人的我們，得以靠祂稱義。祂忍受了我們應得的死亡，為的是讓我們能夠獲得像祂那樣的生命。」（懷愛倫著，《歷代願望》，原文第25頁）

當你看到一個人願意效法耶穌，犧牲自己，好讓別人能夠得到生命，你便會知道──他是上帝的餘民。

「你做的很好！」

豈不知在場上賽跑的都跑，但得獎賞的只有一人？你們也當這樣跑，好叫你們得著獎賞。凡較力爭勝的，諸事都有節制。他們不過是要得能壞的冠冕；我們卻是要得不能壞的冠冕。哥林多前書9：24-25

在戰場上受重傷的那名士兵，奄奄一息的躺在野戰醫院的病床上。醫師們心裡明白，他活不成了，驚訝他居然還能撐到現在；顯然有件事讓他一直掛念著。答案在他指揮官出現的那一刻揭曉了。年老的指揮官來到行軍床邊，輕聲問士兵：「孩子，你還好嗎？」雖然他心裡很清楚，士兵大概是沒希望了。

年輕的士兵抬起頭來。當他的目光與指揮官交會的那一刻，原本痛苦扭曲的面容頓時變得平靜安詳。「我沒事！長官，」他用微弱的聲音說，「只是，我很想知道，您對我的表現滿意嗎？」

「當然，滿意的不得了——你是位非常優秀的戰士！」長官答道。士兵的臉龐閃過一抹淡淡的微笑，然後嚥下了最後一口氣。

當我們加入了上帝的末世餘民運動，我們就不再把自己的時間精力花在滿足世俗的價值觀上。因為，我們不再認同這樣的價值觀，也不再渴望得到世人的掌聲。人的天性使我們喜歡在眾人面前發光發熱，或達到這世界對成功的標準，但這些我們都甘願放棄，情願用一生來追隨上帝，因為祂的名字已經寫在我們的額上。

在人生的戰場上，我們心裡唯一在意的是我們的指揮官怎麼看——祂對我的表現滿意嗎？我們知道，只有祂用永恆的角度、合宜的標準來判斷我們是什麼樣的人；祂和這世界不一樣。人的掌聲是短暫的，沒什麼意義，因此我們不在意是否能夠一夕成名，或在好萊塢的星光大道留下屬於自己的一顆星。我們真正渴望的不是獎盃、牌扁，或感謝餐會，而是在我們準備安息時，能夠見到上帝的微笑，聽到聖靈輕聲說：「又良善又忠心的僕人哪，你做得好！」（馬太福音25：21，新譯本）

懷愛倫曾提醒我們：「一個人的豐功偉業，就像是寫在沙子上的字跡，然而聖潔的品格卻能存留到永久。」（懷愛倫著，《教會證言》卷五，原文第578頁）

像我們合而為一

「我不但為這些人祈求，也為那些因他們的話信我的人祈求，使他們都合而為一。正如祢父在我裡面，我在祢裡面，使他們也在我們裡面，叫世人可以信祢差了我來。祢所賜給我的榮耀，我已賜給他們，使他們合而為一，像我們合而為一。」約翰福音17：20-22

大部分基督徒不用提醒也知道上帝希望教會的成員能夠團結、好好相處。如約翰福音13：35所說：「你們若有彼此相愛的心，眾人因此就認出你們是我的門徒了。」

不過，看到今天存心節中耶穌這段禱告，我們便會瞭解，上帝對我們的期望遠遠超過僅是相處融洽。祂不要我們只要相安無事就好；在祂心目中，教會的成員間應該要像聖父和聖子那般合一，以至於所有人的心願和夢想，能夠完全與上帝的心意契合；當世人看到這群人在上帝裡面合一，便會願意相信並接受耶穌基督。

理解這一點，三一真神的概念就不再只是個刁鑽的神學難題，只適合留給修讀神學的人去傷腦筋，而是可以實際應用在教會生活。《聖經》告訴我們，世上只有一位上帝（申命記6：4寫道：「以色列啊，你要聽！耶和華我們上帝是獨一的主。」）。然而，「神性」（Godhead）儘管只有一個，卻是由三個「位格」（Person）組成。這三個位格，彼此之間心意相通，為著共同的目標，合作無間，一同創造這世界、訂定救贖計畫、讓歷史能夠以符合公義的方式結束——也就是上帝得以再次做王掌權。

上帝要祂的子民能夠彼此心意相通，且因與祂緊密連結而自然而然認同、並樂意實現祂對這個世界的計畫。這並不代表我們就失去了個人的特質；我們是獨特的，正如三位一體的三個位格也是獨特的。天家的成員不是一群沒有自己個性和想法的機器人——絕非如此。因為在上帝的眼中，每個人都是重要且獨特的。教會其實是由一群具有共同目標的人自發組成；在這裡，每個人的個人特質都受到重視。

也許，所謂「聖父的名寫在額上」，部分意思是，一個符合上帝心意的教會，她的信徒會自然而然的支持上帝對這世界的計畫，也就是拯救罪人，迎接基督的國度降臨。

一條都不能少

這些事都已聽見了，總意就是：敬畏上帝，謹守祂的誡命，這是人所當盡的本分。
傳道書12：13

啟示錄14：12描述了上帝末世子民的樣貌：「聖徒的忍耐就在此，他們是守上帝誡命和耶穌真道的。」復臨信徒看到這段，很容易就會把「守上帝誡命」自動翻譯成「守安息日」。我想這無可厚非，我們是需要特別強調安息日，畢竟，除了我們教會外，大部分的基督徒都只遵守十誡中的九誡，認為守安息日的規定太過僵化。既然守安息日使我們和別的教會有所區別，我們很直覺就會想到它。

然而，我們也千萬不要忘了，所有誡命合起來，反映的才是上帝的品格，因此餘民教會應重視每一條誡命。也許我們可以做到週六不去上班，但是我們有沒有像上帝一樣，把誠實看得無比重要？我們有沒有把別人的名譽看成像自己的那樣寶貴，全力守護它，如同上帝守護我們的名譽一般（儘管我們確實犯了罪）？我們是否有反省，自己有沒有像耶穌一樣看重人的生命，總是盡力向世人展示所有人的生命都是無價的？我們是不是堅守誠信原則，好讓全世界看到，我們之所以總是那麼可靠，是因為上帝的話句句真實？我們也許不會搶劫銀行或是便利商店，也不會盜用公款，但我們是不是對其他看不見、摸不著的資產，例如智慧財產權，也同樣尊重呢？

這問題清單還可以繼續列下去——講精確點，最後它應該會有十個標題，每個標題都用醒目的字體提示。儘管這十條誡命當中，最核心的是關於遵守安息日的第四條，但身為上帝的餘民，我們會渴望認識祂品格的所有面向。畢竟，寫在我們額頭上的不是「（守）安息日」，而是「上帝的名」。

約翰福音14：9中，耶穌告訴腓力：「人看見了我，就是看見了父」（約翰福音14：9），接著又在17：21為門徒禱告，希望世人會在我們裡面看見祂。因此，我們的工作不光是告訴別人《聖經》的教導如何，同時也要讓他們得以一窺祂的面貌，因此學會愛祂。

躬逢其盛

末了也顯給我看；我如同未到產期而生的人一般。我原是使徒中最小的，不配稱為使徒，因為我從前逼迫上帝的教會。哥林多前書15：8-9

保羅在致加拉太教會的信中，一開始說明自己是誰時，他先講了幾句話，為自己身為使徒的身分辯護：「做使徒的保羅──不是由於人，也不是藉著人，乃是藉著耶穌基督，與叫祂從死裡復活的父上帝──」（加拉太書1：1）。他會採取這種防衛的姿態不難理解，畢竟他不像其他使徒曾親身參與耶穌在世上的傳道工作，而是後來在往大馬士革的路上才受到呼召。

當我第一次踏進復臨教會，便深深為其豐富深邃的歷史所著迷。而當我細細閱讀早期創會先鋒的傳記，對於他們當年能夠忍受如此艱困的環境，在孤立無援的情況下堅持下去，且對上帝具備足以移山的信心，更是印象深刻。而當我看到他們禱告時能夠得到如此超乎想像的回應，且還親眼見過自己的同儕展露先知的恩賜，有時不免感到一絲絲羨慕。

而我則是在草創時期的艱辛都已成過去時，才來到這個教會。我不像很多在這裡認識的朋友，是家中第四、五代的復臨信徒。不過，我也察覺到自己會來到這裡，正是啟示錄14：6中預言的實現：「我又看見另有一位天使飛在空中，有永遠的福音要傳給住在地上的人，就是各國、各族、各方、各民。」我就是這群人其中的一分子。

儘管我不會在復臨教會的歷史中留名，但我的故事卻已經被記載於《聖經》當中，因為我是約翰在異象中所見，那回應了上帝呼召眾人當中的一個。而且，很快的（若現在還不是），超過80%的復臨教會成員，都將會是從「各國、各族、各方、各民」而來。

保羅的故事，正提醒了像我們這樣的人，晚進入教會不代表我們已經錯過機會。保羅雖然也是後來才加入，但讓福音敲開外邦人門戶的，是他！我們正因身處這個時代，才得以見證前輩們無緣目睹的景象──又有一位大力天使從天上下來，將這波餘民運動推向前所未見的高潮，基督的榮耀終於照亮了全世界。

如此看來，能夠一開始就參與當然很好，不過，真正躬逢其盛的，也許是我們。

歡迎回家

所以你們應當記念：你們從前按肉體是外邦人，是稱為沒受割禮的；這名原是那些憑人手在肉身上稱為受割禮之人所起的。那時，你們與基督無關，在以色列國民以外，在所應許的諸約上是局外人，並且活在世上沒有指望，沒有上帝。你們從前遠離上帝的人，如今卻在基督耶穌裡，靠著祂的血，已經得親近了。以弗所書2：11-13

我永遠都不會忘記，當年第一次走進「基督復臨安息日會」教會大門時的情景。那時，儘管我還沒有參加過她的崇拜聚會，也從未走進這棟建築物，但不知為何，總覺得這地方感覺很熟悉。我知道，我回家了——我一直知道有這麼一個家在等著我回去。

在第一次造訪前不久，太太珍和我參加了一系列復臨教會所舉行的佈道會。我們深深的為三天使的信息所展現的美及連貫性所震攝，覺得這確實是真理；多年來，我們一直渴望見道的耶穌樣貌，正是這樣。

我們覺得「就是這裡了！」，不單是因為他們所講的是事實（也的確如此），也因為在那次佈道會中，我們發現，多年來一直對著我們的心輕聲發出提醒，將祂的品格指示給我們看的那位上帝，如今已經拉下遮住祂的面紗，讓我們清楚看見最真實的祂。

這就是為何我們會對這教會一見如故。它會讓我們感到親切，是因為上帝在這裡；這是祂住的地方，因此也是我們的家。我們一向渴望世上能有這樣一個地方，原來不是在作夢！在這裡，我們可以感覺到上帝放在我們心裡的永恆仍存在。保羅形容外邦人，說他們曾經遠離祂，如今想要在上帝的子民間找到自己的歸屬；珍和我過去也像他們一樣，然而，如今依靠基督的寶血，我們得以親近祂。

只要是人都會隱約覺得，生命不會只是這樣，應該有個更好的地方，正等著我們回去。因此，每個人心中都會隱隱不安，覺得好像還沒有回到屬於自己的地方。因此，當我們走出教會，將三天使的信息帶給「各國、各族、各方、各民」時（啟示錄14：6），一定要記住，我們並不是邀請他們來到「我們」的教會——這教會也是他們的。他們不是我們讓出空間、讓他住個幾天的客人；這就是他們的家。我們主要的工作不是要說服別人，讓他們相信我們是對的（儘管傳講基督真理的確很重要），我們真正要做的是要告訴所有人：「歡迎回家！」我們無意和別人爭辯（辯論也沒用），只想讓他們看到，自己朝思暮想的家，是真的存在。

基督復臨安息日會 臺灣教會通訊錄

教　會	地　址	電　話
臺灣區會辦公室	404 台中市北區中華路二段 195 號 3F	(04)2201-3739
基隆佈道所	204 基隆市安樂區基金一路 135 巷 21 弄 34 號 1F	(02)2431-5145
松山教會	105 台北市松山區敦化南路一段 78 號	(02)2771-6823
蘆洲福音中心	247 新北市蘆洲區光榮路 130 號 1 樓	
臺安醫院院牧團隊	105 台北市松山區八德路二段 410 巷 5 弄 1 號 2F(臺安醫院院牧部)	(02)2771-8151 轉 2842
新生命國際教會	105 台北市松山區八德路二段 424 號 (新起點健康中心四樓)	
台北教會	106 台北市大安區新生南路二段 26 號	(02)2394-9735
士林教會	111 台北市士林區中正路 212 巷 4 弄 7 號	(02)2836-1420
板橋幸福福音中心	220 新北市板橋區民生路二段 232 號 1 樓	
板橋佈道所	220 新北市板橋區新生街 64-1 號	(02)2271-0414
新店教會	231 新北市新店區中正路 117 巷 31 號	(02)2917-7502
北原教會	244 新北市林口區菁湖里竹林路 157 巷 1 號	(02)8601-3140
宜蘭福音中心	366 宜蘭縣三星鄉大隱村大埔中路 191 號	(039)899-716
崙埤佈道所	269 宜蘭縣大同鄉崙埤村朝陽巷 3-2 號	
南澳佈道所	272 宜蘭縣南澳鄉南澳村中正路 36 巷 12 號	
澳花福音中心	272 宜蘭縣南澳鄉澳花村和平路 3 鄰 32 號	
新竹教會	300 新竹市北大路 470 號	(035)234-770
新竹金城福音中心	300 新竹市東區金城一路 52 巷 2 號	
義興教會	313 新竹縣尖石鄉義興村 1 鄰尖石 5-1 號	(035)841-389 、 (035)842-062
平鎮盼望福音中心	324 桃園市平鎮區新榮里環南路 2 段 181 號 1F	(03)492-2084
桃園教會	330 桃園市桃園區民生路 60 號 4F-3	(03)337-5620
桃英佈道所	330 桃園市桃園區復興路 328 巷 6 號	(03)334-5273
大溪佈道所	335 桃園市大溪區南興里 8 鄰仁和路二段 453 號	
巴陵教會	336 桃園市復興區華陵里 7 鄰 3 號	
合流分校	336 桃園市復興區羅浮里合流 1 號	
奎輝佈道所	336 桃園市復興區羅浮里合流 1 號	
蘆竹福音中心	338 桃園市蘆竹區南順四街 16 號	
南庄佈道所	353 苗栗縣南庄鄉東江村 15 鄰 27 號	(04)2591-1190
台中教會	404 台中市北區中華路二段 195 號	(04)2201-1418
台安教會	401 台中市東區進化路 203 號 9F	
惠光佈道所	402 台中市南區有恆街 22 巷 17 號 1F	(04)2201-1418
北屯福音中心	406 台中市北屯區遼陽五街 112 號	(04)2243-2769
大里福音中心	412 台中市大里區永大街 126 號	(04)2406-1098
豐原教會	420 台中市豐原區圓環東路 45 號	(04)2512-2773
環山教會	424 台中市和平區平等里中興三路環山三巷 19 號	(04)2580-2040
雙崎教會	424 台中市和平區自由里東崎路二段 72 號	(04)2591-1190
沙鹿佈道所	433 台中市沙鹿區新生街 2-51 號	(04)2631-8607
彰化教會	500 彰化市長興街 26 號	(047)238-571
鹿港分校	505 彰化縣鹿港鎮大有里後車巷 3 號	(047)753-610
埔里佈道所	545 南投縣埔里鎮建國路 39-3 號	(049)2995-635

教　會	地　址	電　話
中正教會	546 南投縣仁愛鄉中正村平等巷 12 號	(049)2925-060
中原分校	546 南投縣仁愛鄉互助村 39 號	
松林佈道所	546 南投縣仁愛鄉親愛村親和巷 83 號	
魚池教會	555 南投縣魚池鄉魚池村瓊文巷 39 號	(049)2897-047#1308
嘉義佈道所	600 嘉義市友愛路 23 號	(05)233-3677
斗六佈道所	640 雲林縣斗六市三平里西平路 189 巷 48 號	(05)535-0707
台南教會	700 台南市中西區青年路 125 號	(06)225-2473
永康福音中心	710 台南市永康區忠義街 60 巷 14 號	
礁坑教會	712 台南市新化區礁坑里 36 崙 89 號	(06)590-1983
高雄教會	801 高雄市前金區中正四路 85 號	(07)231-4031
高英佈道所	801 高雄市前金區中正四路 85 號	(07)241-8812
楠梓英文福音中心	811 高雄市楠梓區楠梓新路 245 號 3F	
鳳山教會	830 高雄市鳳山區鳳東路 563 號	
九曲堂福音中心	840 高雄市大樹區久堂里湖底路 1-2 號	
長份佈道所	844 高雄市六龜區荖農山 7 鄰 75 號	
頂荖濃教會	844 高雄市六龜區頂荖濃 49 巷 16-1 號	
六龜佈道所	844 高雄市六龜區華南街 28 號	(07)689-3376
藤枝教會	844 高雄市六龜區華南街 28 號	
杉林重生教會	846 高雄市杉林區大愛里和氣街 110 巷 1 號	
建山教會	848 高雄市桃源區建山里 59 號	(07)688-1670
高中教會	848 高雄市桃源區高中里 58 號	
復興教會	848 高雄市桃源區復興里愛玉路 60 號	
民生教會	849 高雄市那瑪夏區達卡努瓦里秀嶺巷 50 號	
多納教會	851 高雄市茂林區多納里 21-1 號	(07)680-1362
茂林教會	851 高雄市茂林區茂林里 25 號	(07)680-1181
萬山教會	851 高雄市茂林區萬山里萬山巷 15 號	(07)680-1181
茄莄佈道所	852 高雄市茄莄區茄莄路二段 51 號	(07)690-2775
屏東教會	900 屏東市忠孝路 190 號	(08)766-6317
三地教會	901 屏東縣三地門鄉三地門村中正路二段 71 巷 10 號	(08)799-3578
口社分校	901 屏東縣三地鄉口社村 (基督復臨安息日會)	
大社教會	901 屏東縣三地鄉大社村和平路二段 59 巷 15 號	
青山教會	901 屏東縣三地鄉郵局轉青山村民族巷 47 號	(08)796-0584
安坡分校	901 屏東縣三地鄉安坡村 (基督復臨安息日會)	
德文教會	901 屏東縣三地鄉德文村 21 號	
賽嘉教會	901 屏東縣三地鄉賽嘉村 84 號	
大武教會	902 屏東縣霧台鄉大武村東川巷 13 號	
吉露佈道所	902 屏東縣霧台鄉吉露村 (基督復臨安息日會)	
好茶佈道所	902 屏東縣霧台鄉好茶村 (基督復臨安息日會)	
佳暮分校	903 屏東縣瑪家鄉三和村美園巷 101-5 號	
阿禮教會	902 屏東縣霧台鄉阿禮村元德巷 58 號	
霧台教會	902 屏東縣霧台鄉霧台村岩板巷 23-2 號	(08)790-2225
谷川分校	902 屏東縣霧台鄉霧台村岩板巷 23-2 號	

教　會	地　址	電　話
三和教會	903 屏東縣瑪家鄉三和中村 10 鄰 73-1 號	(08)799-1215
北葉教會	903 屏東縣瑪家鄉北葉村 65-6 號	(08)799-1215
佳義教會	903 屏東縣瑪家鄉佳義村泰平巷 85 號	(08)799-0393
涼山教會	903 屏東縣瑪家鄉涼山村 63 號	(08)799-0393
萬安分校	903 屏東縣瑪家鄉萬安村（基督復臨安息日會）	(08)799-0393
瑪家分校	903 屏東縣瑪家鄉瑪家村（基督復臨安息日會）	(08)799-1215
青葉教會	906 屏東縣高樹鄉郵局轉青葉村 62 號	(08)796-5271
文樂教會	922 屏東縣來義鄉文樂村新樂巷 8-1 號	(08)798-1608
南和分校	922 屏東縣來義鄉南和村（基督復臨安息日會）	(08)798-1608
望嘉分校	922 屏東縣來義鄉望嘉村望嘉 20-1 號	(08)798-1608
春日分校	942 屏東縣春日鄉春日村 18-1 號	(08)878-3465
石門佈道所	945 屏東縣牡丹鄉石門村 129 號	(08)883-1759
八瑤分校	947 屏東縣滿州鄉長樂村八瑤路 52-1 號	(08)883-1759
台東佈道所	950 台東市中興路三段 176 巷 44-2 號	(089)220-428
豐里佈道所	950 台東市中華路三段 208 巷 48 弄 16 號	
東興佈道所	954 台東縣卑南鄉東興新村東園二街 96 巷 3 號	
關山教會	956 台東縣關山鎮豐泉里自由路 2 巷 7 號	(089)811-409
和平教會	961 台東縣成功鎮和平里跋邊路 87 號	(089)851-262
都歷佈道所	961 台東縣成功鎮信義里都歷路 89 號	
正興教會	964 台東縣金峰鄉正興村 3 鄰 41 號	
嘉蘭教會	964 台東縣金峰鄉嘉蘭村 13 鄰 79 號	
賓茂教會	964 台東縣金峰鄉賓茂村 27 號	(089)772-053
壢坵佈道所	964 台東縣金峰鄉壢坵村 4 鄰 55 號	(089)772-053
花蓮教會	970 花蓮市民國路 155 號	(038)346-366
德安希望佈道所	970 花蓮市主權里德安六街 103 號 1F	
宜昌教會	973 花蓮縣吉安鄉中華路 2 段 137 號	
光復教會	974 花蓮縣光復鄉敦厚路 194 號	
月眉教會	974 花蓮縣壽豐鄉月眉村 130 號	
光榮佈道所	974 花蓮縣壽豐鄉光榮三街 26 號	
富田教會	976 花蓮縣光復鄉中正路 2 段 75 號	

基督復臨安息日會 臺灣機構通訊錄

機　構	地　址	電　話
北亞太分會台北辦公室	105 台北市松山區八德路二段 410 巷 5 弄 2 號 1 樓	(02)2752-9290
臺安醫院	105 台北市松山區八德路二段 424 號	(02)2771-8151
時兆出版社	105 台北市松山區八德路二段 410 巷 5 弄 1 號 2 樓	(02)2752-1322
三育健康教育中心	555 南投縣魚池鄉（村）瓊文巷 39-6 號	(049)2899-660
三育基督學院	555 南投縣魚池鄉（村）瓊文巷 39 號	(049)2897-047
南投縣私立三育高級中學	555 南投縣魚池鄉（村）瓊文巷 39 號	(049)2897-212
臺安基金會	105 台北市八德路二段 346 巷 5 號 1 樓	(02)2721-1436
臺灣區會	404 台中市中華路二段 195 號 3 樓	(04)2201-3739

基督復臨安息日會 港澳機構通訊錄

機構	地址	電話
華安聯合會	新界沙田小瀝源源順圍 28 號都會廣場 12 字樓	2838-3991
港澳區會辦事處	九龍尖沙咀山林道 26 號地下	2366-3205
九龍三育中學（初中部）	九龍旺角界限街 52 號	2397-3181
九龍三育中學（高中部）	九龍大角咀詩歌舞街 14 號	2394-4081
澳門三育中學	澳門氹仔學院路	853-28825562
大埔三育中學	新界大埔大埔頭徑 2 號	2665-3459
時兆書室	九龍尖沙咀山林道 26 號地下	2270-9318
香港三育書院	新界西貢清水灣道 1111 號	2719-1667
香港港安醫院	香港司徒拔道 40 號	3651-8888
荃灣港安醫院	新界荃灣荃景圍 199 號	2275-6688
香港復臨學校	新界西貢清水灣道 1111 號	2623-0034
三育健康教育中心	新界西貢清水灣道 1111 號	2623-0216
元朗三育幼稚園	新界元朗青山公路 265 號	2476-3356

基督復臨安息日會 港澳教會通訊錄

教會	地址	電話
港澳區會辦事處	九龍尖沙咀山林道 26 號地下	2366-3205
社區教會	香港北角英皇道 58-60 號一樓 A 室	2808-0855
先導紀念堂	香港筲箕灣道 29 號興祥大廈 1 樓 C-F 座	2895-2935
港安教會	香港司徒拔道 40 號港安大廈 7 樓 B 室	3651-8852
小西灣教會	香港筲箕灣道 29 號興祥大廈 1 樓 C-F 座	
聖經講座	九龍尖沙咀山林道 26-28 號	2723-2251
九龍教會	九龍旺角界限街 52 號	2381-4621
新蒲崗教會	九龍新蒲崗崇齡街 33 號新蒲崗廣場一樓 B46 室	2323-2529
白田佈道所	九龍深水埗白田邨裕田樓 11 號地下	2778-2244
豐盛復臨中心	九龍大角咀詩歌舞街 14 號	2394-4081
國際教會	九龍大角咀詩歌舞街 14 號	2808-0855
海光教會	新界西貢清水灣道 1111 號香港三育書院	2719-6177
西貢教會	新界西貢普通道 1796 號 C 地下	
荃灣教會	新界荃灣沙咀道 286-288 號二樓	2498-1295
山光教會	新界荃灣荃景圍 199 號	2276-7451 2276-7452
屯門教會	新界屯門海榮路 22 號屯門中央廣場十五樓西翼 23 室	2462-6277
元朗教會	新界元朗青山公路 265 號地下	2476-3619
沙田教會	新界沙田大圍田心村 207 號地下	2699-7370
恒安佈道所	新界沙田馬鞍山恒安邨恒安社區中心一樓	2630-3565
大埔教會	新界大埔廣福道 70-78 號寶康大廈 2 字樓 A 座	2657-6770
太和福音堂	新界大埔大埔頭徑 2 號	2664-2337
菲僑教會	新界大埔廣福道 70-78 號寶康大廈 2 字樓 B 座	
蒙福教會	澳門氹仔學院路	853-6522-9120
氹仔國際教會	澳門氹仔學院路	853-6522-9120
澳門菲律賓教會	澳門氹仔學院路	853-6522-9120

國家圖書館出版品預行編目資料

經歷基督的真實／尚恩・布斯特拉 (Shawn Boonstra) 作；
鍾友珊譯. --初版. --臺北市：時兆, 2019.10
面；公分
譯自：Authentic：daily devotional
ISBN 978-986-6314-88-9 （平裝）

1. 基督徒　2. 靈修

244.93　　　　　　　　　　　　　　　108011380

經歷基督的真實

作　　者　尚恩・布斯特拉（Shawn Boonstra）
譯　　者　鍾友珊

董 事 長　金時英
發 行 人　周英弼
出 版 者　時兆出版社
客服專線　0800-777-798
電　　話　886-2-27726420
傳　　真　886-2-27401448
地　　址　台灣台北市105松山區八德路2段410巷5弄1號2樓
網　　址　http://www.stpa.org
電　　郵　service@stpa.org

主　　編　周麗娟
文字校對　林思慧、周麗娟
封面設計　時兆設計中心 林俊良
美術編輯　時兆設計中心 林俊良
法律顧問　元輔法律事務所　電話：886-2-27066566

商業書店　總經銷 聯合發行股份有限公司 TEL：886-2-29178022
基督教書房　0800-777-798
網路商店　PChome商店街、Pubu電子書城　經歷基督的真實 🔍

I S B N　979-986-6314-88-9
定　　價　新台幣390元　美金15元　港幣124元
出版日期　2019年11月　初版1刷
郵政劃撥　00129942
戶　　名　財團法人臺灣基督復臨安息日會

PRINTED WITH SOY INK　本書使用環保大豆油墨印刷